貴船谷の女
奇蹟への回路
残雪抄

松本 徹

鼎書房

『貴船谷の女・奇蹟への回路』正誤表

三三一頁	10行	等々と豊に→等々と豊かに
四一九頁	18行	されがちで→されがちなので
〃		魅力を蔑ろにしがちだが、そこに光→魅力にしっかり光
四三五頁	下段	昭和60年3月、書評・後藤明生「謎の手紙をめぐる数通の手紙」25日、日本経済新聞→削除
四三九頁	上段	平成2年6月、三島由紀夫への拒否　文学と教育21→削除
四四一頁	上段	平成9年6月、娘の結婚、8日、日本経済新聞→削除
四四一頁	下段	平成10年4月、娘の結婚→平成10年6月、娘の結婚
四五四頁	上段	平成27年12月、今みがえる→今よみがえる
四五六頁	1行	文学活動の現場身を→文学活動の現場に身を
四五七頁	11行	志門氏の校正→志門氏に校正

貴船谷の女・奇蹟への回路・残雪抄　目次

凡例

一、一・二巻は、現代仮名遣ひ、三巻以下は、歴史的仮名遣ひとしたが、当六巻は「貴船谷の女」の章の五編を歴史的仮名遣ひ、以外は各編ごとに異なることとなつた。『奇蹟への回路』の原著は歴史的仮名遣ひであつたが、新たに加へたものは、発表媒体の関係から、現代仮名遣ひであるのが多いためである。両仮名遣ひの混用は見苦しいが、お許し頂きたい。

一、全体は三つの章からなり、「貴船谷の女」の章五編は、いづれも単行本未収録で、初出を改稿した。

一、「奇蹟への回路」（新編）の章は、単行本収録は六編に留め、大幅に入れ替へ、徳田秋聲と三島由紀夫関係を除いた論考を収めた。

一、「残雪抄」は、雑記ふうの小文を収めた。

『貴船谷の女』

百夜通ひ

一

小野小町は、多くの歌仙絵では姿ばかりで顔を見せてゐないし、その生涯も、よく分かつてゐない。ただし、彼女を最も激しく、一途に恋したのは深草少将であつたとは、古くから言はれて来てゐる。多分、彼は、小町のその美しい顔をしかと見たのであらう。

しかし、その深草少将も、またよく分からない人物である。小町はまだしも歌を多く残したが、彼となると、なにも残してゐない。ただ、四位少将の地位にあつたことと、小町に恋し、九十九夜も通ひ詰めた挙句、結局、約束の百夜を果たすことができずに、恨みを呑んだこと、それだけが語り継がれてゐるに過ぎない。

それだけに却つて、この男のことが気になりだすと、止めどがなくなつて来る。殊に、実を結ばぬままに終はつたその恋の行く末について考へ始めると。

秋も終はりに近いある日、わたしは京都も伏見、墨染の街を歩いてゐた。

瓦屋根の目立つ家並がつづくだけの、なんの趣もないが、静かな町筋である。思ひ出したやうに車が走り抜けていく。

家並が途切れ、砂利を敷いた、バスが何台も入りさうな駐車場があつた。その脇の白塗の鉄柱を見上げると、赤い矢印とともに、わたしが訪ねようとしてゐる寺の名があつた。

簡単に見つかつたのを喜んだが、しかし、その矢印の指す方角に、道もなければ、寺らしい建物もない。駐車場が奥行深く広がり、倉庫とも見えるコンクリート三階建てほどの白い建物が、突当りにあるばかりだ。それも、こちら側は一面の壁で、窓も入口もない。

不思議な建物だなと思ひつつ、周りを見回したが、寺らしい建物はやはり見当らない。

もう一度、掲示の矢印を確かめてから、よく注意して見ると、倉庫と見えた建物の軒の浅い屋根が、わづかに反りを見せ、鬼瓦らしいものを棟に小さく載せてゐる。

駐車場を突切り、壁だけの建物の左横へと入り込むと、隣家との狭い隙間の奥に、鉄板製の階段があつた。

靴音が大きく響くのも構はず、それを上がる。

建物の裏、テラスのやうなところへ出た。一般の住宅と変はらない磨ガラス戸が四枚、入つてゐる。他人の家へ入り込んだのかと、一瞬思つたが、横に貧弱な板がぶらさがり、「大本山永平寺御直末欣浄寺」と書かれてゐた。

ポケットから『都名所図会』のコピーを取り出して、絵図の肩にある文字を確認する。

深艸《ふかくさ》　欣浄寺《ごんじやうじ》
四《し》位《ゐ》少将古跡

間違ひなくかうある。そして、前には境内が、ひろびろと見渡せた。

小砂利を敷きつめた十メートルほど先から庭園で、青い水をたたへた池が弧を描き、四角い飛石が岸を点々とめぐり、太い石柱を横たへたやうな橋が架かつてゐる。その向うに、石塔や祠が植込の間から覗いてゐる。

左端は墓地で、庭園との間を抜けた先には、鉄パイプ製の簡単な扉が見える。それが現在の山門らしい。

絵図と突き合はせてみると、本堂は、現在と反対の西向きで、山門もそちらに開かれ、宗派は浄土宗であつた。この書の刊行は安永九年（一七八〇）だから、それ以後、二百二十余年の間に、宗派も山門や本堂の向きも変はつたのだ。京都の南の要衝の地であつたから、鳥羽伏見の戦をはじめ、さまざまな変動の波が、幾度となく襲つたのだらう。

　この地はいにしへ深草少将の第宅《ていたく》なり。

本文のほうである。この記述を見て、わたしは訪ねる気になつたのだ。真偽のほどは分からないものの、ともかく遠い昔、深草少将と呼ばれる男が起き伏しして、恋の炎を空しく燃やしつづけたと伝へられる地を見れば、少しはその男の輪郭が明らかになるのではないか、と思つたのである。

現本堂正面の階段を降りる。こちらも鉄板製だが、壁が迫つてゐないので、拡散して音は軽い。

　わが恋はむなしき空に満ちぬらし思ひやれども行く方もなし

新幹線のなかで、久しぶりに開いた『古今集』の、よみ人しらずの歌が浮かぶ。その空とは、いまわたしの頭上にひろがつてゐる、この空だらうかと見上げる。雲の多い、晩秋の真昼の空だ。

細かな砂利は深く、靴が食ひ込み、一足々々、持ちあげるやうにして、歩かなくてはならない。

庭園の入口には、板を葺いただけの、風雅めかした潜門《くぐりもん》がある。実用一点張りの本堂や山門とひどく異質だ。かうしてこの中が、深草少将の邸の庭園の名残だ、といつてゐる気配である。

潜門を入ると、すぐに池で、左脇に葉を落とした桜の若木がある。ごく素直に真直ぐ伸びてゐる。岸に沿つて置かれた飛石のほうへはいかず、そのまま石橋を渡る。

三メートルほどもある自然石で、太く、下が水面に触れさうだ。ふとなにか動く気配がした。立ち止まつてしばらく見詰めたが、魚の影はない。ただ先程見上げた空が映つてゐる。「むなしき空」に架け渡された橋に、いま佇んでゐるのだ、と思ふ。

水面のその空の隅に、裸の梢が映つてゐるのに気付いて、墨染桜《すみぞめざくら》ではあるまいかと、そちらを見る。この地が墨染と呼ばれるのは、墨染桜をめぐる伝承があるからだが、どうもさうではないらしい。

渡りきると、右側に井戸がある。門に似通つた趣向が凝らされてゐて、杉皮で回りを囲み、竹筒を並べて蓋としてゐる。

小さな立札が横にあり、墨染井、別名少将涙の水、とあつた。小町恋しさのあまり、この邸の主の少将が流した涙に係はるのであらう。恋と涙は、『古今集』以来、緊密に結びつけられ、誇張表現が競はれて来てゐるから、井戸を生み出すことぐらゐ、容易らしい。

それに小町に恋した男は、お伽草子『小町草紙』によれば千人、同じ『神代小町』によれば三千人もゐた、といふことになつてゐるのだ。そのなかでも、これら草子の決まり文句を使へば、最も「思ひ深草の」男が、深草少将であつた。当然、その千人なり三千人のなかで最も多く涙を流した男が彼だつた、といふことになるのだらう。

　つつめども袖にたまらぬ白玉は人を見ぬ目の涙なりけり

抑へようとしても抑へられぬのは、あなたに逢へない悲しさゆゑの涙です、と安倍清行が小野小町に贈つた、やはり『古今集』所収の歌である。じつはこの清行が、深草少将そのひとだつたと説くひとがゐる。

　蓋を開け中を見ようかと、手を出しかけたが、いかにも作りものめいてゐるので、そのまま植込の間の小道を進む。さうして丸く刈り込まれた躑躅《つつじ》の間を擦り抜けると、周囲が開け、正面に、御影石の真新しい五輪塔が二基、並んでゐた。

　小野小町塚。

　左の、やや小振りな石塔には、かうあつた。どうしてこの名が？　この邸の主人にとつては、遠くあくがれるより他ない女の名ではないか。それがどうして石に刻まれて、ここにあるのか？

　右には、次ぎの文字があつた。

　清涼院殿蓮光浄輝大居士。

『都名所図会』によれば、深草少将の戒名である。絵図のコピーには、このあたりにふたつ、並んだ石塔に、小町塚と少将塚と小さく書き込まれてゐる。安永の頃には、かうなつてゐたのだ。

　二つの石塔の間へ首を差し入れ、裏を覗いてみると、ともに平成二年再建とあつた。それにしても一方が俗名で、他方が戒名とは、どういふことだらう。男は成仏したが、女はまだ成仏してゐないとでもいふのだらうか。

人の気配がしたので、振り返ると、躑躅の間に若い女が立つてゐた。肩あたりで髪を切り揃へ、黒の半コートを羽織り、手には白菊の束を持つてゐる。

横へ寄ると、黙つたまま女は進み出て来て、黒いバックスキンのブーツの脚を折り、跪くと、花の束を解き、丁寧に二つに分け始めた。小町と深草少将の分と、一本々々きつちり分けるつもりらしい。

後髪が分かれ、白い襟足が現はれた。遠い記憶のなかから、不意に現はれたやうに思はれた。いや、実際に、深草少将がひどく気になりだしたのは、あの襟足の美しかつた女の所為だつたのではないか、と思ふ。

そのまま女の傍らに立つてゐるわけにもいかず、横の繁みの蔭へ踏み入る。落葉が積もつて、地面が柔らかい。

このあたりを彷徨ひながら、深草少将は、小町を思ひつづけたのだ。墨染桜があつたのもこのあたりだらう。絵図には、その略画と文字が小さく書き込まれてゐる。季節になると、単弁の白い花弁を重ね、うちに含む蕚《がく》の緑によつてうつすらと薄墨色を帯び、枝を広げたのだ。その下に、赤い振袖姿の町娘が、ついで幽艶な花魁が現はれる……。舞踊劇『積恋雪関扉《つもるこひゆきのせきのと》』の舞台である。

平安の昔、仁明天皇が崩御、悲しみのあまりにここに咲く桜が墨染め色になつたが、一方、大伴黒主が天下転覆の陰謀を企んだ。それを知らせようと小町が、逢坂の関に籠もる恋しい良岑宗貞《よしみねのさねさだ》（出家して遍昭）に逢ふべく、雪の中をやつて来るのだ。その蓑の下は、何とも鮮やかな江戸娘の振り袖姿である。時代錯誤などお構ひなしの歌舞伎の世界である。後半になると、その大伴黒主が本性を現はし、大鉞《まさかり》を振り上げ、墨染め桜を伐らうとする。と、その桜のなかから花魁《おいらん》姿となつた霊が現はれ、激しく渡り合ふ。
振り返ると、木々の間に変はらぬ姿勢の女が見えた。手間取つてゐるらしく、うづくまつたまま、つやつやした黒い髪を揺らしつづけてゐる。
それにしても彼女はどこからやつて来たのだらう。

アイ、撞木町《しゆもくまち》から来やんした。

舞台の墨色がかつた打掛姿の花魁はかう答へる。ここから百メートルほど南に下がつたところに、豊臣秀吉が伏見城を築くとともに、慶長元年（一五九六）に認可を与へた廓があつた。島原や祇園よりも古く、寛文から元禄にかけて繁華を極めた。大石内蔵助が遊んだのも、じつはそこで、この舞踊劇が天明四年（一七八四）に江戸で初演された際、この台詞が吐かれたのだ。
すぐ先に、見上げる高さの十三重の石塔がある。基壇に、正法眼蔵の文字がある。一時期、ここに道元が身を置いた縁から建てられたらしい。

華開イテ世界起ル

『正法眼蔵』のなかの「優曇華《うどんげ》」の一節が浮かぶ。その華は、釈迦が「拈華微笑《ねんげみせう》」した際に手にしてゐた蓮のものだが、この地で道元は、墨染桜の開花を見たのだらうか。

その舞台を初めて見た時だつた、劇場のロビーの片隅であの女に紹介されたのは。知人のほうへ顔を向けて傾げるやうにした、首筋の美しさがよみがへる。

絵図には、この奥に「少将通ひ路」があつたとあるが、どのあたりだらう。いまは境内の外、人家が建つてゐるあたりになるのかもしれない。彼の彷徨ふ歩みは、やがてそこを経て、小町の住ひへと伸びていつた……。

もつとも四位少将といふ地位にあれば、公務が忙しく、うるさく言ひ寄る女たちも多かつたらう。それを巧みにかはし、擦り抜けて、小町が要求するまま、牛車を使はず、徒歩で、東山の谷へと入り込んで、峠を越えて行つたといふのだ、一夜と欠けることなく。

小町が住んでゐたのは、この深草の墨染では、山科の小野とされてゐる。謡曲『草紙洗《さうしあらひ》』では京の一條、『通小町《かよひこまち》』ではその北、深泥ケ池《みどろがいけ》の先の寂しい市原野、『関寺小町』となると逢坂の関と、いろいろ変はるが、ここではあくまで東山を越えた向ふの、小野なのだ。

戻ると、女は、五輪塔の前それぞれの竹筒に花を入れ終へ、手を合はせてゐた。なにを念じてゐるのだらう。男が祈れば、恋の願ひは叶はぬことになりさうだが、女なら、どうであらう。もしかしたら恋の成就でなく、深草少将のやうに激しく恋慕する男を、退けようとしてゐるのかもしれない。

壮ナリシ時ニハ驕慢最《モットモ》甚《ハナハダ》シク

小野小町伝説生成の上で大きな影響を及ぼした『玉造小町子壮衰書《たまつくりこまちしさうすいしよ》』のなかで、要と思はれるのが、この一句である。謡曲『卒都婆小町《そとばこまち》』や『通小町』でも、また、お伽草子類でも、かうした性格付けがはつきりなされてゐる。

女が立ち去ると、二つの五輪塔の前に腰を落とした。竹筒それぞれに、不相応の量の白菊が押し込まれてゐる。

石を打つ鋭い音が続いたのに振り向くと、女が背を見せ、石橋を渡つていくところだつた。ブーツの踵《かかと》が発するのだ。


おろかなる涙ぞ袖に玉はなす我はせきあへずたぎつ瀬なれば

先に引いた安倍清行の歌に対して、小町が答へた歌である。わたしの悲しみは激しく、涙はたぎつ瀬となつて流れ、塞き止めやうもありません。それなのにあなたは、自分の涙が袖に玉をなすなどと、呑気なことをいつてをられる。わたしを捉へてゐる感情は、そのやうな生易しいものではありませぬ、といつてゐる。まさしく「驕慢最甚シ」い答だらう。これだけで去つていつた男が少なからずゐたのではないか。

潜門を出た女は、砂利を大きく踏み鳴らして行く。本堂でなく、庭園の傍らを半ば回るやうにして、山門のほうへ向ふ。さうして不許葷酒入門とある石柱の傍らを通り過ぎると、そのまま鉄パイプ製の扉を開けて、出ていつた。これから少将の通ひ路を辿るのだらうか。

わたしは潜門を出て、本堂横の庫裏らしい家のベルを押した。

反応のないまま、「ごめんください」と声を張り上げると、本堂の脇から、作務衣姿の僧が顔を出した。階段をあがつていくと、ドアを開けて、「どうぞ」と入れてくれた。

中は畳敷きだが、ひどく明るく、天井が高く、壁も白く、柱が一本もない。小規模の体育館のやうである。その中央に簡単な壇がしつらへられ、正面奥に大きな黒ずんだ仏像が、胸から上を見せてゐた。仰ぎ見るべき顔が、ほぼ正面に位置してゐるのに、驚かされた。

近付くと、わたしが立つてゐるのは中二階で、下の階に仏像は座してゐるのだつた。寛政年間（一七八九～一八〇一）に出来た寄木造りの毘盧舎那仏《るしやなぶつ》で、伏見大仏と呼ばれて来てゐるが、いまではすつかり黒ずみ、所々漆が浮いたり剥げ落ちてゐる。しかし、目鼻立ちはくつきりしてゐる。

僧は、中肉中背の、五十歳前後の生真面目な人柄らしく、先の住職が亡くなつてまだ間が無くて、よくは分からないのですがと断つて、

「お堂らしくありませんが、これだけの規模のものを建てるのは、大変だつたらうと思つてゐます」

と言ふ。

さうして左脇の厨子の扉を開けた。そこには、三十センチほどの冠に狩衣姿の男の人形が立つてゐた。やや薄汚れてゐるものの、ふつくらとした円満な顔だちで、衣装の藍色が爽やかな印象を与へる。

「深草少将の張文像です」

この像のどこに、恋の苦悩の影があるのだらうかと、眺めずにをれなかつた。

僧は説明を続けて、ご存じのやうに多量の手紙を張り合はせて作られたのですが、その手紙を寄越したのは小野小町だといふことです、と語る。

え？　逆ではありませんか、と思はず問ひ返した。が、僧は、確かに小野小町だと聞いてをります、と穏やかにいふ。それなら深草少将は、絶望することなどなかつたではないか。だから、かうした円満な顔つきでゐることができるのだ。

しかし、この顔つきは、どう考へても深草少将のものではない。精々のところ、小町以外の女たちが思ひ描いた優男のものだらう。いや、これがもともとの深草少将の顔だつたかもしれない。四位少将といへば、清少納言も『枕草子』で触れてゐるやうに、宮廷の若い貴公子として際立つた、羨むべき存在であつた。官位は四位でありながら、正五位下相当の職、近衛少将なのだが、これは天皇が特に目をかけて身近に置くための処遇で、名誉であるとともに、華々しい将来が約束されてゐた。さうしたこともあつて宮廷の女たちは、憧れの目で見、盛んに文を通はせた。さうした歴代の四位少将のなかでも、深草少将は、殊の外、女たちのこころを騒がせた存在だつたのだ。

が、一人だけ、知らぬ顔の驕慢な女がゐた。

毘盧舎那仏の顔の前を横切り、右端に設けられた祭壇の方へ移ると、そちらには、煤けた、一メートルにも近い阿弥陀仏の立像が据ゑられてゐた。

「もとは仁明天皇のご持仏で……」

ちよつと口ごもるふうに、僧は説明する。

仁明天皇といへば、その治世下（天長十年～嘉祥三年、八三三～八五〇）に、小野小町は、生涯で最も華やかな時期を送つた。深草少将とのことも、当然、その頃のことであつたらう。ただし、最近では、小町がこの天皇の更衣だつたとする説が有力で、もしもさうなら、彼は最も手強い恋仇を持つてゐたことになる。

ただし、目の前の仏像はひどく粗末な造りで、剥き出しの木肌が全体にそそ毛だち、埃が染み込んでゐる。天皇の持仏とは考へられない。そのことを僧もよく承知してゐるのではないか。

「天皇が崩御されると、寵臣であつた良岑宗貞が出家、遍昭と名を変へ、ここにこの像を祀つて念仏堂を営みました。それがこの寺の始まりだと伝へられてをります……」

小町と宗貞は、男女の仲でないものの、ごく親しい間柄で、盛んに歌を詠み交はしたことが『古今集』に見ることができるが、深草少将も、その宗貞を知つてゐたらう。その縁から、出家して遍昭となつた宗貞が、仁明天皇の遺品を携へてここへ身を寄せたのかもしれない。

が、よく見ると阿弥陀像ではなく、清涼寺式といはれる釈迦像であつた。さうなると、念仏堂の話はあやしくなるし、宗貞がさうしたのは都も北の雲林院だつたと知られてゐるのだ。

ふと僧は口をつぐみ、わたしの顔をちらつと見る。しかし、いかに怪しげな説であつても、寺伝として語り伝へられて来てゐる以上は、語らないわけにいかないのだらう。殊に新任間もない住職としては。

僧は言葉を継ぐ。日夜、経を読み、鍛えられ、いくらかかすれたその声からは、これまで何代にもわたつて語つて来た住職たちの存在が浮かんでくるやうに思はれた。信ずる信じないにかかはりなく、とにかく代々語り継で来てゐるのだ。もしもその住職たちの存在を、飛石を伝ふやうに逆にたどつて行けば、どうだらうかと考へた。語る中身は怪しげかもしれないが、文字の記録と違つて、意外に遙か遠く過去へ遡つてゆけるかもしれない……。

その肉声が響く領域において、もしかしたら仁明天皇なり小町、そして深草少将に、出会へるのではあるまいか、とも思ふ。もつともさうして出会ふのは、かつての時代、実際に生きてゐた人たちと似ても似つかぬ、といふことが起るかもしれない。しかし、もともと時の流れを遡るといふ、無理なことをしてゐるのである。さうなつたところで、やむを得ないのではないか。肝心なのは、遠い過去にぢかに触れた思ひをし、何ほどか過去を取り戻すことだらう。不確かな、途絶へがちな道ではあれ、辿れるものなら辿つてみるのがよいのだ。さうすれば、例へばあの女の許へも至り着くことができるかもしれない……。

壁際に大きなダンボール箱があり、覗くともなく中を見ると、赤や青や黄などの縫ひぐるみの人形や積み木が、幾つも投げ込まれてゐた。近所のこどもたちを集めて遊ばせたりしてゐるのだらう。生真面目な僧の日常が窺へる。

しかし、その道を辿るのは、このダンボールの玩具箱のなかへ迷ひ込むやうなことだらう。深草少将は、じつは安倍清行だつたとする説があることはすでに触れたが、黒岩涙香は『小野小町論』で仁明天皇だと熱ぽく主張するし、その他、良岑宗貞を初め、在原業平、文屋康秀、紀貫之だつたともされる。

毘盧舎那仏の前に戻つたところで、庭の五輪塔に彫られた戒名について訊ねた。

「深草少将藤原義宣卿です」

淀みなくかう答へた。『都名所図会』に見えるところで、いまでは誰も問題にしない説である。義宣の死んだのは弘仁三年（八一二）で、小野小町の誕生年ははつきりしないものの、その数年から十数年後になる。

黙つてゐるのも悪いやうな気がして、そのことを口にすると、ちよつとお待ちください、と僧はいつて、吹き抜けになつた横の階段を降りると、パンフレットを持つて上がつて来た。

そこには、いま、僧が話したやうなことが記されてゐるとともに、深草少将藤原義宣の死に当つて、上野岑雄が「深草の野辺の桜しこころあらばことしばかりは墨染に咲け」と歌を詠んだところ、あたりの桜は墨染色に変はつた、そのため、いまなほこの一帯を墨染といふとあつた。地名の由縁は、確かに岑雄の歌によるが、義宣ではなく基経が寛平三年（八九一）正月に没して深草に葬られた時、詠んだと『古今集』の詞書にはある。『積恋雪関扉』の仁明天皇が崩御してとするのも誤りである。かうした誤り、混同はたいした問題ではなく、やんごとない方が亡くなつた悲しみのあまり花も色を変へたといふ歌が人々の心を捉へ、さまざまなふうに話を繋らせた、といふことでよいのかもしれない。

わたしは目をとほすと、そのまま祭壇の前に立ち、毘盧舎那仏に改めて手を合はせた。さうして僧には丁重に礼をいつて辞すと、本堂前から再び庭を眺めた。

向うにある五輪塔二基も、その前の白菊の花も、それを手向けた女も、また、途方に暮れた様子の住職も、ある点では無責任に増殖する伝承の渦に巻き込まれてゐるのだ。わたし自身にしても、結局はさうなのだらう。伝承とは、こんなふうに増殖、生命を獲得していくものなのかもしれない。

階段を降りると、先程、女が辿つたと同じく、庭園と墓地の間の砂利のなかを行つた。左側には南無阿弥陀仏と刻まれた立派な墓石が幾つとなく整然と並んでゐる。寺が禅宗に変はる前のものだらう。それなら、あの毘盧舎那仏よりも古いのかもしれない。

女がしたやうに、わたしも鉄パイプの扉の閂を外し、開けた。錆びた蝶番がきしつて、鋭い悲鳴を挙げる。

その音のなかに、声を聞いた、と思つた。

　小町がもとへ通はうよなう。

百歳になる歯のない小町の喉の奥から、取り憑いた深草少将の霊が発した言葉である。謡曲『卒都婆小町』からである。

わたしも小野の里へゆかう、と思つた。もしかしたら、つれなかつた女に、あるいは千百数十年前の麗しい女に、逢へるかもしれないではないか。

二

墨染商店街の通に出ると、東へと道を採つた。そして、インクラインの流れを越え、京阪電鉄の踏切を渡る。

先程の若い女の姿がどこかにあるのではないかと、通行人に目をやらずにをれなかつたが、勿論、ゐない。

やがて南北に通じる大和街道、かつての伏見街道に出た。

それを北へ、東山の西麓添ひに歩く。家並は絶えず、車も少なくないが、通行人はほとんどない。買い物帰りらしい中年の女が一人、向側を歩いてゐるきりだ。

右側の家並の間から、山がちらちら見えた。このあたりで東山は一段と低くなつてゐるのだ。山越えといへば大変なやうだが、道を選び間違はなければ、さほどのことではないはずである。小野の里まで地図でざつと測つたところでは、五、六キロほど、勿論、平安時代の道筋とは大きく変はつてゐるだらうが。

右手に広い通が現はれ、奥に校舎らしい建物が見えた。京都教育大学である。敗戦まで陸軍歩兵第九伏見連隊があつたところである。

明治以降は、ここの兵隊が、あの小町桜の霊の花魁がゐた撞木町廓の常得意であつたと聞く。伏見城を築いた秀吉の時代、殷賑を極めたものの、さびれるのは早かつた。が、郭としての寿命は長く、女たちに送り出された兵隊たちは、欣浄寺の境内を抜け、わたしがいま歩いてきた道を、兵舎へと急いだのだ。

立ち止まつて、振返る。

後から来るのは、銀色の乗用車だつた。赤いセーターの女が運転をしてゐる。その車が傍を走り過ぎるのと一緒に、再び歩きだしたが、山側に藤森神社があつた。菖蒲の節句発祥の地と刻んだ、大きな石柱が石鳥居の横に立つてゐる。ここへの参詣者も、かつては撞木町廓へ流れたといふ。

色好みの遊女と生れ、

小町について、お伽草子『小町草紙』などにはかう記してゐるのを思ひ出した。驕慢で、天皇の更衣であつたかもしれぬ美女が、どうしてなのか？

確かに『玉造小町子壮衰書』には「是レ倡家ノ子」とあるが、この書は、もともと小野小町そのひとについて語つてゐるわけでない。しかし、もしかしたらこれは深草少将の秘かな願ひであつたのかもしれないな、と思ふ。小町が「色好みの遊女」でありさへすれば、幾夜通ひつめても空しく帰るといふやうなことはなかつたはずなのだ。

小さな流れにかかる。七瀬川だが、北東から南西への川筋に、道なりに真直ぐ架かつてゐるところから、直違橋《すじちがひばし》と呼ばれてゐる。この目立たない橋が、秀吉の造つた都市、伏見の北の境で、これから先、深草の中心部へと入つていくことになる。

深草の地が歴史に登場して来たのは早い。平安時代も貞観あたりになると、貴族たちが寺院や別邸を構へ、風光を賞する一方、天皇や后妃、公卿たちの埋葬地となつた。それにともなひ、「深草」なる地名を核として、あるイメージが醸成された。すなはち、誰よりも深く、誰よりも草のやうに繁く思ふのだが、その思ひは、風雅の趣と、葬送の地であることによる悲哀の色に濃く染められたのだ。その代表が、先にも引いた岑雄の歌で、藤原俊成の自賛歌、「夕されば野辺の秋風身にしみて鶉なくなり深草の里」も、さういふ背景があつて詠まれたのだ。

橋を渡つた両側に、慎ましやかな寺院が向き合つてゐた。いづれも木造の門をこちらへ向けてゐる。そこからすぐ交差点であつた。銀行の手前角の歩道を、東へ採る。ここから峠への道が始まる。左側の家並の間から再び七瀬川が現はれ、右手上には、国立京都病院の大きな真新しい建物が見えてきた。

以前、このやうな道を歩いたことがある、と思つた。女の家を訪ねようとして、逡巡してゐるうちに一駅、乗り越し、丘を越える単調な道を歩かなくてはならなくなつたのだが、その丘の上に、このやうな大きな建物があつた……。

あるいは、かうした深草の風土から、深草少将といふ人物が出現したのではないか、とも思ふ。先には実在するさまざまな人物の名を挙げたが、そのやうな人たちのなかの誰かではなく、『伊勢物語』の「昔をとこ」のやうに、それらの人物を取り集め溶け合はせ、思ひ描かれてきたところの、架空と言つてもよい人物が、深草少将なのではないか。「昔をとこ」が在五中将であるやうに、四位少将なのである。ただし、恋において、誰よりも深く、繁く思ひ、風雅と、ときには風狂といつてもよい領域へ大胆に踏み込み、悲哀へと沈んでいく道筋を一途に辿つた。

バス停留所があつたので、行先を見ると、醍醐寺とあつた。その醍醐寺の少し手前に、小野の里があるが、その里の随心院といふ寺が、小野小町の住んでゐたところ、といふことになつてゐるのだ。運転本数が極端に少なく、次のバスまで一時間以上ある。やはり歩くよりほかないやうだ。

だからまた、原則的には、誰もが深草少将になり得るのだ。仁明天皇が、業平が、宗貞が、貫之が、といつても、決して間違ひではない。ただし、どこまで深く繁く思ふことへと突き詰めていつたか、どれだけ悲哀の淵へと深く沈んでいつたか、その点において、抜きん出なくてはならない。

道は、わづかにカーブしながら、登つていく。

乗用車やトラックが間断なくつづく。

じつはその点において、これまで挙げてきた人たちの誰もが、資格を欠いてゐる。業平は、奔放で、かつ、老いも若きも、身分の高きも低きも、女といふ女をねんごろに扱つた、懐の深いこころ利いた男であつた。宗貞は、艶聞の絶えない、社交的で陽気な男であつた。仁明天皇は、天皇といふ地位にあることによつて、貫之は、才すぐれた歌人であることによつて、いづれもその資格を失ふ。深草少将は、愚かなほど、一人の女に一途でなくてはならないのだ。

やがて公営住宅団地の横に出るとともに、道は平らになつた。

その先で、鉄道の土手下をくぐる。煉瓦を積んだ古いトンネルで、道幅は狭くなり、歩道もない。老婆がそのトンネルの手前に立つてゐた。貧しい白髪を束ねて巻き、背を深く曲げ、「うれしからぬ月日身に積つ」た様子（『卒都婆小町』）で、近付いてゆくわたしのほうをじつと見据ゑるやうにしてゐる。

近付いていくと、老婆は手に白菊の小さな束を握つてゐた。欣浄寺の五輪塔に手向けられたと同じ花ではないか。もしやあの境内で見かけたと同じひとではあるまいか、と、一瞬、疑ふ。と、地響きをたててダンプカーがわたしを追ひ抜き、土手下のトンネルへと入つていく。老婆はすかさず黒い排気煙の立ちこめるなかへ走り込む。通過を待つてゐたのだ。

一足遅れたわたしは、老婆の立つてゐたところに立ち、後続の車を数台、見送らなくてはならなかつた。

そして、トンネルを抜けると、老婆の姿はなかつた。

多分、業平や光源氏は、恋の喜びといふ華やかな花束を、女たちいづれにも手渡したのだ。それに対して深草少将は、九十九夜も通ひながら、せいぜいのところ、あの老婆が持つてゐたやうなひと握りの白菊にとどまつたのではないか。なにしろ孤独と純一さと、そして苦悩を、愛の証と信じてゐたのだ。

ここから先は、トンネルの幅が道幅になつてゐて、生垣の茨の棘に身体を押しつけるやうにして、車を避けつつ、歩かなくてはならなかつた。コートの布地は織目が詰まつてゐて、棘は、表面を引つ掻きながら滑つていく。

このわたしはなにを手渡したらう？　貧弱な白菊の束さへ渡してゐないのではあるまいか？

さうなら、女の記憶にわたしの存在が留まらなかつたとしても不思議はあるまい。歌集『小町集』に、深草少将の姿を見いだせないやうに。

やつと歩道のあるところへ出た。

バス停があり、深草谷口町と書かれてゐる。

左後から広い道が出てきて合はさるとともに、先で二本に分かれてゐる。坂をあがつていく右が旧道らしく、連子窓の古い家が並び、左は、横へと大きく逸れて行く。
その分岐点に道標が立ち、左、仁明天皇御陵とあつた。
その文字を見て、いつの時代の天皇だつたらう、と考へ、迂闊さに苦笑した。小町を更衣として
ゐた可能性が高く、『積恋雪関扉』では墨染め桜の因となつた存在ではないか。ただし、その舞台は、
逢坂山といふことになつてゐるのだ。それがなぜ、ここにと、思つたのだ。
道標の導くまま、本道を外れて、そちらへと道を採ると、静かな住宅街のなか、不意に玉垣に囲は
れた玉砂利の空間が広がつた。鳥居があり、奥にもう一重、玉垣を回らして、高々と盛り上がつた林
がある。七、八十メートルほどの幅だが、思ひ切り伸び繁つて、圧倒的な量感がある。
墨染桜の古木があるのではないかと、捜す気持になつたが、見当たらない。塚が築かれてゐるのか
と窺ふと、百メートルほども向うの道を走りすぎる車が透し見えた。そして正面の広場には、色さま
ざまな乗用車が二十台ほど、午後の陽を浴びてゐる。それがひどく不思議な情景に見えた。
分岐点へ戻ると、旧道の山越えの道を進む。
舗装はされ、細いながら歩道も両側に付いてゐて、車をあまり気にせずにすむ。しかし、左右から
山が迫つて来て、家並は右側一筋になる。
やがてその家並も絶えると、一面が竹林になつた。その緑が清々しい。
深草の奥は、今も昔も竹林なのだ。その間を、道がうねりながら先へ、先へと伸びてゆく。
この道が、いかに曲りくねり、いかに先へと伸びてゐやうとも、女の心の奥へと通じてゐると信じ
ることができたら、どんなにか心強いことだらう。

君を思へば徒歩跣足《かちはだし》。

『積恋雪関扉』にも謡曲『通小町』にも見られる詞章だが、さうして歩む深草少将の足取りは、自ずと速くなる。

さてその姿は。

笠に蓑、

身に憂き世とや竹の杖。

車がつぎつぎと砂塵を巻き上げて行く。両側から山が迫つて、土砂が流れ込むのだらう。舞ひ上がつた砂塵は逃げ場がないまま、漂ひつづける。それを突つ切らうと、さらに足を早めた。

ハンカチで鼻を覆ふと、呼吸が荒くなつてゐて、却つて苦しくなる。

その山道を行く男の蓑の下は、派手な振袖姿とは大違ひ、無色の白大口《おほくち》、さうして、乱れに乱れた髪を八方へと長く伸びひろがらせてゐて、ぞつとするやうな痩男の面を覗かせてゐる。

さて雪には、

袖を打ち払ひ

さて雨の夜は、

目に見えぬ、鬼一口も恐ろしや。

この「鬼一口」は、『伊勢物語』芥川の段によるのだらう。やつと愛しい女を盗みだしたものの、一瞬の稲妻とともに、奪はれてしまつた、その時に男が見たと同じ闇を、いまここで見なくてはならないのではないかと、恐れる。それは闇の深さをいふだけでなく、すでに何者かによつて女が奪はれてゐるとの予感を孕んでゐかねないのだ。

砂塵が治まると、ロックらしい音楽が聞えてきた。ガソリンスタンドが見えてきた。まだ開業して間がないらしく、真新しい制服を着た男女が五六人、忙しそうに動いてゐて、一人が盛んに放水してゐる。

降る雪、
積もる恋、
恋の重荷と打ち担《かた》げ、

常盤津『少将道行』の詞章だが、そうした夜も間違ひなく訪れる。降り積もる雪のやうに夜毎重みを増し、恋する思ひがのしかかつてくるのだ。その重荷を、すでに女を失つてゐるかもしれぬといふ恐れに苛まれながらも、担ひ、歩を運ぶ。いや、女を失ふなどと考へること自体が笑止で、得てゐるのは、百夜通へといふ過酷な言葉ばかり。かうして訪ねて行つたところで、当の女は不在かもしれない。いや、いつも不在なのだ……。

足取りは縺れ、乱れて、その姿はますます幽鬼めいてくる。

あら暗の夜や。

笠で面を隠し、瘦男は頭を深く垂れる。が、それでも歩を運ばすにはをれない。左手後から、コンクリートの塀を載せた高い土手が長々と伸びてきて、その中から、無機的な音が強く響いて来た。工場かと思つたが、車の走行音だつた。名神高速道路である。

反対側に事務所らしい建物があり、その背後の斜面の上に、ログハウス風の住宅が幾棟も並んでゐる。別荘をかねた住宅地、といつた趣である。

そこからすぐ先で、登りは終はつた。そして、不意に遠くまで見通しが開けた。

道は浅い谷をどこまでも真直ぐ、塀のある土手と並んで下つていく。そして、降りきつたあたりに、ぽつんと小さなビルがある。そこで高速道路と離れ、右へと視界から外れる。高速道路はそのまま進んで、向うの山科盆地を横切つて行くのが遠望できる。

深草少将が目指したのは、その小さなビルのあるあたりから斜め右の先、醍醐山の手前になるはずだ。

あら急がしや、

少将は、急にいそいそとする。

下りにかかると右側は、中古自動車の売場だつた。値段を大きく書いた紙を貼つた雑多な車が、ずらりと並んでゐる。59、39、89、29……。九の数字ばかりが目について、百が見当らない。多分、99もあるだらう。色さまざまな小旗が賑やかに翻つてゐるが、人影はない。

つづいてゴルフの練習場があり、観光農園と看板の出た、葡萄畑が広がる。もうすつかり冬枯れの風景で、ここにも人影がない。

左の高速道路との間の道を、車が間断なくスピードをあげて走り過ぎて行くが、フロントガラスの上を曇空が滑つてゐるばかりで、運転してゐるはずの人の姿は消えてゐる。

観光農園が尽きると、建築資材の置場であつた。コンクリートのこびり付いた板や錆びた鉄材が、乱雑に投げ出されてゐる。その中、ブロックが整然と積まれてゐる。

都市周辺部の荒れた空地と、丘陵の田園的な風景とが、強引に重ねられてゐるのだ。

そして、下り坂で歩行は捗つてゐるはずなのだが、彼方のビルは一向に近付いてこない。このやうなところを、いつまでわたしは歩きつづけなくてはならないのだらう？

今は路頭にさそらひ、

老醜をさらしながら死ぬことも叶はぬ百歳の小町が、『卒都婆小町』でかう嘆くが、深草少将も、いつ終はるともしれない通ひ道をいまだに「さそらひ」つづけてゐるのだ。来る夜も来る夜も、同じ道を「行きては帰り、帰りては行」きつづけてゐる。さうして、わたしもまた、歩き続けてゐる……。

建材店の看板を出した建物の前を通る。仕事で出払つてゐるのか、汚れた窓ガラス越しに見える事務所の中は、机の上に書類が広げられてゐながら、無人である。

月をば待つらん、われをば待たじ、

立ち止まつた『通小町』の深草少将は、から呟く。月を待ちこそすれ、月の出より確実なわたしの訪れを、女は待つてはゐまい、と。足はいよいよ重くなる。

やうやく分岐点のビルであつた。三階建の事務所兼倉庫で、車が一台、車庫に入つてゐる。そこから歩道が両側に付き、街路樹が植はつて、荒れた印象は、拭はれたやうに消えた。閑静な落ち着いた街である。

しかし、確かなのは、女の家の前に榻《しぢ》が据ゑられてゐること、それだけなのだ。牛車の轅《ながえ》を乗せる、四本の脚がついた台が榻だが、それが少将の臥床として、今夜も待つてゐるのだ。堅く、冷たく、不安定で、この身を載せるのがむづかしく、やうやく載せても、気を許せば、落ちる。

小町は、じつはわが許に通へ、とは言はず、

車の榻に、百夜《ももよ》通へ……

から言つたのだつた。そのことを、いままた、反芻せずにをれない。

しかし、さうして夜が苦痛に満ちたものであればあるほど、愛の証になる、と少将は考へる。さうして、女のこころを引き寄せる確かな手立てになる、と信じ、一夜々々重ねて来た。

が、如何にさう堅く信じたところで、女の門前で榻の上に臥さなくてはならないとは、拷問に等しい。それを百夜とは、驕慢にして石の心を持つ女にして初めて課し得る、愛の検証法であらう。女は、自分が美しいと信じたとき、いくらでも残酷になることができるのだ。

最後の短い坂を降りる。

もつともこの愛の検証法を案出したのは、小町でなかつたし、また、他の誰といふわけでもなかつた。奇態なことだが、一首の歌の誤伝に、平安中期以来の歌学者たちが加へた強引な解釈の結果らしい。

暁《あかつき》のしぎのはねがき百羽《ももは》がき君がこぬ夜は我ぞ数かく

『古今集』巻第十五の、よみ人しらずの歌で、あなたが来ない夜は、眠れぬまま、鴫が嘴で羽根を盛んにしごくやうに、果てしなく身じろきをして過ごす、といふ意の、男の訪れを空しく待つ女の気持を詠んだものだが、その上句のうち三文字が、間違つて伝へられた。「しぎ」(鴫)が「しぢ」(榻)に、「はね」(羽)が「はし」(端)に、「は」(羽)が「よ」(夜)として。その結果、次の歌が生まれた。

暁のしぢのはしがき百夜がき君がこぬ夜は我ぞ数かく

多分、このなかの「百夜」の一語が、誤伝として棄てることを出来なくさせたのだ。さうして、一首の歌として受容するやうになつたものの、さうなると解釈が難しくなる。そこで苦し紛れに藤原清輔が『奥義抄』(天養元年・一一四四までに成立)で、藤原公任の説を引用するかたちで、次のやうな伝承を書きつけた。

——昔、「あやにくなる(意地の悪い)女」に求婚する男があつた。女は、男の気持を「試みむ」と、訪ねてくるところに榻を立て、百夜欠かさず通つて来てこの上に臥したなら、いふことをききませうといつた。男は、雨風を厭はずやつて来て、その上に臥し、過ごした夜の数を榻の端に書き付けた。

そして、いよいよ百夜目となつたが、「親の俄《にはか》にうせにければその夜えいかず」、九十九夜で終はつてしまつた。そこで女が、上の歌を贈り届けた。

誤伝が、深草少将の百夜通ひの伝承に最初から入り込んでゐたのだ。欣浄寺の寺伝を笑ふことは出来ない。それにこの話には、小町の名も深草少将の名も出てこない。ただ、「あやにくなる女」と男の話とある。それればかりか、鎌倉時代から南北朝にかけての歌論書『聞書三流抄』『頓阿序注』などになると、別の人物――淳和天皇時代の藤原鳥養とか、奈良時代の紫藤中納言、また光仁天皇と、それぞれに応じた女たち――の間のこととなつてゐる。小町とも深草少将とも無縁な話だつたのである。

道なりに進んで行くと、左へと曲がり、南北に走る道へ合流した。その一つ先の辻を、左へ折れる。ともかく東へ進まなくてはならないのである。

山科川を渡つた。

両岸を石垣で固めた、街中の黒ずんだ流れである。しかし、渡れば、小野の里である。

それにも拘はらず、「あやにく」の女が、いつしか「驕慢甚だしい」小野小町に、「百夜」までもと通つた男が、「思ひ深草」の少将にと、なつた。如何なる計らひによるのであらう。

向うから警笛を鳴らしながらコンクリートミキサー車が後退してきた。そして、わたしの前で歩道に乗り上げ、青いシートを垂らした建築中のビルへ後部を突込む。すると、激しいモーターの音をたて始めた。回転する大きな金属容器の中を、小石が走り回る音が鋭く響く。

多分、こんなふうにして強引に、無縁なはずの百夜通ひと榻の話が攪拌され、小町と深草少将のものとなつたのだ。が、それはいつのことだらう。大和の唱導師によつて語られた『四位少将』といふ物語があつたやうだが、やがて大和猿楽に採り入れられ、それを基にして観阿弥が書き、世阿弥が補筆した『通小町』に至つて、現在知られるかたちになつた、といはれる。その過程で、『奥儀抄』などの歌論ばかりでなく、『玉造小町子壮衰書』やその他、いくつもの無関係な伝承も投げ込まれ、撹拌されたのだ。小町が活躍した時期から数へて、約五百年も後の、十四世紀のことだ。

車道へ出て、激しく震動しつづけるその車の前を擦り抜ける。

勿論、それだけでなからう。無名の唱導師たちや、観阿弥、世阿弥の、そして、その他の多くの男たちの、実を結ばなかつた、女に引きずり回されるだけに終はつた多くの恋が、投げ込まれ、撹拌された……。さうしてわたしもまた、その貧しい思ひを投げ込もうとしてゐる。

大通に出た。車が詰つてゐる。向うにも建築中ビルがある。

大通を横断、その先を横道へ入ると、バスが通る古い街道であつた。それを行くと、随心院の前に出た。

三

背高な総門を入つて行くと、左に築地塀がつづき、右は生垣である。その生垣が切れると、中はひろびろとした梅園で、葉を落とした裸の黒い枝々が鋭く交錯してゐる。

その奥に一段高く築地塀をめぐらして、本堂や庫裏などの棟々が並んでゐた。規模はかなり大きい。しかし、どこか控へめな優美さを感じさせる佇ひである。やはり門跡寺院だからだらう。

建物に入るのは後回しにして、標示に従ひ、反対側の梅園へと行くと、竹林が広がつた。小径が口を開け、小町化粧井の立札があつた。

その小径を辿ると、窪地になり、割石が積まれ、下る階段になつた。さうして背丈ほども降りると、水溜だつた。本来なら、もう一段下がるのだが、その上まで水が来てゐて、直径二メートル半ほどにもなつてゐる。井戸といふよりも、ちよつとした泉である。が、浅い底には竹の落葉が何層も沈んでゐて、しばらく見てゐても、動かない。

その水面にぼんやり浮かんでゐるのは、繁る竹の上の空とわたしの顔であつた。女にさんざん試され、手酷く拒まれながら、なほも忘れられない男の顔は、こんな曖昧なものかもしれないな、と眺める。

ここで小町は、朝夕、化粧をしたといふのである。が、彼女の顔は、どのやうに映つたらう。


朝《アシタ》ニハ鸞鏡《ランケイ》ニ向ヒ蛾眉《ガビ》ヲ点ジテ……暮ニハ鳳釵《ホウサイ》ヲ取リ蝉翼《センヨク》ヲ画《エガ》キテ　艶色ヲ理《ツクロ》フ

『玉造小町子壮衰書』からだが、ほとんどそのまま『神代小町』などにも見ることができる。が、この文章から、いかなる容貌が浮かんでくるだらうか。われわれは、依然として彼女の顔をはつきり見ることができない。が、彼女自身は、この場でいやが上にも美しくなつたに違ひない。

しかし、その美しさとは、小町にとつてなんであつたらう。意に反して男といふ男に煩悩の火を付け、煩く付きまとはせるばかりか、百夜通ひといふ障害を乗り越えてまで迫らうとする男を、誘ひ出してしまつたのだ。さうなれば、心を石にするよりほか、いかなる対処方もなかつたのではないか。しかしまた、さうすればするほど、男は、そこに自分の特別の運命を思ひ描いて、踏み込んで来る。


人の思ひを積む女人は、必ず蛇身となるときく。

『神代小町』に見える一句である。『道成寺』の清姫の場合は、彼女自身の男への執念が、彼女を蛇身にと化したが、ここでは男たちがそれぞれ一方的に注ぐ執念のゆゑに、女は蛇身となる、といふのである。まつたく理不尽だが、それが女の美しさといふものかもしれない。

水の面をみづすましが滑つて行く。まだ生き残つてゐるのだ。

もつとも、小町が蛇身に化したといふ話は、聞かない。この『神代小町』にも『小町双紙』にも、謡曲の幾多の曲にもない。あるのは、百歳まで生きながらへ、路頭をさ迷ひつづけ、世にひろく老醜を晒らした挙句に、野に朽ちて髑髏となり、生へ伸びてきた薄に眼窩を貫かれ、苦痛を訴へなくてはならなかつたといふ。艶やかな美しさでもつて男たちを燃え上がらせただけ、己が身をもつて肉が朽ち骨となつた果てのおぞましさを、示さなくてはならなかつたのである。

その無残な女の影が、この水面に差すことがあるのだらうか。

竹林を出て、本堂を囲む築地塀の外側を迂回して行くと、小体な鳥居が先へと導く。さうして到つたのも、竹林だつた。厚く竹の落葉が散り敷いて、柔らかな弾力を足裏に覚える。

しかし、本当に小町は、蛇身とならずにすんだのか。

竹林のなかに丸太を組んだ枠に土を盛り、小さな五輪塔を据ゑた塚があつた。小町塚と、小さな表示が出てゐる。およそ驕慢さ華やかさと縁のない、つつましやかなものである。

腰をかがめ、薄らと苔が半ばを覆つてゐるのを、眺める。

さうして竹の落葉を踏んで、さらに少し奥へ入つていくと、小町文塚の表示があつた。こちらは土盛も大きく、梵字を彫つた四角い石の上に、丸い玉を五つ重ねた、五、六十センチほどの不思議な形をしてゐる。

男たちの寄越す手紙が「かきくれて降る五月雨《さみだれ》の」ごとく（『卒都婆小町』）であつたのを、まとめて埋めた、といふのである。五つの玉は、無数の玉章《たまづさ》を形象化してゐるらしい。「よそながら恋ふる文」「立つ煙おもひに燻る文」「難波の身をつくしの文」「うらみ葛の葉の文」などなどと、『小町草紙』や『神代小町』は、書き並べてゐる。

そのさまざまな男たちの思ひの籠つた言葉が、ここには、誰にも知られず埋められてゐるのだ。掘り返せば、その言葉が霧のやうに立ち昇らう。さうして、小町が現はれやうなら、十重二十重とまとひつくに違ひない。

この季節、ここまで入つて来るひとはゐない。わたしが落葉を踏む音と、ときたま頭上に起こる、かすかな竹の葉の擦れ合ふ音ばかりである。見あげると、その緑が清々しい。

表へ回ると、庫裏の白い壁が眩しくそそり立ち、瓦屋根が左右から弧を描いてゆつたりと見上げる高さに伸び上がつて、合さつたところに大きな鬼瓦が据はり、懸魚が下がつてゐる。

玄関を入りかけて、そこらへんに榻が立てられてゐるのではないかと、見回はす。随心院が開かれたのは、小町が亡くなつてからかなり後の天暦年間（九四七～五七）とのことだが、小野氏の広壮な邸宅はすでに在つたらう。ひろびろとして人気はないが、大きな籠二つにスリッパがいつぱい入つてゐて、多くの人が訪れる時期があることを知らせてゐる。

玄関の次の間は、落ち着いた感じの座敷で、片隅の座机の上に小箱があり、ドングリよりやや大きい、丸い木の実が四、五十粒も入つてゐる。榧《かや》の実、と表示があり、かう説明がついてゐた、「深草少将が百夜通ひの折、小町は榧の実を糸に通し、数をしるした。後に播くと、樹木となつたが、その数は九十九本あつたと伝へる」と。

「いまでも何本か残つてゐますよ」

受付けの中年の女が、受付の窓口から説明してくれた。

このあたりに榧が多かつたことから出た話であらう。あるいは、『通小町』の冒頭、木の実を持つて小町が登場して来ることから出た話かもしれない。

が、こんなふうに少将の訪れを小町が数へてゐたとすれば、小町は、少将に無関心ではなかつたことになる。それればかりか、夜毎の訪れを待つてゐた、と考へてよいかもしれない。

矢印に従つて廊下を進むと、正面玄関の間に出た。上口に畳が敷き詰められてゐる。そこに立つて、塵ひとつない土間を眺める。

いまは開け放たれてゐるが、閉じられたこの戸のこちら側に身をひそませて、向う側の闇のなか、男が訪れて来て、清輔らの説くやうに、榻のうへにあがり臥す音を聞き届けては、「一つ」と、榧の実に糸に通したのだ。

玄関から伸びた石畳道の向うに、薬医門があり、それも開いてゐて、梅園が透かし見える。早春には、その梅の薫ばかりが戸の隙間を潜り抜けて、彼女の許へとやつて来た。さうして、また「一つ」、と榧の実を糸に通した。

雪の夜には、その音といふ音を消した訪れが、却つてしるく知られて……。

榧の実は、かうして女の両の手にあまり、ずしりと重く応へるやうになつた。それは、少将の覚えた雪の重さ、自らの恋そのものの重さ、そして、そこに微妙に絡んでくる屈折した恨みの量と比べて、どうであつたらう。

もしもその一個一個の重さが増えるのを正確に感じ取つてゐたなら、女は、自らの肌に、蛇の鱗が一枚、一枚と、生へ揃つてゆく思ひをしたのではないか、とも思ふ。

さうして榧の実は、九十九個を数へるまでになつた。

笠も、蓑も、見苦しいと、深草少将は脱ぎ捨てた。さうして、風折烏帽子をかぶり、藤色の袴をつけ、紅の狩衣を「衣紋気高く引き繕」つたのだ。『通小町』からである。

が、『奥義抄』には、「親の俄にうせにければ」と書かれてゐる。『頓阿序注』には、「大やけの事にさへらせ給て」とある。『積恋雪関扉』には、仁明天皇が崩御したとある。竹田出雲の浄瑠璃『七小町』は話が複雑で、深草少将と小町はじつは兄妹で、そのことを知る小町の母親が、求婚する少将に百夜通ひの難題を課し、諦めさせようと図つたが、叶はず、前夜になつてその事実を明かし、断念させた、と。

こんなふうに親の死から、公事、天皇の死、兄妹相姦の禁忌などと、抗し得ない理由がつぎつぎと持ち出されるのだ。さうして百夜通ひは、最後の一夜を前にして、絶たれた。

もつとも、これらはいづれも少将自身の身に直接起こつたことではない。『卒都婆小町』となると、深草少将自身の身の上に、その如何ともしがたい事態が起る。少将の霊に取り憑かれ、百夜通ひのさまを見せてゐた老いた小町が、不意に扇を胸に当て、「あら苦し目まひや」と呻き、地謡が「一夜を待たで死したりし」と、謡ひ継ぐ。

しかし、このやうに少将が死ぬのは、『卒都婆小町』と、それに依拠したと思はれる仮名草子においてばかりである。他では、百夜通ひの挫折後も、生き永らへる。さうして、『奥義抄』などによれば、先に引いた歌を女から受け取る。――来られなかつたあなたの代りに、わたしが榻に数を書き入れました。あなたはわたしが課した愛の試練を立派に果たしたのです。どうぞいらしてくださいまし……。

清輔にしたがへば、このやうな意になる歌らしい。が、果たしてさうだつたのか。

ふと、背後をひそやかに通り過ぎるひとの気配がした。振り返ると、明るい藍色の、身体の線を柔らかく包んだ服に、襟足を際立たせた女の後姿があつた。向うの開け放たれた、薄を描いた古びた杉戸の蔭へと入つていく。

留まれかし。

痩男の面の下から声が走り出る。『通小町』では、切れ長の目に、軽く唇を開け、色香を濃く滲ませた小面をつけた小町が、菩提を弔ひにやつて来た僧の許へ、「戒を授け給へ」と、「薄押し分け」て出ていかうとする。それを引き留めようとするのだ。じつはこの二人は、いまは地獄の苦患の淵にともに沈んでゐる。これは少将にとつては、年来の望みの一端が曲がりなりにも叶つてゐることであつた。たとへ地獄であれ、ともにゐるのだ。が、小町は、僧の功力にすがつて地獄から抜け出さうとする。深草少将は、烈しく引き止めようとする……。

後を追ふやうに、わたしもそちらへ足を向けた。と、杉戸の手前、左手の薄暗い座敷に、控へめながら燃えるやうな色彩が三方から滲み出てゐるやうな気配があつた。花鳥山水の絵が襖を飾つてゐるのだつた。狩野派のもので、寛永年間の作らしい。思はず立ち止まる。

そして、一目見るだけで、杉戸から表書院へ入つたが、もう人影はなかつた。明るい畳敷の向ふ廊下の外は庭で、杉苔がひろがり、石組があちこちに配置されてゐるばかりで、幻でも見たのかと思はずにをれなかつた。

その表書院に続いて、能之間であつた。

二十四畳の座敷を二間繋げたかたちになつてゐて、奥半分の畳を上げると、そのまま能舞台になるのだ。ここで幾度となく『通小町』が演じられて来てゐるのである。

つと手を伸ばしたシテの深草少将が、ツレの女の袖を捉へ、さらに肩に手をかけ、いふ。

……煩悩の犬となつて、打たるると離れじ。

険しい痩男の面が、いやがうへにもくつきりと見える瞬間だ。

もしも小町が、この苦患の淵から抜け出すなら、深草少将は、人の世で舐めた孤独な恋の苦悩を、今度は冥府で永劫に舐めつづけなければならないのだ。

ゆつくりと清潔な畳の上を、滑るやうに足を運んで行くと、畳一枚下の舞台に、見えない薄が生ひ茂り、こちら側は苦患の淵、あちら側は救済されたものの領域となる。その越え難いあちら側へと、小町は行かうとしてゐるのだ。地獄で初めて掴んだ深草少将の喜びが、掌中から零れ落ちやうとする。

この『通小町』の後半の場面は、小町へ救済の手を伸ばす僧に向かつて、深草少将が自らの百夜通ひの有様を演じてみせるかたちになつてゐる。さうして小町の救済を断念して貰はうとする、どうかこのわたしを地獄で一人にしないでほしい、と。

廊下に出ると、先へ長く伸びて、二十メートルほどで右に折れ、庭の向ふに見える本堂の回縁に繋がる。その本堂は慶長四年（一五九九）の建造だが、寝殿造である。寺院建築とは違ひ、屋根の反りも緩やかで、軒が深く、前の回縁が広い。右手すぐには池があり、平安貴族の優美な邸でもあるかのやうだ。

この長い廊下を橋掛りとし、本堂の前の広い回縁を舞台としたほうが、よりふさはしいかもしれないと、廊下に立つて眺める。

そこに亡霊の深草少将が現はれ、亡霊の小町とともに、現世での百夜通ひの様を演じて見せるのである。それは、救済を願ふ霊と、地獄の幸福に執着する霊との争ひであるとともに、端的に、男と女の争ひだ。さうして、そこではすでに葬られたはずの恋の数々も、引き寄せられ、立ち現はれて来るやもしれない。

かうして、いよいよ百夜目、深草少将は衣服を改め、喜び勇んで出掛けたのだが、つづきの詞章はかうである。

飲酒はいかに、月の盃なりとも、戒めならば持たんと。

如何に美しい盃に、如何に素晴らしい酒が満たされてゐやうとも、守らねばならぬのなら、飲酒戒を守らうと、その決意を述べ、演者は扇を開き、一旦は盃を差出す身振りをするものの、そのまま横に下ろす。と、「ただ一念の悟りにて、多くの罪を滅して」となつて、一気に終曲となる。笛も鼓も鳴り止んで、ふたり揃つて橋掛りを引つ込んでゆく。

この唐突とも思はれる幕切れは、何であらう。なにしろ、これから百夜目の絶望的な首尾が語られやうとしたところで、不意に、飲酒戒をよくも守つた、めでたしめでたしで幕が引かれるのである。詞章の脱落があるとか、他の曲と入れ替つたなどと言はれるのも、当然だらう。

この場面からは、石に躓いたやうに不意に口を噤んだ深草少将の、顔が浮かんでくると思はれるのだが、どうであらう。地謡は「仏道成りにけり」と続くが、女の肩に手をかけ煩悩の炎を露はに燃え上がらせた折りよりも、一段と陰惨な絶望の表情を浮かべてゐるのではないか。

視界の端に赤い色がちらちらするので、注意すると、池に緋鯉が群れ泳いでゐるのだつた。それが、ここから見え、奥の茂みからは、水が豊かに流れ落ちてゐる。

本堂正面の扉が一枚動いた。

軋る音が、水音にもまぎれず、こちらに届くとともに、出てきたのは、藍色の服の女であつた。その裾からストッキングに包まれた形のいい脚が伸びて、スリッパを履き、足が床を踏む。

そのまま欄干に寄つて立ち、庭を眺める様子である。

表情までは見えないが、首の細い、きりつとした顔立ちで、透き通るやうな白さに、一点、口紅が鮮やかである。さうして、長の年月、風雨に晒されてくすんだ建物を背にした立ち姿は、いやがうへにもすつきりと見える。あるいは墨染桜の洞の中の闇をいかほどか曳いて現はれた花魁のやうに、彼女もまた、本堂のなかの闇を、なにほどかその服の下に秘めて、美しさを際立たせてゐるかのやうだ。

この寺の開基は、弘法大師八代目の弟子仁海で、法力に優れ、雨を自在に降らせたことによつて名高いが、女は、その仏前になにを祈つたのだらう。もしかしたら、何かが成就したのかもしれない。

ふと、糸の縺れが解けるやうに、一つの詞章が浮かんだ。

……と偽りしを、まことと思ひ、

百夜通ひを演じ始める前に、小町がかつて口にした言葉、「車の榻に、百夜通へ」を、深草少将が改めて繰り返し、さうしてくださつたならば御意に従ひませうとあなたは言つたが、それはまつたくの偽りだつた、さう断じたのである。少将は初めて心底から、偽りだと思ひ到つたのである。

この、なんともむごい「偽り」が、隈無く了解されたのは何時のことであらう？　いかに深草少将であれ、偽りと判明して、なほも通ひつづけることはなかつただらうから、九十九夜までのいづれの夜でもなく、百夜目、衣を改めいそいそと東山を越えてここまでやつて来て、閉じられた門の前の榻に臥し、これまでと同じやうに夜がしらじらと明けてきた時であらう。あらゆる困難を克服して、百夜目も間違ひなくここで夜明けを迎へ、闇が足早に立ち去つて行くとともに、小町の言葉は紛れもなく嘘偽りと、一点の曇りもなく思ひ知るに至つたのだ。

認めたくない事実だつた。

池から本堂の背後にかけて、大木を交へた林になつてゐて、緑が黒々としてゐる。そのなかに一本、槙らしい老木があり、梢近くから白くなつた枝を幾本も垂らしてゐるのが目につく。樹皮が禿げてゐるのだらうか。不思議な木の姿である。

女は、身じろぎもしない。

このことが、すずやかな深草少将の顔を、一瞬にして、真実おぞましい痩せ男のものにと、変へた。なにしろ腕の下をするりと抜け出ていく女の、蛇のやうな冷たさに、まともに触れてしまつたのだ。

が、じつは、それは一瞬だつた。即、思はぬ救済の道筋を開いたと、この謡曲は言ふのである。盃が満たされやうとした折しも、飲酒戒に思ひ至り、盃を横に置く、そのやうにして小町への執心を外《よそ》にした……。

こちらへと女が視線を向けた気配に、わたしは廊下から退き、能之間の畳に座つた。すると、正面には祭壇があつて、小振りな地蔵尊と、もう一体、黒くつやつやした座像が据ゑられてゐた。

ゐざつていくと、でつぷりと太り、片膝を立て、腰を据ゑた老婆の像であつた。断髪で、目鼻がいやにくつきりしてゐる。地獄の入口で待ち構へてゐる奪衣婆そのままだが、下に表示が出てゐて、「小野小町百歳像。または卒都婆小町」とあつた。尻の下には卒都婆を折り敷いてゐる。さうして、やはり白菊が供へられてゐる。

この小町に逢ふために、わたしは山を越えて来たのか？　思はずさう自問した。いや、決して、かうした老婆では断じてない。八十年、いや、八十五年前へ時を遡つたところの麗しい女。または、この本堂の中で法力優れたこの寺の開祖に祈ることによつて、驕慢さ、蛇のやうな冷たさを脱ぎ捨て、ここへやつて来ようとしてゐる、あの女でなくてはなるまい。

しかし、深草少将は、小町の「偽り」を徹底して思ひ知つてしまつたのだ。それとともに、自らの妄念を隈なく自覚するとともに、そのただ中にありながら男として雅びの誠を尽くした、小町にしても女としての艶の誠を尽くした、と。さう合点がいつたのだ。それによつて、いまも引用したやうに、瞬時に「多くの罪を滅」したのである。繁つてゐた薄は消えて、「ともに」地獄に在るところから、解脱の域へ「ともに」在るところにと入れ替つた。さうして「小野の小町も少将も、ともに仏道成りにけり」との謡とともに、二人は合掌、橋掛りを引つ込んでゆく。

起つたのは、かういふことだつたのだ。しかし、わたしの前には、やはり百歳の小町像と貧弱な白菊がある……。


（「文學界」平成14年（二〇〇二）7月号）

誓願寺の梅

敦道《あつみち》親王の死が、恐ろしい衝撃であつたのは疑ひない。しかし、悲しみの底に沈みながら、どこかほつとする思ひがあつたのではないか。なにしろ二人の愛は、行き場がなかつた。二人とも、立竦み続けるよりほかなかつたのだ。平安王朝社会の現実のうちに、なんらかの着地点を見つけることは不可能で、二人してその愛を中空に差上げてゐるよりほかなかつた。親王は親王としての立場を賭け、和泉式部はその色香と歌人としての才を賭けて。

かうした緊張状態は、いつまでも続くはずがなかつた。破局は来なくてはならなかつたのである。が、二人ともその到来を認めることができなかつた。

さうしたところにあつて、決定的な終りが来たのだ。

勘当されてゐた親元へ和泉式部は戻ることができて、とにかく居場所を得た。そして、一年数ヶ月後には、一條天皇の中宮彰子の女房として出仕することになつた。

多分、敦道親王の死は、和泉式部に向け人々が嘲弄の声を挙げるとともに、改めてその才能を認め、親王があれまで思ひをかけた女を見棄てるわけにゆかないと考へさせたのだ。

かうして親元で過ごす日々においてか、出仕が決まつてからか、出仕してからか、説は別れるが、彼女は『和泉式部日記』を書き出した。「夢よりもはかなき世の中を嘆きわびつゝ」と、敦道親王が手紙を童に持たせて寄越したところから始め、親王の邸宅に引き取られ、親王の北の方が退出するまでの日々を、歌を織り込んで、つづつたのだが、これを書くことは、和泉式部自身にとつて、立ち直りへの道筋を着実に辿ることになつたと思はれる。

なによりもそこに描き出された恋の日々は、彼女にとつて輝かしい勲章とでも言ふべきものであつたのだ。まづは女として、そして、才ある者として。

しかし、出仕するやうになつてからも、娘の中宮彰子の許に出入りする道長から、「浮かれ女」とからかはれたりしたやうに、彼女の身辺から、男の影が消えたわけではなかつた。

そして、すでに三十歳台になつてゐた彼女は、宮仕へも二年たらずで辞し、藤原道長の家司で二十歳も年上の藤原保昌《やすまさ》と結婚した。道長の意向によつたのだらう。しかし、宮廷内との係りは持ちつづけたし、恋愛沙汰も治まつたわけではなかつた。そのなかでよく知られてゐるのが、道命阿闍梨との係りである。道綱の長男で、その経文読誦の音声が殊のほか麗しく、聞くひとは皆道心を発すると言はれてゐた。

この道命が、車に乗つて保昌の家の門の前を過ぎる時、法華経を読誦する声を「ウチアゲテ」通つて行つた。車は牛が曳いてゐたから、耳を傾け、思案するだけの時間は十分にあつた。和泉式部は歌を詠むと使の者に持たせてやつた。その歌、「門の外車にのりの声きけばわれも火宅をいでぬべき哉」(広本『沙石集』)。

これが親しくなる切掛であつたか、それともすでに親しく、保昌とともにゐる式部に声をかけるべく、声「ウチアゲテ」みせたのかもしれない。もしも後者だとすれば、歌の意味も微妙さを加へる。煩悩の炎の燃え盛る「火宅」を逃れ出て、悟りを得ようといふのではなく、心ならずも夫とともにゐる「火宅」を抜け出して、貴方の許へ行きたいものだ、といふことになりさうである。

なにしろ道命は、美声とともに、「好色無双ノ人」(『古事談』巻三)としても知られてゐたのである。式部にしても「浮かれ女」の名が高かつた。その二人の間に何事もないなどといふことはあり得なかつた。

その道命が和泉式部と同車した折り、彼女に背を向けて座つた。どうしてそのやうになさいますのかと式部が問ふと、歌でもつて「……笑みもあひなば落ちもこそすれ」と答へた。あなたが笑顔を見せれば、破戒して堕落してしまひますので、と(『古今著聞集』第十)。式部の魅力を称へて巧みに気を引いてみせたのだ。

さうして道命は式部の許へ通ふやうになつたが、ある夜、式部の許から戻つた彼はそのまま床に就き、暁に目を覚ますと、いつものやうに法華経を読誦した。そして、再び微睡まうとすると、人の気配がする。誰かと問ふと、見慣れぬ翁で、五條西洞院のあたりにゐる者、じつは道祖神だが、いつもは梵天、帝釈を初めもろもろの神仏が聴聞されるので、わたしなどは近寄ることができないが、今暁ばかりは、行水もされず読まれたので、梵天、帝釈がお出ましにならず、そのため側近く聴聞することができて嬉しかつたと告げた。『宇治拾遺物語』巻一と『古事談』巻三からである。

これでは僧は、女と交はつても、行水さへすればよろしいといふことになりさうだが、どうであらう。あるいは道命ばかり、特別に許されてゐたのか。

道命の名を追つて行くと、とんでもない姿をとつて和泉式部が現はれてくる。橘保昌(二人の夫の姓名、橘道貞と藤原保昌から合成したか。和泉式部の呼称は道貞が和泉式部の職にあつたことによる)と契りを結び、式部十四歳のときに男の子を儲けたが、五條の橋に捨てた。その子が比叡山に上り、「仏道の道頼もしく」

「情の色もわりなきさま」に成長、道命阿闍梨となつたと言ふのである。その道命が十八歳の時、内裏で催された法華八講の役を務めたが、折りから風が吹き、局の御簾を二度三度と吹き上げ、その隙間から、三十歳ほどの女房の姿を見て以来といふもの、忘れられなくなつた。

　御伽草子『和泉式部』だが、話はさらにすすむ。今一度、かのひとの姿を一目見たいと思ひ詰めた道命は、柑子《かうじ》商人となつて、内裏に入り込んだ。そして、柑子を数へるのに、数を言はず、一個ごとに恋の歌一首を詠んで、渡した。内裏の者たちは感嘆、当の女房は下女に柑子商人の宿を突き止めさせたが、その恋歌の数々を思ひ返すとともに、商人のこころのうちを思はずにをれなくなつた。そして、小野小町が多くの男たちに恋ひ慕はれながらも応へず、「無量の咎」を受けたことを思ひ、下女一人を連れると、商人の宿を訪ねた。夢かとばかり喜んだ道命は、彼女を迎へ入れ、「鴛鴦《ゑんあう》の衾《ふすま》の下に比翼《ひよく》の契り」を結んだ。さうしてきぬぎぬの別れに際して、道命が抜身の守刀を大事に持つてゐるのが分かつた。僧のあなたがどうしてと問ふと、五條の橋の捨て子であつた身の上を明かし、その際に添へられてゐたこの刀を「母と思ひ、身を放たず持」つてをりますと語つた。女は女で、棄てたわが子と思つて大事に持つ鞘を取り出し、合はせると、ぴたりと合つた。

「こは何ごとぞ、親子を知らで逢ふことも、かかるうき世に住む故なり」。さう思ひ至つた和泉式部は、夜もまだ深いまま、都を出て書写山へ向ひ、髪をおろした。思ひもかけず母子相姦の禁忌を犯してしまつたのだ。

　その締め括りが、彼女が書写の鎮守の柱に書き記したといふ歌である。

　　暗きより暗き闇路に生れきてさやかに照らせ山の端の月

「冥きより冥き道にぞ入りぬべきはるかに照らせ山の端の月」の一部を変へた、なんとも拙劣な歌だが、その変へたところ、「生まれきて」に、数奇な運命を嘆く気持が込められてゐるのは確かであらう。『宇治拾遺物語』『古事談』『古今著聞集』（建長六年・一二五四成立）『沙石集』（弘安六年・一二八三）は、いづれも平安朝末期から鎌倉中期にかけての著作である。それに対して御伽草子は、その名のもとに刊行されたのは江戸時代初期と四百年ほども下るが、話そのものの成立はどれだけ遡るか、よく分からないが、この和泉式部の話は、室町時代中期から後期でもあらうか。『古今著聞集』などより二百年ほどは下りさうである。

その時代の経過のうちに、和泉式部と道命との好色沙汰を母子相姦にまで変へるやうな何事かが起つたのであらう。

『沙石集』と『古今著聞集』などにはこんな話も出てゐる。和泉式部が伏見稲荷に参詣した折りのこと、三町ばかり手前のところで時雨がきた。ちやうど田で稲を刈る童がゐたので、襖《ふすま》（袷なり綿入れの衣、あるいは蓑の類）を借り、参拝を済ますことができ、帰りには雨も止んだので返した。そのことがあつた次の日、または三日過ぎ（本によつて異なる）、かの童がやつて来て手紙を差し出した。開いて見ると、「時雨する稲荷の山のもみじばはあをかりしより思ひそめてき」とあつた。懸詞を使つて、まだ若年ですが、あなたに襖をお借ししてからといふもの、あなたに恋してしまひました、と訴へたのだ。

『沙石集』の記述はそれで終はるが、『古今著聞集』第六には次の文がある。

式部あはれと思ひて、このわらはをよびて、「おくへ」といひて、よびいれるとなむ。

童の思ひを受け入れてやつたさうだよ、と語つてゐるのである。『伊勢物語』には、むかしをとこ（業平）が、「つくも髪」の老いた女にも情けをかけてやつたとあるが、彼女もまた年齢、身分の差を問はず、一人前でない稲刈の童（『袋草子』では牛飼ひの童）に情けをかけたのである。

ところで浄瑠璃姫と源義経の恋物語『浄瑠璃姫物語』となると、数多くの異本があるが、そのなかでも室町時代末期の古絵巻では、旅の御曹司義経が浄瑠璃姫の許へ忍んで行き、口説くなかに、和泉式部の話が持ち出される。

世に隠れない美人かじん（佳人か歌人か不明）と生まれ、男たちの「懸念」を受けること数知らず、ひとの御台となつたが、亡親の供養の満ちる暁、枕上に両親の霊が現はれ、ふたりとも成仏できないでゐる。お前が「懸念」を数知らず受けながら、それを「切るゆゑ」で、「願はくば、高き卑しきおしなべて、愛しやう願を立つならば、われも我身も即身成仏疑ひなし」と望んだといふのである。「愛しやう願」とはいかなる願がよく分からないが、とにかく夫のある身の式部としては従ふことができず、髪を下ろさうとすると、阿弥陀如来が老僧となつて現はれ、そのやうなことをしても無駄だと告げる。そこで式部は、やむなく夫に暇を乞ふと、千人の男と契る誓ひを立て、五條に館を建てた。いまでも五條にはお茶屋が並ぶ一画があるのは、このことと縁があるのかどうか。

それから毎夜、三年と三ヶ月、九百九十九人の男と枕をともにした。そして、いよいよ満願の夜、戸を叩いたのは、竹の杖をつき垢じみた襤褸をまとつた二目と見られぬ病身の、清水坂に住む「いはづ」であつた。清水坂には、さまざまな被差別民が住んでをり、「いはづ」は、多分、『豊国大明神臨時御祭礼記録』に出てくる「物イハズ」で、言葉を発することができない者の謂であらう。さすがの式部も、目眩み、心も消え、ここは和泉式部の館ではないと、一度は偽る。ところが彼は口を利いて、本当に願を立てたのか、と問ひただすのだ。それに式部はこころを翻し、迎へ入れる。

さうして夜が明けると、「いはづ」は清水観音と現じた。

この物語を語り終へるとともに、御曹司は浄瑠璃姫と結ばれるのだ。すなはち、男女の間の隔てを取り除くための最終の物語の役割を果たすのである。どうしてさうなるのか。

いづれにしろ童にまで情けをかけた式部は、阿弥陀にも比すべきところまで行つてたと言はねばなるまい。広大無辺な慈悲でもつて男の願ひをすべて受け入れ、満たすのだ。かうなると、母子相姦などといつたことも問題でなくなつてしまひさうである。

なにが、このやうなところまで、和泉式部を押しやつたのか？

京都の河原町四條の交差点は、人であふれてゐた。

人波に押し流されるやうに四條通を西へ行き、新京極へ折れた。このごろは季節に変はりなく、週末となれば人々が京都へやつて来る。

左側すぐに、狭い小路が口を開けてゐて、傍らに「時宗開祖一遍上人」と角書きして、「念仏賦算遺跡」と刻まれた石柱が立つてゐる。上には「染殿院」と四角い行灯が上がつてゐる。

こんなところだつたかと思ひながら、その暗い小路を入ると、すぐ突き当たりに提灯がぶら下がり、右側に古びた小さな堂がその空間一杯に建つてゐた。堂内は永年の線香の煙で黒ずんでゐる。

奥には地蔵が据ゑられてゐる。文徳天皇の皇后染殿が帰依したと伝へるが、もとは時宗の四條道場、金蓮寺の境内にあつたといふ。金蓮寺は時宗四條派の本山で、応長元年（一三一一）八月に建立され、足利義満の庇護を受けて栄へ、踊念仏や賦算がしばしば行はれた。それも時宗の開祖一遍上人が弘安七年（一二八四）閏四月、念仏賦算を行つたことに始まる。

その日、大雨つづきで河川が氾濫、洪水に見舞はれたが、貴賤をとはず多くの人々が陸続と集まつて来た。その様子は『一遍聖絵』に描かれてゐるが、民家に囲まれた釈迦堂前の狭い境内に、男女がひしめき、高貴な人の車が五台も引き込まれてゐる。そのただなか、体格のよい僧の肩に乗つた黒衣の一遍が、念仏札を渡してゐる。

札には木版で「南無阿弥陀仏」とあつて、その下に小さく「決定往生／六十万人」と二行に印されてゐる。これを誰といふことなく無差別に手渡して、南無阿弥陀仏と念仏を唱へ、信心を起す機縁としようとしたのである。

この一遍と和泉式部は二百五十年ほど時を隔ててゐるが、それを越えた深い繋りがあつた。また、その一遍に従つた時宗の女たちとも。

もつとも、この地にあつた金蓮寺は、百年ほどすると、同じ時宗の七條道場と本末を争ひ、何度も火災に襲はれた。さうした事態に粘り強く対処、宗勢を保持したものの、天明八年（一七八八）の大火で類焼すると、急速に衰へ、寺域も次々と売却され、明治の新京極通の開設などもあつて、大正十五年（一九二六）には北区へ移転してしまつた。

小路を出ると、やはり人波に押されるやうにして、新京極の通を北へと進んだ。

この通は、東京への遷都により寂れたのを取り戻さうと、明治の初めに京都府知事が、京極通のすぐ東側、三條と四條の間に、新たに通したものである。

それより三百年前の天正十九年（一五九一）、豊臣秀吉が京極通に寺を集め、寺町としたが、その寺々の境内に見世物小屋や芝居小屋、手軽な飲食店が集まつて歓楽街を形成してゐた。そのところに新たに通をとほし、一層の繁華化を図るとともに、廃仏毀釈の徹底を図つたのだ。

かうして寺といふ寺は境内を失ひ、建造物と墓場だけとなり、演芸場や映画館、食物屋や土産屋が軒を並べ、いまではゲームセンターやジーンズやシャツなどをぶら下げた若者向けの店がひしめいてゐるのだ。

通の東側に、提灯が三段に並んで吊されてゐる一角があつた。それぞれに錦天満宮と書かれてゐる。その下を潜り入ると、すぐに社殿であつた。その先の蛸薬師になると、隔てるものがなく、ささやかな御堂が繁華な通に剥き出しになつてゐる。その先、店と店の間のわづかな間を入ると、鼻をつく近さに、意外に立派な本堂が建ち、軒下の賽銭箱の横に梅の若木があり、小さな碑が立ち、「軒端の梅」とある。和泉式部ゆかりの誠心院であつた。

この寺がこのようなところに在るのには、新京極通が造られる前の複雑な経緯がある。もともとは、上東門院彰子のため父の藤原道長が東北院を営んだ際、その一隅に庵を建て、彰子に仕へた和泉式部に与へたのが始まりであつた。その時に、式部は庵の軒近くに梅を植ゑて楽しんだ。謡曲『軒端梅』で語られてゐるところだが、さうした経緯から、いまもここには梅が植ゑられ、道長や式部の像も安置されてゐるらしい。ただし、東北院が建てられたのは、ここでなく、東京極の今出川南、法成寺の東北の角であつた。ここから二キロほど北である。そして応仁の乱前に東北院が衰微すると、そこから西へ二キロほど行つた一條も小川（上京区）の誓願寺境内に、庵ばかりが移転した。さうして天正十九年、誓願寺とともにここへ移つて来たといふ経緯がある。ついでに言へば、東北院は、一旦はほぼ消滅したものの、元禄時代には真如堂に近い地に小規模ながら再興され、今日に至つてをり、境内にはやはり「軒端の梅」がある。

ところでここの本堂左横には、墓地が大きく広がつてゐる。回りを囲むビルが、いづれも背をこちらに向けてゐる。

このどこかに、和泉式部の墓があるらしいのだ。

墓石の間をめぐり歩いた。さうして新京極の通へ出るもう一つの門の手前に、ひどく堂々とした宝篋印塔があつたが、それがさうであつた。石灯籠が一対、前に据ゑられ、玉垣が巡らされてゐて、本体の塔身上の屋根がやや大きめで、四隅の飾りもほとんど反つてゐない室町前期の様式で、相輪も太く高々と伸びてゐる。正和二年（一三一三）に建立されたものらしい。

これまで幾つか和泉式部に係りのあると伝へられる石塔を見てきたが、これほど立派で、威圧的な印象を与へるものはない。その点で、式部にはふさはしくないやうにも思はれるが、天正十九年には誓願寺とともに、ここへ運ばれたのだ。

門を出て、再び人波のなかへ入ると、すぐ先に小さな広場があり、池が作られ、腰を降ろす人たちがゐて、その東側に、瓦を載せた棟門を構へた大きな御堂があつた。

門の脇に「総本山誓願寺」と刻んだ大きな石柱が立つてゐる。いまは浄土宗西山深草派の本山である。ここも両側から店が迫つて文字通り軒下に迫つてゐる。かつては誠心院も和泉式部の墓も、この寺の境内の一隅にあつた。

棟門を潜ると、僅かの空間をおいて石段で、それを半ば、十段ほど上がると、御堂の内部が広々と見えた。柱がなく、外陣と内陣の仕切りには上から五色の幕が下がつてゐるばかりで、その奥深くに、黄金の光背を後ろにして、巨大な仏像が据ゑられてゐた。全体に緑系の色が強く、丸みを帯びた目鼻立ちがくつきりとして、どこか異国風である。

阿弥陀仏座像であつた。

靴を脱ぎ、内陣の手前まで進む。

この阿弥陀仏の元となつた像は、伝説的な仏師、賢問子《けんもんし》とその子芥子国《けしこく》の作だといふ。父の賢問子は大陸に渡り、仏師の技を磨いたが、かの地で認められ尊重されるとともに、帰国が許されなくなつた。そこで彼は鳥を彫り、それに乗つて空を飛び、帰国した。後に妻子が残されたが、子の芥子国が成人すると、父の跡を追つてやつて来て、ともに技を発揮することになつた。今もその時代に近い大きな仏像が飛鳥の地に、飛鳥大仏と呼ばれて残つてゐるが、どこか似た気配がある。なにしろ天智天皇四年（六六五）に天智天皇によつて奈良・尼ヶ辻あたりに創建され、以後、遷都のたびに運ばれたと伝へられる。道に白布を敷き、衣冠束帯の勅使を先頭に、楽を奏しつつ曳いたといふのだが、その様子は、重要文化財の土佐光信筆『誓願寺縁起』に描かれてゐる。

ただし、その伝来の本尊は、元治元年（一八六四）、禁門の変で兵火にかかり、焼失、いま据ゑられてゐるのは、明治の廃仏毀釈にあつた石清水八幡宮の本地仏阿弥陀仏を祀る阿弥陀寺から勧請したが、これまた、昭和七年（一九三二）に本堂が焼けた際、大きく損傷、大幅な補修が加へられてゐるといふ。そのため本堂は、鉄筋耐火建築として昭和三十九年（一九六四）に再建された。柱の少ない構造で、堂内のどこからでも本尊を仰ぎ見ることができるやうになつてゐるのだ。

このやうに歴史に翻弄されつづけて来てゐて、建物こそ広壮だが、境内といふべきものを持たないが、明治以前の様子は、『洛中洛外図』や『都名所図会』（安永九年・一七八〇刊）の挿絵によつて知ることができる。北は三條通まで、南は誠心院を含む広大な境内を持ち、開山堂や三重塔、それに釈迦堂、地蔵堂、春日社など、それに十八の塔頭が甍を並べ、本堂の軒は長々と前へ迫り出し、長い階を昇つていかなくてはならなかつた。さうして春には未開紅《みかいこう》と称する梅と、誠心院の軒端の梅が人々を呼び寄せ、鴨川の河原につながつてゐたため、その境内ではしばしば芝居の興業が行はれた。また、門前には糸屋や扇屋、床屋などがあり、遊女が応対してゐた。

ただし、場所や佇まひは変はつても、阿弥陀仏を本尊とする寺として、古くから貴顕や一般庶民まで広く信仰を集め、念仏講が組織され、殊に女人往生の道場として女たちの参詣者が絶えずに来てゐるのだ。

それといふのもこの地に移る遙か以前、平安の頃だが、源信がこの寺の阿弥陀像に帰依、しばしば比叡山を下りて参籠、不断念仏の行をおこなひ、清少納言が髪を落として尼となり、本堂側に庵室を設け、念仏を唱へて往生したといふ。さうして法然上人も参籠したが、その際に住持蔵俊が法然に帰依したのが縁となり、法然の弟子証空が当寺に入つて浄土宗に変はつたと伝へられてゐる。

その証空の孫弟子が一遍で、そこから一遍は、弘安七年（一二八四）、四條で賦算念仏を行つたのに引き続いて、誓願寺でも大々的に行つた。その様子が謡曲『誓願寺』で扱はれてゐる。

折から春の夕べ、鐘の音があちこちからおこり、群集する人々のなかから念仏の声が起り、上人は札を配つて行つた。と、札を手にしたひとりの女人が歩み寄り、

「このお札を見奉れば、六十万人決定往生とあり。さて六十万人よりほかは往生に漏れ候ふべきやらん。返す返すも不審にこそ候へ」

舞台には増《ぞう》の面（やや年かさの品格のある女）に錦織をまとつたひとが、札には「南無阿弥陀仏　決定往生／六十万人」と記されてゐるが、六十万人に入らない人々は往生できないのか、と問ひけるので

ある。

一遍は答へて、「南無阿弥陀仏決定往生」とばかり受け取つてくだされぱよい。「六十万人」は、熊野権現から神託を受けた際の四句の偈『六字多号一遍法、十界依正一遍体、万行離念一遍記、人中上々妙好華』の頭の文字を一字づつ並べたもので、神託を受けた証であり、意味を持つものではない。「光明遍照十方世界に、漏るる方なき御法なるを、僅かに六十万人と、人数をいかで定むべき」と説いた。

女人は、「さては嬉しや心得たり」と、上人と本尊を伏し拝むが、かう言葉を継ぐ。

誓願寺と打ちたる額《ガク》を除け、上人のおん手跡にて、六字の名号になして賜はり候へ。

この言葉に驚き、一遍がどうしてそのやうなことを言ふのかと問ひ返すと、「ご本尊のおん告げ」と言ひ、さらに誠心院の石塔を指さして、

わらはが住居はあの石塔にて候。

さう言つてその場にゐた人々を驚かすと、つづけて、「いづみ式部はわれぞ」と名乗り、姿を消す。

どうして和泉式部が、ここで一遍の前に姿を現はしたのか。

一遍自身、性空に深く帰依、和泉式部同様、書写山を訪ねてゐる。そこに絆の一つがあるが、いま一つ、一遍が熊野本宮の証誠殿に参籠、熊野権現から霊夢を授けられ、賦算念仏を行ふに至つたことも係る。和泉式部は熊野詣に出掛け、本宮を遠く拝することのできる伏拝王子まで来たところ、月の

ものになつた。そこで「晴れやらぬ身にうき雲のたなびきて月のさはりとなるぞ悲しき」と詠んだところ、夢のなかに熊野権現が現はれ、かう歌で答へたといふのだ、「もろともに塵にまじはる神なれば月のさはりもなぞかくるしき」。

この歌問答は、正平元年（一三四六）撰進の『風雅勅撰和歌集』に収録されたが、中世宗教史において要になる思想を端的に示してゐると思はれる。殊に女人成仏にあつては決定的と言つてよく、もしかしたらこの歌問答によつて和泉式部は女人成仏の象徴的存在になつたのかもしれない。そして、熊野権現が彼女に言つたことは、一遍に対して言つた「信不信をえらばず、浄不浄をきらはず、その札をくばるべし」（『一遍聖絵』）と基本的に同じである。

だから一遍には、少なからぬ女たちが従ひ、ともに遊行し、念仏を唱へて踊つたのだ。

かういふ係りがあつたからこそ、式部は一遍の前に出現して、問答し、その上、阿弥陀の誓願に与かるためには、「誓願」の文字を掲げるよりも、一遍の説くやうに念仏を掲げることが肝要、と言つたのであらう。

一遍がそのとほり六字の名号を書き、誓願寺の額に替へて掲げると、異香薫じ花降り楽が起つた。すると、先の女人が再び現じて、言ふ。

「われも仮りなる夢の世に、いづみ式部と言はれし身の、仏果を得るや極楽の、歌舞の菩薩となりたるなり」

「愛しやう願」を果たして観音となつたともいはれるが、「歌舞の菩薩」ともなつたのである。「歌舞の菩薩」とは、阿弥陀仏が来迎する際、紫雲に乗つて楽を奏し、歌ひ、舞ひながらやつて来る二十五菩薩を総称して言ひ、観音も含まれてゐる。そして式部は、極楽に生まれ変はつた喜びを語るのである。見上げると、垂れた五色の幕の中央に、確かに金色で「南無阿弥陀仏」の六字の名号が記された額が懸かつてゐる。

この謡曲は、寛正五年（一四六四）四月、紀河原《ただすのかはら》勧進猿楽で演じられたことが記録に見え、少なからず『洛陽誓願寺縁起』に基づいてゐると言はれる。その『洛陽誓願寺縁起』だが、式部についてはこんなふうに記す。「しきしまの道に長じ、好色すぐれ愛執ふかくして、明暮人の心をのみとらかし」と。「とらかし」とは「とろかし」だらう。

ところが最愛の娘小式部内侍が病に臥した末、空しくなつた。万寿二年（一〇二五）十一月のことで、頭中将公成の子を生むと、二十七歳で急死したのだが、縁起では十七歳となつてゐる。この時の母式部の悲嘆ぶりは、残された歌などからも知られるが、烈しいものであつた。そして、性空上人の教へを受けるべく、書写山へ赴いたと語られる。実際にはすでにこの世の人でなかつたが、さうした史実はあまり係はりがなからう。すると性空の弟子たちは、式部があまりに美しかつたので、鬼神の変化かと疑ひ、面会を許さなかつた。そこで「冥きより冥き道にぞ……」の歌を送り、ようやく叶へられた。上人は、石清水八幡大菩薩の本地は極楽の弥陀ゆゑ、そちらに詣でて神慮を受けよ説いた。明にその阿弥陀像が勧請される縁が、すでに結ばれたことになる。もつとも一遍自身も、石清水へも赴いてゐる。そして、和泉式部はその名から、清水に縁があると考へられてゐたのだらう。

さうして式部が石清水八幡宮の社前に七日七夜籠もつて祈ると、老僧が現はれ、都の誓願寺に参るやう告げた。そこで引きつづき誓願寺に四十八日籠もつて念仏すると、老尼が現はれ、かう告げたとある。

「南無阿弥陀仏と称すれば、摂取光益にあづかりて、無明の迷闇を照らす也。ことに女人の往生は三十五の本願に顕れたり」。

「三十五の本願」とは、阿弥陀仏が立てた四十八の誓願のうち三十五番目の願で、女人救済に係はる。この寺では、女人往生が強く説かれ、女人の信仰を集めてをり、時宗の寺となつたわけではないが、一遍の跡を継いだ遊行上人たちの回国の際、七日間、ここに留まるのを慣例にするなど、深い繋がりが生じるとともに、それに従ふ女や諸国を勧進し唱導して巡り歩く女たちが、根城にしたらしい。そのなかには、いはゆる熊野比丘尼や歩き巫女とも言はれるやうな女たちも加はつてゐただらう。老尼とは、さういふ女たちの代表でもあらうか。かうして式部はやうやく安心を得た……。

この物語を、いまいつた女たちが、旅の先々で『平家物語』や『太平記』に対する女語りとして語り、女人成仏を説き、時には歌舞を演じてみせたのだ。そして、和泉式部なる存在を押し出した、と考へられる。

そのなかには、和泉式部と名乗つて麗しく装ひ、歌ひ舞つて、男たちの「懸念」を己が肉身でもつて解きほぐした女たちもゐたらしい。

かうして和泉式部は、観音とも歌舞の菩薩ともなるとともに、己が肉身を無差別に施行する存在ともなつた……。

誠心院の宝篋印塔を建立したのは、さういふ一群の女たちであつたのではなからうか。また、書写山を始め、加古川、天橋立、熊野などから岐阜、遠くは岩手と各地に散らばる、和泉式部の墓などと伝へられる石塔も、彼女らが勧進して建てたものであらう。

新京極通の人通りは、夕暮れ近くなつて、さらに多くなつてゐた。思ひ思ひの装ひの女たちの姿が目立つ。

しかし、和泉式部の没年は、いまだに不明に留まつてゐる。

（「季刊文科」23、平成14年（二〇〇二）10月）

飛ぶ男

空を飛ぶことを、いつ頃から人は望むやうになつたのだらうか。

高天原の神々がこの地上に降つて来て歴史が始まつたと、わが国の神話ではなつてゐるが、そこにすでにその望みが秘められてゐさうである。われわれの祖先は天上を住まひとし、天上を自由に歩んでゐた、と言ふのだから。

これはなにもわれわれ日本人に限ったことではなく、この世に人間が出現して以来、抱き続けてゐる思ひのやうである。世界に広く流布してゐる羽衣伝説にしても、貫いてゐるのは、飛翔への、天上への「帰還」の切実な願ひである。

そして、その伝説には深い悲哀感が伴ふのが常である。飛べない、天へ帰られない、天から追放された……、さういふ挫折の思ひに苦しめられてゐるのだ。多分、鳥でもないのに、このやうな望みを持つこと自体が間違つてゐるのである。しかし、不可能であると承知すればするほど、かうした願ひは理不尽に高まる。そして、悲嘆を深めてしまふのだ。

羽衣のヒロインが悲し気な様子で登場して来るのも、当然であらう。彼女らは、かぐはしくも麗しい、この地上とは違つた存在であるのにかかはらず、天に帰られない悲しみを、味あはなくてはならないのだ。鶴女房の説話にしてもさうである。そして、それだけ深い同情をもつて描かれる。

が、それと対照的に、嘲笑でもつて扱はれる存在もある。もともと身の程知らずの願ひに身を焦すほど、滑稽なことはないのだ。

秋の晴れた午後、わたしは近鉄線の橿原神宮駅で降りた。

駅前は、バスが一台停つてゐるだけで、閑散としてゐる。ロータリーのあちこちに造られた花壇にはサルビアが赤い花をつけてゐるが、それが却つてわびしい。

立ち止まって振り返ると、神社に似せた切妻の傾斜のきつい屋根が、青空へ向け力強い直線を見せてゐる。昭和十五年（一九四〇）の皇紀二千六百年を記念して、建築されたのだ。

参道の両側には歩道があり、二階建ての商店が並んでゐる。やはりその折に造られたので、当時としては立派な街だつたのだが、いまは駅前なのに、数軒がカーテンを引いてゐる。

それから五年後に敗戦、外国軍隊が占領、どこよりも厳しく監視するといふ事態が、この街を襲つた。彼らは神道に強い警戒感を持つてゐたのだ。それ以来、時代の動きから取り残された日々が、流れたと言つてよからう。

その整備された二年後か三年後の紀元節だつたと思ふが、小学生であつたわたしは、父母に手を引かれ、ここへやつて来たことがある。行き帰りの電車も満員だつたし、参道も人波に埋まつてゐたと記憶してゐるが、あの人波が退いて、そのまま半世紀以上が経過した様子なのである。

その参道を進んで行くと、着飾った若い男女が十人ほど屯ろしてゐた。男は黒い礼服、娘たちは振袖姿で、互ひに写真を撮りあつてゐる。不思議な光景に出会った思ひで近づいていくと、最近出来た小さなホテルの前であつた。玄関横のウインドウには豪華な結婚衣装が展示されてゐる。仲間の結婚式が終り、披露宴が始まるのを待ってゐるのだらう。時代の波はわずかながら押し寄せて来てゐる気配だ。

　その彼らの間を擦り抜け、人気のない土産屋や食堂の立ち並ぶところを過ぎると、玉砂利が一面に敷かれた広場に出る。その中央には大鳥居が立つてゐる。やや鈍重な感じがするものの、堂々としてゐる。この奥に神武天皇が祀られてゐるのだ。高天原から降つて来た瓊瓊杵尊《ににぎのみこと》の曾孫である。


　天ノ八重多那雲《やへたなぐも》ヲ押シ分ケテ、稜威《いつ》ノ道別《ちわ》キテ、

幾重にも棚引いてゐる雲を押し分けて、威風堂々と道を開き、開きながら、瓊瓊杵尊はこの地上へと、天下つて来た、と『古事記』は記す。

鳥居の奥へとつづく参道を窺ひ、右手前方に見える畝傍山を眺める。

しばし、さうしてから鳥居の横を左へと逸れ、林に入る。重たげな葉が幾重にも重なり、頭上を閉ざす。が、林は深くなく、すぐに電車の踏切だつた。

横に背高な石柱が立ち、「推古天皇誓願、来目皇子創建」と角書して「真言宗根本道場久米寺」と刻まれてゐた。

来目《くめ》皇子とは、聖徳太子の同母弟で、ともに推古天皇の甥になる。病で両眼が潰れ、治療に尽くしたが功なく、薬師如来と脇侍日光月光両菩薩の像を鋳造して礼拝したところ、たちまち両眼が開いた。そこで、その像を本尊として営んだのがこの寺であると、『和州久米寺流記』（元禄十一年・一六九八書写）にはある。

　踏切の警報機が、カンカンと鳴り出した。やがてオレンジ色も鮮やかに塗られた電車が、木立の間

から現はれた。

もつとも『日本書紀』には、推古十年（六〇二）の二月、来目皇子は新羅攻撃の将軍となつて二万五千の兵を率ゐ、筑紫へ赴いたところ、六月に病となり、翌二年二月、その地で没したと記されてゐる。その記録と、「来目」を「苦目」とも取ることによつて生まれた伝承かもしれない。それにこの来目皇子による創建説は、鎌倉時代以降に見られるやうになつたもので、それ以前の『扶桑略記』や『今昔物語集』には、久米仙人の創建と出てゐる。言ふまでもなく久米仙人は、空を飛行中に落ちたひとである。いま引いた『和州久米寺流記』も、この話を無視できなかつたとみえて、来目皇子説と併記してゐる。ただし、古いからといつて、久米仙人説が正しいと言へるかどうか。

踏切を渡ると、もうそこから境内だつた。

石段を数段あがると、石畳道がゆるやかに上がつてゆく。右手に、杉木立をとほして本堂の裏が見える。

石畳道が尽き、南面する本堂の前に出た。

江戸時代の建造になるが、一応の風格と規模を持つ。石段を上がつた正面中央の香台から煙が上がり、両脇に置かれた燈明台には幾つも灯がともつてゐる。

ちやうど母娘らしい二人連れが、火の付いた蝋燭を立てようとしてゐるところであつた。

石段を上がり、振り返つて境内を見渡すと、石畳道が正面に伸び、両側に植込が造られ、右は石灯籠に松、左は人の背丈を越すコンクリートの台があつて、その上に石の立像が据ゑられてゐる。老人の一メートルほどの像である。痩せて、目が大きく、顎鬚を垂らし、杖を持つてゐる。どこか木食上人の木彫を思はせるところがあるが、彫りは浅い。

久米仙人、と題にあつた。

かうも早々に、目当ての人物の風采に接することになるとは、思つてもゐなかつた。本堂に入るのは後回しにして、石段を降り、そちらへ寄つていく。

像の前には小さな台が置かれ、小箱の中に直径五、六センチほどの丸い素焼の皿のやうなものが重ねられてゐて、「願ひ事をカワラケに書いて、割つて下さい。諸願成就します。一枚百円」と、掲示が出てゐる。

諸願、とあるが、どんな願ひごとをすればよいのだらう。空を飛ぶことか？　巨石や材木を飛ばす術を授かることか？　はたまた、色香に迷はされるやうな女に出会ふことか？

手に取つて見ると、カワラケの真ん中に小さく、厄除と刻印されてゐる。足元には砂利と紛れて、破片が幾つも散らばつてゐる。台の手前両側に、フットボール大の石が縦に据えられてゐて、その先端が白くなつてゐるのは、そこに当ててカワラケを割るからだらう。

像の横に、畳大の看板が立てられ、久米仙人についての説明が書かれてゐた。

欽明天皇（推古天皇の父）の御代、金剛山麓の葛城の里に生まれ、吉野山龍門ヶ嶽で神通飛行術を習得、その後、寺に百数十年寄住、聖武天皇が東大寺を建立した際、勅命を受けて、数々の大木、大石を、三日三夜にわたり、仙術によつて東大寺の予定地へ運び、事業を助けた。その効により、免田二十町を賜つた、と。

『今昔物語集』では、同じ話が出てゐるが、時代が明記されてゐないし、従事したのは都の造営で、祈念したのは七日七夜、賜つた免田は三十町歩とされてゐるが、大筋は変はらない。ただし、ここの記述には一つ、重大な欠落がある。飛行中に墜落したことがない。

男の中学生の一団が横を通つて行つた。学校帰りのやうだ。
この墜落話は、早くから有名である。鴨長明が『発心集』にかう書いてゐる。

久米の仙人は通を得て空を飛び歩りきけれど、下種女のもの洗ひける脛《はぎ》の白かれけるに欲を発して、仙を退して、ただ人となりにけり。

兼好法師の『徒然草』の次の一節は、もつと有名である。

久米の仙人の、物洗ふ女の脛の白きを見て、通を失ひけんは、誠に手足・はだへなどのきよらに、肥えあぶらづきたらんは、外の色ならねば、さもあらんかし。

こんなふうに男の好色心に発した失敗として、広く知られ、江戸時代になると、浄瑠璃作者や戯作者の好餌にされた。『雷神不動北山桜』などが代表的なものだらう。
買物籠を持つた中年の女性が、やや急ぎ足で通つていく。この境内は、周辺の住人たちの通路になつてゐる様子である。それでゐて塵一つなく、掃き清められたまま保たれてゐる。地域の人たちが大事にしてゐるのであらう。
さうして権威づけを狙つたはずの『和州久米寺流記』でさへ、かう記してゐる。

於……久米河有洗布之下女。仙見其股色愛心忽発。通力立滅于大地畢

久米河で布を洗つてゐた下女がゐたが、仙人は、その女の股を見て、たちまち色愛心を起こした。すると、即座に通力が消えて、仙人は大地に落ちてしまつた。

しかし、いかに有名な話ではあつても、自慢できるやうなことではない。看板に書かないのも当然だらう。

台の上の老いた仙人の視線を辿るようにして、本堂のほうを見ると、そこには広々とした屋根があつた。銀色に鈍く輝く瓦の広がりで、なだらかな庇から始まり、徐々に勾配を強め、棟近くになると、真直ぐ突立つやうになる。その美しさは格別である。とりたてて名のある匠の仕事ではないだらうが、棟に向つて整然と並べられた丸瓦のつくり出す量感のある線一本一本が、それぞれ微妙な変化を見せながら、天へ向つて曲線を描き、跳ねあがつてゆく。

その多量の線に導かれて、視線とともにこちらの気持も、おのづと空へ向つていく。

棟瓦の上には、秋の午後の青空がひろがつてゐる。

かくも絶えざる青の注視を私へ投げ
私をいざなひ心も空に

三島由紀夫『Ｆ１０４』の最後に添へられた詩「イカロス」の一節である。

もつと高くもつと高く
人間的なものよりもはるかに高みへ

たえず私をおびきよせる？

自衛隊の超音速ジェット戦闘機Ｆ１０４に搭乗した折りの体験にもとづくもので、その翌年に刊行した評論的自伝『太陽と鉄』（昭和42年、一九六七）にエピローグとして収められた。

仙人なるものがわが国に登場したのは、大陸から道教が伝へられた頃かと思はれるが、七世紀前半の飛鳥時代らしい、仙人の飛翔する姿を描いた絵が、昭和六十三年（一九八八）、法隆寺の薬師如来坐像の台座の鏡板裏から発見されてゐる。いまは剥落して見られない台座の表の絵の試し書きらしく、墨でのびのび線描きされてゐて、髭を蓄へた壮年と見える男が、冠をかぶり、両手で印を結び、足は流すやうに後へ伸ばし、両袖と裾を長く靡かせ、木々の梢の上を飛んでゐる。これがわが国最古の仙人と考へてよいらしい。

目の前の石像とは、様子が随分違ふが、こんなふうにして神ならざる飛行する男が、われわれの世界に登場して来たのだ。人間的なものの遥かな高みを目指して？

その飛行する者についてのまとまつた記述は、『扶桑略記』に見られる。十一世紀末か十二世紀初めに成立したと考へられるが、その第二十三、延喜元年（九〇一）八月の項は、当時、最もよく知られた飛行自在の陽勝について述べ、彼の先行者に触れ、おほよそ次のやうに記してゐる。

——古老が伝へるところによると、わが国には昔、三人の仙人がゐた。大伴仙人、安曇《あづみ》仙人、それに久米仙人で、彼らは吉野の龍門寺にゐたが、大伴の草庵の礎石はいまも残つてをり、他の二人が暮らした部屋も現存してゐる。しかし、久米仙人は飛行して落ち、大和の高市郡に寺を造り、六丈の金銅の薬師如来と日光月光両菩薩像を鋳造して祀つたが、堂はみな失せ、仏像ばかりが野の中に座してゐる。それが久米寺である……。

ここも「久米仙飛後更落」とあるばかりで、その理由については触れてゐない。石像の背後へ回ると、絵馬がびつしり掛かつてゐた。長寿祈願に、縁結びである。厄除けだけでなく、いまやかうした願ひも聞き届けてくれるらしい。

なるほど、顎鬚を長く垂らし、杖をついた姿は、明らかに長寿者のものである。それに看板の説明によれば、二百年は優に生きたことになる。長寿祈願の対象になるのはもつともである。ただし、縁結びとなると、どうだらう。

本堂への石段を上がる。そして、鰐口から下がる綱を引いた。乾いた、低い音がした。

内陣との間には格子が嵌まり、中は暗い。曠野に座してゐたといふ金銅の丈六の仏薬師と日月両菩薩だらうかと、透かし見ると、本尊は確かに三メートル足らずの薬師如来坐像である。が、そこにゐた僧に訊ねると、木造とのことである。だとすれば、金銅の三体の像はどこへ行つたのだらう。

脇に、手拭や箸、絵馬などが並べられてゐた。絵馬を手に取つて、派手な色で描かれた翁と媼を眺める。

仙人……女ノ前ニ落ヌ。其後、其女ヲ妻トシテ有リ。

『今昔物語集』にはさう記されたが、その末がこの姿なのであらう。考へてみれば、これほど強力な縁もあるまい。天と地に遠く隔たつてゐた男女が、一瞬にして結ばれたのだから。

が、この男の飛翔への願いはどうなつたのか。彼は、その願をきれいさつぱり忘れてしまつたのか。

いや、さうではなかつた。

「前ノ仙、久米」

地上を歩む「ただ人」となつて妻とともに暮らした彼は、馬を売り買ひなどする際、かう署名した、といふのである。ひとびとは、彼をさう呼んで嘲笑つたが、彼自身は、敢へてかう署名しつづけた。すなはち、飛翔する願ひをなほも抱き続けてゐたのだ。さうして然るべき人が、然るべき願ひをもつて依頼すると、三日三夜なり七日七夜、激しく祈念して、巨木や巨石を飛ばした。

そのやうな男に、縁結びを祈願してよいものかどうか。願ふとすれば、やはり飛翔の願ひではないか。その願ひを誰よりも強く内に秘め続けてゐるのである。いや、嘲笑ふものは許すが、この願ひを安易に持ちだす者をこそ、許さない、さういふところへ立つに至つてゐたのではないか。

わたしは石段を降り、正面の石畳道を先へと辿つた。

左には観音堂、御影堂、地蔵堂と、こじんまりした御堂がならび、右側は鐘楼に、朱色を残した多宝塔がある。万治二年（一六五九）に仁和寺から移築したものらしい。

突き当りには、広い庭を前にした総二階の客殿がある。ガラス戸が一面に入つてゐる。この客殿と本堂を結んで、毎年五月三日には、二十五菩薩練り供養が行はれるのである。「久米れんぞ」と呼ばれ、近隣の人たちに親しまれてをり、菩薩の仮面をつけた人たちがこの客殿から現はれ、彼方の本堂、浄土へ向ふ。これも飛翔への願ひが貫いてゐるのではないか。

石畳道を外れ、客殿の西横を抜けると、道に出た。山門がなく、その先、右側に久米御縣神社があつた。

玉垣で境内は囲はれ、切妻の横長の拝殿がある。その先、奥にごく小さな、古風さをとどめた本殿が位置してゐる。

久米寺の鎮守で、大来目命を祀る。瓊瓊杵尊を守護して高天原からともに下つて来て、神倭《かむやまと》伊波礼毘古《いはれひこ》が東征の末、熊野から大和へ入り、神武天皇として即位するまで、各地で目覚ましい活躍をした軍団久米一族の始祖である。

久米仙人も、この久米氏の一員だつたのだ。さうであるなら、当然、その血を意識してゐたに違ひない。いや、その意識に強く突き動かされたのではないか。自分は、飛ばうと欲すれば飛べる一族の一員なのだ、と。空の彼方にこそ、自分本来の故郷がある、と。

久米寺の境内に引き返すと、地蔵堂の前で、セーターを来た中年の男が、床下へ入り込まうとしてゐる犬を懸命に引き戻さうとしてゐた。本堂に横からは、三人連れの少女がテニスのラケットを抱へて現はれた。午後も遅くなると、周囲の人たちの暮らしが、この境内に滲み出て来る気配である。

久米仙人の像の向うに、再び本堂の屋根を眺めた。

空に突き刺さるやうに聳えるキリスト教会の屋根と違ひ、なだらかな曲面が徐々に立ち上がり、最後に跳ね上がる。さうしてまた、降りて来て、軒へと達する。これなら、飛ぶのもさほど難しくなく、落ちても柔らかく受け止めてくれさうに思はれる。現に久米仙人は、肉身を保つたまま飛び、それ故に惹かれて落ち、柔らかく受け止められたのだ。

が、生身のままの飛ぶのは、容易でない。

道教の神仙術の書『金庭無為妙経』の説くところによれば、天地大自然の天候気象の変化の法則を知り、会得するとともに、不老不死の教を信じ、労働を避け、物欲を去り、身体を軽くしなければばならない。そのために仙薬を服用、穀物を食さず、松や柏の実を食べ、特別の呼吸術を無心におこなふのが肝要である。

実際に久米仙人も深山に入り、松葉を食べ、薜茘《へいれい》を服したと『元亨釈書』巻第十八には記されてゐる。ただし、この書は室町時代の書で、『扶桑略記』や『今昔物語集』にも、同じやうなことが書かれてゐる。まづ堅固な道心を発し、人里離れた庵や岩窟などに籠り、穀を断ち、山菜ばかりを食する。次いでその山菜も断ち、木と草の実のみとし、やがて一日に粟一粒を口にするばかりにとどめ、最後には食そのものを断つ。さうして、身を血肉のない状態とする、とある。

これは即身仏となる方法ではないか。

江戸時代には、幾多の僧たちが、かうした上で漆を呑み、内臓の腐敗を防止した上で、土中の穴へと降り、節を抜いた竹竿で呼吸を繋ぎ、仏となつた。

F104に搭乗するだけでも、過酷な訓練を受けなくてはならないのである。生身で飛ばうとするなら、かうまでしなくてはならないのだらう。しかし、久米仙人は、かくまで己が生身を削ぎ落とすことなく、雲を呼び、飛行することが出来たのだ。やはり久米一族の一員だつたからだらうか。

飛行雲が出てゐた。もう半ばが崩れて横へ流れてゐるが、青空を斜めに断ち切る白雲の尖端は、いまなほ伸び続けてゐる。

十一世紀も後半になると、わが国でも飛行術を習得した人が幾人も数へられるやうになつた。大江匡房は『本朝神仙伝』で、倭健命を初めとして、聖徳太子、役行者、弘法大師、それに浦島太郎など三十一人の名を上げてゐる。そのなかに、久米仙人の名はない。いや、じつは本文は失はれたものの、残された目録には名がある。それにその三十一人だが、中には久米仙人と同様、墜落した東寺の僧が入つてゐるし、薬餌の力でやうやく飛んだものの、高さ七、八尺（三メートル足らず）子供たちに竿をもつて追ひかけられた、「竿打ちの仙」と呼ばれた男まで、入つてゐる。飛ぶことが如何に容易でなかつたか、このことからも知られよう。失敗者も中途半端にとどまつた者も、数へられてゐるのだ。

本堂の横へ入り、踏切へと石畳道を採る。わづか下り坂になつてゐて、体が軽く感じられる。もつと急な坂を、両腕に翼を作り付けて駆け降りたらどうであらうと、他愛ない夢想を飽きずにするとともに、飛行機発明物語のフィルムの一齣を思ひ浮かべる。確かに映像の中のその男は、身を浮かせた。

浮身をするやうに全身の力を抜いて、ふわりと三尺ばかり地上から足を離すと……

平安朝も末期の蹴鞠の名手藤原成通《なりみち》卿が、夢の中でそのまま宙にとどまつた瞬間を、澁澤龍彦は『空飛ぶ大納言』で描いてゐる。驚喜した成通卿は、思はず、

「飛んだり飛んだり、や、飛んだり」

と、叫んだ。その途端、目覚めてしまつた。しかし、そのやうな夢を見たことから、やがて空中遊泳術を会得、実態に畳の上を漂ふやうになつた……。もつとも成通が実際に残した『成通卿口伝日記』を見ると、縹渺たる趣はあるものの、かうした記述は残念ながらない。

ところで飛ばうとするなら、翼を考へるのが自然であらう。現にギリシア神話に出て来るダイダロスとイカロスの父子からしてさうで、キリスト教の天使もまた、翼を持つ。そして、レオナルド・ダ・

ピンチは鳥の翼を克明に描くことをとほして研究、実際に翼を作り、それを身につけて飛翔を試みた。さうした考へ方は、そのまま今日の飛行機まで一貫してゐる。

ところがわが国なり東洋では、先にも触れたやうに、仙人にしろ仙女にしろ、また、天女にしても、翼を持たない。久米仙人も成通卿も、翼を持たない。また、持たうとも考へない。『本朝神仙伝』にはかうある。


報恩大師ハ……翼ナクシテ飛ブガゴトシ。

陽勝ハ……翼ナクシテ飛ベリ。

藤太主・源太ハ……翅ナクシテ飛ベリ。


あくまでも翼を持たない人の姿のまま、飛ぶのである。翼を持つて飛ぶのは、烏天狗ぐらゐなもので、天使などとはおほよそ異なり、嘴を持ち、卑し気で、邪な存在でもある。同じ天狗でも大天狗となると、翼を持たない。ただし、正確を期して言へば、いま挙げた陽勝について、『今昔物語集』にはかういふ記述がある、「血肉《ちしし》無クシテ、異《こと》ナル骨奇《あやし》キ毛有リ、身ニ二《ふたつ》ノ翼生《おひ》テ、空ヲ飛ブ事、麒麟《きりん》鳳凰ノ如シ」。例外的な記述と見てよからうが、飛ぶ生き物をよくよく観察してゐることはよく判る。

踏切の手前まで戻ると、自転車を止めてスケッチブックを開いてゐる少年がゐた。本堂裏の杉林を見ては、強い線を垂直に幾本も幾本も、執拗に走らせてゐる。天に向つて真直ぐ伸びてゆかうとする杉の運動感を、表現しようとしてゐるらしい。

はや浮雲に法のみち、無窮自在に飛走して

番外の謡曲『久米仙人』の一節である。天地大自然の天候気象の変化の法則を知り、会得した様子で、『今昔物語』のやうに仙人になつたばかりではなく、すでに「飛行翻変《ほんぺん》の身」の喜びを十二分に知つてゐて、けふもまた、天翔《あまがけ》るのだ。

その飛翔において、ひとは何を見、何を感じるのであらう。四万五千フィートの高空へと一気に駆け昇り、沈まうとする太陽を下に見た、Ｆ１０４に搭乗する三島は、その時、幸福感がやつて来るのを覚えた、といふ。

私の知的冒険と肉体的冒険とは、ここまで地球を遠ざかれば、やすやすと手を握ることができる……。

自らの精神と肉体との抗争に、絶えず悩まされて来た彼であつたが、いまや、この恐るべき高みにおいては、両者が「やすやすと手を握る」。それといふのも、知的冒険と肉体的冒険の果てに身を置いてゐるからだ。人間の精神なり理知が届く最も外側、また、人間の肉体が到達し得る最も外側に、いまはゐる。そこでは、両者の隔たりが消えて、自づと一つになる……。

地上では起り得ないはずのことが、現実となるのだ。

雲と海と落日だけの簡素な世界は、私の内的世界の、いまだかつて見たこともない壮大な展望だつた。

風防ガラスの外の風景を、いまは自分の「内的世界」としても眺め、かつ、「同時に」と書き継ぐ。

私の内部に起るあらゆる出来事は、もはや心理や感情の羈絆を脱して、天空に自由に描かれる大まかな文字になつた。

これまで書きに書きつづけて来た文字は、わたしの内部の心理や感情にしつかりと縛り付けられてゐた。決して「天空に自由に描かれる」ことはなかつた。ところがいま、「天空」に描かれるのを、眺めることができるのだ。「地球を取り巻く巨きな巨きな蛇の環」、自らの尾を呑んでゐる「白い雲の蛇の環」と、三島はそれを表象化する。

しかし、それを見つづけることはできない。いかに切実に願ひつづけたとしても、この位置に身を置きつづけることは、人には出来ない。この一時の体験を抱いて地上へと帰還しなくてはならない……。

古代の仙人も謡曲や物語の仙人も、「故郷」の大和の国の上空へ、女が太腿も露わに洗濯に励んでゐる上空へと誘はれてゆく……。

（「季刊文科」19、平成13年（二〇〇一）8月）

貴船谷《きふねたに》の女

京都の北、鞍馬山の東山腹に、都を守護する毘沙門天を祀つた鞍馬寺があるが、西麓には貴船川が流れてゐる。今日でも夏には床が組まれて涼を呼び、秋は両岸に迫る山々が紅葉を散り込む。

この流れは、鞍馬山の南で鞍馬川へ流れ込み、上賀茂神社の奥の神山《かうやま》の北から西へと回り込む途中で、賀茂川と合はさり、下賀茂神社の南、糺《ただす》の森《もり》の先で高野川と合流、鴨川となつて、京都の市街を貫いて行く。

このことから貴船は京都の水源と意識された。そして、水の神──闇龗神《くらおかみのかみ》とも高龗神《たかおかみのかみ》または罔象女神《みづはのめがみ》──を祀る貴船神社が早い時期に営まれ、朝廷は懇ろに奉幣をおこなひ、干天なら降雨の、降りつづけば止雨の祈願を行つて来た。

多分、このことが元になつて、都に住む人たちは、自らの生命の源泉に触れると感じるやうな事態にあふと、祈願・祈祷する場所として貴船を考へるやうになつたらしい。

河原町筋を車は北上する。

そして、賀茂川と高野川の合流点の橋を渡らず、そのまま西岸を進む。出雲路である。対岸は糺の森だ。

この森の奥に下賀茂神社が位置する。

下と上の社を持つこの神社の成立について、『山城国風土記』逸文はかういふ伝承を記してゐる。玉依媛《たまよりひめ》――賀茂建角身命《かもたけつのみのみこと》の娘で、父とともに下賀茂神社の祭神――が、この地に流れ込む賀茂川の分流、石川の瀬見の小川で川遊びをしてゐると、

　丹塗矢、川上より流れ下りき。

この小川は、いまも社殿の東前にある。そのつづき、媛は、

　すなはち取りて床の辺に挿し置き、遂に孕みて男子を生みき。


かうして生まれたのが、上賀茂神社の祭神、賀茂別雷命《かもわけいかづちのみこと》となつたと言ふ。

やがて住宅街の向うに、その上社が見えて来た。

賀茂川を渡る。

橋の上から、晩秋の空の色に染まつた川面が見渡せた。

ここを丹塗矢が流れ下つて来たとき、どうであつたらう。紅葉の奇な連なりと見えたかもしれない。が、男神自身だつた。『山城国風土記』に記載はないが、貴船から下つて来たところの男神であつた。明治維新までは、賀茂別雷命の「元つ神」であり、貴船神社の祭神だとされてゐた。

　この丹塗矢の伝承は、『古事記』に記された大物主神《おほものぬしのかみ》の伝承とほぼ重なる。三輪山の麓で、勢夜《せや》陀多良比売《だたらのひめ》が水の流れる溝に跨がつて用を足してゐると、彼女の美しさに引かれた大物主神が丹塗

矢となつて流れ下つて来て、その富登《ほと》を突いた。驚いた比売が、その矢を持つて家へ走り戻り、床の側に挿して置くと、矢はたちまち麗しく壮健な男となり、契りを結び、子（神武天皇の妃となつた伊須気余理比売《いすけよりひめ》）を産んだ――。

この類似はなにゆゑであらう。外来の氏族が、その地の者と婚姻を通じて根を下ろす基本的なパターンだと思はれる。鴨氏にしても、葛城山の麓から大和平野へと進み出、さらに大和から山城（京都）へと遷都とともに移動してゐるのである。もつとも『山城国風土記』には、富登を突く、の端的な語が抜けてゐるが、多分、肝心なのはそこであらう。

渡り終へると、流れは左手になる。

だから、貴船へ向ふとは、丹塗矢の流れて来た源を目指すことだが、もうひとつ、触れないわけにいかない伝承がある。玉依媛は、淀川から鴨川、鞍馬川と「黄船」に乗つて逆上り、貴船川に入り、その地に上陸して祠を営んだのが、貴船神社の始まりで、「黄船」が貴船の語源だとも語られてゐるのである。

男神の丹塗矢が下つた流れを、女神の黄色い船が溯るのである。この別個の伝承を関連づければ、矢を身に受けた女神が、男神を求めて行く、と言ふことにもなりさうである。

さう考へるとともに、浮かんでくる詞章がある。

恋の身の　浮かむことなき賀茂川に

恋するものの、報はれることなく、いまや嫉妬に狂ふよりほかない女が、この賀茂の流れを傍らに見やりつつ遡る。言ふまでもなく、貴船を目指して。謡曲『鉄輪《かなわ》』の一節である。やはりいま見たやうな伝承に、何ほどかは導かれてではなからうか。

川沿ひを逸れると、上賀茂社前を過ぎ、背後のゴルフ場の端沿ひを北東へと行く。

このあたりは神山の南麓になるはずだが、山の姿は見えない。

京福電鉄の鞍馬へ行く路線に突き当り、それからは路線に沿つて北へ進む。

やがてその路線から遠ざかると、小山の斜面が墓でびつしりと埋められる。この上に補陀洛寺、俗称小町寺がある。さうして、市原野となる。謡曲『通小町』の舞台である。小町が救済を求めると、深草少将が激しくまとひつき、凄まじい恋慕の情をみせる。

が、内に籠もり、烈しく満ちて来るもののあるのが、『鉄輪』の女であらう。

日も数添ひて恋衣　日も数添ひて恋衣

日を重ねるに従ひ、恋しさがいや増しに増し、苦しみが漲つてくるとともに、この道を辿るのだ。

市原野を過ぎると、深い谷を渡る。鞍馬川である。流れは狭まつてゐる。

朱の鳥居が見えて来た。貴船神社の一の鳥居である。

さうして再び鞍馬川を渡ると、鞍馬への道から外れて、叡山電鉄の貴船口駅の下をくぐる。

ここから鞍馬川と分かれ、貴船谷になる。山が両側から迫り、流れが沸き立ち、白くなる。

その貴船川に添つて道は蛇行しながら、少しづつ登つて行く。所々に設けられた堰が川床を区切り、大きな岩が転がり、流れは飛沫を挙げる。

やがて道は東岸へ移り、また西岸へと戻る。さうして貴船口から二キロほどで、料亭が建ち並ぶ一角へ入つて行く。趣ありげな佇まひをそれぞれが見せてゐる。

止まつたのが、貴船神社の前であつた。

朱色の鳥居が大きく立ち、すぐに石段である。自然石を組んだなだらかなもので、同じく朱色の一本柱の上に火室を載せた木製の灯籠が両側にずらりと並び、左手へと僅かに弧を描いて、導いて行く。と、上に山門の屋根ばかりが見えた。

やうやく山門を潜り、御手洗舎の横をさらに十段ばかり上がると、右手が拝殿であつた。桧肌葺の屋根をゆつたりと広げ、軒には料亭の店名を記した提灯が幾つも下がつてゐる。

正面の蔀はすべて上げられ、本殿がすぐ奥に見えた。白木の流造である。その清々しい階段を上がつた左右、欄干を巡らした回廊両翼に、やや褪せてゐるものの朱に金の彩色の胴細の狛犬が控へてゐる。

ここにはさまざまな女たちが、殊に満たされぬ恋の思ひに苦悩する女たちが、額づいて来た。先程から触れてゐる『鉄輪』の女、そして、平安時代中期の歌にすぐれ、かつ、恋多い和泉式部がさうであつた。恋とは何か、女とは何者かと、思ひをめぐらせようとする時、最も相応しい存在が、彼女であらう。『和泉式部日記』ひとつからでも、彼女がいかに恋多く、かつ、文字どほり恋に生きた女であるか明らかである。

小野小町由縁の市原野を抜け、その奥へと入り込んで来ただけに、小町が見せたよりも一段と厄介な、女の恋の在り方が伺ひ見られさうである。

若い男女が二組、それぞれ手を繋いでやつて来ると、殊勝に手を合はせた。さうして社務所へ行くと、御籤を引く。

式部がやつて来た頃、じつはここに社殿はなかつた。さらに一キロほど奥、現在、奥宮とされてゐるところであつた。式部が亡くなつて十年ほど後の永承元年（一〇四六）七月に洪水で流され、天喜三年（一〇五五）にここへ移されたのだ。

さうと承知すれば、奥宮へ行かないわけにはいくまい。拝殿と本殿を囲む塀に沿つて、裏門の方へ回る。

そのまま出ようとしたが、裏門の横、塀との間を抜けた突き当り、四、五段上がつたところに祠があるのが見えた。銅葺の流造で、白木のしつかりした細工である。

前まで行くと、細い右の柱に札が打ち付けてあり、「牛一社」とあつた。説明が加へられてゐて、「木花開耶姫命《このはなさくやひめ》を祀る。古伝には牛鬼《うしおに》。牛鬼は貴船明神が丑の歳、丑の日、丑の刻に御降臨の際、お伴した神。丑の刻参りで知られる」とあつた。『枕草子』に「名おそろしきもの」の一つとして挙げられてゐるが、頭が鬼で首から下は牛の妖怪で、水辺に出没する。

『鉄輪』の女が丑の刻参りをしたのは、ここだつたのである。

すぐ横が石垣で、裏門を出た石段が下を通る。裏は崖になつてゐて、角から貴船川の流れが眼下である。瀬音が一際激しく聞える。

女は、ここで深夜、嫉妬の恨みと怒りを募らせたのだ。

われは貴船の　川瀬の蛍火

謡曲『鉄輪』からだが、夏、大きな蛍が幾つとなく飛ぶのを、自らの魂と思ひ、一際深い闇にさ迷ひつづけると感じる……。

そこへ社人がやつて来て、神からの夢想を告げる、願ひは聞き届けられた、と。

一体、わたしは何を神に願つたといふのだらう？　恨みと怒りを募らせてゐただけに、女は、戦慄するのだ。

社人は言ふ、

身には赤き衣を裁ち着、顔には丹に塗り、頭には鉄輪を戴き、三つの足に火を灯し、怒る心を持つならば、たちまち鬼神とおんなりあらうず。


さうだ、鬼神になることを願つたのだ、と承知するとともに、そのさえざえと青白く美しかつた肌はたちまちに色変はり、緑の髪は空ざまに立ち上がつて黒雲のごとく広がる……。

後場には、そのお告げどほりの装ひをした女が、手に打杖を持つて登場する。面は、見るもおぞましい目は金泥の、口が裂けた橋姫（もしくは生成《なまなり》）である。

この変身の切掛けとなつた台詞が、いま引いた「われは貴船の　川瀬の蛍火」だが、そこには、和泉式部の有名な次の歌が踏へられてゐるのだ。


物思へば沢の蛍もわが身よりあくがれ出づる玉かとぞみる

祠の前から後ずさりして、裏門を出た。

この歌を収めた『後拾遺和歌集』の詞書には、かうある。


男に忘られて侍りける頃、貴布禰《きふね》に参りてみたらし河に蛍のとび侍りけるをみてよめる。


この多情な女が、「男に忘られ」るやうなことがあつたのかと不思議に思はれるが、その男とは、『俊頼髄脳』『無名草子』によれば、藤原保昌《やすまさ》である。

石段を下り、川沿ひの道に出た。

川は段をなして流れ下つて来てゐて、道はそれに従ひ急な登り坂になる。

保昌の曾祖父は文章博士藤原菅根《すがね》で、祖父が大納言元方である。父は致忠、母は醍醐天皇の皇子源充明の娘で、叔母の祐姫は村上天皇の女御となるなど高い地位を占めたものの、師輔・兼家・道長とつづく一家に圧倒され、保昌の代になると、道長の家司に安んじなければならなくなつてゐた。しかし、彼は道長から強い信頼を得て、実子のごとく遇されてゐたらしい。実際に大変な美丈夫で、武人でないのに勇猛、かつ弓箭の道に熟達してゐた。恋の手だれ和泉式部にしても心を奪はれずにをれない男らしい男であつたのだ。

式部は、最初の夫橘道貞と別れ、為尊《ためたか》親王と関係を持つたが、同親王は早々に亡くなり、その弟の敦道《あつみち》親王と親しんだが、彼もまた、亡くなつた。その詳細は『和泉式部日記』に詳しいが、さうしたことを経ての結婚だつたのだ。保昌は、醜聞にまみれた女を敢えて選び取つたのである。彼のなかの男がさうしたのだらうし、和泉式部の女がその保昌を受け入れたのであらう。

しかし、「忘られ」るやうな時が訪れた。

さうなれば、却つて激しく彼に「あくがれ」、魂は身から抜け出し、あてどなくさ迷ふかと思はれるほどになつた。さうして、その自らの魂を、貴船川の濃い闇に舞ひ飛ぶ蛍のやうだ、と和泉式部は眺めやつた……。

この式部の思ひとその歌ゆゑに、『鉄輪』の女が現はれ、生霊となつて、丑の刻に貴船の谷へと駈け、鬼神となるところまで突き進むことになつた、と見てよいのかもしれない。嫉妬する彼女の激情を、新たに呼び起してしまつたのだ。そして、そこには、船に乗つて丹塗矢の流れ下つて来た源へ遡らうとする女神の存在もあつた……。

もつとも『後拾遺和歌集』などによれば、この式部の歌には返歌があつた。

奥山にたぎりて落つる瀧つ瀬の玉ちるばかりものな思ひそ

彼女の思ひの激しさを「たぎりて」「玉ちる」と言葉で掬ひとつてくれるとともに、「な思ひそ」と宥めてくれたのである。それは、保昌ではなく、「貴布禰の明神の御返し」であつた。それに注がついてゐて、「男の声にて和泉式部が耳に聞えけるとなんいひ伝へたる」とある。式部にとつて神の声も、男のものでなくてはならなかつたのである。

川はいよいよ急流となつて、岩に飛沫を上げる。それを三、四メートルも下に見ながら、道は登りがつづく。山側は料亭である。

ところどころ下へ降りる階段がついてゐる。夏に組まれる床へ出るためのものである。

川へ張り出した茶店があつた。その壁に「和泉式部　恋の道」と記された表示が出てゐた。かういふ呼び方もおこなはれてゐるらしい。

そこから少し先、料亭の家並を外れたところに、貴船神社の中宮、結社《ゆひのやしろ》があつた。

背丈ほどの石段を上がる。

小ぶりな朱の鳥居があり、奥は杉の大木が空を覆ひ、薄暗い。そこに銅葺の小ぶりな社殿が、朱の柵に囲まれてゐる。

祭神は磐長姫《いはながひめ》だといふ。先の牛一社の祭神木花開耶姫の姉になる。

高天原から瓊瓊杵尊《ににぎのみこと》が地上へと降りて来ると、麗しい女人に出会つた。それが木花開耶姫で、さつそく求婚したところ、父の大山祇神《おほやまつみのかみ》が姉の磐長姫とともに奉つた。ところが磐長姫はひどく醜かつたので、姉は送り返した。それに応へて父神は、姉妹ともに収めて下されば、天つ神の御子の寿命は永遠でしたのに、妹ひとりでは木の花のやうには短いでせうと申し上げた。そして、いまに至るまで天皇の御命は永くない……。『古事記』の記すところだが、『日本書紀』では、父ではなく、磐長姫自身が恨んで、もし私を退けずに召されたなら、生まれる御子は命長くあられたでせうが、妹一人では、花の如く散つてしまふでせう。一説では、磐長姫は唾を吐いて呪ひ、泣き、かう言つた。この世に生きてゐる青人草は、木の花のごとく移ろひ、衰へませう、と。

『古事記』なり『日本書紀』の本文では、尊とその子孫に限つてゐるが、一説になると、この世の民全体に押し広げて言つてゐるのである。それだけ恐ろしさが増す。

しかし、美しくはかなげな妹神と呪ひを吐きかける醜い姉神が、どうしてこの谷に、ともに鎮座してゐるのか。

それも、いつの間にか美しい妹神が恐ろしい牛鬼を従へ、醜い姉神は縁結びの神となつてゐるのである。社伝によれば、自らはここに留まり、人々に良縁を授けようと姉神は宣はれて、信仰を集めて来たといふ。

もしかしたら、ここには錯誤があるのかもしれない。谷一帯には数多くの摂社があり、時代によつて増減してゐるし、祭神も必ずしも一定してゐない。多くのさまざまな神々が蝟集してゐるところへ、さまざまな人々が次々と訪れては掻き乱し、混ぜ合はせ、一種の化学反応さへ起きてゐる気配もある。

社の右手少し離れたところに、歌碑があつた。褐色の肌の粗い自然石に、上に引用した和泉式部の歌が刻まれてゐた。

明神からの「御返し」を得たのだから、その御心にかなつた、それだけの徳をそなへた歌なのであらう。さうして、こころを動かされたのは神ばかりでなく、男もさうであつたとする話もないではない。

ふと、右手奥に、人工的な薄緑色の、半ばガス体のやうな塊が浮かんでゐるのに気づいた。なんだらうと見つめても、そのものはぼんやり浮かんで宙を動かない。

怪訝に思ひ、近づくと、背高な桂の大木の根から四方に無数の蘖《ひこばへ》が高々と伸びてゐて、その小枝々々に薄緑色の細長く折り畳んだ紙片がびつしりと結び付けられてゐるのだつた。御神籤かと思つたが、願ひを書き込んだ「結び文」であつた。

なかには絵馬も僅かながら混じつてゐる。十二単姿の女の姿が描かれ、和泉式部と記されたところに、墨で願ひが書かれてをり、そちらは読むことができた。「良縁に恵まれますように」「いいひとと出会えますように」などとあつて、いづれも女の名が添へられてゐる。

かうした女の願ひごとを、いまでは磐長姫が引き受け、どろどろした嫉妬は木花咲耶姫が引き受けてゐるらしい。

しかし、鳥居へと戻りながら振り返ると、無数の「結び文」がつくり出す薄緑色のガス体に似た塊が、生霊でもあるかのやうにぼうと宙に浮かんで見えた。これこそ、「身よりあくがれ出」た大きな「玉」かもしれないと思ふ。

結社の境内の外れ、道に面したところに、根を同じくしながら二本の巨大な杉があつた。相生杉である。

それからすぐ先で、川沿ひの舗装道路から砂利の奥宮参道が別れ、そちらに朱の鳥居があり、朱の欄干の短い橋が架かつてゐた。

脇に「思ひ川」と刻まれた石が据ゑられ、説明板が立てられてゐる。それによると、保昌ではなく橘道貞——となれば和泉式部は十代か二十歳代初めの頃になる——の愛を取り戻さうと、貴布禰詣を志し、まずここで手を洗ひ、口を漱ぎ、身を清めた、とある。当時は奥宮が本社であり、この川が御手洗の川で、その「おもの忌み川」が、式部の恋の「もの思ひ」と重なり、いつ頃からか「思ひ川」となつた、とも書かれてゐた。

橋の上から欄干越しに見下ろすと、溝ほどの川底には平らな小石が敷き詰められ、濡れてもゐない。どうも「思ひ川」は涸れて久しいやうだ。

杉の巨木が両側に並ぶ参道を進む。

そして、このあたりに祠があるのではないかと、並木の奥を覗き込む。『沙石集』巻第十末には、保昌に「スサメラレ」、すなはち、冷たくされると、式部はここへやつて来て、「巫《かんなぎ》ヲ語ラヒテ、貴布禰ニテ敬愛ノ祭ヲセサセケル」とある。彼女は、もう三十代も後半、もしかしたら四十代に入つてゐたかもしれない。

その「敬愛ノ祭」だが、愛敬法、慶愛法、愛染法などとも言ひ、愛染明王を本尊として、護摩を焚き、夫婦などの和合を祈る密教の修法である。ほぼこの時代に、真言小野流開祖仁海によつて盛んに修されるやうになつたもので、神域で行ふのにふさはしくないやうだが、明治維新までは神仏混淆が一般で、このあたりの祠のひとつに愛染明王が祀られてゐたとしても不思議はなからう。

ところで、その企てを聞き知つた保昌が、ひそかにここへやつて来た、といふ。冷たくしながらも、和泉式部のことが気になつたのだ。それとともに、敬愛ノ祭に関心があつたやうである。後のことだが、仁海の弟子成尊は、この修法でもつて後冷泉天皇を病気にし、程なく没するに至らせ、自らが護持僧を勤める後三條天皇の即位を実現させるといふ、とんでもない効験をあげたとされてゐる。道長の側近として仁海とも交渉があつたと思はれる保昌が、さうした力を秘めた修法に注意を払はなかつたはずはなからう。

さうして木陰から覗き見た、と言ふのである。

まづ、「年シタケルミコ」は、式部を前にして、「赤キ幣ドモ立テメグラシ」壇を整へる。愛染明王は、浄化された愛欲を尊格化した存在で、三つの目を持ち、六臂ないし四臂で、金剛杵に弓矢、蓮華などを手に、愛欲の激しさを象徴する日輪を背に、全身が赤色に彩られてゐる。また、修法に用ひられる法具も赤色である。かうして老巫女が西に向つて、「ヤウヤウニ作法」を行ひ始めた。

『沙石集』から引用すると、やおら、
鼓ヲウチ、マエヲカキアゲテ、タタキテ三度メグリテ、

「コレ体ニセサセ給へ」ト言……。

これに保昌は驚き呆れながら、なほも見守つてゐると、式部は、「面ウチアカメテ返事モセズ」、かう歌を詠んだ。

チハヤフル神ノミルメモハヅカシヤ　身ヲ思トテ身ヲヤスツベキ

神さまばかりがご覧になつてをられるとしても恥ずかしい。いくらわが身への愛を望もうと、恥を捨て身を捨てるやうなことはできませぬ、と。

杉並木の奥に、朱に塗られた桧肌葺の門が見えた。本宮のものより遥かに大きい、本格的な造りである。

その式部の様子を「優ニ覚へ」て、保昌は彼女を連れ帰り、ねんごろに扱つたと言ふ。これまた、式部が歌で神ならぬ男のこころを動かした例、と見ることもできさうである。実際に『沙石集』では、歌の徳を説く説話を並べた中に置かれてゐる。

ただし、この話には、やはり朱塗矢が富登を突いたといふ伝承が微妙に影を投げてゐるのではなからうか。さうでなければ、かうまで露骨にはなるまい。

が、もし保昌が覗いてゐなかつたらどうであらう。また、覗いてゐても、知らぬ顔をしたらどうなつただらう。恥じらいも歌も空しいままとなる。

『鉄輪』の女は、じつはさうした場合の式部だつたのではないか。あるいは、もはや恥じらふ余裕を失ひ、老巫女の指示するままに前を掻き上げ、叩いてめぐり歩いた式部かもしれない。

さうして男の心を引き戻す術を完全に失つてしまつたと自覚するとき、丑の刻参りをし、「炎の赤き鬼となつて」出現する。その揚げ句、「いでいで命をとらん」と笞を振り上げ、夫とその女に襲ひかかる。

謡曲『鉄輪』の舞台では、安倍清明が呪術でもつてこれを防ぐ。

参道のすぐ横が舗装道路で、その向ふが川だが、このあたりになると河原が広がるとともに、道とあまり高低差がなくなり、並木越しに川面が見える。

貴船谷の奥に開けた、わずかながら広がりを持つた平地である。

清明は、男と女の等身大の人形を茅で作り、高棚に青黄赤白黒の五色の幣を立て、供物を置き、肝胆を砕いて祈つた。この修法が如何なるものか、よくは分からないが、藁人形を用ひるのは丑の刻参りの際で、樹木などに釘で打ち付け、呪ふのだ。清明は、釘を打ち込むやうなことはしないが、やはり人形を使ふ……。

和泉式部その人は、かうした呪力を競ひ合ふやうなところから、早々と身を躱したのであらう。『沙石集』の語る話のもうひとつの意味するところである。それが、恋の手だれである所以かもしれない。破滅の淵を好んで歩くものの、淵の中へ己が身なり相手を投げ込むやうなことは決してしないのだ。

朱塗の門を入ると、頭上を覆つてゐた大木の枝々は退き、空の下、境内がひろびろと広がつた。

奥の方に、舞台形の拝殿が小さく見える。

多分、洪水によつて流されるまでは、この空間に多くの社殿が建つてゐたのだ。

拝殿へ近づくと、床がやや低いながら、御簾が巻き上げられ、由緒ありげな古社の趣である。

この舞台で、どのやうな人たちが舞を奉納して来ただらう。和泉式部も立つたのではなからうかと、考へる。

そこから五、六メートル置いて奥宮本殿であつた。小ぶりな流造で、前に格子をはめ込んだ小屋根付きの塀が取り付けられ、正面に鈴が下がり、綱が垂れてゐる。

瀬の音も聞えず、静かである。

綱を引いて鰐口を鳴らした。わづかにコンと乾いた音がしただけであつた。

この本殿の下には、じつは巨大な龍穴があるのだと言ふ。文久年間（一八六一〜六四）に修理した際、大工が誤つて鑿を落としたところ、一天俄に掻き曇り、風が吹きすさんで鑿を吹き上げた、と伝へられてゐる。この穴は、天と地底の間を龍が行き来して水を統御する通路と考へられて来てゐるのだ。

本殿と拝殿の間、左に外れたところに、背丈ほどの高さの石積が長く伸びて楕円を形づくつてゐた。上は芝で、回りに締め縄が張られてゐる。船形石である。

石積に沿つて回りを一巡りしてみる。長いところで直径が十数メートルはあるだらう。この中に玉依媛がこの地へとやつて来るときに乗つた「黄船」（貴船）が、隠されてゐるのだといふ。

その船とは、なになのか？　少なくとも生の源泉へと至つた乗物であらう。そして、多分、龍穴と対応する。龍穴を出入りする龍は天と地底の縦軸を、「黄船」は海から河川、そして水源へと地上の横軸を動いた。さうしてともに生き物の生存の有様を司る。

だから、ここがいまも貴船で最も聖なるところなのである。そして、この場所で祈願するとは、天と地底、そして地上の水流をたどることによつて至らざるところない霊的な力に訴へ、縋ることであらう。

丹塗矢を身に受けた女がやつて来なくてはならないのも、当然かもしれない。さうして、その女がやつて来ることによつて、この世界の縦軸と横軸が一つに組み合され、一つの生気に満ち満ちた世界が成立する。愛し、憎み、争ふ世界である。和泉式部は、さうした女を代表する一人であつたのだ。

（「季刊文科」21、平成14年（二〇〇二）4月）

浄瑠璃姫の物語

一

鉄橋にかかると、窓の外に広々とした水面が広がつた。

その視界の先を、長い橋が横切つてゐる。車の列がその上をゆつくり動いてゐる。矢作橋《やはぎ》だ。ここが交通の要衝となつたのは、ずいぶん古く、平安時代初め、承和二年（八三五）に官の渡船が四艘も配備されたことが知られてゐる。もつとも、架橋が本格的に行はれたのは、それからかなり下つて寛永十一年（一六三四）になる。木曽山脈の南麓に発して、三河山地を南西に流れ、平野に出た矢作川は、乱流して、容易に橋が架けられなかつたのだ。

東へ渡り終へると、すぐまた電車は、鉄橋にかかつた。支流の乙川（菅生川とも言ふ）である。川幅は矢作川の三分の一ほどだが、斜めに架けられてゐるので、ひどく長い。川面は青く淀んでゐる。このすぐ下流で、矢作川に流入してゐるのである。

ここが格好の船泊りになつたのも、なるほどと頷かれた。東海道の渡船ばかりでなく、矢作川の上流は豊田あたり、下流は知多湾に至る、水運の基地だつたのだ。

天守閣が左に見えた。川を半ば溯るやうにして対岸へ近づくにつれ、その白亜の建物が、流れを隔て濃い松の緑のなかから伸び上がつて来た。岡崎城である。

　ここには、元亀元年（一五七〇）まで徳川家康がゐた。祖父清康が、西三河の山地を出て占拠したのを受け継いだのだが、ここを大事な足場の一つとして、天下を手中にする階段を着実に登つて行つたことを考へれば、いかに要衝の地であつたか、明らかだらう。

　それとともに、この地からは、江戸時代をつうじて最も深く人々のこころを捉へた芸能を生み出す、その元ともなつた物語が語り出されたのである。

　人や物資が盛んに集散するとき、物語もまた、盛んに集散するのだ。そして、それらがやがて一つに織り成され、大きな物語へと成長していく。もつとも今は、その残映もかなり薄れてゐるといふのが実情かもしれない。

　下車した名鉄東岡崎駅は、丘陵地を背にして、前には銀行などが建ち並び、地方都市の一角らしい賑ひを見せてゐる。

　その通を左手へぶらぶらと行きかけ、傍らの電柱を見ると、明大寺本町と地名が出てゐた。平安末か鎌倉時代に建立され、いまは所在もよく分からない寺の名である。そして、わたしが関心を寄せてゐる物語と係はりがあるらしいのだ。

　乙川南岸のこの一帯は、慶長五年（一六〇〇）の頃まで、矢作の宿の中心であつた。いまでは城の北側に移り、それらしい面影は乏しい。四百年も前のことだから、当然だらう。対岸なら、残つてゐるかもしれない。百五十年ほど前までは東海道屈指の宿駅であり、徳川家伝来の城下町だつたのである。

　最初の十字路を南へ折れると、すぐに乙川だつた。

　その殿橋《とのばし》の上からは、先程、電車で渡つて来た長い鉄橋と天守閣が、河原を隔てて向き合つてゐるのが眺められた。もつとも天守閣は半ば木立に隠れてゐる。

　川上へと目を転じると、南側から張り出した台地の先を、ゆるやかな曲線を描いて流れ下つて来て、岸のなだらかな斜面には、桜の木が植ゑられ、遊歩道がつけられてゐる。好ましく整備された、いかにも今日風な眺めだ。

　かつてこのあたりが、舟で賑はつてゐた。遠く奈良・平安の昔から、享禄三年（一五三〇）の頃、清康が南にあつた城を現在地へと移すまで、もつぱら南側が、その後は北岸も徐々に整備され、慶長五年、東海道が北へと移されるに及んで、そちらが中心となり、明治の中頃に及んだのだ。

　いま、わたしが思ひ浮かべなくてはならないのは、南岸ばかりが賑つてゐた頃から、北岸へと移り始め、やがて、移り終へた頃にまで及ぶのではなからうか。

　わたしが尋ねようとしてゐる物語が語り出されたのは、室町時代も十五世紀半ばあたりまで溯るらしい。そして、その物語を構成する部分、要素となると、どれだけ溯れるか。時代の設定は平安末である。ところが物語としてきちんとしたまとまりを得たのは、十六世紀も終はりになりさうである。そこで決定的な役割を果したと伝へられるのが、秀吉や家康に仕へてゐたと言はれる女性である。が、この物語は、それで留まつたわけでなく、さらに語り継がれ、変化もした……。

　さうした数世代にわたる長大な時間の流れのなかで生成し、変化していつたと考へなくてはならないらしいのだ。

二

　橋を渡つて、北岸側も先まで行くと、大型トラックがつぎつぎと地響きをたてて横断して行く交差点に出た。国道一号線、現在の東海道である。その歩道を、目と耳を半ば塞ぐやうにして城の方へと歩いた。

やがて左側に駐車場があり、その先に、樹木の繁つた一角が見えてきた。一メートルほどの石垣の上に、欄干をかたどつた玉垣が巡らされてゐる。

通に面した二階建事務所の陰が、入口だつた。

脇に、見上げるほどの自然石の碑があり、肉太の筆で、初代市川団蔵碑とあつた。市川団蔵とは、華やかな名跡ではないが、初代が元禄期、市川団十郎に従つて活躍した歌舞伎役者である。裏を覗くと、昭和十六年（一九四一）秋、この地に生まれた初代を記念して、八代目団蔵が建立した旨が記されてゐた。八代目団蔵と言へば、わたしにもはつきりした記憶がある。昭和四十一年（一九六六）六月、引退興行をすませると四国巡礼に出て、瀬戸内海へ投身したのだ。

そのひとが、ここで祖先を顕彰してゐたのだと承知するとともに、当の物語の女主人公が、入水して終はつてゐるのに思ひ当つた。この符合は、何であらう？　もつとも八代目は、この碑を建てた時、かういふかたちで自ら人生に幕を引くとは、考へてゐなかつたらう。

石段を上がつて玉垣の中に入ると、すぐ左に、堂々とした石幢《せきどう》が立つてゐた。両手に余る太さの、八角に磨かれた御影石で、正面には、勘亭流の文字で、浄瑠璃姫之墳と浮彫にされてゐる。

当の物語の、女主人公の名である。

東方の浄瑠璃世界の教主、薬師如来に祈願した末、生まれたがゆゑに、この名を与へられ、文字通り清浄無垢な光り輝く美しさを体現した姫となつた。が、さうであればあるほど、その姫の恋は、たぐひなく美しく清くなければならず、それゆゑ無残に砕けなければならなかつた……。

さうして多くの人々のこころを掴み、その名は、物語の枠を越え、新しい語りものの曲節の名ともなつた。浄瑠璃節だが、石幢の文字は、墳とあるものの、その芸能の誕生を記念するものと見てもよささうである。

建立が団蔵碑よりも五年前の大正十五年（一九二六）であるのを確認して、先を見ると、両側に石灯籠が据ゑられ、その奥、石段で囲はれ一段高くなつたところに、宝篋印塔があつた。ややや小ぶりで、角がやや剥がれ落ちてゐるものの、すつきりとした品のいい姿をしてゐる。室町期もさう下らぬものであらう。

ここに、その浄瑠璃姫が眠つてゐるのか？

姫は物語のなかの存在ではないか？

さうは言つても、姫の恋の相手は、歴史上著名すぎるほど著名な実在の男である。それゆゑに、姫もまた、この世に実在してゐたと考へることになるらしい。

じつはここ岡崎だけでも、先程までゐた乙川の南側に、浄瑠璃姫の墓がある。そして、これからわたしが歩まうとしてゐる先々にも、あるらしいのだ。そのうちのどれが本当の墓なのだらう？　さう考へてしまふとき、もうこの物語のなかへ深くへ誘ひ込まれてゐるのかもしれない……。

墓所を出ると、車の激しい騒音が蘇つた。向ひにはホテルと百貨店が仰ぎ見られた。その手前、北東の隅に、目の前の陸橋へ上がると、走り過ぎる車の帯と岡崎城の一帯が見渡せた。

墓所が位置してゐるのが分かつた。かつては寺も建つてゐたといふ。

百貨店側に降り、東角を入る。城内にあつた寺がそちらへ移つてゐると聞いたからだが、確かに寺はあつた。ブロック塀を巡らし、開運聖天と赤地に白抜きの幡を立て並べ、浄瑠璃山光明院の表示が出てゐた。

境内に入ると、小さな本堂は扉を固く閉ざし、横にコンクリートの無骨な庫裡があるばかりで、人気がなかつた。

誰もが留守らしい。

見回しただけで出ると、松阪屋の横でタクシーを捕まへ、矢作川の西岸の誓願寺へと頼んだ。

真面目さうな運転手だつたので、浄瑠璃姫といふお姫さんがここ岡崎にはゐたらしいですね、と話しかけると、首を捻つた。

あなたは地元育ちでないのですかと尋ねると、岡崎で生まれ育つたと応へた。ちやうど陸橋を潜るところだつたので、それ、そこに立派な墓があるじやないですか、と指差すと、

「へえ、これがさうですか」と驚く。

この地でも、浄瑠璃姫は忘れられてゐるらしい。

タクシーは、一号線の車の流れへ入り込み、城の西側へと行くが、江戸時代からの町並みが僅かながら見られた。

やがて矢作橋だつた。先程、電車のなかから見た橋だが、車は比較的スムーズに進む。


　長さ二百八間あり。此橋、いにしへハ。土橋にて。侍べりしかば。洪水の時ハ。をしながされて。往来の人渡りかねたる故に。ちかき比より、板バしに成けり。

浅井了意『東海道名所記』（寛文年間・一六六一～七三刊）からである。現在より百メートルほど下流

に架けられてゐたと言ふから、電車の鉄橋あたりであらうか。

渡り終へた橋の袂に、白い石の二体の像が立つてゐた。鎧の上に陣羽織を着、槍を持つて立つ武士と、座つてその槍を掴んでゐる少年である。この橋上で出会つたといふ蜂須賀小六と日吉丸(秀吉)だつた。物語『大閤記』の発端だが、当時、橋があつたかどうか。あつたとしても、まだ流されやすい土橋だつた。それにしても、猛々しい武者と少年の取り合はせは、五條大橋の弁慶と牛若丸を思はせる。実際に『大閤記』の作者は、弁慶と牛若丸の話になぞらへようとした気配がある。

「この先に矢作神社があるんですがね」

運転手は、ハンドルを右へ切りながら言ふ。西岸へ観光の足を運ぶひとは、必ず訪ねるらしい。矢作といふ地名の起りに係はつてゐて、日本武尊が東征の折、矢を作らせようと川の中洲に篠竹を求めたが、急流のため渡れず困つてゐたところ、蝶が舞ひ降りて来て人の姿となり、難無く刈り取つて運んで来た。さうして一夜のうちに一万本の矢を作り上げた。それからこの地を矢作と呼ぶやうになつた、と言はれてゐるのである。また、後醍醐天皇の命に背いて鎌倉に拠つた足利尊氏を追討すべく、やつて来た新田義貞が、そこで勝利を祈つたところ、石が唸りをあげて応へたと言ふ。神話の時代から一貫して、軍事的要衝でもあつたことを語つてゐる。

その矢作神社へ行く手前で、旧東海道の道なりに左へ曲がる。

ちやうどこのあたりについてであらう、『東海道名所記』にはかうある。


右のかたの田の中に。篠薮あり。むかし矢《や》はぎの宿、長者のむすめ。浄瑠璃御前の屋敷あり。

矢引の宿は川を挟んで東西にあり、初めはこちら側が中心だつたのだ。さうして今は家が建ち並び、切れ目がなく、田を見ることができない。

そのまま五百メートルほども行くと、右側に古びた御堂があつた。方形寄棟の、瓦を載せた、こぢんまりした建物である。そして、前に大きな石柱が立ち、かう刻まれてゐた。

浄瑠璃姫菩提所

降りて、その文字を眺める。上下に詰まつてゐるが、素直な筆の運びである。礎石の矩形の面にも文字があり、右端縦に、義経像とあり、とあつて、つづいて、

じやうるり

ごぜん像

并石塔

今日のわれわれの常識では、義経の恋人は静御前といふことになつてゐよう。しかし、さうではなくて浄瑠璃姫だつた、とする時代があつたのである。いや、義経が静御前と出会つたのは、この浄瑠璃姫を失つた後の事、恋の始めが浄瑠璃姫だつたとするのだ。『浄瑠璃姫物語』であれ『十二段草子』であれ、さうである。

十六歳になると、金売りの吉次に従つて鞍馬山を出て、滋賀・鏡の宿で元服、名を牛若丸から義経と改め、この矢作の宿へとやつて来たのだ。承安四年（一一七四）の三月も半ばのこと、とする。『平家物語』や『義経記』の記述と矛盾しないやう、その隙間を突いて工夫された設定のやうである。

石柱の裏には、宝暦八年（一七五八）の刻入があつた。徳川幕府も九代家重の時代になつてゐる。

御堂の正面、板戸に四角い小さな穴が開いてゐたので、覗くと、薄暗いものの、正面奥の白壁には、

華やかに絵が描かれてゐるのが分かつた。幡を掲げた天女たちに先導されて、地蔵菩薩がこちらへやつて来る場面である。最近、描き直されたのであらう。その手前の壇上には、高さ二十センチ前後の、赤や青の彩色を僅かに残した、閻魔をはじめとする十王の座像がずらりと並んでゐる。

この御堂は十王堂なのだ。それなら堂内は、死んだ者がまづ訪れる世界といふことになる。

義経像なり浄瑠璃姫像が安置されてゐないかと目を凝らしたが、それは見当らない。

右隣は、小さな地蔵堂であつた。石の地蔵ばかりが、赤や黄の衣を着せられ、大小七八体ばかり無造作に置かれてゐる。懇ろに世話をするひとがゐるのだ。

どこへ行けば二人の像が見られるのかと、あたりを見回すと、向ひがスーパー・マーケットで、門口に初老の女性が立つてゐた。尋ねると、

「そこのお寺で見せてくれますよ」

さう答へて、指さしたのは、十王堂の左隣の幼稚園だつた。入口横に、訪ねるつもりであつた誓願寺の名を刻んだ石柱が立つてゐた。遊具を並べたグラウンド奥がさうである。

その人は表まで出て来て、右を指さし、あの和菓子屋さんの角を左へ入ると、浄瑠璃姫のゐた長者の屋敷跡がありますよ、とも教へてくれた。

ちやうど十王堂の前で手を合はせる女の姿があつたので、お参りするひともゐるんですね、と言ふと、

「ええ、この近所には、朝夕、お参りを欠かさないひとが何人もゐますよ」と言ふ。

礼を言つて、マーケット側から再び道を横断したが、現に踏んでゐるのがかつての東海道で、多くの旅人が行き交つてゐたことに思ひ当つた。なかには、浄瑠璃節を口ずさみ、姫の菩提所と知つて、立ち寄る人もゐたらう。

　矢矧の里に聞えたる、何がし長者の乙《おつ》の姫、浄瑠璃御前と申せしは、峯の薬師の申し子にて、智恵も器量も菩薩なる、花の翠黛《まゆずみ》薄からず……

江戸時代も下つて、文化四年（一八〇七）に江戸で初演された『源氏十二段浄瑠璃供養』の一節である。石柱が立つてから五十年後になる。それよりも逆に、五十年前、百年前、さらにそれ以前となると、どうであつたらう。唄好きの旅人もゐれば、語りを生業とする勧進聖や歩き巫女、また、熊野比丘尼に傀儡師といつた人たちもゐたらう。

　一院内裏の、女房たち、そのほか、あまたの女人を、見しかども、かゝる人をば、いまだ見ず。

室町末期の絵巻の、浄瑠璃姫についての詞章からである。

幼稚園のグラウンドへと足を踏み入れながら、この寺に在る像がどのやうな姿か、考へずにをれなかつた。「いまだ見」たこともない、「智恵も器量も菩薩なる、花の翠黛薄からざるかんばせ」なのである。

そして、平安時代の宿駅の長者とは、なによりも遊女の長者であり、大変な富を保有し、遊女たちを統括するだけでなく、自らも秀れた美貌と技芸を身につけてゐた。姫の母がまさしくさういふ存在で、京から三河の国司となつて下つて来た伏見の源中納言兼高を夫としてゐたといふ。ただし、二人の間に子が恵まれなかつたので、この地方でも特に霊験あらたかな、矢作から東へ約三十キロ、豊川の渓谷を溯つたところに聳える鳳来山の峰の薬師へと出向き、祈願し、膨大な寄進と引き換へに、姫を得たといふのである。

　薬師如来のをはすのが浄瑠璃世界、だから、浄瑠璃姫と名付けられたのだが、室町時代末期に生を享けた家康も、じつは同じ鳳来寺に祈願して生まれ、薬師の申し子とされて来てゐて、今も鳳来寺内に東照宮（小規模だが豪華）がある。もしかしたらこの物語の女主人公の誕生が、家康をもさうさせたのかもしれない。この地域には、鳳来寺の薬師の霊異譚が長年にわたつて語り継がれ、根を張つてゐたのだ。

　グラウンドの中程まで行くと、右側端に金網を巡らした一角があり、石塔が幾つも並んでゐた。宝篋印塔や五輪塔、それに無縫塔もある。

　表に「并 石塔」とあつたのは、これだなと思ひ、寄つて行くと、一際大きく、わたしの背丈を越すのを中央に、三基の宝篋印塔が玉垣に囲はれてゐた。しかし、いづれも相輪が置かれるべきところに、もう一つ、小形の塔身が載せられ、屋根が二重になてゐて、その四隅の飾りの突起が大きく、時代の下がつたものであつた。明らかにその寄せ集めである。さうして中央が姫、両脇は侍女のものであらう。全体にうつすらと苔が生へてゐる。玉垣の端には大正三年（一九一四）の文字があつた。

　本堂の横に庫裡が隣接してゐて、その戸を引くと、若い女が顔を出した。来意を告げると、入れ替はりにさつぱりした洋服姿の初老の女が出て来て、どうぞと招き入れてくれた。

　本堂の中は簡素な造りで、中央は板の間、正面奥には厨子もなく、阿弥陀如来の立像ばかりが置かれてゐた。今は時宗に属するからであらう。

　左右両横に畳が敷かれ、左側の突き当りには地蔵像が幾体も置かれ、右側には小型の厨子に入つた如意輪観音像を中央にして、小ぶりな男女の座像が置かれてゐた。

導かれるままに、右側の方へ進むと、如意輪観音像の右は、高さ二十センチ足らずの、十二単をまとつた女の木の座像だつた。顔は黒ずんではつきりしないが、目には水晶が入り、きりつとした少女の様子である。正面を見つめ、いくらか身を乗り出すやうにして、正座してゐる。

「浄瑠璃姫です」

女は口少なに言ふ。

幾重もの几帳のかげに、数多くの侍女たちにかしづかれながら、健やかに育てば、かうかもしれないなと思ふ。しかし、琴を弾じながら、宵に会つた貴公子の面影を思ひやりつつ、つい、うたた寝したときは、どうであつたらう。自分でも知らない遊女の長者の娘が持つ麗質を溢れ出させてゐたのではなからうか。

左に目を移すと、烏帽子を被り、やや下膨れながら、目鼻立ちの鋭い、若者と言ふよりは少年に近い、やはり木造の座像であつた。いくらか彩色が残り、右手に扇を閉ざし持つて、威儀を正してゐる。

「義経公です」

几帳面に説明してくれる。

この彼が、矢作の宿にやつて来たのは、元服してまだ数日後のことであつた。そして、霞む月に誘はれ、宿を出てそぞろ歩きを楽しんでゐると、どこからともなく琴の音が聞えて来たのだ。

黒塗の箱を三つ抱へて、先程の若い女が現はれた。女の娘であらう、どこか似てゐる。箱を畳の上に並べて置くと、立ち去る。

そのなかの細長い箱の蓋を取ると、画軸が二本入つてゐた。女は、それを無造作に取り出すと、するすると広げてくれた。髪を背に長く波打たせ、十二単を裾長に着た、面長の女の、彩色された画像が現はれた。一部絵具が剥落してゐるものの、よく残つてゐる。木像よりかなり年かさに見える。あの甘美な一夜の後の、辛い日々を経た姿でもあらうか。

左肩に、浄瑠璃姫醫誓法女とあつた。姫の戒名であらう。「醫」は薬師の申し子とされてゐるところから、「誓」は、誓願寺といふ寺号から来てゐるのに違ひない。

もう一枚は、烏帽子に狩衣、太刀を腰にした、ひどく少年ぽい男であつた。右肩に、源義経とあるが、こちらは姫と出会ふ以前の姿とでも見なくてはなるまい。対として描かれてゐながら、絵姿そのものは、時点を食ひ違はせてゐる。

二つ目の箱を開けると、横笛であつた。

「薄墨の笛です」

女が説明してくれたが、その名のとほり、薄墨色で、四十センチほどの長さである。この笛を、彼は腰に挟んでゐて、聞えて来た琴の音にこころ動かされるまま、抜き出し、花の露で歌口を湿らせ、唇に当てたのだ。

さうして吹き澄ますとき、十重二十重と姫を取り籠めてゐた囲ひが、自ずと彼の前に開かれたのだ。

「どうぞ、お手にとつてみてください」

言はれるまま手にとると、ひどく軽い。枯れきつてゐる。誰れも息を吹き込む者のないまま、長い年月を経てゐるのだ。

屋敷の内と外と、かうして時ならぬ合奏がおこなはれ、いつか琴を弾く姫と、笛を吹く若者のこころが通ひだしたのである。『伊勢物語』で言ふ「初冠」しての、「いちはやきみやび」である。王朝風な優美さとともに、宿駅を舞台にした、どこか野趣を含んだ初恋の展開である。

もう一つの箱には、巻物が一巻収められてゐた。『子安延命地蔵大菩薩縁起』と題されてゐて、広げると、畳敷きの端から端までまだ足りない長さである。

末尾を見ると、「寛永第三年　丙寅三月上旬　改書之」とある。昔から伝はる文書が古び、痛んだので、住職が書き改めたのだ。その作業の延長として、表の案内の石柱も立てたのであらう。


承安四年甲子弥生都鞍馬山より御曹司牛若丸ハ金売吉次を案内として奥州秀衡が館に御下向の途中、当所西矢作郷兼高長者の館に御逗留の徒然、庭前の桜花に月差しかかりたる風情に乗じ薄墨と号たる御笛を……。


本文は、かう書き進められてゐる。『浄瑠璃姫物語』そのままの設定だが、その先の恋の駆け引きは省略され、一気に姫と「同穴の契を結び給ひ」となり、「源家再興の為」「薄墨の銘笛を形見に残し、東へ」去る。残された姫は、「和琴今様を朗詠して慰めとすれども、明けぬ長夜の心迷ふの心地して、寿永二年三月十二日菅生川へ身を沈め給ふ」と、無残な結末へ至つて、戒名が記されてゐる。戒名は長くなつて、「本性院殿浄瑠璃姫弘雲醫誓法女」とある。

目を挙げると、如意輪観音の脇に確かに位牌があり、金泥で同じ文字が記され、両横に分けて小さく同じ年月日が添へられてゐる。寿永二年（一一八三）とは、源平の争ひの火ぶたが切られた年であり、その年秋に義経が、頼朝の命を奉じて東海道を京へと攻め上つたのだ。

「ごゆつくりお読みください」

きちんと正座した女が言つてくれる。

巻物には、先があつて、長者が姫の菩提を弔ふため、十王堂を建立し、中尊には、冥土に通つたと伝へられる小野篁によつて刻まれた子安延命地蔵大菩薩を安置したとある。

なぜ、十王堂だつたのだらう。先に覗いた十王堂の内部を思ひ浮かべた。嫁することなく、独り冥土へと赴かなければならなかつた娘の、十王の前に引き据ゑられる心細さを思つてのことであらうか。また、地蔵菩薩に導かれて極楽へ至るのを祈願してのことであらうか。冥土に控へる十王は、裁く地獄の王として峻厳な相貌を見せるものの、じつは地蔵菩薩の化身だとの信仰が、早くからおこなはれた。さうして、その閻魔王の許へ親しく行き来してゐたと言はれるのが、小野篁だつた。

この信仰の担ひ手が、主に女たちであつた。諸国を流浪する熊野比丘尼、歩き巫女たち……。いづれも独り死出の門をくぐらなくてはならない女たちである。そして、浄瑠璃姫も、姫と呼ばれたものの、遊女の娘であれば、やはり同じ運命を辿る身であつたのかもしれない。

もつとも寛永の頃になると、「子安延命」とあるやうに、子を生む女たちの間にもこの信仰は広がつた。子を生むとは、当時、死の危険に身をさらすことであり、言ひ換へれば、地獄の門口まで行き、生んだ子を抱いて帰つて来るやうなものだつたのだ。もつとも熊野比丘尼や遊女たちにはさうした帰り道はない。

待たせてあつたタクシーに戻ると、スーパーの女性に教へられた角を入つてもらふ。

家並がすぐに切れ、田になつた。そして、その中に、楓の若木に囲まれるやうにして、石柱が立つてゐた。

畦道を辿つて近づくと、わたしの胸ほどの高さの石柱に、兼高長者泉水と刻まれてゐた。

琴の音に引かれて歩み寄る義経の前に広がつたのは、都でも目にすることのなかつた見事な庭園であつたと語られるが、それが、ここであつたと言ふのであるらしい。

州浜に池を掘らせつつ、池の中には、立石、伏石、流石、仏をまねぶ羅漢石、青黄赤白黒といふ石の数をぞ畳ませける……。

慶長頃の古活字版本『浄瑠璃十二段草紙』からだが、ことごとしい叙述が長々と続く。さうして、この庭を見て行くことは、そのまま唐の玄宗皇帝が楊貴妃のために営んだと言ふ長生殿の、四季それぞれに作りなされた庭を巡つて行くことに、また、光源氏が営んだといふ六條院の庭の四季の風景を横切つて行くことになる。恋の舞台は、あくまで華麗な王朝風に整へられてゐるのである。じつはこのところが、他の説経などには見られない特徴の一つであり、人気を呼んだ一因であるらしい。

しかし、回りは穂を垂れながらもまだ青い稲で、向ふのほうにはコンクリートの小学校らしい校舎と、建てかけの今風の粗末な家が見えるばかりだ。

三

「この近くに、思ひ切り豪華な、東照宮のやうな建物がないのかな」

戻つて、タクシーの運転手に言ふと、

「それなら、六所神社ですよ」

これまではかばかしい返事をしなかつた運転手が、即座に答へた。

「東岡崎駅の南側、すぐのところに在りますわ。行きますか」

急に生き生きして、尋ねる。

旧東海道を引き返す。

この物語が長らく語られつづけ、生成して来た場を行くのだと思ふ。例へば街道筋には、宿駅の遊女を主人公とする物語が多い。京より西なら江口、神崎、室津……、東なら青墓、墨俣、赤坂、池田……。『大和物語』や『平家物語』に、謡曲『班女』『熊野』などに見ることができるが、これらの物語は、まづ語られるままに街道をとほしてひろく流通したのであらう。宿駅から宿駅へと語り伝へられ、やがて京に及び、文字にもつづられた。

一号線に出て、再び矢作橋にかかる。

前後に連なる車の半ばはトラックである。それぞれに膨大な荷物を積んでゐる。かつては人が背に負つて運んだ、何十倍から何百倍だらう。いまやそれ以外のものは運ばないが、かつて人は物語も運んだ。そして、トラックのやうに沿道の町を無視して突走ることなく、宿駅々々で、物語をいかほどか降ろしては、新しく積み込んだ。

橋でなく、舟で渡るとなれば、その舟の上が、またさうなつた。川が増水でもすれば、東西どちらかの宿に泊まり、旅人たちは思ひ思ひに物語を語り、聞いたのだ。

諸国の珍しい話、この地に伝はる話、また、最新の出来事……、つれづれなるままに飽くことなく交しあつたのだ。その場には、語るのを生業とする流浪の者たち、また、御伽する地元の遊女たちがゐた。物語は、絶えず生命を吹き込まれ、人々の前に現前しつづけた。

渡り終へて、岡崎城の横を抜け、初代市川団蔵の碑のある浄瑠璃姫之墳の前を過ぎる。

宿駅の遊女を主人公とする物語は、京から下つて来た男との交渉をもつぱら扱ふが、次いで、その間に生まれた娘の恋が語られる。これまで知られた物語の男女の一世代下つた、若者の初恋物語である。同じ枠組みを踏まへながらも、新しい展開を見せることになつた。

私が歩いて来たとほり、一号線から南へ曲がり、殿橋を渡る。

それから駅前を通過すると、すぐ先に、朱塗の鳥居があつた。

「六所神社の鳥居です」

運転手は、さう説明すると、その横から背後へと回り込んで、名鉄電車の踏切を渡る。

それから先は松並木の参道だつた。

松並木を過ぎて車を降りると、やや急な石段を登る。

登るにつれ、頭上には、檜皮葺の屋根が翼を広げるやうに広がり、朱塗の垂木が細かく並んで軒を持ち上げてゐるのが仰がれる。そして、鼻を黄色く塗つた朱色の肘木組が、円柱が、現はれて来る。

六所大明神と偏額を掲げた楼門である。

その二層の楼門をくぐると、拝殿だつた。広壮とは言へないが、千鳥破風の前に唐破風の軒がつき、その下には極彩色の花々と雲の模様が刻み出され、要所に黄金の緻密な飾り金具が配されてゐる。そして、全体は朱塗だが、長押の上の蟇股には、花や猫や鳥が、原色の青、赤、紫、緑で彩られ、華やかさを強調してゐる。

間違ひなく、小型東照宮であつた。社としての創建は七世紀に溯るらしいが、家康の誕生に際して、産土神とされたことから、代々、将軍家の尊崇を受け、社殿も家光の命で改められたのである。

近づいて見ると、塗られた床や柱は艶を持つてゐる。漆塗であつた。

そして、背後の本殿へとじかに繋がる権現様式だが、本殿の柱と壁も黒塗で、長押から上はきらびやかに彩られ、殊に切妻の軒下の側面は、絢爛豪華そのものである。巨大な黄金の蟇股があるが、表面には龍や花の模様が刻まれ、蔓が青々とまとひつき、花を咲かせてゐる。それをまた青や赤や緑の原色の斗拱が支へてゐる。

笛を吹く若者は、このやうな華麗な屋敷に招き入れられたのだ。少なくとも岩佐又兵衛の描く絵巻『浄瑠璃姫物語』を見る限り、さう想像される。そして、奥の一間で、琴を前にした姫の前に座を与へられたのでる。

それからは、優美さも極まつた管弦に遊んだ。遠い昔の神遊びとは、かういふ一時でもあつたらうか。かくばかり雅びで、心も溶ける思ひをしたことはなかつた。

その合奏は終はつた。あまりにも早々と、断ち切られるやうに終はつた。さうして侍女たちに促されるまま、若者は退出しなければならなかつた。

一旦は心強くも屋敷を離れた。が、足が動かなくなつた。意を決すると、引き返し、物陰に身を隠すと、時を待ち、屋敷へと忍び込んだのである。

本殿の裏を一巡りして、拝殿の正面に再び立つて、中を伺ふと、手前には雪洞が二つ灯つてゐる。その奥、中ほどと突き当りにも、それぞれ二つづつ対になつて灯つてゐる。さうして中ほどでは、彩色された柱とその間に渡された注連縄を、奥は突き当たりの金具もきらびやかな黒塗りの閉ざされた扉を、ぼんやりと照らし出してゐる。

この雪洞も消された闇の奥へと、彼は忍び込んで行つたのだ。大胆不敵にも手探りで進んで行つた。広壮な屋敷は、宵とうつて変はつて闇の迷路であつた。そして、あちらこちらから侍女たちの寝息が聞え、几帳がいたるところで行く手を阻んだ。

　七重の屏風、八重の几帳《きちやう》、九重の御簾、十二単《じうにひとへ》の錦華《きんくわ》、かき分けかき分け通りつつ閉ざされた扉も、ひそかに開けて、彼は進んだ。

その闇の奥の、さらに奥に、煌々と灯火がともつてゐる一角があつた。その灯火の許に、物語や歌や仏典などの書物が取り散らかされ、丈に余る長い髪を波打たせて、突伏してゐる女人がゐた。髪を結はへた紅梅色の檀紙、目にもあやな衣裳から、宵に見た浄瑠璃姫そのひとと知れた。

　彼女は、沈香の枕に頬を寄せて、なに繕ふことなく、たほやかな様子を惜し気もなく灯火に晒して、寝入つてゐたのだ。

　魂を奪はれる思ひであつた。

引き寄せられるやうにそつと近づくと、姫の耳に口を近づけ、初めての恋を語りかけた。大胆不敵であるとともに、ひどく内気でもある義経の「みやび」の始めであつた。

　姫は、夢うつつのうちにその言葉を聞き、現実とも思はぬままに、答へるのだ。さうして眠りの帳がゆるゆると揚がるのだが、揚がり切るのを引き止めながら、義経と問答を重ねる。

　このところが延々とつづき、正直なところ今日のわれわれには退屈だが、当時は喜ばれたらしい。いかにも語りものらしく、同じ形式、同じ調子で、恋に係はるさまざまな話題、伝承が繰り出されるのだ。年若ながら才知に溢れた男女が、それぞれに業平、深草少将、西行、小町、赤染衛門などと、恋に身を焼いた者や恋の手だれたちをつぎつぎと呼び出しては、初めての恋の駆け引きを繰り広げるのである。

このところ、諸国を経巡り歩いてゐる者たちが、思ひ思ひに持ち寄つた話によつて成つてゐるのだらう。それらを集大成するかのやうに、つぎつぎと語りつらねられて行く。そこには、これらを持ち寄つた者たちの姿が、いくらか透かし見えて来るやうに思はれる。身分違ひの恋に苦しんだ者、つれない相手をどこまでも追ひつづけずにをれぬ者、それから、あらゆる男の欲望を身に受けようと心を決めなければならなかつた女……、いづれも東海道を旅するなり、さ迷ふ男女が心に刻んで来てゐる物語である。

さうして、姫がこころを動かしたと察するや否や、この若武者は、いち早く行動に出るべく、身構える。機会は逸してはならないのだ。最後には、千人の男に身を委ねるべく清水観音に願を掛けた和泉式部について語りつつ、

御曹司は、召したる装束、ここやかしこに解き捨てて、縹《はなだ》の帯のひと結び、けちやうの帯のひと結び、解けぬ間に、なほも多しと思し召し、袖のしがらみ押し退けて、ひとつ御座にぞ、移られける。


恋の初陣である。室町末の写本（仮名を適当に漢字に改めた）からだが、語りものとしての調子がよく出てゐる。

これが慶長の頃の書写で、小野お通の筆とも言ひ伝へられる本になると、かうである。

汀の氷、うと溶けて、羅綾の袂、引き重ね、神ならば結ぶの神、仏ならば愛染王、木とならば連理の枝、鳥ならば比翼の鳥、なほも深くぞ契られける。

古典的修辞が多く、リズムは変はらないものの、品よくなつてゐる。そのため、恋にはやる男の踊るやうな身振りは消えてしまつてゐる。

浄瑠璃姫物語と一口に言つても、じつに多様なのである。物語の大筋はあまり変はりないものの、義経と姫が繰り出す恋をめぐる逸話は、本によつてかなり違ふし、個々の表現となると、上に見たやうに、これまた大きな相違が認められるのだ。語るのが流浪の芸能者や比丘尼たちか、古典的教養を身につけ、高位の人たちの間に立ち混じる人か、それだけでも違ふだらうし、宿駅で語るのと都で語るのとでも、違つたはずである。

もともとこの物語は、織り込む挿話や修辞など、語り手が自由に入れ替へたり新たに工夫したりすることの出来るものだつたのであらう。流浪の芸能者たちは、やや野性的に、コミカルな激しい身振りをもつて、ときには品の悪くなるのも辞さず、語り、高位の人たちの間に立ち混じる人は、優美さを強めて語つたのである。

四

この文字通り夢のやうな一夜は、明けきれないうちに別れがやつて来た。まだ戦をしらぬ義経は、吉次一行の一員となつて、奥州も平泉へ行かなくてはならないのだ。会ふのは、平家を討つべく京へ上る時である。

それが何時のことか、まだ誰も分からない。五年後か十年後か二十年後か、はたまた、さういふ日は来ないのかもしれない。が、夜霧もまだ晴れぬ間に、別れなくてはならなかつた。

別れもはかばかしく告げないまま、男は年若の下使ひとして商人の短い隊列に紛れて、去つた。

一方、姫も、得体の知れない若者に心身とも奪はれ、性根を失ひ、もはや姫でもなければ、長者の娘とも言へぬ女となつてゐた。

この事態にいち早く気付いたのは、長者の母親であつた。若者の身元を厳しく問ひただしたが、姫にしても説明することが出来なかつた。ただ、麗しく笛を吹き、古今の恋を巡る文芸に詳しく、心身を奪い去る魅力にあふれた男と言ふよりほか、言葉がなかつた。

掌中の玉と慈しんできた母親が、いかに打撃を受けたか、言ふまでもあるまい。殊に宿場の遊女の長としては、ことに深刻であつた。やがてはこの宿第一の遊女となり、長者として取り仕切るやうになるのを期待してゐたからである。

まづ為すべきことは、いつ訪れるかも分からぬ男を忘れさせることだつた。

が、十日ほどたつたある日、姫は乳母の冷泉とともに姿を消した。心掛かりのことが出来してやむなく、必ず戻りますとばかり書き残されてゐた。

不思議な老僧がふらりと尋ねて来ると、義経が蒲原の地で病み、挙げ句の果て、宿の者に海辺の砂浜へ棄てられ、進退窮まつてゐると、伝へたのだ。

まだ夢うつつの姫は手早く旅支度をすると、乳母の冷泉を従へ、踏んだこともない土の道を踏んで、蒲原へと急いだ。

蒲原へは、まづ本宿、赤坂、御油を経て、豊橋へ出る。いまは名鉄がその旧東海道を通つてゐる。

それから先は、ほぼ海岸線づたいになるが、まづは浜名湖を越えなくてはならない。いまでこそ電車は鉄橋を一気に渡るものの、車窓から右手に遠く、高々と橋が弧を描いてゐるのが見える。今切口を跨ぐバイパスである。明応八年（一四九九）六月までは、そこまでが浜名湖で、海と隔てた細い道を徒歩で辿つたのだが、地震で切れてしまひ、いまだに「今切」と呼ばれてゐるのだ。この物語が語り始められた頃には、舟か、湖の北側の山地を巡っていかなくてはならなくなつてゐた。

さうして辿り着いた浜松から先は、大きな変化はなく、天龍川、掛川、金谷、静岡と、今では東海道線に乗ればよいが、普通電車では一時間四十分ほどかかる。さうして興津を過ぎると、長く続く海岸線の先に、富士山が見えて来る。

その富士山が全貌を現はす手前、新蒲原駅で降りた。

小さな駅である。東岡崎駅から四時間近くかかつた。今日でも結構、遠いのだ。かつては男の足で五日、女の足となると、九日の道程であつたといふ。姫と冷泉では、どうだつたらう。

義経は、この地で、まづは旅の疲れ、二日目はやり病、三日めからは恋の病となつて、頭も上げられぬやうになつたのだ。先を急ぐ吉次一行は、七日目には宿の主に、健康が回復次第、跡を追はせるよう懇ろに依頼すると、旅立つた。宿の主は、御曹司快癒のため、箱根権現へ祈願に赴いた。ところがその留守の間に、悪い病が流行り、あの宿には悪い病の者がゐると言はれ、旅人が寄り付かなくなつた。それを怒つた宿の妻が人に頼んで義経を浜へ棄てさせたのだ。それを知つた源氏の氏神八幡神が、老僧の姿となつて、矢作の宿に訪ね、事態を告げたのである。

足を急がせた女二人は、僅か三日三夜でたどり着いたといふ。

駅前はきれいに整備されてゐるものの、自転車置き場ばかりが目立ち、がらんとしてゐた。北側へ出ると、国道一号線をかなりのスピードで車が走り抜けて行くが、意外に少なく、車相手の弁当の旗を出した店が数軒、目につくばかりだ。東名高速と富士由比バイパスができて、かうなつたらしい。

山手へ行くと、道はわづか登りになり、蒲原宿の碑があつて、夜之雪と書き添へられ、よく知られた広重の東海道五十三次の絵が掲げられてゐた。薄墨色の闇のなか、雪に覆はれたこの宿の道を、すぼめた笠に身を隠して行き悩む女や笠の男たちが描かれてゐる。めつたに雪の降ることのない地なのに、どうして広重は、この風景を撰んだのであらう。蓑に笠の男たちは旅人だが、傘の女は、下駄だから、地元のひとに違ひない。

その短い坂を上がると、東西に貫く通へ出た。旧東海道だつた。地方ならどこにでもありさうな、落ち着いた町中の道である。住居が並び、蔵があるかと思ふと、軒先に赤と青に塗り分けた回転する円筒を出した理髪店、桜海老乾燥所と看板を出した倉庫のやうな建物があつたりする。

蒲原の駅名は、平安朝も早くから知られてゐる。東へ旅をするなら、必ずここを通らなくてはならなかつたからで、低いながら山が海へと迫り、海浜近い道を採らなくてはならなかつたのだ。さうして、先には富士川が流れてゐる。

その富士川を挟んで、平維盛の率ゐる大軍が、源頼朝の軍勢と対峙したが、水鳥の羽搏く音に怯えて敗走したことは知られてゐる。なんとも不甲斐ない臆病者と思ふものの、背後がこのやうであれば、大軍であればあるほど、気になつたらう。退かうにも、容易に退けないし、簡単に退路を断たれる。逃げるとすれば、一刻の猶予も許されないのだ。

旧東海道が現在のこのところを通るやうになつたのは、元禄十二年（一六九九）の暮からで、それまでは少し下の海浜近くで、宿もそちらに在つた。ところがその年の八月、豪雨と波浪により押し流されてしまつたのだ。

本陣の在つたところから引き返し、駅前へ戻ると、元禄に消えた道筋を探す思ひで、海岸を目指した。その海岸は、吹上げの浜と呼ばれてゐた。烈しい波と風が、絶えず砂を吹上げ、松が身をくねらせ、富士山が見えたのだ。しかし、そのどこに若者がゐるやら女主従は知らなかつた。

早々に白く塗られた鳥居に行き当つた。短い参道の向うに、コンクリート製の、やはり白く塗られてゐるものの、屋根ばかり真赤な社殿がある。

どういふ由緒の社なのであらう？　造営されて新しく、玉垣のなかの境内の樹木も、まだ根を下ろしてゐない気配である。

横に掲示があり、蒲原木之内神社とあつて、永久三年（一一一五）に蒲原氏の吹上館の館神として、二代目蒲原武者所十郎清親が、初代蒲原清実の霊を祭神として創建したと記されてゐた。蒲原氏は『保元物語』や『源平盛衰記』にも名が見える駿河の名のある一族で、その末裔が平成の時代に再興したのだ。その経緯も気になつたが、ともかくここがほかならぬ吹き上げの地であることが確認できて、有難かつた。現在の地名は蒲原四丁目である。当時、勢力を持つてゐた一族の館があつたのだから、間違いなく古い街道筋の宿駅の中心であつたらう。

海岸線は何処だらうと見回したが、社殿の横から背後にかけ、家々が立ち並び、左手の先には小学校校舎がある。

掲示には続きがあり、当社は五社稲荷とも源九郎稲荷とも呼ばれてゐたが、これは源義経が東へ下る途、この吹上館に滞在、乞はれて守護神稲荷大神および神使白山神を勧請したことによる、と書かれてゐた。

やつぱり、と思ふものの、かう書かれてゐると、違ふかなとも思ふ。物語では、金売り吉次が昵懇にしてゐた宿となつてゐて、蒲原氏の館ではない。しかし、このあたりに泊まつたことには間違ひなからう。ただし、病む義経を浜に棄てたのは誰かとなると、面倒なことになる。ケチな宿の妻としておくのがよささうである。

その先の小学校の校舎の横を抜けると、恐ろしく広いグラウンドが広がつた。その向う端が高い土手になり、その上にコンクリートの壁が高々と聳えてゐる。ビルの五、六階分はあるだらう。それが左右へ果てしなく伸びてゐる。

これはなんだらう。この町は、とんでもない壁で南側を限られてゐると思つた。

グラウンド添ひの道を、その壁近くまで行くと、上から車の走行音が降つて来た。富士由比バイパスだつたのである。

そのバイパスの裾添ひの、小高くなつた道を東へと歩きながら、ふと目を左手へやると、富士山がすぐそこに聳えてゐた。

蒲原の北に接した山地が切れた先に、広大な裾野を広げながら、雲が乱れてゐる青空に向け、膨大な質量を集約して、鋭くそそり立つてゐる。さうして、この世と別次元へ至つてゐる、と見える。

しかし、その頂きあたりの荒々しい凹凸は、なんであらう。天空に繋がらうとして噴煙を上げながら、繰り返し挫折して来た経緯を語つてゐるのかもしれない。それとも天上世界の冷厳さを示してゐるのか。年に一度、冨士の峰から人を取りに神か妖怪が降りて来ると、この地では語られてゐる。女を取る場合は麗しい男の姿、男を取る場合は美しい女の姿をして。

グラウンドを外れて、なほも行くと、水路が横切つてゐた。幅は五メートルほどだが、多量の水が烈しく流れてゐる。

と、波の音がいきなり轟いた。水路とその脇道の部分だけ、壁が切れ、外は海だつた。バイパスの路面は鉄橋となつて、この開口部を越えてゐる。

水路の脇道を採り、海岸へ下る。

と、傍らの水面が急に持ち上がつて来た。驚いて、先を見ると、打ち寄せてきた波が急流をそのまま持ち上げて入り込んで来る。流出口の先のコンクリートの堤に、飛沫が上がる。

海は、巨大な防波堤から突き出したこの一角を、容赦しない力で叩き続けてゐるのだ。さうして、水路から流れ入る水流を、押し戻し、押し戻し、拡散させ、呑み込み続けてゐる。

防波堤の外へ出たところは、テトラポットの山の上だつた。そして、視界をはみ出し、無数に波頭を立ててゐる青黒い海だつた。大気の強大な力で押し平らげられながら、沸騰してゐる。

風が強く、顔に当たるものがあるが、砂粒らしい。間違ひなく吹上げの浜なのだ。

しかし、ここには松もなにもない。この膨大なエネルギーを受け止めるべく曲線をもつて立ち上がつた長大なコンクリートの壁が、右にも左にも彼方へと続いてゐて、その裾にわずかばかりの砂浜の帯が続いてゐる。

どうしてこんなところに来てしまつたのだらうと、思はずにをれなかつた。物語が語られる余地が、ここのどこにあるのか。ここは陸地と画然と切り離された壁の外、見捨てられた場所ではないか。

恋の病に苦しむ義経が棄てられたのは、しかし、かういふところだつたのではないか。もつとも当時はコンクリートの壁のかはりに、松が辛うじて生えてゐた。

さうして、見る間に吹き寄せる砂に埋もれ、息もほとんど絶えやうとしてゐた。

そこへ浄瑠璃姫が、侍女の冷泉に助けられて、彷徨つて来たのだ。

この場所で海を前にしてゐると、恐怖感が徐々に強まつて来る。なにしろ人間が囲い込んだ壁の外に、私は独り、今にも猛り狂ひさうな海と向きあつてゐるのだ。多分、この恐怖に耐えられなくなつて、われわれの文明はかくも巨大な壁を築いたのだ。さうして出現した風景が、またわたしの恐怖感をさらに煽る。

その恐怖感を押し戻すやうにして、テトラポットの山から浜へ降りた。

浜へ降りると、波は一段と高く伸び上がり、わたしへと向つて勢いよく崩れて来る。思はず後ずさりする。波は微塵に砕け、沸き立ちながら、恐ろしい早さで迫つて来る。が、さうして濡れたゆるやかな砂の斜面を駆け上がつて、定まつた地点に至ると、急に勢ひをなくして、退いてゆく。

大胆になつたわたしは、その波が繰り返し引き返す先端を見定めて、歩いた。時には波が靴を濡らすが、砂が固まつてゐて、却つて歩きやすい。

浄瑠璃姫の足は、蒲原からの道と、この砂浜ゆゑ、すでに血にまみれてゐた。


男子を取らんとて、ただ今女が来たれるぞ。

ここにはいまや人目が断たれてゐるが、かつてその時、姫を目にした男たちは、一斉にさう言いはやして、逃げ隠れた。『浄瑠璃十二段草紙』はさう語る。その美しさゆゑに、富士の峰から下つて来たと信じたのである。思はず振り返つて富士を捜したが、目の前にあるのはコンクリートの高い壁である。さうして、どこまでも続く狭い浜には、何一つない。

これが姫と侍女の冷泉が見た、無人の吹上の浜かもしれないと思ふ。

ここのどこを捜せばよいのか。壁の先には大きな文字が記されてゐて、「津波警報に注意　一刻も早く海岸から避難を」とあつた。が、どこに逃げ場所があるのか。

姫が泣き崩れると、八幡神が今度は童子の姿になつて現はれ、松が六本生えてゐるところを捜せ、と教へた。

はて、どこであらう。

寄せてくる波を待ち受け、靴が濡れるのも構はず、掌に掬つた。

幾度もさうして水を掬つてゐると、砂に埋まつた義経を見つけて、掘り出すと、姫がやつたことが浮かぶ。

まづかう海水を掬ふと、顔を洗ひ、うがひをし、身を清めたのだ。さうして義経の枕元に戻ると、祈つた。祈つて祈つて、必死に祈つた。

願ひは届かない。なほも祈るうちに、姫の目から涙がしたたり落ちた。と、

御涙、御曹司の口の中へ流れ入り、不死の薬となり、少し息出でさせ給ひける。


涙が霊薬となるといふ物語が他にもあるかどうか。

テトラポットの山を登り、水路の脇道を通つて、壁の内側に戻ると、あたりが急に静かになつた。聴覚を占拠してゐた波音が消えたのだ。替りに車の走行音が上から聞こえて来る。

水路沿ひの道を山手へ採る。右は工場、左側は社宅街である。同じやうな平屋が並んでゐるが、半

ばは空き家である。この会社では大幅な人員整理が行はれたのであらう。

広い道に出た。左へ行けば駅だが、反対側へ歩く。右手は工場の塀である。

その工場の塀が尽き、その先へなほ少し行くと、左に中学校があり、その校舎の南正面一帯に松が十数本生えてゐる一角があつた。

真新しい石の標識が立ち、「吹上げの六本松」とあつた。今から八百年ほど前なら、ここが海岸線だつたかもしれない。

かうして甦つた義経は、七日七夜たつと、すつかり元気になり、奥州へ下る吉次の跡を追ふべく、出立する。義経には平家追討の華々しい歴史的役割が待つてゐるのだ。急がなくてはならない。

やがては「北のまんどころ」と堅く堅く約束、矢作の宿で待つてゐてほしいと告げると、鞍馬山の大天狗と小天狗を呼び寄せ、ふたりを矢作の宿へ届けよと命ずる。

岩佐又平衛の描く絵巻のこの場面は、まことに華麗にして勇壮である。赤錦の頭巾を被り、裾短い鎧に、これまた錦の袴をつけ、紺色の顔を引き締め、翼を広げると、その上に姫を、従ふ小天狗は赤い顔面だが、やはり広げた翼の上に冷泉を載せてゐる。

烏帽子姿の義経が手を振つて別れを告げる……。

あつけない二度目の別れだが、姫は、恋ひ慕ふ男の命を、この世へと引き戻し、七夜七日を共にしたのを喜びとして、戻つていく。

しかし、どのやうな日々があるといふのか。

この碑の横には、小振りながら古い板碑があり、「六本松古跡」と題して、草書体の文字が細かく刻まれてゐた。「三河浄瑠璃姫矢矧乃宿より」と書き出され、よくは判読できないが、先に触れた『東海道名所図会』の文章をおほよそ踏まえてゐる。それによれば、かうある。

むかしこの姫、矢矧の宿より判官どのを恋慕ふと陸奥へ下る時、ここに到り疲れて死す。里人憐れみて葬り、塚の印に松を六本植ゑ置き来たり。天正の頃小野於通といへる風流の妓女、浄瑠璃姫の生涯の事を書きつらね十二段とし、薩摩といへる傀儡師にをしへて節をつけて語らせける、これ浄るりの中祖なり。

浄瑠璃姫は、ここで死んだことになつたゐるのだ。物語が成立して、どのぐらい経過してゐたのだらう。元禄十九年にこのあたりは一切流されたが、その前に、この地ではかうした伝承へと変化してしまつてゐたらしい。

多分、この蒲原で現実にあつたのは、浄瑠璃姫を名乗る流浪の女たちのひとり、いや、幾人もがここで死んだといふことであらう。雅びさをどこかに漂はせながら、旅する男たちを相手にした末のことである。それを悼む人々が、憐れみ、葬つた……。和泉式部の碑と同様である。

裏面には、明治三十一年戊戌（一八九八）一月、五十嵐重兵衛貴儀建之と、蒲原町初代の町長名があつた。

そこから少し離れて、二メートルを越す太い石柱が立ち、そこにも浄瑠璃姫之墓と刻まれてゐた。

これらの碑は、もしかしたらここに建てられたのでなく、町内のあちこちから集められたのかもしれない。いづれにしろ東海道の宿場の蒲原周辺には室町中ばから明治にかけ、自称他称の浄瑠璃姫たちが少なからずゐて、何人かが行き倒れになつたのだ。

しかし、わが物語の姫は、矢作へと天翔けた。

五

天翔けて戻つたものの、矢作の宿は姫に対して手厳しかつた。

いつまでも姫が義経を忘れないと明らかになると、その身を拘束、閉じ込めた。これは愛する男に夢中になるばかりか、操を立て、お座敷に出るのを拒み通す遊女に対する仕置きである。もし、意志を翻すならよし、翻さない限り飼ひ殺しにするのだ。鳳来山に祈念、財を傾け寄進した末に得た娘であるのを忘れたのだらうか。母と子の関係や薬師の申し子であることよりも、こちらのほうが重かつたのである。

また、南北朝の争乱も収まり、十五世紀に入ると、王朝文化の残映をなほも引きずる宿駅の遊女の地位が、大きく崩れ、遊女の長は、もはやその土地の分限者でなく、売色の賤業といふ側面を押し出さなくてはならなくなつたといふ時代の変化があつたらうし、東海道の往来の中心は、京の貴族たちではなく武士や僧や商人たちへと移つてゐたのだ。

再び東岡崎駅から出ると、わたしはそのまま前の通を横断、乙川の岸に出た。公園になつてをり、遊歩道がある。

平安朝から室町時代も後半まで、このあたりが舟で賑はつてゐて、連歌師の宗長が大永七年(一五二七)四月に舟で矢作川を渡り、上がつたのもこのあたりであつた。その旅の手控にかう記してゐる。

やはぎのわたりして、妙大寺(明大寺)。むかしの浄瑠璃御前跡、末のみ残りて、東海道の名残、命こそながめ侍つれ。

（『宗長手記』）

浅井了意が東海道を旅したよりも二百数十年も前のことだが、その頃は、矢作川の東もこのあたりが賑ひ、こちらの岸に浄瑠璃姫のために建てられた明大寺の名残があつたのだ。都にあつて宗長はその物語を聞いてゐたから、感慨深く眺めやつた……。

その明大寺は、度々兵火に掛かり、いまや地名として残つてゐるに過ぎず、多分、宗長がやつて来た時もさうで、一角に一寺があるだけであつた。それが現存する安心院でもあらうか。義経が姫に与へた念持仏の十一面観音像を本尊として、永享十一年（一四四〇）に建立されたと伝へられてゐる。

南を振り返ると、名鉄の軌道を越えた先に小山が見えるが、そこに先日訪れた六所神社があり、その麓手前に、その寺が位置してゐるのだ。当時は六所神社がまだ華麗な建造物となつてゐなかつたから、目立つて見えたかもしれない。

川添ひの堤を、川上へと足を向けた。さうして堤下の遊歩道を気にしながらへ進んで行くと、小振りな句碑があつた。その自然石の面に刻まれた文章の中に、「姫が淵」の文字があつた。不意打ちされた思ひで立ち止まつたが、横に説明板があり、浄瑠璃姫がここで身を投げて以来、「姫が淵」と呼ばれるやうになつたとあつた。

堤はあくまでなだらかな斜面をなし、川岸も整然と整へられてゐて、流れはあくまで穏やか、淀みも渦もない。それなのにどうしてと、思はずにをれない。

説明は続いてゐて、この付近には姫が身を隠した横穴、身を投げた際の足跡が残された「足跡石」があつたが、昭和五十六年（一九八一）の堤防の大規模工事でなくなつた、と。

戻つたものの、何時まで待てばよいか、皆目分からず、母を初め周囲の者からは手厳しく扱はれる日々が空しく続くばかりで、五年、七年となり、十年も越えて十二年目の春、回りの女たちがこんな話をしたのだ。奥州に下つた義経さまは、秀衡公から懇ろな扱ひをお受けになり、ご息女をお迎へになられたさうですよ、と。

元服したばかりの、まだ少年の面影を残したひとも、もう源氏を担ふ立派な武将となつてをれば、当然の成り行きかもしれない。

二世の契りと、ありけるが、ただ一時のはかなごころ、夢となるこそ、物うけれ。

（『浄瑠璃御前物語』古写本）

姫はさう嘆くと、住まひを抜け出し、ここへとやつて来て、西に向かひ念仏を唱へ、流れに身を沈めたのだ。時に寿永二年（一一八三）三月十二日、誓願寺ですでに耳にしてゐた年月日であつた。川と反対側は、柵で仕切られ、墓地になつてゐた。そちらを見回すと、少し離れた一角に立札があり、よくはわからないものの、画数の多い文字が五つ並んでゐる。もしかしたら「浄瑠璃姫墓」かもしれない……。

さう思ふと、柵に添つて広い道に出、大きく迂回して行くと、陸屋根のコンクリートの寺の前に出た。成就院であつた。米軍機の空襲で焼け、かういふ形で再建されたのだが、創建は寛正年間（一四六〇〜六六）から文明九年（一四七七）だといひ、以前は浄瑠璃姫の侍女、冷泉が、主人を弔ふため営んだ尼寺、冷泉寺だつたと伝へられるところであつた。

バケツや柄杓が置かれてゐる本堂の横を抜けると、先程の墓地であつた。整理されて間がないらしく、区画を示すコンクリートも白々としてゐる。

そこを先へと進むと、立札あり、間違ひなく浄瑠璃姫墓とあつた。

墓が二基と石仏が一体、並んでゐるが、いづれも不思議な形をしてゐる。左は四角い基壇に、宝篋印塔の塔身を二つ重ね、その上に屋根が置かれ、大きすぎる相輪が据ゑられてゐる。右はその屋根を逆さに置いて基壇とし、角がとれて丸くなつた石の上に、ひどく小さく、半ば欠けた屋根が置かれ、申し訳程度の短い相輪が載つてゐる。多分、姫と冷泉のものであらう。石仏の方は、無縁方界と刻まれた角石の上に、馬頭観音らしい像が載つてゐる。

ここでも半端な墓石を集めて、築かれてゐるのだ。しかし、物語の中の人物なのだから、これでよいのかもしれないとも思ひ、前に腰を落とした。

いづれにしろ浄瑠璃姫は、悲運のただ中、自ら命を断つたのだ。それを哀れにも思つたひとたちが、いまに至るまで、様々な墓石を拾ひ集めて、墓としてゐるのだ。奇妙な組み合せであつても、眺めてゐると、納得できさうな気持になる。

この死から半年ほど遅れ、義経が数万の軍勢を引き連れ、京へと駆け上つたが、その途、ここへ立ち寄つたと語られる。

それがここか、矢作川の向うの誓願寺か、城近くか、また、別の所か分からない。が、彼は来たのだ。さうして墓前で合掌し、歌を手向けた。

われゆゑによしなき水の泡となり消へ失することこそあはれなりけり

なんとも詰まらない歌だが、入水した姫を思ひやる気持は示されてゐよう。と、墓の中から声が聞こえた、とする。

かりそめに契りしひとはけふは来て苔の下まで問ふぞうれしき

さうして影が現はれ出ると、濃さを増し、像を結ぶかと思はれた。が、ふつと崩れると、掻き消すやうに失せた。

義経は、改めて烈しく祈念、蘇生を願つた。なにしろ義経自身、姫によつて甦つた身なのである。が、姫の遺体は火葬に付され、すでに灰となつてゐた。遺体がなくては、如何ともし難いといふのが、この時代の共通認識であつた。

それでもなほ烈しく祈る。

と、墓石が揺らぎ始め、三つに砕けた。さうして一片が義経の袂へ飛び込み、もう一片が金色の光を放つて虚空へ飛び去り、残る一片は墓の標となつて留まつた。

姫が成仏した証、と義経は受け取つた。

少し遅れて成立したとも考へられてゐる、いはゆる「五輪砕《ごりんくだき》」と称される場面であるが、挿絵などに残されてゐるのを見ると、墓は五輪塔が描かれてゐる。宝篋印塔ではない。

どちらかと言へば宝篋印塔は、貴族なりそれに準ずる人の、五輪塔は武士のものといふ見方が、この頃にはあつたやうである。だから宿駅の遊女の長に準ずる姫が中心であれば宝篋印塔、義経が前面に出て来ると五輪塔となつたのであらう。

堤傍の柵のところまで行き、流れを眺めた。すでに夕色を帯び始めてゐた。

この物語は、もともと鳳来山の申し子の物語として十五世紀には成立、早々に東海道を東と西へ伝はつたのだ。東では蒲原の地で、源氏の氏神と結びついて天翔ける展開にもなれば、旅人に身をひさぐ女たちと結びついた。西となると京に至り、十六世紀後半から十七世紀初め、豊臣秀吉や徳川家康の周辺で書画、詩歌、琴などで才知を発揮してゐた小野お通と出会つた。かつて彼女はこの物語の作者と見なされてゐたが、物語が出現してから二百年も経過してから、潤色者として働いたにとどまる。もつとも王朝風の古典的修辞、道具立てを本格的に持ち込み、当時の流行に即応させるやうなことは、誰でも出来ることではなかつたらう。

さうして京を中心に新たに人気を呼んだことから、この物語を語るために独特な節回を工夫することが行はれ、それが浄瑠璃節と呼ばれるやうにもなれば、また、その伴奏楽器として三味線が登場することにもなつたのだ。京都が近世的大都会へと大きく変貌、踵を接して大坂が新興都市として出現したことが、さうしたことを引き起こしたのである。さらにその浄瑠璃節が、一つの語り物のものに留まらず、一ジャンルを出現させた……。

かうした事態が、まとまつて起つたのだ。

その複雑にして幅広い変動を呑み込み、この物語は、なほも語り継がれた。例へば元禄になつて近松が『十二段』を書いたし、はじめに触れた江戸で上演された『源氏十二段浄瑠璃供養』もまたさうである。

物語の中でのことではあれ、わが国を代表する若き武将が、成人して踏み出したばかりの時に知つた恋が優れて雅びで、かつ、はかないものであつたこと、しかし、その当の恋の相手によつて死から甦つたと語られる重みは、やはり薄れることがなかつたのだ。また、そこにはこの物語が東海道という幹線街道を、東西に拠点を異動させながら権勢とも繋がれば、大都市の出現の動きとも連動して、大きく成長したことも、注意せずにをれまい。

さうして、今ひとつ、古代の遊女による神遊びなるものが如何なるものであつたかを、いささか伺はせるやうに思はれるのだが、それはどうであらう。

川面の夕映えが光を収めつつあるのを眺めながら、さうしたことをとりとめなく思つた。

主要引用参考文献

『室町時代物語大成』角川書店。松本隆信校注『御伽草子集』新潮社。『古浄瑠璃正本集』一　角川書店。朝倉治彦校注『東海道名所記』東洋文庫。島津忠夫校注『宗長手記』岩波文庫。室木弥太郎『語り物（舞・説経・古浄瑠璃）の研究』風間書店。
「矢作の姫」一「季刊文科」5、平成9年（一九九八）10月。「矢作の姫」二「季刊文科」6、平成10年1月。
「蒲原の姫」「季刊文科」7、平成10年4月。いづれも大幅に改稿。

『奇蹟への回路』

（新編）

文学といふ「奇蹟」――坂口安吾の企て

一

坂口安吾の明治以降の文学に対する見方は、はなはだ手厳しい。ある意味では、全面的否定論である。島崎藤村も徳田秋聲も、正宗白鳥も志賀直哉も、また、永井荷風、夏目漱石、それから横光利一も、悪罵の標的になつてゐる。それだけに若気の暴論と、これまでは見なされてきたやうだが、しかし、それで済ますことができるかどうか。勿論、若気の暴論と見なしてよい点もなくはない。が、われわれの近現代文学にとつて最も根本的な問題を、正面から突き付けてゐるのではないか。

その「暴論」をすこし見ておくと、こんな具合ひである、

藤村は、「誠実な作家だといふけれども、実際は大いに不誠実な作家である」（「デカダン文学論」）。荷風は、「戯作者を衒ひ、戯作者を冒涜する俗人」（「大阪の反逆」）。漱石は、「軽薄な知性のイミテーション」（「戯作者文学論」）。直哉は、「俗悪、無思想な、芸のない退屈千万な読物」の作者（「大阪の反逆」）……。かういつた調子なのである。

これら無遠慮極まる悪罵は、ほとんどが、当の相手が存命中に発せられてゐることは注意しておいてよからう。自分の言葉に責任をとる覚悟は、持つてゐたのである。

ただし、これらの言葉を、安吾は、批評家として口にしてゐるわけではない。あくまでも実作者としてである。それでなければ、それこそ無知な若者の暴論であらう。「風博士」によつて牧野信一に認められ、一躍新進作家となつた自信に支へられて、言つてゐるのである。そして、そこで言つてゐることは、つまるところ、彼らのやうには書かない、彼らのやうな作品は絶対に書かない、といふことであつた。

その安吾の決意だが、いま見たところから知られるやうに、自然主義文学や私小説にとどまらず、漱石や横光利一も退けてゐるのであり、明治以来の近代小説のほとんどを否定してゐるのである。どうして、これほどまで徹底した態度を採つたのだらうか。それで、小説を書く目算が彼にあつたのか。

安吾の否定論の基本的なところは、次の言葉におほよそ見ることができる。すなはち、

「私は従来の文学に色々の点で不満を持つが、その最も大きなるものは人間関係の把握の仕方の惨までの行きづまつたマンネリズムに就てである。人間の性格を把捉する認識の角度なども阿保らしく、さういふ約束の世界に住みなれてみると結構さういふ約束ごとの把握の仕方が通用し、実在界を規定するのだから益々もつて阿保らしい」（「スタンダールの文体」昭和11年11月）。

人間の性格や相互関係の把握の仕方がマンネリズムに陥つてをり、それをさうとも思はず、そこに安住し、人間の実像をひとかど捉へたつもりでゐる、と批判してゐるのだ。ただし、ここで注意しなければならないのは、自然主義作家や漱石、横光らの把握の仕方が、かつては新鮮で鋭利であつたが、いまやマンネリズムに陥つてしまつた、と言つてゐるわけではないことである。もともとからさう言ふものであつた、としてゐるのだ。人間とその関係を、作家が、いま初めて直面した事態として虚心に見、取り組むことをせずに、ある出来合ひの枠なり、それに準じたものをもつて捉へて来てゐる、

と言つてゐるのである。明治といふ新しい時代を迎へて、新しい「近代文学」が始まつたとされてゐるが、実際はさうではなかつた、と見極めてゐるのである。だから、上に挙げた、明治以来の代表的作家たちにしても、「約束」ごとをなぞるにひとしいことばかりをやつてきたに過ぎない、と言つてのける。

これほど根底的な批判はあるまい。そして、この批判は、じつは、いま名の挙がつた作家に向けられてゐるだけではなく、近代小説の根底をなす写実――リアリズムそのものに向けられてゐると言はなくてはならないのである。

安吾は書いてゐる。「一体に、わが国の古典文学には、文学本来の面目として、現実をありの儘に写実することを忌む風があつた。底に一種の象徴が理屈なしに働いてゐて、ある角度を通して、写実以上に現実を高揚しなければ文学とは呼ばない理屈になつてゐた」(「FARCEに就いて」昭和7年3月)と。

ここで安吾は、かういふ古典文学の側に立つてゐるのである。それは、いささか古びた常識だと言はれるかもしれない。なにしろ千数百年におよぶわが国の文学が保持してきた基本的考へである。明治以降は、さういふ考へを破棄、「現実をありの儘に写実する」ことに努めて来たのであり、これを根本姿勢だとして来てゐるのだ。

安吾は、それを真っ向から否定する。今の時代、その言説はひどくラジカルにならざるを得ない。実際にそこには、ダダイズムやシュールリアリズム、そして、いはゆるモダニズムの影響も少なからずある。しかし、根底にあるのは、ひどく正統的な考へ方といふ確信なのである。

この姿勢でもつて、安吾は小説を書かうとしたのだ。

その企ては、惨憺たる悪戦苦闘となつた。後には推理小説や巷談などにも幅広く筆を振ふ、散漫とも見える仕事ぶりともなつたが、かうした立場に拠つての懸命な摸索といふ側面があつたのである。さうして、必ずしも数は多くなかつたが、成功作といつてよい幾つかの作品を書いた。それらは、いはゆる説話的小説および歴史的小説（いまのところ「的」の字を間にいれておく）であつた。

かうした安吾の小説観がどのやうなものであつたか、いま少し見ておきたい。

二

その基本的な考へを知るには、やはり「FARCEに就いて」に依るのがよからう。ただし、二十六歳のときに書かれたこのエッセイは、若さ特有の勢ひと衒気が見られるとともに、着実に展開されてゐない恨みがある。例へば、本題であるファルスについての論述が始まるのは、全体の半分が過ぎてからで、明らかに論としてのバランスが崩れてゐるし、その長すぎる序論と本論との結びつきが、スムーズに行つてゐない。と言ふよりも、そのところを摑みきれないまま、強引に書いてゐるのである。

ただし、その前半部分でも、重要なことは言つてゐる。

まづ第一に、すでに触れた、写実の排除である。古典文学が写実を「忌む風」がある、といつたあと、音楽に関してだが、「単なる写実は芸術とは成り難いものである」と、言ひ切つてゐるのだ。

かう言ふ根拠として、安吾は第一に写実が「低調な精神」に陥りやすい点を挙げる。写実の対象は、言ふまでもなく、われわれが現に身を置いてゐる実生活の地平の事象であつて、その在りのまま受け入れるのを前提とすることになる。批判するにしろ否定するにしろ、その俗にして平凡なものを、まづは全面的に受容するのである。さうすれば、作者の精神も読者も、低俗に流される恐れが出てくる。

さうして精神が大きく「高揚」するのを抑へることになる、と言ふのだ。世阿弥の言ふ「花」を端的に咲かせることがむづかしくなるのである。

それればかりでない。写実は、言葉をしよせん「代用の具」として用ひることになる、と指摘する。言葉でもつて現実の事象を描写し説明して、そのものをリアルに提示することを目的とすれば、その目的が達成されたとき、言葉自体は無用となる。そして、棄てられる。これでは文章が一枚の写真にも及ばなくなるだらう、といふ。

かう述べたあと、安吾は、さらに次のやうに書きつける、「言葉には言葉の、音には音の、色には又色の、もつと純粋な領域がある筈である」と。これまた、真当な考へ方ではなからうか。文学には文学独自の領域があり、現実に寄り掛かるのではなく、言葉自体のうちに根を降ろしてゐなくてはならないとするのである。

もつとも、散文をつづる場合、「純粋な言葉」ではなく、「代用の具」としての言葉をもつぱら用ひざるを得ないといふ事情がある。そのことを安吾は承知してゐた。厭でも承知せざるを得ないのだが、それゆゑに、なほさら「純粋な言葉」を希求、「高い精神」への「高揚」を激しく願ふのである。

このやうに写実を退ける立場を述べてから、本論のファルス論にはいる。そのところを少し詳しく見ると、こんな具合ひである、まづ、「文学のスペシャリティ」を採り上げ、ファルスがその最たるものであるがゆゑに、誤解されやすいが、と断つてから、「扨て……」と調子を変へ、改行して、次の文章となる。

一体が、人間は、無形の物よりは有形の物の方が分り易いものらしい。ところで、悲劇は、現実を大きく飛躍しては成り立たないものである（そして、喜劇も然り）。荒唐無稽といふものには、人の悲しさを唆る力はないものである。ところがファルスといふものは、荒唐無稽をその本来の面目とする。ところで、荒唐無稽であるが、この妙チキリンな一語は、芸術の領域ではさらに心して吟味すべき言葉である。

これだけのところに、いま傍点を付したやうに、「ところで」「ところが」「ところで」と、三度も文脈を転じてゐる。この部分を書くのに、安吾がいかに苦しんだか、察せられよう。論理的な筋道を見付けようとするのだが、どうしても見付けることができず、繰返し最初から出直してゐるのだ。かうした道筋を見付けるのには、じつくりと構へるのが必要なのに、さうすることができず、書き急いでしまひ、幾度やつても、筆の運びはすぐに縺れてしまふのだ。

安吾としては、是が非とも語つて置きたいことがあり、文章や論理の乱れなどにかまつてはをれなかつたのだが、それで前へ進めない。その語つて置きたいこととは、いまの文章にあつたやうに、「無形の物」「現実からの飛躍」「荒唐無稽」を痛切に求める気持であらう。自分は、どうあつても有形の物、現実への密着、平凡な有意義性になづむことができない。それらを厳しく退け、現実と別の次元へと飛躍したい。そのために自分は、ファルスを選ぶ、と主張しようとしてゐるのだ。

しかし、気持は逸るものの、自分が挙げたファルスの三つのポイント、「無形の物」「現実からの飛躍」「荒唐無稽」の関連が掴めなかつた。これらを一つに貫く論理があるはずだが、それが掴めない。それとともに、前半で述べた写実の排除とどう繋がるか、それも分らない。だから、前半部分がいたづらに長くなつたし、「文学のスペシャリティ」などといふよく分からぬ事柄を強調して、半ば逃げをうつ有様となる。

もつとも、それらの係はり方を、論理的に掴み、かつ、説明する必要があつたかといふと、必ずしもなかつた。かうした問題は、もともと論理で尽くせるやうな性格のものではないのだ。しかし、安吾としては、是が非とも主張し、かつ、できるだけ多くの人々に認めてもらいたかつたのだ。そのためには論理が必要だと考へたのだが、書き進めるとともに、自分の考への不確かさが明らかになつて、却つてムキになつてしまつた。

かういふ安吾の様子は、いま引用したところだけでなく、その後にも見ることができる。いまの文章につづくところの、改行の冒頭ばかり三ヶ所を抜きだすと、

一体、人々は、「空想」といふ文字を、「現実」に対立させて考へるのが間違ひの元である……。

単に「形が無い」といふことだけで、現実と非現実とが区別せられて堪まらうものではないのだ……。

ファルスとは、最も微妙に、この人間の「観念」の中に踊りを踊る妖精である……。

かういふふうに空回りしながら、この論点にこだはりつづけたのは、いまも言つたやうに、このことばかりは、ぜひとも認めてほしかつたからである。なにがなんでも、現実から飛躍した、「形の無い」、すなはち現実からまつたく自由になつた領域での、文学の実現を求めたのである。

さうして、「大きな飛躍」を可能とする決め手として、いま挙げた三つのポイントのなかで、とくに「荒唐無稽」を強く押し出すことになつた。

われわれは現実のただなかに、「有形」にして「有意義」な諸々の事象に取り巻かれ、自らも「有形」にして「有意義」な存在として生きてゐて、殊に小説といふ散文芸術は、その「有形」にして「有意義」なもののうちに腰を据ゑることによつて成立してゐる。そのため「飛躍」し「高揚」しようとする作者と読者の精神は、現実の地平へ引きとめられるやうに動く。そこで、この結びつきをすつぱりと断ち切らなくてはならないが、そのために持ち出すのが「荒唐無稽」なのである。「荒唐無稽」こそ、「有形」「有意義」さでもつて張り巡らされてゐる言語の網の目を、一気に切り裂く唯一のものだ、と彼は主張する。

その「荒唐無稽」について、こんなふうにも言つてゐる、一歩踏み外せば、たんなる「意味無し」に陥つてしまふが、その危ふいところまで突き進むことによつて、「凡有ゆる物の混乱の、凡有ゆる物の矛盾の、それら全ての最頂点に於て、羽目を外して乱痴気騒ぎを演」じる。さうして、有意味性で固められたこの世界を解体し、その枠から解き放すのだ、と。

この乱痴気騒ぎ自体が、また、現実からの「大きな飛躍」、精神の「飛躍」、自在さの発露そのものでもあるのだ。だから安吾は、かう書く、「存在として孕んでゐる、凡有ゆるどうにもならない矛盾の全てを爆発的な乱痴気騒ぎ、爆発的な大立回りに由つて、ソックリそのまま昇天させてしまはうと企むのだ」。

以上でおほよそファルスなるものの輪郭は明らかになつたと思はれるが、その威勢のよい「乱痴気騒ぎ」も、つまるところ手段なのである。その点は見逃してなるまい。

三

処女作「木枯の酒倉から」（昭和6年1月）を初め、「風博士」（同6月）、「霓博士の退廃」（同10月）といつた作品が、以上見てきた考へから生まれたことは、明らかであらう。「代用の具」としての言葉を可能なかぎり破壊して、「羽目を外」し、散文としての限界を突破してもゐるのである。さうして、「荒唐無稽」の「乱痴気騒ぎ」を実現してゐる、といつてもよからう。

これらの作品が書かれるのには、牧野信一を初め、エドガー・アラン・ポーや音楽家のエリック・サティらの影響もあつたであらう。また、当時、渦巻いてゐたその他のさまざまな芸術思潮も少なからず働いてゐたはずである。同時代の先行者なり同行者がゐないところで、実際に仕事をなし得るとは考へ難いが、最も大きな推進力になつたのは、安吾の強い希求と、その特異な才能であるのは確かであらう。

さうして書かれたのが小説であり、散文であつたことに、あらためて注意しなくてはなるまい。多分、これがわれわれの時代の根本的な制約なのである。文学といへば、小説であり、安吾にしてもその点に変はりはなかつたのである。その結果として、「羽目を外」しながらの、散文であつた。これは、おそろしく困難な営為であつた。現実をなんらかのかたちで受け入れ、多少の「有意義性」を認め、「代用の具」としての言葉を用ひるのである。

その矛盾、困難さに気づくのに、時間はかからなかつた。さうして、これまでのファルスをひたすら目指すところから、転換を図ることとなつた。それは、言つてみれば、破調の「小説家」になることであつたらう。

その苦闘を、安吾は、親友の長島萃の死、矢田津世子との恋愛、長篇『吹雪物語』を抱へての京都暮らし（昭和12～13年）、そして、その長篇の失敗といつた事件がつづくなかで、おこなつたと思はれる。

いま、そのところに深く立ち入る余裕はないが、その苦闘の辿つた大筋と、その結果について、『吹雪物語』を書いたことがどういふ意味を持つたかを中心にして、おほよそを見ておきたい。

この長篇を刊行（昭和13年7月）してから九年後に、安吾は、かう書いてゐる、「あの頃、私は、何度も死のうと思つたか知れないのだ。私の才能に絶望した。こんなものしか、こんな嘘しか、心にもないことしか、書けないのかと思つたから。私は私の小説を破るよりも、私の身体を殺したかつた」（「『吹雪物語』再版に際して」昭和22年7月）。ずいぶん厳しく自分を責めてゐる。が、それでいて再刊行するのである。そこが興味深いところだが、この点は後に考へるとして、安吾自身、完全な失敗作と自認した。

この自己判定は、たぶん妥当であつた。が、さう判定を下したのには、それなりの理由からであつた。すなはち、自分の苦しい恋愛を扱ひ、自分の「半生の区切り」とし、「後半生の出発点にしよう」と努めたが、結果は、「気取り、思ひあがつた小説」になるとともに、自分の過去の「空虚な、カラの墓」にとどまつたから、といふのである。自分の意図が実現できなかつたから失敗作だといふのである。

一応、はつきりした理由だが、作者の認める失敗は、必ずしも作品の失敗にならないのは、いふまでもない。それに安吾が抱いた創作意図そのものに、失敗作となる理由が胚胎してゐたと思はれる。およそ成功のおぼつかない意図を、抱いたのだ。

一言でいへば、まだケリもついてゐない己の恋愛を検証しようとしたのである。絶交は宣言したものの、実態は、恋愛の渦中に身を置いてゐるに等しかつた。そのやうなところで、どうして自らの恋愛の客観的な検証ができるのか。それも一筋縄でいかぬ、「一度夢にした女が現実に現れるといふ、それ自体実際ありうべからざる怪談」と、自ら言ふところの恋愛なのである。さうして彼は、「この人に関する限り、現実と訣別しよう」と努めたが、それは、「夢と現実のギャップ」の間で、ヘトヘトになり、「惨澹たる衰弱」をすることであつた、と述べてゐる。かういふ相反する両極の間を、いたづらに往復運動するやうな恋愛は、当事者が捉へようとしても捉へられるはずがない。

それにその「夢と現実」にしても、実在の矢田津世子といふ女性とほとんど係はりがなく、安吾が勝手につくりだしたものであつた。一方では「夢」を激しく求め、同時に、「現実」へ立ち戻らうとする、アンビバレンツな自らの在りやうを、津世子との関係に投影して見てゐたやうな具合ひだつたのだ。およそ検証し得ぬものを、検証しようと努めたのである。その空しい努力は、言つてみれば、自らがつくり出したアンビバレンツの渦へ、自ら入りこまうと躍起になるやうなもので、検証の不可能性は増大するばかりである。

これはある面で、現実から飛躍しようとするとともに、現実を抱きとつて小説を書かうとする、安吾の作家としての基本的な態度と照応してはゐよう。それが、いま述べたやうなところへ、一段と強く自らを押しやつたと思はれる。

もう一つ、失敗作の理由を挙げれば、自分の恋愛を検証、自分の過去を埋葬、自分の再出発とする、といふふうに、ひたすら自分自身にこだはり、自分を問題にしつづけた点だらう。自分とは、誰にとつてであれ、最も切実な「現実」である。「現実」のなかの「現実」だといつていいが、安吾にとつてそれは、なにをおいても解体しなければならぬ当のものであつたはずである。「荒唐無稽」さをもつて「羽目を外」し、解体すべきものなのである。ところが安吾は、ここではその自分にこだはり、混迷のなかから救ひださうと努めた。津世子に恋する自分を葬るとは、「夢と現実のギャップ」の間で空しく右往左往するところから、自分を抜け出させて、輪郭もはつきりした安定した存在とすることであつた。「私の後半生の出発点」にするとは、まさしくさうすることによつて可能になる。しかし、それは、本来の安吾のなすべきことではなかつた。逆に、自分といふ「現実」を一段と解体することこそ、なすべきことであつたのである。さうするとき、自分自身から自由になり、「飛躍」するとともに、なほそこに立ち現はれてくる「現実」を受け止めることができることにもならう。

その意味で、安吾は、この長篇で自らを裏切らうとしたのだ。さうして、藤村や漱石の「約束の世界」に身を添はせる方向へ進まうとした、と言つてもよからう。

だから、いかに「精一杯の悪戦苦闘」をしたとしても、失敗するのは当然だし、失敗しなくてはならなかつたのである。もしも失敗せず、『吹雪物語』がカラでない自分の「墓」となり得てゐたら、どうであらう。自らへの裏切りが成功したことになる。

安吾が、『吹雪物語』の再刊を認めたのは、この作品が「カラの墓」であることを自認するとともに、その「カラ」であることに居直る覚悟を決めたからに他ならない。この態度こそ、次への確かな歩みを可能にするのだ。

四

かうして『吹雪物語』刊行後、深い失意に見舞はれたが、そのなかから安吾は、「紫大納言」（昭和14年）や「イノチガケ」（同15年）などを書くことによつて、初めて確かな歩みへと踏み出したと思はれる。

いま、「紫大納言」と「イノチガケ」を挙げたのは、前者が説話的小説、後者が歴史的小説の、それぞれの系列の、最初の作品（説話的小説では「関山」を挙げるべきかもしれないが、説話性よりもファルス性が勝つてゐるのでかうしておく）で、この二系列に属する小説が、安吾の独自性を最もよく現はしてゐるし、作品としてもすぐれてゐると考へられるからである。

それとともに、この二系列の作品を書き得たことが、行き詰り状況から安吾を解き放す糸口を掴むことになつたと思はれる。自らの希求に忠実であれば、小説が書けず、小説を書かうとすれば、その希求を棄てなければならないといふ、矛盾に苦しんでゐたのだが、少なくともこの二つの系列においては、折り合ひをつけることができた。いや、折り合ひといふやうなものではなく、矛盾そのものを生かし、独自の透明性の高い散文作品を可能にしたのである。

これは、詩人の魂を持つたまま、小説家――正しくは「破調の小説家」になることに成功した、といふことであらう。

この二系列の作品において安吾が実現したのは、どのやうなことであつたのだらうか。とりあへず、それぞれの系列の特徴のおほよそを、述べておくと、

まづ、歴史的小説だが、いはゆる歴史小説とは趣きを異にして、一見、評論的な性格が濃い。過去の人物なり出来事の再現を目指さず、信長や秀吉を扱つても、その容貌、姿、性格などに筆を費やすことがほとんどないのである。また、彼らが行つた歴史的事蹟を採り上げても、その前に立ち止まり、その再現をはからうとはしない。おこなふのは、それら事蹟のうちを一貫して流れてゐると思はれるものを、思ひ切りよく摑み抽出することなのである。勿論、そこに作者の見方、判断が強く働く――評論的といふ所以だが――が、事実を軽んずるわけではない。そして、その抽出は、あくまでもその事蹟をおこなつた人物の、生命なり精神の一途にして純一な波動を掴みだすかたちをとる。

このやうな方法の基本的な考へは、これよりも早くスタンダールについて述べた次の文章に見ることができよう。「彼の小説は固定された性格を全く与へられてゐないわけだが、事件から事件へ転々と動かされて行くうちに、いはゆる性格などといふケチな概念とかけはなれ、実々歴々と特殊な相貌を明らかにする。彼の作中人物は性格が何物をも限定せず、事件が人間を限定し同時に発展せしめるといふ無限の可能性と動きの中におかれてゐる」(「スタンダールの文体」)。

人間の性格を「ケチな概念」といつてゐるが、これが安吾の人間観なり文学観の一つのポイントであらう。性格を中心にして人間を考へるとき、まづ、人間を固定的に捉へがちになる。それとともに、その性格の違ひを重要視し、いかなる人とも違つた個性的な一個人、一個我をもつて、本来の人間とすることにならう。さうすると、その人間は、他から窺ひ難い闇を抱へた存在、といふことになる。そのやうな存在に、安吾は、価値を置かない。と言ふよりも、さういふ見方そのものが誤つてゐるとするのである。自分をいかに捉へようとしても、突きつめたところ「空虚」「カラ」であると、いまや思ひ知つてゐるのである。

かうして、固定した実体を持たないものとするとき、人間は、正体の定まらぬまま千変万化する存在といふことになる。「自分でもなにをしでかすか分からない、自分とは何物か、それもてんで知りやしない」(「教祖の文学」昭和22年6月)存在だと、安吾は書いてゐる。

だから、人間は、その行動において捉へるよりほかないのである。行動ばかりは、明瞭な事実として在るのだ。

しかし、その個々の行動に対しても、安吾は、あまり深くはこだはらない。人間は、一つの行動のうちに立ち止まつてゐることは決してできないのであつて、絶えず次の行動へと移つていく。だから、その行動から行動へと進んでゆくことによつて描く軌跡――引用文の後にでてくる言葉を使へば「線的な動き」――を追ふべきなのである。

その「線的な動き」にこそ、さまざまな行動のうちを一貫して流れるものが、はつきり顕はれ出るのだ。かうして描き出された人物は、その「一貫した流れ」を直截に示すとともに、じつは「現実」＝個々の歴史的事実を生み出した具体的事柄にも深く係はつてゐる。それらに深く係はることによつて、彼らは、自らのうちを貫くものを明瞭に顕はしてもゐるのである。だから、ここでは、「無形のもの」と「有形のもの」がしつかり噛みあつてゐる、といつてもよからう。そして、そこに、緊張感が孕まれ、一層の生動感が生みだされるのだ。

「現実」からの飛躍を激しく求めながら、「現実」に結びつかうとする安吾の在りやうに即応する、小説の書き方が、ここに実現されてゐると見ることができよう。自由に「高揚」へと向ふとともに、現実なるものがはつきり見えてゐる文学の領域が、ここには広がつてゐるのである。そして、言葉も、事象の表面を撫でるにとどまらず、その核心を指して突きたつやうに働いてゐる。

かうした性格の具体的な作品として、安吾の前には、ヴォルテールの『カンデード』があつたと考へてよからう。この痛快な哲学小説を、安吾は、早くから愛読してをり、再三、言及してもゐるし、上に見た作品と確かに共通するところがあると思はれるのである。

以上、見てきたことが、ほとんどそのまま、説話的小説にも当てはまる。

まづは、同じく人物なり出来事の再現を企てず、描写はほとんどおこなはれないし、人物の「性格」も問題としない。類型で足りるとしてゐる。そして、ここでも、専ら行動が追はれる。

ただし、歴史的人物は、歴史的地平を動くが、説話的人物は、さうしたところに囚はれてゐない。

現実の次元さへ自在に突き抜け、およそこの世にはありえない出来事に満ちた、伝奇的領域へと踏み込み、説話空間へと飛翔するのだ。「高揚」した表現が、端的に達成されると言ひかへてもよい。

その叙述の仕方だが、基本的には歴史的小説と同質で、さきにも引用した「スタンダールの文体」で言つてゐるところの、「性格を無視した人間の把握の仕方、常に事件の線的な動きだけで物語る文体」を、駆使したところのものであらう。

いま、「物語る」といふ言葉がでたが、殊に説話的小説は、「物語る」文体で書かれてゐるのはいふまでもない。描写が、読者をして事件の現場に立ち会つてゐるかのやうに思はせるのに対して、時間的なり因果関係なりの脈絡のうちに事象を据ゑ、読者をして大きく展望のきく位置におくとともに、個人的次元をこえた運命的ともいふべき流れを、自ら生きるかのやうに思はせるのである。

その脈絡なり流れを摑んで示してゆくのが、「語る」ことの核心だと思はれるが、それをおこなふのは、作者であるよりも、語り手である。語り手は、現実世界に生きる人間の持たない自在さをもつて、それをおこなふ。かういふ語り手の存在を、近代小説は認めようとしない。語り手もまた、日常的な地平に、ごく平凡な一人の人間として、身を置いてゐなければならないとするのである。芥川龍之介のおこなつたことが、まさしくさうであつた。そして、それが芥川の考へた、説話の近代化であつた。が、実態は説話の卑小化以外のなにものでもなかつたのは、いまや明らかであらう。

語り手は、日常的な地平に身を置く普通の人間と、はつきり違ふのである。その点で、作者とも違ふ。作者も生身の人間として、さまざまな存在条件から自由ではない。が、語り手は、それらに縛られてはゐないのである。だから、さきにもいつたやうに、「事件の線的な動き」を見、運命的な流れを素手で掴んで見せもするのだ。

かういふ説話的小説が「現実から大きく飛躍」し、「高揚」した表現を可能にするのは、いふまでもない。が、それでゐて、「語り」といふ散文性のうちに、作品はしつかり根を張つてゐて、ひたすら「高揚」する一方には終はらない。いや、ここでは、そのやうな「語り」そのものが翼を持ち、「高揚」を可能にすると言つたほうがよいかもしれない。

五

歴史的小説と説話的小説について、以上述べてきたところが、そのまま、安吾の小説の独自性の基本をなすと考へて、ほぼ間違ひなからうと思はれる。勿論、他にも考へなければならない点がないわけではないが、それらの多くは、安吾といふ独特な人間の個性に属する事柄であつて、いまここで述べなければならないことではあるまい。

ただ、「語り」について考へる上で、聞き手について留意しておく必要があるだらう。語り手とともに、その相手である聞き手がゐなければならない。聞き手が存在しないところに、原則的に「語り」は成立しないのである。だから、説話的小説として語り性を明瞭にするとき、聞き手の存在もはつきり顕はれ出てくることになる。そして、その両者が顔を突き合はせてゐる場もまた、出現することになる。近代小説は、語り手とともに聞き手もその語りの場も可能な限り排除する。さうした特定の人々が形成してゐる場で語られる物語ではなくて、人間世界の実相を客観的に写しだすことを目指してゐるとする以上、当然であらう。

しかし、その結果、語り手の代はりに作者が前面に出てきて、私小説が生まれてくる一因ともなつたやうである。それに根本的な問題として、人間世界の実相を客観的に写しだすやうなことが、可能かどうか。可能だとしても、読者にどれだけ共感をもつて受け取つてもらへるかどうか。小説世界は、共感をもつて受け取つてもらつてこそ、初めて存在し始めるのだが、読者は、作者に必ずしも従順ではなく、誤読の権利をもつ。近来よく指摘されることだが、読むことは、受け身に見えながら、実際はさうではなく、積極的な行為なのである。一応、書かれた言葉に対して受け身の姿勢をとりながら、自分の創り出した脈絡にしたがつて言葉に生命を吹き込んでいくのであり、その読者の主体的働きかけなくしては、小説世界は出現しないのである。だから、作者としては、読者に身を乗り出してもらはなくてはならない。さういふ姿勢をとるやうに、読者を誘はなくてはならないのである。

安吾が、戯作性を主張したのも、このためでもある。不特定多数の存在として、読者を作品の向ふ側に押しやるのではなく、こちら側へと誘ひ出さうとするのだ。そのための作品構造としての工夫が、戯作性なのである。

いま、作品構造としての工夫といつたやうに、その誘ひが、読者の関心の一部を刺激するだけのものであつてはならないのは、言ふまでもない。読者の存在を、できるかぎりまるごと誘ひ込まなくてはならないのだ。読者がどれだけ自らを傾けて読んでくれるかに、読み取つてもらふものは掛かつてゐるのである。

安吾が「戯作性の欠如は思想性の欠如である」（「大阪の反逆」昭和22年4月）と言つたのも、この点から理解できよう。作品の中にいかに思想が盛り込まれてゐたところで、それが読者自身の手によつて摑みとられなければ、無に等しいのである。

そのためにも作者は、作者としてよりも語り手となつて自らを示す必要があるだらう。語り手がその存在を示さないところに、読者は、聞き手となつて身を乗り出し、耳を傾けてくれることはない。

さうして、語り手が紡ぎだす言葉の流れのなかで、語り手と聞き手が出会ふのであり、その出会ひにおいて両者は、ある精神なり感情なりを共に生きることになるのだ。ここにこそ紛れもない文学世界が、出現するのである。これまた、長い年月保持されてきた「常識」であらう。

さきに言つた思想なるものも、じつは、ここにおいて文学のものとして出現するのだ。作者が抱いてゐた思想を表現し伝達するだけであつては、文学のものとはならない。語り手が聞き手と出会つてゐる文学空間に、初めて出現し、聞き手によつて発見され、また、語り手ないし作者自身によつても発見されなければならないのである。人は、自ら発見したものでなければ、決してそれを自分のものとはしないのである。そして、文学とは、なによりも各人――作者も読者も――が、その言語世界で、自らの生を主体的に生きることなのである。

「僕が小説を書くのも、また、何か自分以上の奇蹟を行なはずにはゐられなくなるためで、全くそれ以外にはたいした動機がないのである」（「青春論」昭和17年11、12月）と、安吾は書いてゐる。「奇蹟」とは、ずいぶん強い言葉だが、いま言つたやうなことを可能にする地平を、心底から創り出さうと願つてゐたからであらう。この「語り―聞く場」は、「現実」とは別の「花」ある生を、共生へと開かれたかたちで生きるのを可能にするのである。「現実」からの「大きな飛躍」「高揚」を言つたのも、まづは、この場に身を置くことであつたと考へて間違ひあるまい。そして、説話的小説と歴史的小説を現に書きだすことによつて、安吾自身、その確かな手応へを掴んでゐたからこそ、「奇蹟」などといふ言葉を口にしたのであらう。

かうした安吾の姿勢は、終生変はらなかつた。やや控へめになつてはゐるが、五年後の次の言葉も、同じ姿勢を語つてゐる、「作家といふものは、今ある限度、限定に対して堪へ得ないといふことが、作家活動の原動力でもある」（「教祖の文学」）。われわれの生存が否応なく課してくる「限度、限界」、また、われわれ自身が自ら課してしまつてゐる「限度、限界」を、抜け出さうとして、安吾は書いたのだ。

だから、少なくとも生存が課してくる「限度、限界」を受け入れるところに成立する描写は、退ける。そして、「語り—聞く場」に自らの小説家としての拠点を置くのである。

この「語り—聞く場」を外れると、そこには日常的現実が広がつてゐて、作者も読者もともに日常的存在にとどまる。さういふ在り方しかできないのである。そして、さうである限り、精神は「低調」に引きとどめられ、かつ、「認識の角度」も、従来どほりの「約束ごと」を出ない。そのため、「人間や人間関係の把握の仕方」は、「惨めなまでの行きづまつたマンネリズム」に陥ることになる。

このやうな、文学の「奇蹟」と無縁なところに、明治以来の文学は、自然主義作家ばかりでなく、漱石も横光も、身を置きつづけて来た、と安吾は言ふのである。それに対して安吾は、自分なりに一応納得のいく小説を案出し、あるいは案出しつつ、自らの途を歩いたのだ。


（『坂口安吾研究講座』三、昭和62年（一九八七）12月、三弥井書店）改稿

空想する異端者　正宗白鳥論

一

「文学は、あつてもなくてもよい夢のやうなものである」と正宗白鳥は、よく言つた。また、宗教についても同じことを言ひ、たとへば聖書を「一種の夢物語」だと極め付けもした。その折りの「夢」だとか「空想」だとかいふ言葉を、白鳥はどのやうな意味あひで使つたのだらうか。

これらの言葉は、白鳥が立つてゐたとされる自然主義文学の立場からは、非難といふよりも、蔑視すべきものに投げつけられるものであつた。白鳥にとつても、一応、さうだつたと言つてよい。そして、いまの引用文からも知られるやうに、この言葉を、個々の文学作品や思想にとどまらず、文学そのもの、宗教そのもの、さらには真理と考へられるものに対しても、投げつけたのだ。それは、じつに大きな破壊的効果を持つた。権威あるものと見られてゐたものは、手もなく覆へされたのである。人々は、その傍若無人ぶりに目を見張つた。そして、冷厳なリアリストを、また、徹底したニヒリストを見たのである。白鳥が、同時代の自然主義文学者のなかでも、ある種の清新さをもつて迎へられたのは、多くこのゆゑであつたらう。

さうして実際に、彼は、「空想」といふ裁断の刃を、生涯をつうじて徹底して突き出して行つたのである。

しかし、「空想」は、白鳥にとつて否定的批判的意味を持つだけかといふと、決してさうではない。「あつてもなくてもよい、空想の産物にすぎぬ」と、文学や宗教について断定しても、それでもつて文学や宗教を全面的に否定し去つてしまふわけではない。逆に、それらに自分を、より深く結びつけてゆくのである。現に白鳥の生涯は、まぎれもなく文学者のそれであつたし、また、キリスト教への関心は、終始衰へることがなく、一応、その祝福を受けた形で逝つたのである。

これは、一体、どういふことなのか。

文学に対して「空想」と言ひ放つたのは、考へてみると、自分と文学との結びつきの確かさを強く信じてゐたがゆゑでなかつたらうか。それとともに、さう言ふことが、その結びつきの白鳥自身にも隠された意味を明らかにすることだつたのではないか。だからこそ、好んで白鳥は、烈しく「空想」を言ひ立て続けた——。

すなはち、「空想」が、否定的破壊的力であると同時に、肯定的積極的意味も持つ地点で、白鳥は、文学、そしてキリスト教と結びついてゐたのであらう。よそ目には、およそ平衡の取り難い地点だが、白鳥にとつては、ここがなによりも確かな基盤だつた、と思はれるのだ。

二

これまであまり注意されてこなかつたやうだが、白鳥の「空想」への傾斜は、まことにきつい。と言ふよりも、烈しい。作品を見渡しても、まづ目につくのは、空想的な性癖ないしさうした傾向を顕著に持つ人物を、多く扱つてゐることである。処女作といつてよい明治四十年の『妖怪画』がすでにさうだし、四十二年の『地獄』以後、特に著しいものだけでも、『徒労』（明治43年・一九一〇）、『入江のほとり』（大正4年・一九一五）、『人を殺したが』（大正14年・一九二五）、戯曲の『人生の幸福』（大正13年）などと、幾つも挙がる。そして、最後の長篇となつた『人生恐怖図』（昭和31年・一九五六）も、また、さうであつた。

それに加へて、空想そのものの産物とでも言ふべき長篇『日本脱出』（昭和24〜25年・一九四九〜五〇）があつて、その徹底ぶりには、面食らはされるし、おびただしい評論や感想の多くでは、自らの空想愛好癖を、繰り返し語つて飽きない。『作家論』（一は昭和16年・一九四一、二は同17年各刊）の幾つかをはじめ、『ダンテについて』（昭和2年）、『内村鑑三』（昭和24年）、最晩年の『一つの秘密』（昭和37年刊）の題名でまとめられた文章を見るだけでもよい。

この白鳥と「空想」との結びつきを見てゆく手始めに、白鳥の描いた人物たちにとつて、「空想」がどのやうなものであつたか、そのおほよそを見ておくのは、無駄でなからう。

一般に、とくに自然主義の立場から「空想」といへば、自分の力ではどうすることも出来ぬ現実に屈服し、不満なまま自分の内に閉じ籠つて、慰みのため気侭に描きあげる空しい幻だとされるやうである。いはば現実の弱々しくも空しい影なのだ。白鳥の人物たちにとつても、発するところはやはりさういふところからだと見てよからうが、しかし、さうした段階は、一気に突き抜けられる。といふより、意のままにならない不満な現実をあつさり置き去りにして、彼らは、現実とは関係のない「空想」そのもののうちに入り込み、そこに生きるのである。

『入江のほとり』の辰男も、『徒労』の壮吉も、『人を殺したが』の保も、さうした人物である。

「空想」は現実に隷属してゐるのではなく、それ自身で独立した世界をなしてゐて、たとへ現実から発したとしても、現実がどこまでも拘束することはない。「空想」はあくまで「空想」なのであつて、その独自な展開を、この人物たちは追つていき、その果て、「空想」が彼らの人生の実体そのものをなすと言つてよいところまで到る。さうするとき、彼らは、もはや自分が「空想」するのではなく、逆に、「空想」に囚はれ、「空想」に突き動かされるのであり、「空想」こそが実在で、本来の自己でさへあつて、そこからすべてを見、考へ、判断する、と言つてもよいところまで行く。

空想と現実の位置が逆転するのである。

もつともそこで、彼らは、苛烈な報ひを受けなければならない。すなはち、壮吉も保も、他人との間に築いてしまつた厚い壁の内側で、差し伸ばす手にはなにも掴めぬまま、孤独のうちに破滅へ、あるいは狂気へ、不可避的に突き進んでしまふのだ。いはば彼らは「空想」に食ひ殺されるのである。

白鳥の多く描き、愛したのは、かうした人物だつたのである。

辰男は、白鳥自身の実弟の一人をモデルにしてゐると思はれるが、これ以降も繰り返し、同じモデルを扱つて描く。この弟に、白鳥は特別の思ひを抱いてゐたやうである。

ただし、いま見たやうな、空想癖のある人物が辿つた道筋から、作者は、現実の強大さを表現しようとしたのだと解釈できないわけではない。また、さう解釈されて、所詮、空想は、苛酷な現実の前に崩れ去るといふ自然主義の公式を示したもの、と受け取られて来もしたのである。白鳥自身にしても、初期にはさうした考へ方を採つてゐたやうだ。しかし、白鳥の「空想」は、やがてさうした自然主義の公式の埒外にあることが、明らかになつて来る。決して現実に従属せず、あくまでそれ自身の独立した在り方を持ち、独自の運動を展開していき、「空想」する主体さへも、その裡に巻き込んで、たとひ狂気や死が待ち受けてゐやうと、突き進んでいく。およそ現実の不満にもとづく空しい影などではなく、それ自体、恐るべき生命を持つのである。

たとへば、未完に終はつた最後の長篇『人生恐怖図』は、老歌人が自分の「空想」に従つて代筆した恋文の一節、「アダム以来の美しいあなた。イブ以来の美しいわたし」といふ、空想も最たる言葉をバネとして、展開される。さうしてまづ、この手紙を甥から見せられた良識ある大学教授は、邪悪な代筆人（老歌人）の「空想」に発したものであると見抜くが、しかし、いつしか甥とその相手の女を、手紙の文句どほり絶世の美男美女だと自ら「空想」しだすのである。そして、その他人の「空想」の産物である恋に、彼自身も巻き込まれていく。それと同時に、当の男女の間でも、この恋が真剣なものとなつていき、当の二人と、その大学教授、そして女の夫、それぞれの内面に、妖しい陶酔や邪悪な思ひや、果ては殺意までが、あぶり出しを火にかざしたやうに浮き出てくることになる。たあいないと言へば言へる「空想」が、何人をも逃さぬ力となつて、彼らの上に猛威を振ふに至るのだ。「空想」もこのやうなところを持つ「空想」なのである。

三

一時期、少年少女の間で睡眠薬遊びが流行したことがあり、三島由紀夫が短篇『月』（昭和37年・一九六二）で描いたりしてゐるが、その流行に触れながら、白鳥は、晩年、次のやうに書いた。自分は少年時代に、「日常現実の生活に何となく不満で、おもしろい夢のやうな世界にはいりたいといつたやうな欲望が心にきざしてゐたのであつた。小説などを耽読したのも、その夢の世界にはいらんと心がけてゐたためだが、それよりも、もつと深く、直截に夢を夢みるためには、睡眠薬のやうな霊薬の力を借りるのがよささうである」（「秋風記」昭和36年）。

この一節は、白鳥が文学に親しみ出した頃の気持の一端を語るものとして重要だが、いまはそれよりも、晩年に至つてなほも衰へぬ、「夢を夢みる」ことへの、白鳥の烈しい志向を見たい。たとへ睡眠薬の力を借りてでもよい、楽しい夢を夢見さへすればよいと、老いた白鳥は言ふのである。肝心なのは、現実の束縛から自由になつて、「空想」のうちに能ふ限り奥深く入り込み、現実では決して得られない、「空想」だけが与へてくれるよろこびを得ることなのである。なるほど、現実への不満から夢への欲望がきざしたと書いてゐるが、しかし、その欲望の烈しさは、現実を背後に置き去りにしてしまふ。さうして、ひたすら「空想」の楽しみを貪る。そのとき、「空想」に自分をすつかり委ね、果ては、前節で見たやうな、「空想」にいかんともなし難い力まで与へてしまふのである。

なぜかうも白鳥の心は、「空想」に向つて烈しく傾斜するのか。

それは、幼い時からの性向もさることながら、いまも言つたやうに、現実では決して得られぬ、「空想」においてのみ許される独自のよろこび、生の充溢を、誰よりも深く知つてゐて、それを何ものにも替へ難いものと考へてゐたからであらう。現実では必要なさまざまな配慮をよそに、仮にとはいへ、すべて自分の思ひ描くそのまま、言ひ換へれば、自分にとつて完璧な世界が現出するのである。それは、完璧な自己実現でもあらう。否定を突き付けられることなく、ひたすらな自己肯定と、理想化が許されてゐて、そこに生きることは、そのまま限りない陶酔でも有り得るのだ。なるほど、「空想」は、確かに現実ではなく、あくまで「空想」に過ぎないが、しかし、それゆゑに、完璧であり、陶酔することができるのである。

それにまた、ここに生まれる新しい光の下に、現実が照らし出され、今まで見えなかつた姿が見えてくる、といつたことも起つてくる。

この魅力に、誰が抗し得よう。

ただし、自分の望むものを、そこまで徹底して求めようと多くの人はしないし、また、そこまで現実の束縛から「空想」を解き放ち、自由にしようとしない。それればかりか、「空想」を否定的消極的なものとばかりして、惨めで空しいものとした。それが時代であつた。が、白鳥は、「空想」の内に、自分の求めて止まないものを、どこまでも追求し、突き詰め、完璧なかたちで捉へようとしたのである。「あつてもなくてもよい」非現実性を代償にして、徹底するところに、白鳥といふ個性の、最も本質的なものがあつた、と言つてもよからう。

そして、じつはそこに、キリスト教が、次いで文学が、根を下ろしてくる……。

もつとも「空想」を現実から独立して捉へるまでには、それなりの経緯があつてのことで、溯ると、病身の内気で感じやすい夢見がちな少年がゐて、『南総里見八犬伝』や『水滸伝』といつた伝奇的物語をよろこんでゐる姿が認められよう。伝奇的物語に親しんだことは、たとへば白鳥が、一種の怪奇趣味を持ちつづけたことなどに、意外に深い影響がみられるが、白鳥は、「空想」に遊ぶことの楽しさを、その幼い柔らかな素肌で十二分に知つた。自分ひとりの気侭な思ひがそのまま叶ひ、その陶酔に身を委ねつつ、さらに空想を貪つたのである。

この果てしなく甘い果実は、感受性の強い内気な少年が必ずといつてよいほど見つけ出すものだが、白鳥は、少年期を抜け出し、青春といふ実人生への閾に立つに到つた時も、なほ、忘れなかつた。いや、逆に、一層強く求めたのだ。現実が頑強に立ち塞がつて来る、そのところで、これまで「空想」において育んだものを獲得しようと、烈しく願つたのだ。

その現実なるものだが、若い白鳥にとつては、当然のことながら、いささか抽象性観念性を帯びる

もの の、まづは自らの死と、「空想」の甘美さ完璧さを許さない平凡な日々であつた。それが自身の存在と生とを、無意味さの闇に葬る、と思ひ、烈しく怯えたのである。

それを白鳥は、「生死の不安」とも言ふが、怯えれば怯えるほど、その完璧な解決を激しく求めたのだ。もつとも、そこに完璧な答など在るはずもない。しかし、若い白鳥は、なければならないと心を決める。さうして、その思ひは、どうも若いときだけでなく、生涯を貫いたのである。死の四ケ月前だが、こんなふうに言つてゐる。

「これからも、ちよつと生き延びて、だれも知らないやうな、外国のやつらもわからないやうな、なんか超脱したもので、ほんたうの人間の真底に入つたもの、これならといふものを、人はとにかく自分だけでそれを確信できるやうなものを、ひとつ掘り出さうかと思つて、よく道をぶらぶら歩きながら考へたりする」(「文学生活の六十年」昭和37年)。

八十年の生涯をつうじて求め、得られなかつたが、完璧な答は在るべきだとしつづけたのである。それを若い白鳥は、「道をぶらぶら歩きながら」ではなく、切迫した気持で烈しく追ひ求めた。いまここで得られなければ、生きるに耐へられないとまで思ひつめて。

このところに、キリスト教が現はれた……。

四

日清戦争の直後、明治二十九年(一八九六)、十八歳で白鳥は初めて上京したのだが、その「青春の芽ばえてゐた私の頭に宿つてゐた上京目的」はと、後年に書いてゐる、「英語修業であつたが、かたはら、キリスト教の知識を吸収することと、芝居(すなはち歌舞伎)を見ることであつた」(「秋風記」)。

キリスト教と歌舞伎とが、並んで目的とされてゐるのは、なんとも奇妙ではないか。一概には言へないが、歌舞伎とは、演劇のなかでもごく世俗性の強い、ドラマ性よりも所作の魅力に多くを負ふところの、享楽的感覚によつて練り上げられたもの、と言つてよいかもしれない。さうした性格の演劇を見ることと、キリスト教を知らうとする態度が、この若者になかでは両立してゐたのだ。もしかしたら、これが明治の地方青年にとつての、首都・東京といふものだつたのかもしれない。

とにかくかうして東京で暮らし始めた白鳥は、キリスト教の教会や講演会にせつせと通ひだしたのだが、それと同時に、当時、歌舞伎座のあつた木挽町を東京の中心と信じるほどに、その魅力に囚はれて通ひ詰めたのである。

そして、翌三十年、植村正久の下で洗礼を受けたのだが、そのキリスト教への態度の軸になつたのが、内村鑑三への傾倒であつた。ただし、白鳥は、内村に個人的に親しむことはなく、あくまでその講演の熱心な聴講者に終始した。その点を捉へて中村光夫は、『志賀直哉論』で内村への態度を比較、直哉が感覚的に内村の「顔」に惹かれて親しんだのに対し、白鳥は、その思想のみを求めたと言つてゐる。しかし、その聴講者の席で白鳥がやつてゐたのは、後年の記述を信ずれば、内村の講演ぶりを、歌舞伎の名優、団十郎や幸四郎にひそかに擬して、仁木弾正を演じれば、天下一品だらうなどと想像することだつたのである。ここには誇張があるかもしれないが、直哉と同じく、「顔」に惹かれたのだ。それも、個人的に親しむよりも、聴講者の一員として、見、聞く位置に身を置き続けた。それはある面で、歌舞伎座の座席に座るのとほとんど変はらない態度であらう。

こんなふうに超越的な絶対神を追ひ求めることと、現世的で退廃的でもある伝統的演劇を享受することは、白鳥のなかでは、どこかで一つに結びついてゐた気配である。

しかし、だからといつて不真面目であつたわけではない。それどころか、恐ろしく真面目で、真剣であつた。

明治三十一年（一八九八）六月二十六日の日記を見ると、こんな具合ひである——、

雨。午後神楽坂に到り独立雑誌を購ひ会堂に列しぬ。聖書を開き馬太伝十六章二十四節より、及羅馬五章を読む。実にや主の十字架を負うて従へとの語我生涯の題目たるべきこと也。常に因循姑息目前の私慾に汲々し、小刀細工的学問に精力を奪はれ、殆んど人生の真意義に思ひを走らすことのなく、薄氷を踏むが如くに日を経過す。内に醜穢の精神を包み外に立派な言を弄し、未だ嘗て神の義怒且知れぬ恵み等に至つては露考へず、唯思ふ所は食物の美悪、淫心の勃発、小不平の乱発。汝何ぞ死せざる。再来の期なき短人生。この永遠の一部なる一日。主曰く十字架を負うて従へ。孔子曰く小人は約に居る不能、亦楽に居る能はずと。

これほど真面目に、真剣に、信仰を考へた信者がゐただらうか。

じつはここに、一つの重要な問題が浮かんで来るのだが、それよりも前に、入信した動機について見ておきたい。

初めての東京生活から帰郷すると、そのまま床につき、生死の間を彷徨ふ大患に苦しむといふことがあつた。その折り、深甚な死への恐怖を覚えたのだが、そのためキリスト教へと駆り立てられた、と白鳥は言ふのである。

「私は死の恐れから救はれんとしてキリストの教へに入つた」（「生きるといふこと」）

さうはつきり書いてゐるし、『内村鑑三』にも、「人間の恐怖心から古代のさまざまの宗教観が起つたとも云はれてゐるが、私などはこの恐怖心から基督教なんかに心を惹かれたのであつた」とある。

死を前にすれば、確かに誰も恐怖しよう。そして、そこから救ひ主を切実に求めもしよう。信仰の動機に、十分なる。しかし、そこから求められた救ひ主は、必ずしもキリスト教の神でなければならないといふわけでもあるまい。原始的呪術的な神でもよいし、阿弥陀仏でも観音菩薩でも、新興宗教の神々でもよいのである。さうした段階を越え、死すべき存在としての人間認識の深みへ到つて、初めて一つの信仰を自らのものとして選び取ることになるのであらう。

ところが白鳥は、死の恐怖を踏み越えるどころか、そこに踏みとどまり、恐怖心を抱へ込みつづける。そして、そこにおいて、信仰へと向ふのである。字義どほり、「死の恐れから救はれんとしてキリストの教へに入つた」のである。

ここで興味深いのは、先祖代々これまで白鳥一家が奉じてきた仏教に背を向けたのは、同じく死への恐怖からであつた、と言つてゐることである。幼い折り、村の寺で地獄図絵を見たが、それが恐怖を掻き立て、耐へられない思ひをさせた。それゆゑに、仏教とはなり得ず、キリスト教となつたのだといふのである。

かういふ仏教認識が正しいかどうかはともかく、かうして白鳥は、キリスト教を選び、その信者となつた。が、その結果は、どういふことになつたか。

先に引いた日記に明らかなやうに、苦悩の日々が始まつたのである。「完璧な人生」どころか、その反対であつたと言はなくてはなるまい。

それといふのも、こんなふうに白鳥は考へ詰めていつたのだ。

「キリストが十字架を背負つたのだから、信者も十字架を背負はなければならぬ。真に信者といふ名に値ひしてゐる信者はみんな教へに殉じてゐるのである。すべての歓楽は捨てなければならぬ。中世期に栄えてゐた修道院にはいつてゐるつもりで一生を過ごさなければならぬ。昔のなんとか派の修道者は風光明媚なスイスを通る時には、左右に目を向けないで、うなだれて道を急いだといはれてゐる。自然の美に心をとらへられるのは堕地獄の行為とされてゐたのであつた。……現世に執着し、現世の苦痛をおそれ、殉教を避けて転向するのはわが身を永遠の地獄に投ずるやうなものである。私が青年時代にキリスト教に思ひを凝らしてゐるあひだに、心に浮かんだのは、かういふ感じであつた」（「生きるといふこと」）。

この時点で、なほも歌舞伎座へ通つてゐたかどうか。不明だが、一時、やめたのではなからうか。いづれにしろ抽象的観念的な側面を鋭く持つとともに、感覚的享受にも、貪欲な人であつたのだ。

しかし、いま見たやうな信仰観は、やや異様ではないだらうか。あまりにも厳密、リゴリスティックに、キリストの教へを実践しようとしてゐる。先に引いた日記では、あれこれ自戒を記した末に、「汝此が守れぬならば既に人にあらず。戦へよ。人世は遊戯場にあらず。人は苦まんとして生れしなり」（明治三十一年三月二十三日）とも書きつけてゐる。ひたすら忠実なうへにも忠実な実践を、自らに課してゐるのである。

「キリスト教を苛烈な宗教だといつの間にか思ふ」（「生きるといふこと」）やうに、急になつていつたのも、当然だらう。

しかし、このやうなことは、もともと実践できることなのか。確かに、出来る出来ないにかかはりなく、信者たるもの、実践しなくてはならないことであらう。ただし、それはなによりも、信仰の問題であり、信仰によつて、すべてを神に預ける姿勢を取ることによつて、初めて実践し得ることになるはずなのである。

内村が説いたのもこのことであつた。「信仰ある者に神の義が臨み」「信ずる者の上に神の義がとどま]る。さうして「我がまづ義とせられて、次ぎには義をなし得るに至る」(内村鑑三『ロマ書の研究』)のである。この信仰を介さなくては、決してなし得ることではない。ところが白鳥は、ひどく直接的、ナマなかたちで、言ひ換へれば現世の掟でもあるかのやうに、端的に受け取り、実践を問題にしたのである。生身の自分が、自分だけの力で、現実に実行しなくてはならぬ、としたのである。

このリゴリズムは、現世主義の結果であらう。信仰といふ、彼岸と此岸とを結ぶものとを除外して考へるから、このやうなことになる。

しかし、かうした態度は、白鳥がキリスト教について述べた文章全体に、とくに『内村鑑三』に際立つて認められるところである。例へば、内村について書かうと思ひ立つたのは、最近になつてその「肉体復活説」「基督再臨説」を知り、興味をひかれたためだとして、その非現実性、「空想性」の高さを、縷々と雄弁に述べる。そして、それゆゑに「信じ甲斐」を覚えると言ひ、そのところから逆に、内村の「空想性」への不徹底さを難じてみせたりさへするのである。

その「肉体復活説」や「基督再臨説」にしても、信仰第一の書『ロマ書』を自分の拠るべき書として、内村が選び取り、そこに徹底することによつて言ひ出したことなのである。だから、神への信仰を抜きにしては、これらの説はいたづらに奇嬌な言説となりかねないが、その奇嬌さの烈しさ、「空想性」の高さばかりを、白鳥は問題にしてゐるのだ。宗教的真実性といつたことは、どうでもよいと考へてゐたと思はざるを得ないのではないか。

現にこんなことを言ふ。

「山上の垂訓に於て、キリストの威容を仰ぎ見、その訓戒の威大さに敬服するのであるが、それは心の中で敬服してゐればいいと思つてゐる。そして、生きるためには、これ等尊き教訓の裏を行くのも、神意に叶はないとは思つてゐない。神に似せて造られた人間は、さう単純に、心の転換が出来るものではないし、人生はそれほど薄つぺらではない」(「内村鑑三」)。

そして、内村の非戦論を採り上げては、「ただ彼の好みによる空想境を幻出させ、そこに自己の精神の活躍を試みて快感を覚えてゐたのであつた」とまで言ふ。

字義どほり受け取れば、恐ろしい侮蔑の言である。内村がもし耳にしたなら、激怒しよう。しかし、白鳥に、侮蔑する意図があつてのことではまつたくなく、逆に、深い共感を抱いて、語つてゐるのである。

このやうに信仰といふ要の柱を抜きにして、キリスト教の説く「自己犠牲」、「殉死」を、自らの実践的課題として受け止めるから、いたずらに「苛烈」にも「苛烈」になり、死の恐怖を覚えざるを得ないのだ。逃れたはずの死の恐怖と、再び、正面からぢかに向き合ふことになつてしまうのである。

「死の恐れから救はれんとしてキリストの教へに入りながら、かへつて殉教の強要を感ずるやうになつたりして、死の恐れをいつそう深くしたやうなものであつた」(「生きるといふこと」)と、書いてゐる。「完璧な答」、そして、「完璧な生」の実現を約束してくれるやうに思つた――それゆゑに入信したのだが――、そのところで、苦悩と恐怖を突きつけられることになつたのだ。

手酷い「裏切り」と感じたとしても、白鳥としては不思議でなかつた。

もつともかうした受け取り方も、キリスト教徒にとつて必ずしも無縁とは言ひ切れないところがある。現に十字架の上で、キリスト自身、「わが神、なんぞ我を見棄て給ひし」と言はずにをれなかつたのである。ただし、そこから父なる神への帰依を決定的に深めるところへと進む。しかし、白鳥の場合は、さうはしなかつた。あくまでも「裏切り」と受け取つたきりで、容認しなかつた。本来、「許し」とは、神のおこなふものであり、人はそれに与るのだが、白鳥は、さうは考へなかつた。さうして、離教に到つたのである。

明治三十四年（一九〇二）、二十三歳でキリスト教を捨てた。さうはつきり、改造社版『現代日本文学全集』（昭和4年刊）の自筆年譜に、記されてゐる。入信してから三年であつた。

五

ただし、いまも見たやうに、入信したと同じ理由で、白鳥は離教したのである。仏教に背を向けたと同じ理由でもあつた。

このことは、どのやうなことを意味するだらうか。

相手が仏教であらうとキリスト教であらうと、白鳥自身においては基本的に変はりなかつたといふことであらう。そしてまた、信仰してもしないでも、本質的な変化は白鳥の上に起こらなかつた、といふことであらう。別の言ひ方をすれば、入信することが従来の自己への否定とならず、宗教的回心といふべき事態もなかつた、といふことであらう。

このやうな問題は微妙なところがあつて、簡単にあれこれ言ふことはできないと承知してゐるが、しかし、以上のやうに見てくれば、このやうにしか考へられないのではないか。

そして、その変はらぬ白鳥を貫くのは、言ふまでもなく、「空想」への烈しい希求である。「空想」には、「完璧な答」があり、「完璧な世界」に与かることができるはずなのだ。「快感」といふやうな言葉も使ふが、感性面にとどまらず、「完璧」といふとほり、自己の全存在がそのまま完全に生かされる世界なのである。生死の不安は除かれ、いかに生きるべきか明白で、安んじて己が人生を生きればよい。それがそのまま、生き甲斐のある、凡俗の泥に埋没することの決してない、「完璧」な自己実現となるべきなのだ。

それは、自己の一途な肯定の方向においてのみ構想され、否定は隈無く排除され、自然的な所与としての自己の、限りない伸展となる。自己否定とか宗教的回心などの入り込む余地はない。「空想」は、非現実ではあるが、決して超越的ではないのである。

この「空想」において、白鳥は、キリスト教を捉へてゐたのである。

かう言ふことができるとすれば、白鳥といふ人は、本質的にキリスト教と無縁な、異端的な空想する自然人であつた、といつてよからう。

さういふ人間として、キリスト教へと近づき、「完璧な答」をそこに見いだして、回心をへずして受け入れ、教へを聞き、それを現世で実践しようとして苦しんだ末に、離れた。さうして、内村鑑三を掴まへて、「我執の人」と呼んだが、白鳥本人こそすぐれてさうであり、キリスト教信仰においてさへ、「我執の人」で在りとほしたのだ。

そして、今度は、「空想」なる言葉に憎悪を込めて、キリスト教に投げ付けるやうになつた。

「つまり、これも一場の夢で、内村さんのやうな人も一場の夢を語つたんだと、思ふやうになつた。団十郎や幸四郎が芝居をやつてゐるのと同じではないか」(「文学生活六十年」)

かうしたキリスト教であるなら、当然、わたしを裁くことなどできるはずもない。所詮、単なる「夢」、単なる「空想」なのだ、と。「空想」なる言葉は、白鳥にとつて、すぐれて両義的であつて、あるときは最大の希望が込められ、あるときは烈しい悪罵の意ともなるのだ。

これがまた、この後の、白鳥のキリスト教に対する態度でもあつた。棄てたといひながら、なほも関心を寄せ続ける。といふよりも、自分の内深くへと招き入れる。そして、一段と複雑にもつれさせ、一筋縄で捉へられない、ねぢれた関係へと踏み込み、白鳥は、さらに毒を含んだ涜神の言葉を、吐き出すことになつた。

そこからわれわれに親しい文学者、白鳥が現はれて来たのである。

六

キリスト教を棄てるとともに、文学へと専心していくことになつたのだが、それは、キリスト教を「空想」において捉へたと同じやうに、文学を「空想」において捉へていくことだつたと、とりあへず言つておいてよからう。

創作活動は、市井に生きる卑俗な人々の姿を見つめることから始められた。キリスト教を捨てることによつて、あらゆる精神的権威、価値を否定し、自分の業の限界を自覚させられた者として、しごく当然なことであつた。確かな存在としては、卑小な力ない自分と、その自分の出会ふ市井の人々ばかりがあつたのである。

こうして白鳥は、深刻味のある自然主義作家として、当時の文壇から歓迎され、いち早く作家としての地位を得たが、しかし、白鳥の本質が、自然主義と違つたところにあつたのは、言ふまでもない。それ自分は女の着物の柄ひとつ知らない、と白鳥はよく言つたが、描写にあまり意を用ひなかつた。それといふのも、人物や自然を在るがまま描き出すことなど、どうでもよいと考へてゐたからである。

それに白鳥は、いま言つた、市井に生きる卑俗な人々のなかに、自分の認識、思考を越えた「謎」を見いだしてゐた。人は、そのやうなところに「謎」を見ようとはしないが、キリスト教に「完璧な答」を求めて得られなかつただけに、鋭く感じるやうになつてゐたのである。そのため、描写的態度をないがしろにしながらも、市井の人々を生き生きと描き得た。

さうして、『塵埃』（明治40年・一九〇七）の校閲係の男から『微光』（明治43年）のお国、『泥人形』（明治44年）の時子、『毒』（同）のお多代と描いて行つた。そこでは、徐々に焦点が絞られ、狙ひが定められていく、といつた印象がある。対象をぢかに掴み取るのではなく、鋭く見極め、迫つて行かうとする、といへばよからうか。もともとぢかに掴まうとしても掴めないとの自覚があつたのであらう。

かうした印象は、『人を殺したが』（大正14年）『人生の幸福』（大正13年）の、奇妙に謎めいた雰囲気と、一種の謎解きめいたスリルが感じられるのと無縁ではあるまい。しかし、勿論、謎解きが問題なのではなく、絞り集中していくことによつて、われわれ読者が、解かうにも解けない謎そのものの前に連れ出されていくことが肝要なのである。われわれの業を越えた、謎以外のなにものでもない謎そのものと、顔を突き合はせるのだ。さうするとき、謎は、もはや謎といふよりも、生きた実在となる。

かうして白鳥は、例へば『微光』なり『毒』で、女を見事に描き出したのだ。お多代は、相反した性格の二人の男の愛を受けて、苦しみながら、決して一方の男と手を切らうとはしない。さういふ女の心を、男は理解できないが、しかし、女自身にしてみても、理解してのことではない。ただ二人の男から離れられないといふ実感を生きてゐるだけなのだ。さういふ女の在り方を、男は受け入れることになるが、それは、女自身も知らない女の「毒」に深く囚はれていくことになる。

こんなふうに作家白鳥の目は、謎を探り当て、謎の深みへとくぐり入つていく。

そのため、白鳥は、女をよく知つてゐるといふ賛辞を受けた。この賛辞は、写実主義、自然主義全盛の当時にあつては最高のものであつたが、白鳥は、とんでもない、と無愛想に繰り返し答へてゐるだけである。しかし、これらの作品において、女を巧みに捉へてゐることに間違ひはない。谷崎潤一郎の描く女はいかにも妖婦らしいが、白鳥のは、八百屋や小間物屋の女房といつた、ごく地味な当り前の様子をしてゐながら、女だけの持つ妖しさと「毒」を隠し持つてゐる。これも、白鳥が、自分の理解を越えた謎を、女のなかによく探り出してゐるがためであらう。

「私自身は、女性といふものの真相をちつとも捉へてゐないのである。なに、女なんて単純なものだとか、女は魔物であるとか、容易に極めてかかるものもあるが、さう簡単に極められはすまい。女性は女性として、男性の窺ひ知らぬ魂の動きを持つてゐるかも知れない。さう思つて、街上の乗物のなかで、婆さんの顔や少女の顔や、種々雑多の女性の顔を見てゐると、そこに生理上の現象を見るばかりでなく、哲学的疑問をそこに宿してゐるらしくも思はれるのである」（「思ふこと」昭和36年）。

「哲学的疑問」と白鳥は言ふが、さういふふうに、疑問を強く差し出し、追っていくことによつて、謎を謎のまま捉へるのが、基本的態度なのである。

それゆゑに、また、文章も緊張したものとなる。寺田透が『入江のほとり』『生まざりしならば』（大正12年）に、散文詩風の造形を指摘してゐるのも、そのためであらう。

この謎が、より「哲学的」色彩を濃くしたところで書かれたのが、いままでも触れた、『人を殺したが』であり、戯曲『人生の幸福』『歓迎されぬ男』（大正15年）などである。

これより以前、大正八年（一九一九）秋に、出来ることなら文学を棄てようと考へ、帰郷することがあつた。これは、謎の前に立ち尽くすことに倦んだためであつたらうか。解きほぐす手立てを持たず、いたづらに見つづけて、同じやうな作品を繰り返し書くよりほかないことに嫌悪を覚えたのかもしれない。しかし、結局、郷里に腰を落ち着けることができず、軽井沢、大磯、甲府、東京などを転々とし、関東大震災の後になつて、これまでよりも一歩踏み込んだ姿勢を見せるやうになつた。文学のうちにおいて、謎と向き合つていくことを、自分の生き方として、改めて選び取つたのであらう。さうして、いまも言つたやうに、「哲学的」色彩を一段と濃くして、戯曲を多く書き出した。

なぜ戯曲でなければならなかつたかと言へば、多分、自然主義文学のリアリズムの枠の中にある、自分の小説技法を、邪魔と感じたためであらう。そして、描写に意を用ひるのに倦んでゐた、といふ事情もあつたであらう。

平野謙は、これら『人を殺したが』や『人生の幸福』に、実存主義的傾向を見てゐるが、さうした言ひ方はともかく、間違ひなく、人間存在の不気味さを、直截に見据ゑてゐる。人間は、自己なるものの中核を、よく知りもしなければ、統御もできず、そこを捉へようとすると、狂気か破滅的運命で報はれかねない、さういふ存在として、生きてゐる、と。これは、『人を殺したが』の保のやうに、われわれはいつどんな拍子で、人を殺すか、また逆に、『人生の幸福』の豊次郎のやうに、思ひもかけない者にいつ殺されるか、分からない、といふことでもある。さうした不気味さ、不安を、われわれは内に濃厚に抱へ込んでゐるのである。

このやうに危機的といつてもいい、謎に満ちた人間像を、より鋭く、直截に、ある意味では無遠慮に描くやうになつたのである。『安土の春』（大正15年）も『光秀と紹巴』（同）も、さうした在り方に弄ばれながら、それに耐へ、時には狂ひながら生きる人物を描いてゐると、言つてもよからう。路傍で「大根のやうに」斬り殺される若侍新八も、太刀を振ひ、新八を殺し、その後に新八の舞姿を思ひ浮かべる信長にしても、ともにさうした人間の一人なのである。

七

しかし、白鳥は、やがて小説や戯曲の筆をあまりとらなくなり、目覚ましい批評活動にはいる。大正十五年（一九二六）一月から、雑誌『中央公論』に文芸時評を連載し始めたあたりからである。批評家、随想家、正宗白鳥の誕生を言つてもよからう。もつとも白鳥の文学的出発は、批評家としてであつたが。

この変化は、多分、上に見たやうに戯曲を書いて、より抽象的観念的なレベルで、「哲学的疑問」を突き詰めたことをとほして、起つて来たことであらう。すなはち、小説とか戯曲といつた形式を採らず、より直接的に、扱ふところへ進んだのである。それは、評論、随想といふ、より自由な形式を見つけたことであつた。

しかし、だからと言つて、白鳥は、小説なり戯曲に全く背を向けてしまつたわけではない。逆に、「アヘンにも比すべき魅力」を、文学作品に求める態度を強めたのである。「空想性」、「完璧性」をより一段と、切実に欲求するやうになつたがゆゑに、却つて、創作から遠ざかつた、と見てよいかもしれない。自らが抱くこの欲求に応へられなければ、わざわざ書く必要はない、と。

さうしたところを経て、評論、随想において、自分の感じ、考へたことを、直截に、自由に語り出したのである。そこには、あるがままの自然な、それだけ純粋に自分自身になつた白鳥がゐて、「夢」「空想」を軸としながら、簡明率直に語る。『作家論』を初めとして、『ダンテ論』『異境と故郷』（昭和9年刊）、『内村鑑三』、また、『今年の秋』（昭和34年）に代表される随想的小説など、多くのすぐれた自在な表現が見られることにとなつた。

それとともに、数は少ないが、より空想的な作品も書かれた。その代表が二つの長篇小説『日本脱出』と『人生恐怖図』である。

『日本脱出』は、敗戦後、疎開先の軽井沢で書き綴つたもので、これまでのやうに登場人物が空想家であるといふやうな段階にとどまらず、「空想」そのものを作品世界として、「空想」を野放図、大胆に繰り広げた。その点で白鳥が、これまで「空想」において考へ、夢想し、やつて来たことを、大々的に、正面から押し出したものと言つてよからう。ギリシア神話やダンテの『神曲』などにふんだんに含まれてゐる夢想、伝奇的物語などを踏まへ、書かれてゐて、「夢の論理」を徹底的に押し詰め、「完璧な生」といふよりも、「完璧な空想」を、文学の次元において展開、自ら陶酔を覚え得るやうな世界を実現することを目指したと思はれる。

しかし、ここにはまた、「有るがままの人生は、人間わざではなかなか書けることでない」(「自然主義文学盛衰史」昭和23年)との痛切な認識も、底に横たはつてゐよう。「有るがままの人生」は書けないから、可能な限り、その逆の、在るがままでない、なにもかも人間が、遠い伝承の時代から紡ぎ出し、積み重ねて来たたところの「空想」「夢」を、集約するかたちで書かう、と言ふのである。

その点で、この作は類のない野心的な作品であり、ドン・キホーテ的作品だと言つていい。そして、いま、「ドン・キホーテ的」と言つたやうに、結果的には、失敗作であつた。

それといふのも、白鳥は、「空想」の世界を思ひ切り広げるとともに、その中へのめり込み、呑み込まれてしまつたからであらう。「空想」が、白鳥個人のほしいままな「空想」の域を出ず、リアリティを持つことが出来なかつたのだ。中村光夫は、「思想的私小説」と呼んでゐるが、正しくは「空想の私小説」であらう。それゆゑに、延々と筆を運んだ末、作者が筆を置くことで、未完のまま打ち切られた。かういふ終はり方しか、できなかつたのである。

この失敗を踏まへて書かれたのが、初めにも触れた、『人生恐怖図』である。ここで白鳥は、「空想」を創作方法として徹底させるかたちをとつた。さうすることにより「空想」は、白鳥の手の中ではなく、書く白鳥を捉へ、支へ、作品を展開していく力となつたと言つてよからう。作者ひとりがほしいままに「空想」するのではなく、作者は、逆に「空想」に越えられ、支配されるところへと進んで行つたのだ。

さうして、作者の意図を越えて、作品が書かれていき、「空想」の「完璧」へと近づいた、と言つてよいのかもしれない。

しかし、そこにおいて白鳥は、厄介な事態にぶつかつた。すなはち、自己否定である。「空想」の赴くまま、書き従つていくのには、作者たる自己を否定しなくてはならない。さうしなくては、自分の「空想」といふ枠は越えられないのである。しかし、さうすれば、どのやうなところへ行くことになるのか、勿論、分からない。それゆゑに、不安を覚えざるをえないのだ。が、さうして初めて、作家は、己が業の限界を越えるのだし、作品は、決定的な展開を見せることになるはずなのである。読者としての期待も、ここで大きく膨らむ。

しかし、この長篇も中断された。

考へてみれば、白鳥は、キリスト教の信仰にあつてさへ、回心を知らず、「我執の人」で在りとほした人なのである。死を恐怖したとは、言ひ換へれば、現在の自己を失ふことを恐れたといふことに外ならず、自らを否定することには遂に無縁であつた、といふことであらう。「空想」の進展にしたがつて、自分の立場を棄てることができなかつたのも、当然かもしれない。それに「空想」は、もともと自己の限りない肯定と進展の方向へと向いてゐるものである。だから、「空想」によつて自己を否定するとは、矛盾である。が、その矛盾を越えることを、この長篇は、白鳥に要求したのだ。が、白鳥としては、退けるよりほかなかつたのである。

「生命を得る者は、これを失ひ、我がために生命を失ふ者は、これを得べし」（マタイ伝第十章三十九節）と、キリストは言つた。この言葉を、白鳥は好んで色紙に書いたが、その「尊き教訓の裏」を、彼自身は生きとほしたと言ふよりほかあるまい。

キリスト教に対して、白鳥は、自己を選んだのであり、文学に対しても、同じく自己を採つたといふべきであらう。それだけ「空想」に忠実だつた、といふことにもなる。そして、小説家ではなく、批評家、随想家だつたといふことにもならう。

「私は徹夜して読書執筆したことはなかつた。何か書きだしても、書きづらくなると、いい加減でちよん切るのを例としてゐた。どうでもいいじやないかと思ふのが、私の製作態度になつてゐる」（「秋風記」）と、語つてゐるが、これは、意外に正直なところかもしれない。いかに情熱を傾けても、結局はかういふところに踏みとどまつてしまつたのだ。

しかし、それゆゑに、白鳥が、謎としてこの世の事象を見据ゑ、捉へた確かさは、無類の自在さを持つたことも強調しなくてはなるまい。

「私は人生その物をも、見きはめないで、素通り同様に過ごして来たやうに思つてゐる。見きはめたつもりで見きはめないのである。私は、旅行してゐて、自分の旅行振りが素通りであるのに、常に気づいてゐる」（「秋風記」）と言つてゐるが、この自己認識と傍観的態度が、併せて批評家、随想家としての目と文章を生んでゐるのである。いかなる事態を前にしても、自らの立場を揺らがせることがない。常に平静で、思つたままを、率直に書く。そして、その文章は、正確であるだけに、快い透明な厳しさを持つ。例へば、『異境と故郷』など旅行記が優れてゐるのは、見慣れぬ外国の風物に接しても、惑はされることなく、自国においてと同じやうに見、感じ、書いてゐるからであらう。他の者の容易に真似のできぬことである。白鳥は、どこにおいても、なにに対しても、自己といふ視点に自然態で立つてゐるのである。ある意味では、「傍若無人」なのだ。小林秀雄は、いみじくも「傍若無人のリアリズム」といつた。

もつともそのかはり、肝心の事柄に関して白鳥が言ふことは、常に同じ、といふことにもなるし、いかに読み進めていつても、新しい展開がない、といふことにもなる。

しかし、それでゐて、読者を飽きさせない。それといふのも、その傍若無人とも言ふべき正直さのゆゑであらう。文学の権威破壊者として、中村光夫は、白鳥を評価してゐるが、それもこの態度に拠つて可能になつたのだらう。文学を神聖視する風潮が圧倒的であつた、その時代において、「あつてもなくてもよい夢のやうなもの」と言ひ放ち、かつ、見事に身をもつて実践した。『人生恐怖図』も、簡単に見棄てた。いや、白鳥の歩みは、小説や戯曲など自作に囚はれず、それらを次々と見棄てて、新しい領域へ無造作に踏み込みつづけるものであつたのである。

八

よくも悪くも白鳥は、わが国では希有の、しかし、いかにも極東の異教国にふさはしい、徹底した「我執の人」であつた、と言つてよからう。自己の肯定と伸展の方向にのみひたすら生き、ニヒリストと言はれながら、いかなる否定も寄せ付けなかつたのである。自分は「素通りの旅人」であると嘆息するやうな言葉を引用したが、この白鳥には、諦観といつたものさへ忍び込まない。死の六か月前にも、「作りごとではなくて、もう一歩進んだ世界」「ほんたうの人生」（「文学生活六十年」）を「空想」しつづけたのである。恐るべき若さである。

白鳥が、かうも恐ろしく強固な自己を持つに到つたのは、すでに述べたとほり、キリスト教を通過することによつてであつたに違ひない。「完璧」の明確な観念も、業の限界の自覚、実存としての「謎」の認識、いづれもキリスト教をとほして学んだのであり、そこから、「空想」を大きく育てたのだ。日本人として自己肯定をここまで貫くのには、かうでもなければ決してできなかつたであらう。

しかし、それだけにまた、とんでもない異端とも言はなくてはなるまい。キリスト教をもつてキリスト教に帰依するところから自分を守り、自分の好きなやうにキリスト教を利用したのだ。内村鑑三が、キリスト教と出会ひ、宗教者として生きた日本人の典型であれば、白鳥は、キリスト教と出会ひながら、非宗教的に生きた日本人の典型であらう。

ただし、白鳥は、臨終の床で、キリスト教の祝福を受けて身まかつた。これは疑ひ得ない事実である。それなら、いままで述べて来たことは、取り消さなくてはならないのだらうか。

再晩年での、キリスト教への再帰を示すかと思はれる言葉を捜すと、『感想断片』のなかの、次のやうなものにとどまるのである。「私の弟数人が近年続けざまに死に、人間葬儀の光景を熟視したため、それに心ひかれ、他人事のやうに思はれなく」なり、「自分が死んだら、どんな葬式が営まれるべきかを考慮した」といふのである。これでは、キリスト教も、葬式用にしか考へてゐないと言へないだらうか。

この文章では、祝福を受けた植村環女史について触れてゐるが、彼女は、言ふまでもなく植村正久の娘である。若き日、内村鑑三の講演を聞きながら通つた教会は、この植村正久の市ヶ谷（先に引用の日記では神楽坂となつてゐるが）の教会であつた。そして、そこへと通つたのは、なによりも死への恐れからであつた。そしていま、死を悟つた白鳥が、環女史の許へ使ひを頼んだのが、深沢七郎である。深沢は、生死を恐怖をとほして生々しく描いた、その点で白鳥と一脈通ずるところのある、しかし、キリスト教とははつきり無縁な作家である。

かうしたことが、ある一つのことを意味してゐると思はれるのだが、どうであらうか。

もつとも臨終の床で、これまで述べて来たやうなことが覆へる事態が、白鳥のうちに起つたのかもしれないが、白鳥といふ一人の人間の、これまでの強固で不動な生き方を考へれば、臨終の床にあつても、なほも強く自己肯定へと向ひつづけてゐたと考へるべきだらう。死をも突き抜けて、自己肯定を貫かうとした、と。そこでは、死さへも自己の伸展に組み入れ、死の手の届かぬところへと出ていつて、完璧に自己を肯定しようとした、と。

だからこそ、若き日、キリスト教の教へを聞いた植村正久の娘、環女史の祝福でなくてはならず、使者も深沢七郎でなくてはならなかつたのではないか。

すなはち、自己実現を「完璧」に可能にする「空想」としてのキリスト教へと、自己を委ね、没入させようと願つたのであり、その現実のキリスト教との越えられぬ矛盾を、いまや確実な自らの死でもつて埋めようと考へたのではないか。

これこそ空想的で、不逞な推測かもしれない。しかし、白鳥は、キリスト教の祝福を受けて死を迎へたときも、依然として、われわれが見て来たとほりの白鳥であつた、と見るべきだと考へるのである。

（「正宗白鳥論――「空想」を中心に」を改題「集団55」16号、昭和40年（一九六五）9月）

怒りと無常　藤枝静男論

一

藤枝静男の骨董趣味はよく知られてゐるが、彼の好むのは、キズモノの茶碗だとか、欠けた鉢、必ず一部を欠いて用ひる骨壷、腕をもがれた仏像といつた、およそ不完全で、かつ、出所不明の、ゲテモノと言つてよいしろものがほとんどである。ケチで金を使はないからだとは、藤枝自身の説明だが、勿論、さうではない。かうした品々が、彼は、文句なしに好きなのである。由緒正しい、いかにも美しく整つた品には、あまりこころを惹かれない。その美しさがわからないわけでは決してない。絵画や骨董について書いた彼のエッセイの幾つかを見ればわかることである。が、さういつた品々に満足できないのである。小説のなかでだが、彼は書いてゐる、「ある志野の水指しの温雅な肌と色合いとが、私を魅した。しかし私は、それを割って欠けだらけにしてしまったら、遥かに純粋で美しいにちがいないと思った」（『壜の中の水』）。

世の骨董愛好家なら、裸足で逃げ出すに違ひない。

かうした藤枝が、ここ十年近く愛好しつづけ、ひとにも好んで見せるのが、李朝民画の文房具図である。雑誌「近代文学」終刊後、数年にわたつて毎年、浜名湖畔で開かれた元同人の集りに、この絵を二度も持参、会場の壁に掛けたとのことだし、家を訪ねる客には、好んで披露するやうである。わたしも一度、新聞記者として訪問した折りに、見せてもらつた。

その絵だが、一言でいへば、破壊された絵、であらう。筆、硯、本、机を初めとして、壺、野菜などが、掛軸仕立て（もとは屏風だつたらしい）の縦長の画面に、互ひの関係を無視して上下に並べられてゐるのだが、遠近法が狂つてゐて、多くのものは、手前が小さく、遠ざかるに従つて大きくなつてゐるのだ。それだけでも奇異、不安定な印象を与へるが、そのなかに通常の遠近法が紛れ込んでゐる。机の上板は手前が狭くなつてゐるのに、脚は逆に開いてゐる、といつた具合にである。そのため画面はすつかり錯乱、「床に掛けて眺める度に一種の不快感」に誘はれる、と藤枝自身、書いてゐるとほりなのである。

しかし、それにもかかはらず、いや、それゆゑに、この絵が彼のこころにかなふらしい。勿論、彼とても不快感が好きなわけではない。不快感を喜ぶといつたデカダンスとは、最も遠いところにゐて、不快感はあくまで不快感であり、それに苛立つのだ。が、それゆゑに、こころにかなふのである。

『田紳有楽』（昭和49～51年）のあとがきで、この絵について詳しく説明を加へた上、かう書いてゐる。「妙な、芸術的抵抗感の強い、気になる絵である。それが頭にあった」。この絵が、この中篇を書くのに、積極的な役割を果してゐるのだ。

これは、どういふことであらう。歪な破壊された絵なり骨董への、藤枝の偏愛が、そのまま文学の創作意欲に深く繋がつてゐる、といふことであらう。現に『田紳有楽』は、およそ小説らしい題材なり、まとまりといつたものを思ひ切り蹴飛ばしたところで書かれた、それこそ「妙な、芸術的抵抗感の強い、気になる」作品なのである。

第一に、ここには人間が登場しない。活躍するのは、庭の菓子折のやうな四角く浅い小さな池に沈められた鉢や皿やグイ呑みや金魚であり、その家の主の骨董屋は、じつは弥勒菩薩なのである。そして、小説作品としてのまとまりとなると、「新しい内容を処理するためには流動的なデタラメもやむを得ぬ必然性を持つという、何となく攻撃的な気分もあった」(『田紳有楽』あとがき)といふとほり、通常では、およそ整つてゐるとは言へない出来上がりとなつてゐる。

このやうな勝手気ままな書きやうを、藤枝は、最近、ますます強めてゐるのだ。たとへば、『庭の生きものたち』(昭和51年・一九七六)では、作者が孫のために飼つてゐる蛇が卵を産んだこと、庭木に巣をつくつたキジバトの孵したヒナを別の蛇が呑んだこと、を書いたと思ふと、自分が近くの山に登つたときのことへと跳び、さらに娘と一緒に東大寺を訪ねた時のことに移るといつたふうに、ほとんどなんの脈絡もなく書いてゐる。また、『出てこい』(昭和51年)は、自分の日常の些細な事を、不愛想、無造作と言ふよりほかないやり方で並べたて、たまたま雑誌で読んだ『大智度論』の説話紹介を要約、それをそのまま一篇の眼目としてゐる、といつた調子なのである。

藤枝は、『庭の生きものたち』に触れて、個々の事実を書き並べてゆくのに、その間を繋ぐため修正するなどの工夫を一切やめ、「段違いになっても、ちぐはぐになってもいいから、そのままでほったらしにしておく」(平野謙との最後の対談「私小説と作者の自我」「文体」3号)態度を、あへて採つたと言つてゐる。いはゆる小説としてのまとまりなど、どうでもよい、自分にとつて切実な事実だけを投げ出すやうに書くだけだ、と言つてゐるのである。この点では、一般の私小説家よりもはるかに先鋭的である。どのやうな私小説家でも、作品としてのまとまりを無視しはしない。自分の私的事実を、社会的体面を犠牲にして描いても、作品としてのまとまりだけは、ちやんとつける。そこに私事を晒す救ひがかかつてゐるはずなのである。ところが藤枝は、そこを無視する。

いや、無視するのではなく、積極的に打ち壊す。「割って欠けだらけ」にするのである。いま引用した対談のつづきで、「ちょっと自暴自棄のようなところもあるんだ、実は」と言つてゐるが、ほとんどそれに近い気持で、「デタラメ」へ、破壊へ、突走る姿勢をとり、最近は、ますますその姿勢を強めてゐるのである。

二

この、破壊へ突走る姿勢は、いまに始まつたことではなく、昭和四十二年の『空気頭』あたりから一貫するものである。

『空気頭』は、周知のとほり、前半は、妻を結核で入院させた作者自身と思はれる医師の日常が、こまごまと、しかし、靭い筆づかひで描かれてゐる。ところが後半になると、一転して、グロテスクで荒唐無稽な展開をみせる。その医師が糞尿から精力剤を精製、女に喜悦の叫びをあげさせるのに成功する。それと同時に、上半盲目症にかかつたため、気胸術を応用した「気頭術」で治療する。すると、その療法が、現世を超脱する「物理的方法」でもあつたことが判明する……、といつた具合ひなのである。

なぜ、このやうに掛け離れた性格の前後を併せて一篇の小説としたのか、すでに幾つもの説明がおこなはれてはゐるが、しかし、読むたびに、奇異の念に打たれずにはをれない。それとともに、そこに高いボルテージが孕まれてゐるのを感じるのだ。

かうした奇異の念を抱かせる作品は、この中篇にかぎらず、前後にわたつて書きつがれた純私小説と言ふべき短篇連作『欣求浄土』（昭和45年刊）にも、見られるのである。七篇からなるが、そのうち六篇は、作者自身と考へてよい人物、章の身辺瑣事と心境を描いてゐるが、最後の一篇『一家団欒』

(昭和41年)は、死んだ主人公の章が、バスに乗つて墓地へ出掛け、すでに死んでゐる両親、兄弟姉妹の歓待を受けるといふ話なのである。事実離れどころか、とんでもない現実離れである。それとともに、私小説の連作としてのまとまりも遺憾なく壊されてゐると、言はなくてはなるまい。

いや、生粋の私小説であるはずの諸篇も、じつはをかしい。総題と同じ題の『欣求浄土』(昭和43年)は、章がみたポルノ映画の詳しい紹介と、北海道のサロマ湖の見聞だけで成り立つてゐるのである。『土中の庭』(昭和45年)は、昭憲皇太后の作詞した歌「地久節」のなかに出てくる「珠」を、小学生の章が金玉のことだと思ひ込んだ話を冒頭に持ち出し、作者は、「こういうことを書いて何かを言おうとするわけでもない」と断はつて、その言葉どほり、それつきりにして、別のことを書いてゐる。『天女御座』(昭和43年)では、章が各地の巨木を見て歩く話を扱つてゐるが、その中ほど、作者は突如、次のやうに書くのだ。

章が書くような小説は、評者によって「私小説」または「感想小説」といったレッテルを貼られて、正統な小説より一階級下のものとして一括軽視されている。しかし彼は、思想とか現代の不安とかいう利いたふうな言葉が大嫌いなうえに、この一括された人たちの下級小説が大好きだから、その仲間に入れられたことを名誉に思い、従ってここでレッテル通りに感想文を挿入する。

かう断つた上で、いはゆる近代的本格小説への辛辣な批判を述べたてるのである。それから、再び巨木を見て歩く話に戻る。ここで藤枝は、はなはだ挑戦的に私小説家宣言をおこなひ、かつ、実践し、己が素顔を剥き出しにしてみせてゐる、と言つてよいのだが、しかし、さうして私小説を書いたかといふと、小説としての一貫した流れを断ち切り、小説としてまとまりをぶち壊しにしてゐるのである。『庭の生きものたち』でやつたのとほぼ同じことである。批判してゐるのは「本格小説」だが、それとともに、「私小説」も破壊してゐるのだ。

これは、藤枝が宣言してゐる意図に反してゐるが、しかし、ここに彼の本当の希求が見出せるのではないか。自らの意図も越えて、小説破壊を推し進めようと願つてゐる、と。

もつともこのやうな徹底した小説破壊は、小説の枠から個々の事実を飛び出させ、読む者の面をぢかに打つやうに働く。その点で、個々の事実をそのまま直截に示す方法と見ることもできるだらう。さうして、私小説性を徹底させることにもなつてゐる、と。

しかし、藤枝は、本当に事実そのままを忠実に示すことを第一義としてゐるのか。『空気頭』や『田紳有楽』についてすでに見たところからも、否定的に考へざるを得まい。殊に『田紳有楽』の、鉢や皿が変身術習得に浮き身をやつすのは象徴的であるやうに思はれる。彼らはいづれもニセ骨董といふ身の上だが、その身の上を嘆くどころか、逆に喜んで受け入れ、より徹底させて、完全なニセモノになりおほさうと努めるのだ。その所有主の骨董屋、じつは弥勒にしても、兜率天ならぬこの世に身を置く以上は、仏となつて出現する五十六億七千万年後（人間の尺度では永遠に等しい）まで、一種のニセモノで在りつづけるよりほかない、身の上なのである。

こんなふうにニセモノ指向が著しい。だから、事実そのままを忠実に示さうとするどころか、逆に打ち砕く、といつてよいかもしれない。忠実に示すと思はれる場合でも、その極端さによつて、事実を破壊してゐるのである。

「私小説家」を自称する藤枝の意図はともかくとして、このやうに実際は、「私小説」の、事実のなかでも最も確実な事実の「私」と、「小説」とを、ともに破壊してゐるのだ。

三

藤枝は、最初から破壊希求へ身をゆだねてゐたわけではない。処女作『路』（昭和22年・一九四七）は、結構よく整つた好短編である。処女作とはいつても、当時すでに三十九歳、若年から志賀直哉に傾倒してゐただけに、緩みのない文章で、全体の構成もよく考へられた作品である。そこが、現在の彼の気には、入らないらしいのである。が、当時の藤枝は、この方向に向つて小説を書かうとし、しばらくは、その努力をつづけたのである。

その努力の大半は、彼の裡から本能的といつてもよいかたちで突き上げてくる破壊への希求を、抑へることに注がれたと思はれる。もつとも初めは、自分の裡から突き上げてくるものをさうした希求だとは自覚せず、ただ単に、外へ噴出させてはならぬものとして、とにかく抑へたのだ。しかし、抑へれば抑へるほど、突き上げてくる力は増す。それに応じて、抑へる力も強めなければならないが、さうすればまた、突き上げる力は増大し、凶暴さを明らかにしてくる。

かうした緊張状態に藤枝がゐたことは、彼の、奇妙に力んだ文章からうかがへよう。たとへば『イペリットの眼』（昭和24年）の一節。

院長は現役の海軍軍医大佐で、身長五尺八寸ほどの大男である。長い（膏顔というか）脂の浮いた赭ら顔で、瞼は垂れ気味の半開、動作は、のろいというよりは何か筋肉に強直でもあるかのようで、腕など動かす際には、極端に云えば水飴か蝋をのばすような粘った抵抗を感じていると云ったふうの、ギクシャクした所が見える。歩く時も腕をぶら下げたままで殆ど振らない。いかにも医者らしい、底意地の悪さ、しつこさは、描いてゐる対象に対してのものであるとともに、描いてゐる当の自分自身の内面に向けられたものであらう。自分の裡から突き上げてくるものに対して、身構へ、粘り強く抑へにかかつてゐるのだ。

この絶えず自分の内側に注意を向け、身構へる態度は、同じ頃の作品『家族歴』（昭和24年）の、文章の運びにもはつきり見ることができる。

今朝、田舎から手紙が来た。結核で久しく病床にある妹が二十日程前から発熱していたが、医者に診てもらったところ、時間の問題ですと云われたから、一度帰ってほしいという内容であった。たどたどしく簡単なその文字を読むと、いつもの、人生に対する理由のない沈鬱な憤りのようなものが胸を浸し、それから私は暫く考えたが、やはり何時ものように諦めることで決着をつけた。

家に入り、屈んだ背中の襟の所に白い巾をかけた母と言葉をかはし、それから仰臥した妹の、小鼻のあたりが肉薄となり、少し煤けたような小さな顔を見てしまうと、私達にはもう併し別の話もなかった。形式的にでも一応聴診器を当てれば、明らかに母は安心するに違いないということはよく分かっていたし、又それまでは私もその気であった。恐らくは妹自身も喜ぶに相違なかった。しかしいざとなると、そんな気安めめいた白々しいことは私にはできなかった。私は自分のかたくなな性質を、ここからの帰途に又きっと後悔するであろうと思い、だがやはり黙っているほかなかった。

この二つの文章の間には、講談社版著作集で九行あるだけだが、ともに同じやうな構造を持つてゐるのに気づかう。まづ、手紙なり母や妹の様子なり、外的事柄について書くが、簡単に触れただけで、すぐさま自分の気持の方に焦点を戻す。自分の出会つた事柄よりも、その出会ひにおいて生じた自分の気持が気掛かりで、そちらに注意を向け、言葉で捕捉するのだ。

藤枝が深く傾倒してゐる志賀直哉も、自分の気持を関心の中心に据ゑ、その態度を恐ろしく靭く押しとほしたひとである。藤枝が傾倒したのは多くそのゆゑだと思はれるが、志賀と違ふのは、性急で、過剰な力みがある点である。急いで自分の方へ立ち戻り、自分の気持を強引に言葉でいひ固めるふうである。そこには、一刻も早くさうしなくては安心できないといつた気配が感じられる。

実際に藤枝は不安だつたのであらう。うつかりすると、自分の裡から突き上げてくるものが溢れ出し、自分を押し流してしまふかもしれぬ、と。だから、絶えず自分を、自分の手のなかに掴みとつておくのだ。さうしてゐる限りは、突き上げてくるものを抑へ込んでゐることができるはずだからである。

自分の青春時代を描いた『春の水』（昭和37年・一九六二）の冒頭、

吉沢は、ある銀行の地下食堂へ、三日に二回ぐらいのわりで、コーヒーを飲みに通っていた。それは、まるで本箱の下の平べったい引出のように、面積だけ広くて天井の低い、空気のよくない食堂だった。

「本箱の下の平べったい引出のよう」といふ比喩が、戦前の鈍重なビルの地下室の感じと青春の鬱屈した精神状態を的確に表現してゐるが、それとともに、自分の裡にあるものを、恐ろしい力で抑へ込んでゐる、書いてゐる時点での作者の状態が現はれてゐるやうに思はれるのだ。巨大なビルの全重量でもつて、噴出しようとするものを抑へつけてゐると言へばよからうか。

おほよそこのやうなところで、藤枝は、書いたのであらう。『文平と卓と僕』（昭和28年）、『犬の血』（同31年）、『明るい場所』（同33年）などにも、かうした烈しい力みが現はれてゐる。また、さういふ自分を突き放して描いた『痩我慢の説』（同31年）といふ題そのものが、当時の彼の在りやうを、よく語つてゐる。

大津事件の津田三蔵に強い関心を寄せたのも、この彼の在りやうと係はりがあるだらう。昭和三十三年（一九五八）ごろから調べ始め、三十六年に『凶徒津田三蔵』を発表、それから十一年後の四十七年に『愛国者』を書くなど、異常といつてよいほど関心を持続させてゐるが、藤枝の描き出した津田三蔵は、根深い不満と憤怒でもつていまにも破裂しさうになつてゐる、驕慢で暗い顔をした男である。他人の思惑を気にする余裕もなく、孤独のなかで、不満と憤怒を必死になつて抑へ、全身の筋肉を緊張させてゐるのだ。さうして、我慢しきれず、間欠的に小爆発を繰り返すが、ついに、ロシア皇太子襲撃といふ大暴発を引き起す。

薩長閥が政権を牛耳つてゐるとか、警察官としてしか生きる場を与へられてゐないとか、上司が卑劣な男だとか、いくつも理由は挙げられるが、彼の不満と憤怒は、さうした個々の理由にうまく還元できさうにない。なにもかもが気に入らない、それが理由だ、といつた方がよからう。この世界が、自分自身が、腹立たしい。また、さうした解消のしやうのない怒りを膨れあがらせるにまかせてゐること自体が、腹立たしいのだ。出口のない怒りは、暴発を着実に準備する。

「政治の中心を遠く離れ、田舎の駐在を転々とし、政治に失望しながらも自信は全くなく、頑固で、ひとりよがりの愛国心に、とりつかれて自分をもてあましている。そしてついに追い詰められて大津事件を起す」（「『凶徒津田三蔵』のこと」）と、藤枝自身、自作について要約してゐる。

この三蔵は、多分に自虐的な視線で捉へた藤枝の自画像であらう。「頑固」「ひとりよがり」「自分をもてあます」などは、彼が描くところの自分、ないし分身について多用してゐる言葉である。そして、「政治」を「文学」に、「駐在所」を「医院」に置き換へれば、当時の彼の身の上になるはずである。いづれにしろ藤枝自身、三蔵と同様に、裡から突き上げてくる、理由も定かでない憤怒に苛まれつつ、必死になつて抑へてゐたと思はれる。爆発させれば、自分の存在を根こそぎ破壊してしまふことになると、危機を感じながら。

さうして彼は、三蔵を描くことによつて、辛うじてその危機を回避しつづけたのではないか。作品全体に漲る過度の緊張と、自分の気持へと急いで回帰しつづける文章とが、それを証してゐると思はれる。

四

理由も定かでない憤怒と、いま言つた。しかし、藤枝自身の場合、必ずしもさうではない。幾つかの理由を挙げることができる。ただし、そのいづれもが、いはゆる理由の範疇におさまるかどうか、あまりに根底的な事柄であるがゆゑに、あやしいのだ。藤枝が、自分自身の憤怒に対して不安を覚えるものも、このために違ひあるまい。

その憤怒の理由だが、まづ第一に、死病としての結核である。結核は、いまでこそ死病でなくなつたが、戦後に新薬が出回るまで、死が患者を待ち受けてゐるほぼ確実な運命であつた。藤枝は、その結核が憎く、許すことができなかつたのだ。許すことができなかつたとは奇妙な言ひ方だが、彼の家族は、文字どほり、つぎつぎと結核に犯され、死んでいつたのだ。そのことが、彼には、絶対に許容できなかつた。悲しい、つらい、といふよりも、端的に許せない、在つてはならぬことだつたのである。が、如何にさう思つてみたところでどうにかなるわけではない。そのことを十二分に承知してはゐる。しかし、如何に承知してゐたところで、愛する者たちが結核に倒れるのを見てゐる無念さは、増しこそすれ、消えはしない。彼は、憤怒に憤怒を重ねるのだ。

藤枝の年譜をのぞいて見るならば、彼のこの気持を納得せずにはをれまい。「死病」たる結核に、彼の一家は徹底的に蹂躙されてゐる。いま、関係のある項目だけを拾ふと、

明治四十三年（一九一〇）　二歳（藤枝静男の満年齢）
　妹けい（八カ月）結核性脳膜炎で死亡。
大正二年（一九一三）　五歳
　姉はつ（十二歳）肺結核で死亡。
大正三年（一九一四）　六歳
　弟三郎（一歳）結核性脳膜炎で死亡。
大正四年（一九一五）　七歳

姉はる（十七歳）結核性腹膜炎で死亡。
大正十五年（一九二六）　十八歳
兄秋雄（愛知医科大在学中）発病。
昭和六年（一九三一）　二十三歳
妹きく　肺結核発病。
昭和八年（一九三三）　二十五歳
本人次郎（静男の本名、千葉医科大在学中）発病。ただし約一年で治癒。
昭和十年（一九三五）　二十七歳
弟宣（東京医専在学中）発病。ただし約一年で治癒。
昭和十三年（一九三八）　三十歳
兄秋雄（三十五歳）結核で死亡。
昭和十七年（一九四二）　三十四歳
父鎮吉（七十歳）脳溢血で死亡。

父親の死因だけが結核でないが、じつは若年の折りに結核に感染、菌を保持しながら、気づかずにゐたのである。これが一家の者がつぎつぎと結核にかかつた主な原因であつたらしい。
「二歳のときからはじまって」と、藤枝は、『空気頭』のなかで書いてゐる、「昭和一三年まで、私は五人の兄弟姉妹を結核で失った。六人目の妹は廃人同様になって生きのびている。兄が死ぬ少しまえ、枕元に坐った私にむかって『この病気には神も仏もない』と絶望的に云った」。

それに加へて彼の場合、結婚して五年目、父が死んだ翌年の昭和十八年に、妻の智世子が肺結核になり、以後、昭和五十二年にガンで死去するまで、数へきれぬほどの大手術と、入院、療養所暮らしを繰り返してゐるのである。

このやうに間断なく身辺を襲つてくる死病に、藤枝が、どれだけ悲しみ、恐怖し、絶望したか、想像を絶するものがある。なぜ、かうも自分の一家だけが犠牲にされるのか、天を恨む気持になつたとしても不思議はない。しかし、彼は、恨みがましさ、恐れおののく気配を全くみせず、ひたすら怒るのだ。

彼の公表してゐる文章は、例外を除いて、昭和二十二年、三十九歳以降の筆になるもので、いま見たやうな非運を恐怖し恨むといつた段階を克服した後のもの、といふ事情があるためかもしれない。しかし、それにしても、彼の純一といつてもいい怒りは、見事といつてよい。

いま引用した『空気頭』の一節につづいて、かう書いてゐる。

　想い出すたびに、胸が潰れるような悲しみと怒りで、ほとんど逆上した。その憎悪が、そのまま妻の胸に潜む結核菌に注がれた。

また、さきの『家族歴』では、「人生に対する理由のない沈鬱な憤り」を述べてゐたが、別のところで、

　兄は静かに寝ていた。私は大抵枕元に坐って蝿を追っていたが、心中は何か兄の身体を攻撃する奴を睨みつけている気持であった。すると兄は瞼の裡で私の執拗なきつい視線を感ずるらしく、

うるさそうに眉根に皺を寄せて薄目をあけ、又とじて少しわきに顔をずらせる……。

肉親を奪はうとするもの、そして、自分の生命も奪ひかねないものに対して、渾身の力を振り絞つて、怒つてゐるのだ。勿論、怒つてみたところでどうにかなるわけでなく、結局のところ「諦める」よりほかないのはわかつてゐるのだが、それでもなほ、藤枝は、自分の気持を貫く。祈るやうに、怒るのだ。

死を前にして、われわれ人間が採り得る主体的態度は、じつは、この怒ることだけなのかもしれない。怒りつづける限り、死に肉親を奪はれても、死に屈服はせず、自分の立場を保ちつづけることができる。そして、現に藤枝は、さうしたのだ。もしも彼が死を恐れ、非運を恨む気持になつたとすれば、坂道を転げ落ちるやうに、恐怖と怨嗟の泥沼に落ち込んだに違ひない。その泥沼には、保菌者父親への恨みが生ひ繁り、病と戦ふ気力を確実に腐らせたらう。彼は、怒りによつて、それらをきつぱりと断ち切つたのだ。自分の生命を支へ、肉親への愛情も濁らせずに保つたのである。

かうした不満と憤怒を向けた第二のものとしては、性、があつた。

『硝酸銀』（昭和41年・一九六六）で描いてゐるやうに、藤枝（他の自伝的作品と同様、主人公は章と呼ばれる）の父の実家は料理屋で、性的に乱脈な一家であつた。祖母は、祖父の三度目の妻で、芸者あがり、その長男（父の兄）も三度妻を替へたうへに、永年にわたつて隠れ遊びをつづけ、その彼の三度目の妻は、夫に負けず、派手に男狂ひをしたし、二人ゐた父の妹は、どちらも自分から進んで芸者に出て、父なし子を孕んだ。

かうした一家のなかで、藤枝の父だけが学問好きの堅物として成長、薬剤士になり、芸者の妹たちも寄せつけなかつた。その父親に育てられた藤枝が、過度に性的に潔癖な男となつたのは当然であらう。しかし、やがて自分の肉体のなかに、父の忌み嫌つた実家の「淫蕩な血」が流れてゐる、と考へざるを得ない年齢になる。単に男として成長した結果に過ぎなくとも、自分の家系を知つてゐれば、さう考へてしまふのだ。

彼は、自分がいつまでたっても、青年の恥ずかしい所業から逃れることができず、いつもその汚辱に負けてしまうことに、激しい敵意と怒りを感じ、畜生、悪魔め、ともういちど唸るように考えた。貴様と戦ってやる。彼にはこの怠惰な誘惑がもう彼の内心にまで食い込んでいるように思われた。食うか食われるかだ、と彼は再び思った。

（『春の水』）

父親が一族に対しておこなつた戦ひを、自分は、己の肉体を相手に戦ふのだと思ひつめるのだ。が、この戦ひは、健康な男の肉体を持つ以上、勝負は決まつてゐる。しかし、性的欲望に屈したままになることは、許せない。たとへ一時屈服しても、「淫蕩な血」からは身を引き剥がさうとするのである。ここでも藤枝を支へるのは、怒りつづけることである。屈服せずにはをれない自分へ、自分の男といふ性へ、「激しい敵意と怒りを感じ、畜生、悪魔め、と」「唸るように考え」つづけるのである。人間は肉体をもつて存在し、肉体とともに性を抱へ込んでゐる。人間であるかぎり、死と同様、逃れることはできず、「諦める」よりほかないのである。が、彼は、それゆゑになほさら憤怒するのだ。そして、怒ることが、性の渦に巻き込まれながら、自らの在りやうを辛うじて保たせるのは、結核の場合と同じである。

それにしても、藤枝の性に対する嫌悪は激しく、根深い。たとへば南方の小島の戦場で精神異常をきたす将校を描いた『うじ虫』(昭和34年)の、性の描き方は、嘔吐感をもよほすのに十分であらう。また、『空気頭』の、糞尿で精力剤をつくり女を喜ばせ、その女が欲情すると耐へ難い糞尿の臭気を発するといつた設定も、この嫌悪感の端的な現はれ以外のなにものでもあるまい。彼は、屈辱感をもつてでなければ性を受け取ることができず、小説で扱ふ場合は、一種の復讐心にかられてしまふやうである。もつとも『空気頭』は、グロテスクなユーモアがあつて、救ひがあるが。

もう一つ、藤枝が怒りを向けたのは、自己である。

自己に対して怒るとは、これまた奇妙だが、彼ほど激しい自己嫌悪で己を苛んだひとは少ない。自伝的作品のすべてが、まことにどぎつい自己嫌悪で彩られてゐるのだ。性欲に苦しみながら、潔癖感の殻に閉じこもつてうじうじしてゐる自分、社会主義について何の知識も持たぬくせに安易に行動に出てしまふ自分、単純な正義感に固執しながら暴力に簡単に屈してしまふ自分などを、これでもかこれでもかといふふうに描いてゐる。小説の題名にしてからが、泥沼を這ひずり回るトンボの幼虫「ヤゴの分際」(昭和37年)なのである。さういふ自分だと、極め付けてゐるのだ。

その自己糾弾の激しさは、並の自己嫌悪をはるかに越える。人間として存在する以上は、個別的具体性を備へた特定の一個我としてであるわけだが、そのこと自体が、すでに気に入らない。嫌悪と怒りを突き付けるのだ。この点で、上田三四二が指摘してゐるやうに、「自同律の不快」を中心思想とする埴谷雄高に、藤枝は接近する。この二人は全く異質な文学者だが、ともに通常の嫌悪、憎悪といつた段階を越えて、自己が現に在るとほりの自己であつてそれ以外のなにものでもないのが、許容できぬとするのだ。

しかし、誰が、一個の私としてでなく存在することができるだらうか。存在するとは、一個の私として、さまざまな具体的制約を負ひ、いまここにゐることに外ならないのである。それを退けることは、死を呼び寄せるに等しい。が、それでもなほ、藤枝は、怒ることをやめない。

五

　以上のやうに、死病としての結核、性、自己が、藤枝に怒りを呼び起こすのだが、いづれも、如何に怒つてみても仕方のないものばかりである。われわれが存在するとき、すでに受け入れてしまつてゐる事柄なのである。怒りの理由の範疇に入らない、といふ所以である。しかし、そのやうな三つの人間存在の基本条件に対して、藤枝は、真向ふから異議を唱へ、打ち砕かうとさへするのだ。

　気違ひ沙汰だといつてよい。が、肉親を真実愛しいと思ふならば、死なねばならぬ人間の在りやう自体が許せないのも当然であらう。心身の完全な清浄さを望むのなら、性的欲望を根こそぎしたいと思ふのも当然であらう。また、人生を思ふ存分自由に生きようと望めば、自己なる具体的在りやうが根本的な拘束となるのは確かである。

　だから、如何に空想的であらうとも、それら存在の基本条件を打ち砕くことを望まざるを得ないのである。そして、さう望みつづけることが、現に彼に主体性を与へ、自由を保持することになる。

　ただし、その怒りを最後まで突き進め、爆発させ、望みを実現することは、自己自身を爆破し、消滅させることになる。如何に怒つても、そこまで行つてはならないのだ。怒りつつ、爆発は抑制されなければならない。その危ふい均衡に、藤枝は立ちつづけるのである。さきに触れたやうに、『イペリット眼』『家族歴』から『凶徒津田三蔵』、また、多くの自伝的作品は、かういふところで書かれてゐるのだ。

しかし、この怒りと抑制の均衡は、やがて破られるときがくる。均衡をとりつづけ、爆発を完全に抑へきつてしまふなら、怒りは、もはや怒りでもなんでもなくなつてしまふのだ。怒りである以上は、何らかのかたちで、爆発しなくてはならないのである。さうしなくては収まりがつかないのである。

さうして、爆発する。

ただし、この爆発は、当然のことながら、基本条件を破壊するには到らない。手厳しく撥ね返されるのだ。

このやうな結果になるのは、初めから分かつてゐたといへば分かつてゐた。殊に藤枝の怒りは、盲目的な激情とは違ひ、自分に囚はれない、一種の無私性を持つてゐるだけに、怒りを差し向けてゐる事態がいかなるものか、十分に認識してゐたはずなのである。

それにもかかはらず、彼としては爆発へと突き進まざるを得なかつたのだ。いかに無意味で滑稽なことだと承知しながらも。

ここで彼は、盲目的激情の噴出であるはずの行為を、自覚的に、あへて選びとつてゐる、と言つてよからう。

そのことが、なほさら烈しい屈辱感を覚えることにもなつたに違ひなく、さらに烈しく爆発させることにもなつたらう。が、撥ね返されるのである。

しかし、撥ね返されるとき、現実と別の次元へと、いはば撥ね上げられる。いかに爆発させても爆発させ得ない現実の次元から、爆発の可能な別の次元、文学の領域へである。

そして、間違ひなく爆発が起るのだ。

もつとも藤枝自身は、なほも現実の次元に立つてゐるつもりかもしれない。なにしろ彼は、どこまでも「私小説」を自らの立場としてゐるのである。しかし、明らかに彼は、ここで言語による想像領域へと、はつきり突き入つたのである。それも、土足でづかづかと座敷へ入り込み、床の間の前にどつかりと胡座をかいたやうな具合ひに。

さうした最初の、誰の目にも明らかな成果が、『欣求浄土』のなかの最後の一篇『一家団欒』であり、『空気頭』といふことにならう。

『一家団欒』では、死んだ章がバスに乗つて墓地へ向ひ、停留所で降りると、湖上を真直ぐ歩いてゆく。

　章はそのなか（湖上）を、遠い対岸をめざして一直線に渡って行った。そして、岸辺に到着すると、松林のなかを再びまっすぐに歩いて行った。腎臓も、眼球も、骨髄も、それから血液も、残して役にたつだけのものは、死んだときみな病院に置いて来たので、彼の身は軽かった。

　献体として提供した腎臓や眼球などとともに、存在の基本条件もきれいさつぱりと置き去りにしてきたのだ。それゆゑに、章は、軽々と湖上を歩んでいく。そして、墓の中に潜り込み、先に死んでゐだ両親、兄弟、姉妹の歓迎を受ける。まことにすばらしい一家団欒である。

　これは、藤枝の肉親への情愛ゆゑの憤怒の爆発が、存在条件を打ち砕いたところにおいて、初めて現出させたものであらう。

　もつとも、かうした爆発が麗しい世界を現出させるとは限らない。『空気頭』になると、糞尿から精力剤を精製することに成功するかと思ふと、気胸術を改良して現世超脱の物理的手段を発見する、といつた奇怪な話になるし、『田紳有楽』では、グイ呑みと金魚が恋を語り、弥勒が老人性掻痒症に悩む、といつたことが出来することになる。

こんなふうに現実らしさ事実らしさは、打ち棄てられる。そして、とんでもない荒唐無稽な事態が繰り広げられるのだ。ただし、それでゐて、奇抜で勝手気ままな夢想が語られてゐるだけといふわけではない。文学作品としての確かなリアリティを持つ。それも、近来稀な強固さをもつて。

これは、なによりも怒りの爆発の激しさゆゑに違ひあるまい。章が宙に浮き、湖上を歩んでいくのも、それがジェットの噴射のやうに、現実の次元から別の次元へと持ち上げてゐるのだ。

この怒りの爆発ぶりを語るものとして、『出てこい』のなかに引かれてゐる、「大智度論」の説話を挙げるのがよいかもしれない。――旅人が空家で寝てゐると、深夜、鬼が二匹、死体を奪ひ合ひながらやつて来る。そして、どちらに所有権があるか判定せよと要求する。旅人は見たとほりを述べると、不利な判定を受けた鬼が怒り、旅人の腕を、脚を、頭をつぎつぎと引き抜く。有利な判定を受けた鬼が、その後から死体の腕、脚、頭を引き抜いては、旅人の身体にくつつけてくれる。さうして旅人の身体と死体とがすつかり入れ替はつたところで、二匹の鬼は、死体――さつきまでは旅人の身体だつた――を食べて、立ち去る。

この説話は、言ふまでもなく、自我が実体のないものであることを説くためのものだが、いまは己が身体をばらばらにされるのも辞さぬ、破壊への徹底ぶりを見たい。作者自身、つづけてこのやうなことを書いてゐる。

――テレビを見てゐて、前立腺癌にかかつたある老病理学者を思ひ出す。彼は、女性が前立腺癌にかからないことに注目、自分の睾丸を摘出、女性ホルモンを多量に服用、身体を女性化することによつて、延命に成功したのだ。ところが女性化したのは、身体だけでなく、心理もであつた。そこで私は夢想する、自分も前立腺に異常が認められたら、病理学者がやつたと同じやうにしよう。延命のためだけでなく、「単性にして両性を兼ね」、不可解な女性の心理を、自分の「体内に『体の動き』として」受け止めるために、と。

病にたぢろぐどころか、己が生身の破壊へと突き進み、そこに未知の何かを掴みとらうとするのである。

この棄て身の態度が、そのまま藤枝のものであるのは言ふまでもなからう。彼は、怒りの爆発をそこまで追つてゆくのである。それゆゑに、我儘至極の八方破れの作品も、作品としてのリアリティを備へるのだ。

もつともここでは、「私小説」も「本格的近代小説」も、ともに破壊されてゐる。いや、「私」そのもの、「小説」そのものも、破壊されてゐるのである。

六

いま、「私」も「小説」も破壊されてゐるといつたが、藤枝自身、「私小説家」として、「私」を描くことを問題にし、こんなことを言つてゐる。

「いくら誇張し嘘をまぜて真の『私』を表現しようと試みても、自分の力量では到底ダメだという気がしていた。だいいち私には私自身がまるでわかっていない。描くべき『私』が分裂していて、それをリアリズムの方法でとらえようとすれば、支離滅裂になるにきまっていると思った。それで、どうせ支離滅裂になるならヤケをやってやれという気になっていた。（中略）私小説『空気頭』を書くときには、どうせ支離滅裂にやってやれと思っていた。わざと自分と異質な人の書いたものやいったことを、そのまま写した部分をこしらえ、それを自分で考えたデタラメな妄想とつなぎ合わせて、小説のなかにはめこむことにきめた。そして、この部分をできるだけ精密に、しつこくリアリスティクに描けば、盲人の彫刻に似た実在感を与えることができ、そうすれば小説全体としても、隠れた『私』をこめた『私』を、多少なりとも今までよりは表現できるかも知れないと空想して作にとりかかったのであった」(「作品の背景」)。

「私」を捉へ得ぬとの自覚から、敢へて「支離滅裂」へと押しやり、バラバラにし、そのバラバラな「私」を、バラバラなまま、その一つ一つをそれぞれ捉へようとするのである。その「私」のバラバラな断片ならば、確かによく観察し、正確に捉へることもできるといふものである。ただし、「支離滅裂」にするとは、言ふまでもなく「破壊」することである。自己を敢へて「破壊」し、そのバラバラな断片ひとつひとつを、よくよく見て、リアリステックに描き出すのである。

自己を捉へるといふ以上は、その全体ではなくてはならないはずだが、藤枝は、背を向けるのだ。そして、自己を支離滅裂にし、その個々の断片を存分に観察し、描く途をとるのだ。

これは、怒りと破壊を根本的衝迫としてゐる彼にとつて、まことにふさはしい方法だらう。その衝迫に突き動かされるまま、爆発、破壊へと突き詰め、そこに生まれる断片を見てゆくのである。

ただし、それら各断片を描いていくとき、自然ななりゆきとして、各断片そのままで、なんらかのまとまりを持つて来て、元どほりに合はせようとしても合はなくなる。いや、互ひに反撥し、合はせようとすることが、却つて激しく飛び散らせることになる。

これは、自己破壊の新たな展開でもあらう。そして、それは同時に、自己の積極的な展開ともならう。自己観察、自己把握への努力がそれなりの成果をあげるとともに、内に向けられてゐた力が一転して外へと放たれ、未知にむかつて伸びひろがつてゆくのだ。

その自己を、彼の意識は、内側から見てゐる。そこでは少なくとも自己のさまざまな断片が、未知へと向つて飛び散り遠ざかつてゆくのが見えよう。一般の私小説家は、自分の個別的事実を対象として据ゑ、その周囲をめぐりながら接近し、書くやうだが、藤枝の視点は逆である。前者が求心的といふことができれば、後者は遠心的なのである。

ただし、その遠心性を生み出すのは、求心的態度の烈しさである。断片へと向うことが、逆に限界を越えて遠くへと飛翔させ、作者から遠ざかれば遠ざかるほど、却つて重さを加へ、手応へある存在にとしていく。キャバレーの天井までふわふわとあがる医師も、宇宙を飛び回る鉢や皿、また弥勒や妙見にしてもさういふものである。

そして、そこには、それらが烈しく飛び散つていく広大な宇宙の広がりも、立ち現はれてくる。かうして、爆発、破壊は、本来なら藤枝の裡に固く閉じこめたまま終はるはずのものを、外に解き放つのだ。その最大のものは、藤枝の、じつに瑞々しい情愛だらう。肉親への、妻への、友人への、旧師への情愛が、率直に流露するのを見ることができるのである。その圧巻ともいふべきものが、今まで何回も触れてきた『一家団欒』である。彼の分身、章を迎へての墓のなかでの団欒は、限りなくやさしくて美しい。藤枝は、それを真正面から恐ろしい直截さで描き出す。

藤枝の怒りが、肉親の死の悲痛な思ひに源を持つてゐる以上、当然なりゆきだといへるが、先に引いた『家族歴』の一節からもうかがへるやうに、これまで烈しい自己嫌悪で抑へ押し殺してきたがゆゑに、なほさらである。

妻の死を扱つた『悲しいだけ』（昭和52年）も、『一家団欒』とは違つたかたちながら、やはり同じ勝手気ままな書きやうが、そのままま悲しみの直截な表現になつてゐるのを見ることができる。彼は、さまざまな身辺瑣事の断片を、岩に彫りつけるやうな強さと執拗さをもつて、脈絡もなく書き散らしてゆき、あちこちに置き放しにするやうな具合ひだが、そこをとほして、悲しみが、彼自身も書いてゐるやうに、「物質のように存在」しだすのである。

七

以上、述べた態度、方法でもつて書かれた根底には、ひとつの世界観とでもいふべきものが踏まへられてゐるのが認められよう。必ずしも自覚的ではなく、藤枝の作家としての在りやうが、自然に踏まへるかたちになつてゐるのである。

それをいま、一言でいへば、仏教本来の核心をなす無常観、とでもいへばよからうか。

妻が亡くなつた折り、藤枝は、僧侶を呼ばず、霊柩車を拒否し、遺骨は、ちやうど飾りつけてあつた雛壇（亡くなつたのは昭和五十二年二月二十六日だつた）に据ゑた。さうした彼に向つて、仏教を云々するのは見当外れと思はれさうだが、それは葬儀の習俗が許容できなかつたのに過ぎない。妻の死を烈しく悼めば悼むほど、世俗の枠に収まつたかたちで見送ることができなかつたのだ。その烈しさが、わが国の伝統的な仏教理解も突き抜けて、却つて、仏教本来の核心に届いてゐるやうに思はれるのである。

生あるものは死に、栄へるものは滅び、永遠に変はらぬものはないといふ、悲哀の情に色濃く染められた、一種の諦念が、われわれの普通に解する無常観だが、それとは違ひ、あくまで世界観としての無常観を、藤枝は、踏まへるのである。

すなはち、この世に存在するもの一切は、自己も含めて、不変の実体ではなく、さまざまな因果関係が寄り合はさつて、一時、その姿を現象させてゐるにすぎず、絶えず変化しつづける。生も死も、ともに変化のひとつのかたちであり、本質的な区別はない。だから、生がそのまま死であり、死がそのまま生でもあるのだ。先に『出てこい』の「大智度論」の説話に触れたが、その説話が本来示すのは、かういふことであつた。自我といふ実体はなく、さまざまな縁起が寄り合はさつて、現在の自我となつてゐるのであり、身体を鬼によつて死体と取り替へられ、元の自分の身体は食はれてしまつたところで、消滅するなり変質するわけでもなく、また、自意識が働きつづけてゐるからといつて、同じ自我が存在しつづけてゐるといふわけでもない。そのやうに実体ならざるものの定まりない変化が、この世に存在するもの一切の在りやうなのだ、とするのである。『田紳有楽』に引かれてゐる言葉のとほり、「万物流転生滅同根」なのである。

この、世界全体の在りやうを常なしと見極めた、文字どほりの世界観を、藤枝は踏まへ、かつ、体現するかたちで書いてゐる、と見てよからう。自己自身と世界を、その存在の基本条件から破壊し、支離滅裂にし、恐ろしく自由に、不断に生成変化しつつあるものとして、言ひ換へれば、完全に無常なものとして、書いてゐるのである。その場合、書く対象ばかりでなく、書く主体自体も、ともにさうであつて、宇宙全体をおほふ無常の渦のなかにあるのである。

武田泰淳は、無常は「すべてのものは変化する」といふ、世界全体を貫く「きわめて科学的な根本定理」だといつたが、藤枝もまた、さういふものとして正確に踏まへてゐるのだ。

この無常の把握は、仏教において正統的なものだと思ふが、明治以降、ほとんど忘れられてきたきらひがある。専門家はともかく、一般の多くの人々が仏教を問題にしたのは、自我救済を求めてのことであつた。勿論、そこには近代といふ時代思想が濃厚に影を投げてゐて、自我ばかりは無条件に肯定されなくてはならぬものとされたのである。

しかし、藤枝は、違つた。自我もまた、無常なものとはつきり捉へ、かつ、打ち砕く挙に出たのである。『空気頭』や『田紳有楽』には、作者自らの自我をより徹底して打ち砕かうといふ意図があると考へるべきかもしれない。現在の自分自身の在りやうを突き崩し、別の在りやうへと変化してゆかざるを得ないやうにしようと意図してゐるのである。そこでは、この生そのものの理不尽な在り方への憤怒を表現するよりも、この自己の在りやうの徹底的な破壊、そして、無常を明らかにすることが、より重要なことと意識されることになるのではないか。

そして、その無常は、存分に活用された。『田紳有楽』の鉢や皿は、本性を持たぬニセモノだが、それをよいことに、万物に変身する術を習得、完全なニセモノたらんとするといふ設定になつてゐるが、それが、その事情を端的に語つてゐよう。本性を持たぬといふ無常の在りやうを活用、自ら一段と無常な在りやうを具現しようとするのだ。『出てこい』の、前立腺の異常を利用して、心身の両面から女を知らうと考へるのも、さうであらう。無常は、さまざまな生を、さまざまなふうに生きるのを可能にする。彼は、その恐るべき自由と、自由を行使する勇気とを、ともに自分のものにしてゐる。

そこにおいて、彼の世界が、単に現在に限られない、過去から未来にわたる無限の、宇宙そのものの広がりを獲得すると言つても、決して誇張にはなるまい。鉢や茶碗が宙を飛び、地底を潜り、地球を駆け巡るのも、ニセ骨董屋の弥勒が五十六億年の暮らし方を思案するのも、死んだ人間がバスに乗つて墓を訪ねるのも、このゆゑであらう。想像力がどうのといつたことではない。無常が、さまざまな可能性を一度に解き放ち、それらを生々しい現実性において見るのを可能にするのだ。

だから、無常によつて、脱俗の平安な境地に到り着くわけでもなんでもない。ますます無常にと自らを化することに努めなければならないのであつて、それは、存在の基本条件に対して、怒りを不断にぶつけ、爆発させつづけることにほかならない。そして、現に藤枝は、老境に入つて、一段と激しく、爆発を繰り返すのだ。

「欠けだらけ」の骨董、李朝の文房具図が、藤枝にとつて、特別の意味を持つてゐることを初めに述べたが、いま改めて言へば、藤枝の裡に煮えたぎる怒りと破壊への欲求に共鳴し、彼の内心を形象化するとともに、あの奇怪な作品を書くところへと導く。それとともに、現に在る自分を突き崩し、別の在りやうへと押しやり、じつは、彼の心の底に秘められてゐるものを端的に流露させるのだ。藤枝がこの絵に執着したのも当然であらう。

すでに引用した平野謙との対談の終はりで、藤枝は言つてゐる、「とにかく古希だからね。もうやるならウルトラ、やらんならんと、こういうことよ」と。「ウルトラ」とは、いま述べてきたさまざまな領域での破壊への途を、さらに過激に先へと突き進むことにほかなるまい。

（「文藝」昭和54年（一九七九）7月号）

一貫するものと老いと――結城信一「流離」と「黒い鳩」を中心に

先日、古書店で、季刊雑誌「象徴」三冊をやつと手に入れ、あちこちと頁をめくつてゐるのだが、これだけ堂々たる雑誌を、昭和二十一年十月といふ時点で、よくも創刊したものだなと思ふ。それも、敗戦によつて日本語学校が閉鎖され、職を失つた、三十歳になつたばかりの結城信一さんの編集である。

わたしが親しくさせていただいた結城さんは、人との交はりを避けて、ひつそりと自分の世界を紡ぎ出すのに専念してゐるひとであつた。それが、ここでは、当時として破格のB５判、簡素ながら二色刷りの表紙、題字会津八一、カット岡鹿之助で、約百二十頁の雑誌の編集責任者なのである。執筆者は、三号を見渡すと、津田左右吉、日夏耿之介、佐藤春夫、岩本素白、吉野秀雄、水原秋桜子、亀井勝一郎、辰野隆、田中美知太郎、高坂正顕、森有正、清水基吉ら、それに新人として武田泰淳、船山馨、大原富枝などが並ぶだけでなく、会津八一が力作「山鳩」を寄せてゐるのである。実質的には三号雑誌――四号が出たが結城さんの手を離れ小型になつてゐるとのこと――で終はつたものの、いま、気ままに読み返すだけでも、ずしりとした手応へを感じる。

どうして三十歳の結城さんに、このやうなことが可能だつたのだらうか。同じ年の五月に創刊、二号で終はつた、これまた錚々たる執筆者を揃へた「ロゴス」の後継誌といふ意味あひがあり、早大を中心にした人達の手厚い協力があつてのことであらう。そのあたりのところは、別の機会に考へるとして、とにかくこの三冊の目次からは、文芸全般から思想の領域にまで目配りをした、スケールの大きい編集者としての結城さんの姿が浮かんで来るのである。

　これがまづ、わたしにとつて驚きであつた。

　それから、もうひとつ、驚かされたのは、創刊号に掲載されてゐる、結城さんの小説「流離」である。初の短篇集『青い水』に収められてゐるものの、わたしは、今度初めて読んだ。ここには、若々しく、背筋をすつくと伸ばした結城さんがゐるのである。

　そして、背景になつてゐるのは、戦中から戦後にかけてだが、その時代相は、戦後派の作家たちが捉へたものとは違ふ。小児マヒの後遺症ゆゑに兵役に就くことなく二十九歳で敗戦を迎へたといふ事情があるかもしれないが、時代の激変に振り回されることなく、ごく自然に身を処してゐて、その目に映つた時代の姿を率直に写し出してゐる。それが、ひどく新鮮である。

　戦中と戦後について、十二分に承知した積もりになつてゐるが、どうもそれは、平常心を失つたところで捉へたものだつたのだと、この作品を読むと、思ひ知らされるのだ。

　親友が戦線へ赴く際に、嫁に貰つてくれるやうにと言ひ残した女性との交渉が中心になるが、その康子は、健康が優れない。それにもかかはらず、外務省にタイピストとして勤め、辛くとも辞めようとしない。一方、当時の結城さんにほぼ重なる青年の方は、外務省の外郭団体の学校で、マレー、スマトラ、ボルネオからの留学生に日本語を教へ、彼らと、ごく自然なあたたかい師弟関係をつくりだしてゐる。さうして、康子と一緒にピアノを弾いて、こころを通はせたり、ふと、虫の鳴き声に耳を傾け、庭の草花に目を注いだりする。その目で、澄んだ青空をB29が飛び過ぎて行くのを見上げるのだ。

　戦火による混乱と死が、文字通り頭上に迫つてゐながら、決して右往左往することがない。ごく伸びやかに、若々しい感受性を働かせて、康子との、無垢なだけに気難しくもある係はりが、静かに繰り広げられるのである。戦争は、背景へと退けられてゐる。しかし、康子は、健康を蝕まれ、やがて吐血し、死への坂を滑り落ちて行く。

この叙述を読み進めていくことが、いまのわたしには快い。それと言ふのも、時代の動きに引き回される愚かさ、醜さを、いやといふほど見せつけられて来てゐるからだらう。敗戦後、文学も時代と切り結ぶことこそ肝要だと強調されて来たが、しかし、じつはそれによつて、時代に引き回される愚かさ、醜さを、われわれは得意になつて演じて来ただけではなかつたのか。そして、その毒は、今日の文学の総身に回り過ぎるほど回つてゐるやうである。

勿論、時代と無縁にゐることはできない。若い結城さんにしてもさうであつたが、しかし、病弱なりに自分の人生をしつかり掴んだところで、苛酷な時代と出会ひ、自らの歩みを進めてゐる。だから、その文章は、繊細ながらも、勁い秩序感によつて貫かれてゐる。

敗戦を挟んで、かうした態度を変へることなく持続しつづけた若者は、希有であらう。この態度が、じつは雑誌『象徴』の編集を成立させてゐるのではないか。敗戦後のひどい混乱のなかにあつても、詩歌や戯曲から、思想、哲学までを視界におさめ、碩学や大家と言つていい人たちから新人まで、筆を執らせてゐるのである。

＊

この戦中、戦後を一つに貫くものを持ち得たことが、結城さんにとつては、やがて辛いことになつて行つたと思はれる。

いはゆる戦後社会なるものが、それなりに安定し、成長して行つたのだが、それによつて、結城さんのうちの一貫するものが、傷つけられ、蝕まれた。

結城さんは、昭和三十三年に『蛍草』を刊行、好評で迎へられ、順調に作家活動へと踏み出したかと見えたが、この年に奥さんと別居に踏み切つてゐる。そして、三十五年には胃潰瘍のため三ヶ月も入院、翌年は胃潰瘍を再発させ、吐血してゐる。このやうな出来事に加へて、三十八年には、碑文谷の自宅前で、環状七号線の工事が始まり、騒音と排気ガスに悩まされることになつたのである。

この、いはゆる環状七号線公害に巻き込まれたことは、象徴的であるやうに思はれる。すなはち結城さんは、経済の高度成長の時代と、恐ろしく辛いかたちで、それも日々の生活において、出会つてしまつたのだ。

高度成長は、繁栄といふ側面を持つてゐただけに、深刻な破壊をともなつた。それも、戦争などよりもはるか深層に至るまで、その破壊は及んだと言つてよからう。さういふ時代のただなかで、結城さんは、自らのうちなる純粋な、一貫するものを守らなくてはならなかつたのだ。

結城さんの作品のなかで、登場人物として老人が大きく成長して来たのも、このことと無縁ではなかつたらう。

老人とは、経済の高度成長などといつた事態と、基本的に鋭く対立する存在である。変革、効率、機能性に対して、停滞、衰退、無用そのものであつて、現在や未来ではなく、過去に重きを置く。

結城さんの作品で老人が正面切つて登場するのは、じつは商業文芸誌に初めて掲載された「秋祭」（「群像」昭和23年10月）においてで、三十二歳の時のことである。もつともこの老人は、大学の師の日夏耿之介か会津八一あたりと父親とをつき混ぜて書かれた印象で、第三者として描かれてゐるが、やがて作者自身と重なるかたちで扱はれるやうになつて行くのだ。

それがいつのことか、全作品を読んでゐないので、はつきり言へないが、さうしたところで書かれた最も早い秀作が「落葉亭」（「群像」昭和45年9月）であらう。まだ五十四歳であつた。

そして、この老人としての在り方を急速に突き詰めたところで書かれたのが、「黒い鳩」（『風景』昭和50年12月）だと考へる。単行本に収められることなく終はつた短篇だが、『風景』誌上で読んだときの、強烈な印象は、いまだに消えない。

ここで描かれてゐる老いは、老いそのもの、と言ふべきだらう。もはや尋常な老いの領域を突き抜けて、鋭く凝縮されてゐる。

二人の老人が登場するが、彼らは、ともにいまここに身を置きながら、その時と場所を簡単に見失ひ、夢ともうつつともつかぬところへと、間断なく迷ひ出しつづけるやうな存在なのだ。その恐ろしくとりとめなく、頼りないところに、過去の断片が鮮烈に蘇る。そして、改めて激しくこころを苛まれるのである。さうかと思うと、つい先刻の出来事が、脈絡を失ひ、思ひもしない不気味な姿を見せる。それでゐながら、朽ち木の穴とも見える彼らの口からは、叡知に満ちたかのやうな言葉がこぼれ落ちる。

人生の果てであるとともに、この世の果てとも言ふべき境界が、顔を覗かせる、と言つてもよからう。

この作品の執筆は、多分、結城さんが最も暗澹たる気持に囚はれてゐた時期である。鬱病に苦しみ、母を失ひ、碑文谷の家を捨てる前のことである。そこで結城さんは、見るべきものを見たのだ。

わたしが新聞社の文化部記者として、結城さんに初めてお会ひしたのは、この作品を発表した翌年の春、白金台の賃貸マンションでのことであつた。七階でエレベーターを降りた、すぐ横が玄関のドアで、手狭な洋室には、『夜明けのランプ』に対する川端康成の、巻紙の手紙が額に入れて掲げられ、駒井哲郎の山を扱つた小さな版画が下がつてゐたが、窓からは高速道路が間近に見えた。さうして、軽く片足を引きずるやうにして、黒縁眼鏡で和服の結城さんが姿を見せた。

＊

じつはわたしの手元に、松橋宗子さんから頂いた結城さん自筆の著作目録のコピーがある。「この目録にのせてゐないものは、最早、自分のものではない。あくまで捨てたものである」との注記がついてゐるが、「黒い鳩」の題は間違いなく書き込まれてゐる。ただし、その上には、かすれながら一本、線が引かれてゐるのである。これがなにを意味するのか、よく分からないが、一旦記載したものの、やがて抹消したい気持になつたと受け取るべきなのであらう。

もしもさうだとすれば、なぜなのか。執筆時期がいま述べたやうなもので、当時の心境があまりに濃く現はれてゐるためであらうか。それとも、作品として微妙にバランスを崩してゐる点が認められるが、そのためなのか。

多分、そのいづれでもなく、最晩年の未完に終はつた連作「百本の茨」の執筆に係はつてゐるのだらうと思ふ。この自伝的色彩の濃い作品に、「黒い鳩」に書いた事柄――老人が五十年前に手帳に書き込んだ、そのところを再び採り挙げる必要を感じたためだと考へられる。

その五十年前にだが若くして死んだ千津子といふ女性は、明らかに「流離」の康子に繫がる。また、結城さんの最も優れた作品といつてよい「空の細道」（「文芸」昭和53年5月）の、空の細道を通つて老人に会ひにやつて来る佳子と秋子にも繫がる。

かうなると、「黒い鳩」の文字の上のかすれた線が、結城さんといふ作家の、最も深いところに横たはつてゐるものを、なぞり示してゐるやうに思はれるのだ。

わたしが結城さんの作品のなかで、この短い一篇に注目せずにをられない理由だが、いまひとつ、是非とも言つておきたいのは、老いを深刻に突き詰めて表現してゐることによつて、今日、いよいよ重みを増して来てゐると思はれる点である。いはゆる老人社会が到来した、などと言ふことからではなくて、厳しく文学一事に限っても、いまや老いと徹底して向き合ひ、老いを深く知ることが、肝要となつてゐるのだ。それは思いがけない豊饒な世界かもしれないのである。そのことを結城さんは示してくれてゐると思ふ。これまでわれわれは、あまりにも若者中心の時代を生き過ぎて来たのだ。

（「季刊文科」5号、平成9年（一九九七）4月）

変容する登場人物——大庭みな子・津島佑子・古井由吉の近作

一

小説の中で、われわれがまづ会ふのは、人物である。その彼あるいは彼女は、他に紛れることの決してない貌かたちと個性、そして生活を持つてゐるはずであり、また、さうでなくてはならないと考へられてゐる。

しかし、一篇の小説を読んで、ひとりの人物に出会つたといふ思ひを抱くことが、いまやひどく稀になつてゐることは、改めて言ふまでもなからう。そして、この状況がいつまで続くか、見当もつかないのだ。

かういふ状況での現代作家の試みを、山崎正和は「曖昧への冒険」と要約して見せた。現代世界全体が陥つてゐる不明確さ、曖昧さに耐へて、人物を曖昧な姿のまま敢て描いてゐると言ふのである。確かにさうかもしれない。が、そこでなほ、自立した個我を輪郭明らかに描き出すことを、多くの作家たちは執拗に願ひつづけ、企ててゐる。そして読者もまた、それを期待してゐる。曖昧さは、あくまで耐へるべき状況なのだ。

ところが逆に、不明確で、統一性を欠き、絶えず変容し、他者に紛れ、ときには他者と入れ替はりもする存在として、人物を描いてゐる作品が幾篇か、相次いで現はれた。曖昧に耐へるのではなく、曖昧そのものに人物を積極的に化してゐるのである。

もつとも、かうした人物の捉へ方、描き方は、少し以前から徐々に行はれてはゐるやうである。しかし、いま問題にしようとしてゐる作品のやうに、鮮明、積極的に企てられたものはなかつたのではないか。

とくに大庭みな子の『寂兮寥兮《かたちもなく》』(「文藝」昭和57年5月号)は、じつに徹底してゐて、全篇くまなく、そのために周到に意図され、構成されてゐる。

人物の設定の仕方に、それを見ることができる。主人公の万有子とその愛人の泊が中心になるが、二人は同年輩、こどもの時から地続きの隣り同士、ともに兄があり、一緒に遊んで育つた、といふ関係にある。そしてそれぞれが成人、結婚してから、再び隣り同士として住み、同じやうにこどもを儲ける。万有子のほうには女の子、泊には男の子で、こども同士、かつての万有子とのやうにひどく仲がよく、いつも一緒に遊んでゐる。そんなある日、出張と言つて出掛けた万有子の夫は、山間の温泉行きバスの転落事故で死亡、実家に帰ると言つて出た泊の妻も、同じバスの隣席で死んだ。残された万有子と泊は、それぞれの配偶者の裏切りをなぞるやうに、いつの間にか関係を持ち、一緒に暮らすやうになつてゐる。

時間的には前後しつつ、このやうな経緯が明らかになるが、女と男との境遇は、相手の姿を鏡に映したやうに、そつくりである。それも一つ一つ、整然と対応しあつてゐる。童話やお伽話でもなければ、このやうな設定は行ふまい。が、この作品は、寓話やお伽話ではない。

この相似関係は、作品の中心部ばかりでなく、枝葉の部分にも及んでゐる。たとへば、万有子の祖母は万有子に似てゐると言はれるのをひどく喜ぶので、泊を連れて祖母を訪ねた折には、泊にわざわざさう言つてもらつたとか、万有子の娘が祖母の娘時代の写真を見て、そつくりだと驚いてみせるとかである。

また、この相似関係は時間軸に添つても設定されてゐる。すなはち、こどもたちが万有子と泊の係はりやうを繰り返す。かつて二人は――ごつこと称し、櫛名田姫役の万有子を椅子に縛り付け、八岐大蛇になつた泊が彼女の手足に噛みついて遊んだが、こどもたちは、トラと呼ぶ猫を一緒に可愛がり、トラごつこと称して、男の子が猫になり、女の子の身体のあちこちを噛む。さうして大学に進むと、別々に暮らすことができないと、一緒にヨーロッパに留学してしまふ。細かなエピソードの一つ一つまでが、相似関係にあるのだ。

このやうに不思議な相似関係、繰り返しを描いた作品としては、輪廻転生思想に基づいた三島由紀夫『豊饒の海』が思ひ出される。なかでも第二巻『奔馬』の法廷の場面で、証人に立つた下宿の主人が、恋に死んだ若者（清顕）と、二十年後のテロ行為に出て死のうとしてゐる若者（勲）とを、同一人物と錯覚するところが印象的である。しかし、大庭氏は、輪廻転生に基づいてこの小説を書いてゐるわけでなく、また、『奔馬』のやうにその顕現を特権的な出来事として示すわけでもない。時間と空間の両面にわたつて、相似関係を徹底して押し広げ、全篇を埋めるやうにしてゐるばかりなのである。

なぜ、このやうな、あまりにも図式的で不自然な設定を、作者はしてゐるのか。それには冒頭の場面を見るのがよいやうである。

万有子が夢を見てゐる。猫になつた彼女が小鳥を捕らへ、口にくはへたまま、雪の畦道を行く葬列を眺めてゐると、そのなかの白粉を厚く塗つた若い女が、不意に祖母になり、小鳥の骨を喉にたてるよ、と彼女を叱る。目覚めると、同じベッドに寝てゐた泊が、人の骨を食べた夢を見たと言ひ、胃のあたりがをかしいと、「妙なものを食べて吐く猫の仕草で、首をさしのべて、肩の下をひくひくさせ」るのである。

夢のなかで、二人ともに骨（小鳥と人間の違ひがあるが）を口にし、夢では万有子、うつつでは泊が、ともに猫になつてゐる。正確には、万有子の目に泊が猫のやうに見えたといふのだが、やはり対応した相似関係が認められよう。この関係において二人は、互ひに混ざり合ひ、一つに溶けてさへゐるやうに見える。夢をほとんど共有してゐるのだから、少なくとも内面がぢかに繋がり、入れ替はつてもゐると思はれるのである。

人物は、個としての確かな輪郭を失ふ。如何なる他者とも代り得ない、唯一の主体存在といふのがわれわれの常識のはずだが、それが相似関係のうちに溶け、他者とも半ば入れ替はるやうなことまで起こる。

それとともにもう一つ注意しておかなくてはならないのは、夢と現実、過去と現在を隔てる壁も、ほとんど失はれてゐるのである。夢から目覚めても、万有子は夢の続きを見てゐるやうだし、泊も胃の不快感を夢から現実へと持ち越す。さうしてこどもは親の過去をそつくり現在において繰り返す。そこにおいては生と死の区別も曖昧になる。

万有子と泊の、それぞれの配偶者が事故死してから間もなくの一場面、

「あの人たちの子供が、親しくするのを見ていて、気味悪くならなかつた？」

目の前で睦み合っているのが死んだ者たちか、生きている自分たちかわけがわからなくなった

と万有子は云おうとした。

目の前のこどもたちと、死んだ者たちと、生きてゐる自分たちと、三組の男女が、重なり合ひ、混じり合ひ、区別が付かないのだ。生と死、現在と過去、現実と夢の区別が消え、個別性がいよいよ失はれ、相似した者同士、容易に入れ替はることになるのである。相似関係を張り巡らした作品構造が見事に機能すると言つてよからう。さうして題名にあるとほりの「かたちもなく」の世界が出現するのだ。

ただし、さうしてのつぺらぼうな無形状態になつて終はるのではなく、男と女、夫と妻、親と子、あるいは現在と過去、生と死、現実と夢との違ひはある。在りながら固定することなく、絶えず変動しつづけ、溶解し、変容し、入れ替る。そのやうにすべてが揺れ動きつづけるところに、この小説の独自な世界が成立するのである。

だからたとへば、最後の章の書き出しのなんでもない文章、「朝起きると、泊は新聞を読んでいた。万有子は夫や父が新聞を読んでいたときのことを思い出した……」を読むとき、眼前の泊にダブらせて、もう此の世にゐない夫や父の姿を思ひ浮かべるが、泊よりも彼らのほうが却つて現実性をもつかのやうに受け取られることが起る。いまゐないことがなんら決定的な意味を持たないのだ。いまの泊はたまたま現在の時点を占めてゐるにすぎず、いつまた別の存在と入れ替はるかもしれない。泊といひ、夫といひ、父といひ一時、現はれ出た「かたち」に過ぎないのだ。

二

この大庭氏が踏まへてゐる基本的考へに触れる前に、氏とは異質ながら、突き詰めると同じやうな人物の捉へ方をしてゐる津島佑子の短篇『水府』について見ておきたい。この短篇は、『寂兮寥兮』と同じ「文藝」の同号に掲載された、連作中の一篇だが、独立させて扱つても問題はあるまい。

全篇にわたつて周到に構想を立てる大庭氏とは対照的で、一筋の水の流れをひたすら追ふかたちをとる。その視点人物は、実際の水の流れのなかに夫を失ひ、男の子とひつそり暮らしてゐる女であり、その日々にあつて、水が示す様態とともに、過去の生活が甦つて来るのである。

彼女の部屋には貧弱な水槽がある。金魚はをらず、数匹のどぜうが入つてゐるだけだが、五つになる男の子が、金魚店で見た水中に据ゑるプラスチック製の西洋の城を欲しがる。その城をクリスマスにやつと買ひ与へ、こどもと一緒に水槽に沈めて眺めるのだが、彼女は、龍宮城を思ひ描くとともに、ひとりの男の身の上を思ひ描くことになる。

彼は、ふらりと戻ってきて、ぼんやり一人きりで溜息をつくが、じつは、水の底へ行って来たのだから、これぐらいは仕方がないなと、女は考へる。さらに半ば男自身ともなつて、よくは思ひ出せないが、居心地は悪くなかった。暗くて、静かだった。水に、深く抱かれていた。自分が水になり、水が自分になっていた、とも思い耽るのだ。

なんとも奇怪な展開だが、彼女の夫は、女と川へ身を投げて死んだのだ。その夫のことが忘れられず、しかし、許すこともできないまま、浦島（浦島太郎が意識されてゐるのかどうか）と名付けて、一緒に死んだ女のことは横に置いて、しばしば思いやり続ける。さうしているうちに、その男の内面にはいりこんで、あれこれと思ひ巡らすことにもなるのだ。

すなはち、ここで「自分」は、水底の冥府たる「水府」で女と日々を過ごして帰つて来た浦島であり、帰つて来ない夫でもあり、いまここで水槽を眺めてゐる妻自身でもあるのだ。一個の主体として厳しく限定された存在であるはずの「自分」の枠から大きくはみ出してゐるのである。水に「抱かれ」て、「水」になつてゐるとともに、「水が自分」になつてゐて、夫といふ他者が、また、浦島が自分になつてゐる。

この水は、やがて水底の水、暗い地下を流れる水、入水した父（彼女の父もまた入水死してゐる。ここで作者の父、太宰治を考へる必要はあるまい）を死へと運び去つた水、水道がなく共同井戸を使ふ家での夫との暮らしのなかの水、こどもの襁褓を洗ふ水、夫と女の屍体を浮かべた水……となる。夫の死について、作者はかうも書いてゐる、「水神の誘いにうっかり乗って……水に呑み込まれてしまった」。人間が生きてゐるところに偏在し、生命の源となつてゐながら、死の闇を抱へもつてゐて、不意にそこへと誘ひ込む。そのやうに水は、明と暗、生と死、動と静の対極の間を、自在に動き、変化するのだ。「水神」といふ言葉がごく自然に納得される。

夫を失つた直後の様子を述べたところを、少し長く引用すると、

　水神は雨をどしゃ降りに降らせ、川の濁流を空に巻き上げ、わたしをびしょ濡れにして、上機嫌だった。悲しむのなら、悲しんで見せろ。涙で、眼をつぶして見せろ。喉を火にして、泣きつづけろ。ほら、今、お前を濡らしているものが水だ。水なら、いくらでもやるぞ。ここには水しかないぞ。水だ。お前のいるところは水だらけ。お前の夫も、水になった。水。水だ。お前は、

これから水の妻だ。お前の耳は、水の声でつぶれる。お前の体は水の重みでばらばらになる。

わたしは水神を睨み続けた。水神の期待していたようには、悲しんでも怖れてもいなかった。人間は受けとめたくもないものを手渡された時、がらんどうの透明な生きものに変わってしまう、ということを水神は知らなかった。がらんどうの人間は水神がなにを言おうと、知らん振りだ。ただ、水神を睨みつけることで、わたしは呼吸を続けていた。水の声は聞こえたが、わたしの耳はつぶれなかった。井戸の水を運び続けた。水に取り囲まれて、びしょ濡れになっているのに、水を運び続けていた。


水の擬人化を徹底して行つてゐて、「がらんどうの透明な生きもの」を出現させるが、その女主人公は半ば水神になつて叫び、同時に、その水神と対峙してゐるのだ。水神の叫びは、多分、彼女のもうひとつの肉声である。浦島になり、夫になり、水府へ到りついた彼女が、水神になつてゐる。それと同時に、その水神の前に、死へと引きずり込まれることは決してないとの自信をもつて、自分を据ゑてゐる。水に抱きしめられ、ほとんど水になることによつて、その腕の仲からするりと抜け出し、水と向き合つてゐるのである。さうして根元的な生命のながれに、身を浸してゐる。

このやうに女主人公は、水とともに自由に変態しつつ、自らの存在を貫いてゐるのである。ひとりの女としてすこしも限定、固定されてゐない。

終はり近くなると、彼女の母親に対する愛憎半ばする感情がおもに語られるやうになるが、この母と娘を繋ぐ最も太い絆は、血ではなく、ともに夫を水に奪はれた妻であることである。だから、妻としての自分を考へることがそのまま母親を考へることになり、妻としての母親を思ふことは自分について思ひ巡らせることになる。恐ろしい相似関係が、母娘を結びつけるのである。

もつとも津島氏は、大庭氏ほど、この関係を深追ひはしない。が二人の「水の妻」は母娘として捩り合はされ、ところどころで一つに溶け合つてゐるのを認めることができよう。

もともと氏は、人間を不思議な生き物として眺める視点を強く持つが、それが一層強められ、個人ならざる、変容しつづける一主体を、生々しく描き出すのに効果をあげてゐる。そして、一般の小説での個人ではなく、不思議な生命体として、動きまはらせてゐるのである。

三

人物を個人として輪郭明らかに描くのが困難な状況の下にあつて、多くの作家は絶望感を深めてゐるが、いま見た『水府』には、死の影が濃いにもかかはらず、絶望感がさほど認められず、逆に、生命の充実がある。同じ事が大庭氏にも言へるのである。

ただし、大庭氏の場合は、古来からよく知られた思想を持ち出すことによつて、そのところを一段と明白にしてゐる。

題名の『寂兮寥兮』は、『老子』第二十五章の冒頭部分に拠ると思はれる。そこを引用すれば、「有物混成　先天地生　寂兮寥兮……」。この「寂兮寥兮」を「かたちもなく」と大庭氏は読んでゐるが、さう訳してゐるのは、筆者の知るところ、福永光司なので、引用した部分の氏の訳を引けば、かうである。「混沌として一つになったエトヴァスが、天地開闢の以前から存在していた。それは、ひっそりとして声なく、ぼんやりとして形もなく……」。先をもう少し写すと、「何ものにも依存せず、何ものにも変えられず、万象にあまねく現われて息《や》むときがない。それは、この世界を生み出す大いなる母ともいえようか。わたしには彼女の名前すら分からないのだ」。

　これがそのまま大庭氏が拠つて立つところといふわけでないかもしれないが、さう遠くあるまい。実際にいま引用した訳文とこの小説の独自な点を突き合はせてみると、照応するところが認められるのではないか。

　われわれは、明確な「かたち」を持たないことは存在しないことと考へ、「かたち」が固定して、そのものが確乎と存在すると受け取るが、さうではなくて、「かたち」を持たないことによつて、最も充溢した本来の状態にある、と言つてゐるのである。あるいは、根元的生命そのものとして存在してゐる、と。ただし、全くの無形状態であるわけではなく、絶えずある「かたち」をとつて現はれつづけてゐる。「万象にあまねく現われ」つづけてゐるのである。

　すなはち、父として夫として、眼前の男として、自分として、時には猫として現はれ、水槽の水として、雨として、襁褓を洗ふ水として現はれる。さらには一篇の小説として、と言つてよいかもしれない。それらの「かたち」は、いづれも一時、現はれては消える。もし、これを固定すれば、生命の抜けた後の殻を抱へ込む結果になる。

　少なくともかういふ考へを踏まへてゐるのは確かである。そして、いささか末梢的なことだが、主人公の名「万有子」が「万象にあまねく……」あたりに拠つてをり、男の名「泊」が、一時の宿りとしての個としての存在といふ意味を籠めてゐるらしいことも、留意しておいてよからう。

　この大庭氏の独特なところは、エロティシズムを持ち込んでゐるところであらう。スサノオごつこやトラごつこが、如何にエロティクな遊びであるか明らかだが、それとともに作者は、この作中にポルノグラフィと言つてよい短篇「鈴虫」を挿入することまでしてゐる。

泊が、万有子から聞いた情事の噂話をもとにして書かれた作品、といふ設定になつてゐて、さきに指摘した相似関係が、噂話と短篇にも持ち込まれてゐるが、いまは問題にする必要はあるまい。重点はあくまでエロティシズムにあつて、既婚男女が、ホテルでの結婚式に招待されたのを好機として、一時の情事を持つ話である。このふたりがともに工夫を凝らしてそれぞれが肉体を徹底して肉体たらしめ、官能的快楽を貪るのだが、これまた、根元的な生命そのものを、限りなく確かなものとして出現させる工夫であらう。

老子のメタフィジックに拠ることにより、時代に対立する描き方へと踏み切つたのであらう。さうして確かに一際優れた一篇としたのだ。

四

古井由吉の最新作『山躁賦』も採り上げないわけにはいくまい。言うまでもなく以上見たきた二人の女流作家と異質な存在だが、しかし、古井氏がこの作品で行つた、これまでに増して大胆な試みは、同じ方向を目指すものであり、実現したところはほぼ重なると見てよからう。

古井氏は、出発期から個人よりも「個が群れに融けかけるところ」(「私の文学的立場」)に狙ひをつけてゐるが、いまはそこよりも群れそのものとしての「私」——言ひ換へれば、さまざまな「私」、変容しつづける「私」、他人と入れ替はる「私」を、正面から描いてゐると言つてよからう。

作品を要約すれば、比叡山を初めとして高野山、葛城山など、古い歴史と古寺を抱へた山々への紀行的連作と言へよう。ただし、主人公の「私」は、それらの山々を巡り歩くだけでなく、山々の歴史の闇の奥へ、また、その山々が呼び起こす幻想の領域へと、歩み入るのである。例へば、比叡山の山上ホテルで一夜を過ごした私が、翌朝、雪の中へ出て行くと、いつの間にか「いかめ房」と呼ばれる荒くれ僧になつてゐて、朝廷へ強訴しようとしてゐる衆徒の群のなかにゐる、といつた具合ひである。ここでも現在と過去、現実と幻の区別は消えてゐる。

その私の「いかめ房」への変身は、こんなふうに書かれてゐる。

ちょうどその頃空が晴れて、現実の道の除雪が終り、路面も凍りつかず、街から次々と車が登ってくる。ひきつづき前後左右を霧に閉ざされた雪あかりの中を男はぼんやりと進み、自分が道ごと人界から消えたことも知らず、杉の大木の下に立ち止まって袖の雪などをおっとりと払う。いつのまにか裾が寛《ゆる》やかになっているのを訝り眺めるうちに、顔つきが幽けくなり、ゆったりと舞いはじめる。

これは分かりやすい例である。ときには、いつと気付かぬうちに、私は源平が干戈《かんくわ》を交へる時代に迷ひ込み、また、そこから出てゐる。

かういふ変身よりも、次のやうな場合に注意すべきかもしれない。

ひどいことになったな、さっさと街へ下っていればよかった、と私はひさしぶりにつぶやいて、服を払おうとして、ふっとその手つきに、誰かに見られている、いや、自分で自分の姿を、眉をまがまがしげにひそめて、眺めているのを意識した。もうすこしで姿が見えるところだった、と恐怖感がおもむろに差してきた。

「誰かに見られてゐる」と一瞬思ふほどに自分を意識する。それは、魂が自分の身体から抜け出て、外から自分を見てゐるのであらう。しかし、その見てゐる自分も、見られてゐる自分も、もう元のままの「自分」ではなく、別の自分になつてゐる。すなはち、変身を遂げてゐるのだ。

だが、その変身を遂げた自分をそれとはつきり見定めることは、これまでの自分から決定的に切り離し、元へと戻れないやうにすることになるらしい。だから、「姿が見え」てしまふのを恐れる。いまの引用の続き、「見えたら最後、それこそ消える最後の姿となるところだった、と戒めるようにした」とある。

さういふ境界線に、「私」は曖昧なまま、漂ひつつ、過去や夢や幻想の領域に自由に出入りし、さまざまに変容するのである。古井氏はこの作品で、その在り方へと主人公を押しやるのだ。

しかし氏の場合、それが文章と密接に絡みあつてゐる。もともと氏の文章は、癖の強いものだが、それに輪をかけた、時には怪異とも言ひたくなるものになつてゐる。取りあへず冒頭を見ると、こんな具合ひなのである。

　あれは何と呼んだか、頭巾か帽子か、茶人のかぶる隠居のかぶる、宗匠のかぶる、いやたしかに僧侶らしい、品よく痩せた老人が食堂車の隅の席で、二重回しというのか和服の外套の寛やかな袖の内から両手を端正に動かして、ナイフとフォークをつかっていた。

老人の服装を述べるのに、どうしてこのやうな自問自答が必要なのか、呆れるよりほかあるまい。それればかりか「かぶる」を三度も繰り返して、ヘンな節回しになつてゐる。散文としては最悪である。

もう一つ、第二章の書き出しを挙げると、

雪が降る、人も通わぬ、思いも消える。思いとはしかし、何だ――。

ここにも自問自答がみられ、ひと昔の流行歌まがひの調子になつてゐる。

これらはいづれも、言葉に執拗に拘るところから出てきた文章であるのは確かで、食堂車で見かけた僧侶が実際にかぶつてゐる帽子そのものよりも、それをどう呼ぶかに拘り、かつ、拘ることによつて、作者は一時、現実と別のところに自分の居場所を見つけだしてゐるやうな気配である。そして「……かぶる」「……かぶる」と呪文のやうに繰り返し、出てきた調子に乗るやうにして書き進めてゐるのである。また、ふと口を突いて出た「雪が降る……」の言葉、なかでも「思い」といふ一語に拘り、その拘るところに居座るやうに、「思いとはしかし、何だ」と自問して、そこから言葉を紡ぎ出す。

すなはち、現実の事象に全面的に顔を突き合はせることをせず、あくまでも言葉の世界に半身は置いて書いてゐるのである。何らかの出来事なり人物、あるいは思想、感情を端的に表現しようとしてゐるわけではないのだ。

そして、そこで綴られる言葉の多くは、作者が工夫するなり慎重に選び取つたといふよりも、偶然に行き会つたものだらう。「頭巾」とか「帽子」、「隠居」「宗匠」「僧侶」など、いづれも作者の手許に転がつてゐたのを手当たり次第に拾ひ上げたやうな具合である。「雪が降る」「人も通わぬ」などになると、テレビの歌番組やラジオでいつとはなしに聞き覚えてゐたもの、と言つてもよささうである。

また、古典から直接、筆の先に現はれることもある。

石山寺から幻住庵に向かって舗装道路を歩いていた。(中略) 道は湖岸を離れて登り、新興住宅が並び、荒れた畑のあちこちから、さらに普請中の建売りがあらわれ、――人家よきほどに隔たり、南薫峯よりおろし、北風海に浸して涼し、日枝の山、比良の高根より、辛崎は霞こめて……笠とりにかよふ木樵の声、麓の小田に早苗とる哥、蛍飛びかふ夕闇の空に、水鶏《くひな》の扣音《たたく》――バスの終着の、新開地の三叉路に出て、

――に挟まれた「人家よきほど」から「水鶏の扣音」までは、言ふまでもなく芭蕉「幻住庵記」からの引用である。このやうに有名な古典の一節であらうと、遠慮することなく、そのまま文章に取り込む。「平家物語」や「梁塵秘抄」、果ては落語の類からも採つてゐる。

この点では、一種のコラージュ的文章と言つてもよい。新聞紙や布切れなどを貼り合はせて画面をつくるやうに、日常から古典におよぶさまざまな言葉、文章を綴り合はせて、書いてゐるのである。かういふ文章と、さきに指摘した人物像とが、照応してゐるのは自ずと知れよう。「私」と言つてみても、正体が定まることなく、さまざまに変容、入れ替はつてゆくのであり、僧いかめ房に変身するだけではなく、「幻住庵記」からの引用があれば、いくらか芭蕉になる。いま引用と言つたが、ここでは引用として引かれてゐるのではなく、あくまで「私」の紀行を叙した文章の一節なのである。だから、「私」が眺めつつ歩いた風景なり気持を表現してゐるのである。しかし勿論、「幻住庵記」の一節であることに変はりはなく、それゆゑに、「私」が見た風景であるとともに、芭蕉が見た風景でもあるといふことになる。

この半ば自分のもので、半ば他人のものであるとは、この作品を一貫する人物の描き方そのままで

ある。そして、この文章をつづる作業は、他人の言葉を半ばそのまま織り込んで行くことである以上、自問自答といふ面を持つことにもなる。出会つた言葉を、自分のものにと消化してしまはずに、半ば他人のものとして押し戻すやうにして、綴つていく。

さうして書かれた文章は、明らかに近代の散文ではない。言つてみれば、新しい文語文である。

考へてみれば、氏自身が引いてゐた「幻住庵記」にしても、和漢の古典から多くの文章を取り込んで書かれてゐるが、じつはこれが、言文一致体が成立するまでの一般的な文章の書き方であつた。先行する優れた文章を常に手本なり下敷きにして、あるいは盗むなり引用して書いて来たのである。明治の初期まではさうであつた。だから近代散文の確立とは、文章を話し言葉に一致させたといふよりも、この態度の破棄だつたと見るべきであらう。その破棄は、文章を意識しないところで、現実の事象そのものの再現を目指して、文章を書くことであつた。古井氏は、それとは異質な、かつての書き方を復活させてゐるのである。

大変なアナクロニズムだと言つてよいが、しかし、それが文章本来の在り方かもしれないのである。そして、その氏の文章は、人物の捉へ方と絡みあひ、像の結びにくく錯綜した、それだけ含みの多い人物像を巧みに浮かび上がらせてゐるのである。

五

この数年来、文学上の新しい問題を提起するのは常に若い作家であつた。しかし、ここで採り上げたのは、いづれも登場して十年以上になる作家たちで、一番若い津島氏にしても、もう中堅作家と言つてよからう。その三人が、足並みを揃へたやうに、従来とは逆の人物の描き方を実践し、それぞれに水準を越える作品を書いたのである。

この態度に出るには、三人三様の経緯があつたと思はれるが、少なくとも思ひつきとかひらめきによるのではなく、長い間の営為の一つの帰結としてであるのは疑ひない。その営為も、現代と取り組んだところでの。

それとともに、この描き方が、ものの考へ方、見方の根本的な転換にもとづくことは、ここまで述べて来たことからも明らかであらう。

念のため、この描き方の特徴を、繰り返しになるが、要約すれば、

第一、人間を個として完結し、自立した存在とはせず、絶えず変容しつづけ、他に紛れたりもする存在と捉へる。

第二、時間上の現在に特権的意味を認めず、さまざまな時点を同等に、並列させて扱ふ。

第三、現実にも特権的意味を認めず、夢や記憶、錯覚などを同等に、並列させて扱ふ。

第四、自己を中心として遠近法的にこの世界を秩序づけることなく、中心も周辺も常に変動するものとする。

第五、視覚優先の態度を採らず、聴覚や触覚、あるいは体内感覚といつたものも十分に働かせる。

第六、対象（おもに人物）を、絶えず錯綜し、変容する、解りにくい存在として捉へ、表現する。

いづれも三つの作品に見出せる点だが、第四以下についてはあまり述べなかつた。しかし、人間を個として認めず、時間的にも空間的にも一点に限定するのを認めない以上、いはゆる個我は安定的に存在し得ず、当然、自己中心の世界把握が成立しないのは明らかである。その自己を中心とした遠近法的な把握では、視覚が優先的に働いてゐるはずだが、視覚が働くには、同一の時空において主体と

対象が出会はなくてはならないが、同一の時空も主体もともに成立し難いのである。

しかし、その代はりに作者は、視点が固定されないまま、巨視的に歴史の流れなり生物の相のうちに人物を捉へると同時に、人物の内側へ踏み込んで、その内面の諸相を微視的に捉へることも可能になる。『寂兮寥兮』では輪廻と言つてもいい巨視的視点を採るかと思ふと、女主人公の夢の中へ入り込む。『山躁賦』では歴史の渦の中に身を浮かべる「私」を捉へるかと思ふと、黙考のうちに沈む「私」のこころを追ふ、といつた具合ひである。

そしてそこでは、多様な認識手段が用ひられる。『山躁賦』では、「私」が絶えず発熱に悩まされ、『水府』では、水の感触とでも言ふべきものが一貫して流れてゐるのが、体内感覚なり触覚を作者が働かせてゐる顕れであらう。

かうして浮かび上がつてくる人物像が、ときには異様な相貌を呈するのは当然と言つてよいが、ここで作者は、その人物を理解した上ではなく、そのまま差し出すのである。「どの人間も、他人には決してわからない、いや、自分自身でさえ不可解なものをもて余してたたずんでいる」とは、『寂兮寥兮』の作中作の一節だが、それがこの作家たちの態度に違ひあるまい。

このほかまだ挙げるべき特徴があると思はれるが、しかし、以上だけでも三氏の採つた描き方が、近代小説ひいては近代の人間観と根本的に対立するものであるのは明らかであらう。時間空間の捉へ方からして違ふのだ。そして、文章が、である。

もつとも、こうしたわたしの言論自体、所詮、近代的世界観に依拠してゐるといふ事情があるだらうし、誤解してならないのは、いま述べてきた描き方が、今後、唯一の正当なものであると主張するわけでないことである。現行の、私といふ一個人を中心に日常は営まれてをり、その認識様式に添つて、今後とも小説が書かれつづけるのは確かだらうし、また、続けられなくてはならないであらう。

ただし、この書き方が現在の一般的な書き方と異なつた、文学においてのみ可能な認識と表現の次元を確実に開くのである。今日は、文学の存在はひどく影を薄くし、狭くもなつてゐて、その独自な価値を主張することがほとんどなくなつてゐるやうだが、それだけに却つて、文学において可能な事柄をより突き詰め、その特権を行使してみせる必要があるだらう。

大庭氏が『寂兮寥兮』が極端な図式的構成をとり、実体なるものが消滅した世界を生き生きと示したのも、津島氏が『水府』で水と一体化した在りやうを徹底して示し、古井氏が『山躁賦』で新しい文語文と呼ぶよりほかない文章を出現させたのも、ある切実な思ひに促されてのことであらう。さうして実際に、その工夫が、現在、見失はれてゐる文学なるものの独自な豊饒さを示してゐる、と筆者には思はれるのである。

それは新しい文学主義と言つてもよからうが、この「文学」たることへの徹底によつて、もたらされるものは意外に大きいはずである。

（「文學界」昭和57年（一九八二）9月）

基本の小説——大江健三郎・中上健次・村上春樹の近作

表現行為において、小説が占める位置は、今日、著しく小さくなつてゐるらしい。

表現の多様化が言はれ始めて、もうかなりになるが、その事態が着実に現実となつてゐるのだ。かつてはさまざまな表現の欲求を抱いて、多くの人々が小説に向つたが、いまやより相応しい表現領域を目指して赴いてゐる。それは読者にしても同様で、より相応しい領域を目指してゐる。

この小説においての、作者と読者の両面に於ける「引き算現象」を、どう考へたらよいのであらう。小説の本質に係りないこととして、関心の外に置いてよいかどうか。小説というジャンルは伸縮自在なところがあり、簡単にはどうのと言ふことはできないが、やはり危機は危機であらう。

これまでは様々な表現意欲を抱いて、人々は小説に向ひ、それによつて小説もその規模を拡大させてきた。一時、盛んに言はれた「全体小説」がその最たるものであらう。人間界のありとあらゆる事柄を、さまざまな手法を用ひて、表現しようとしたのである。この傾向は、いはゆる情報化の進展によつて一層後押しされるかと思はれたが、事態は逆であつた。いまは「全体小説」など口にする人はゐない。

さうして、これまで小説が取り込んできた、必ずしも本質的ではない面を削り落とし、基本的なもの、原理的なものを素手で掴み取り、自らの作品をそこに直截に据ゑて書かうとしてゐる作家たちの営為が目立つやうに思はれるのだ。

そこで、とりあへずさうした作家たちの仕事を見たい。

＊

最初に、大江健三郎の連作集『新しい人よ目覚めよ』を採り上げる。氏はこの作品で、小説の書き方を大きく変へた。多分、氏自身が意図した以上に。

七篇からなるが、いづれも氏の長男を中心としてゐる。イーヨーと愛称される光は、頭蓋骨の一部欠損のため、脳が外へ溢れ出た状態で誕生、その部分を手術したものの、障害に苦しんで来てをり、今年（昭和58年・一九八三）の六月十三日（この本の刊行日でもある）成年を迎へた。その成年を迎へるまでの数ケ月間の出来事を扱つてゐる。

すなはち、作者の私生活上の事実を扱つてゐるのだが、この事実は、筆にするのは容易でない性格のものである。現に氏は、これまでもしばしば脳に障害のある子供を小説に登場させて来てゐるが、いづれも象徴化、寓意化をほどこしてゐる。『空の怪物アグイー』や『洪水はわが魂におよび』などがさうである。しかし、今はさういふ配慮をすつぱり投げ捨て、事実そのままを、正面切つて差し出すのである。

氏の私生活について知らない読者のためには、これまでの氏自身の作品や、その執筆事情などを書き込んで、それと判る工夫もしてゐる。

このやうな私小説の書き方は、すでに前作『「雨の木」を聴く女たち』で行つてゐるが、「裏返した」かたちであつたと自ら言つてゐるとほり、氏らしい仕掛けをほどこしたうへであつた。が、今度の連作集では、さうしたことはせず、恐ろしく端的に事実そのままを差し出してゐる。間違ひなく私小説を書いたと言つてよいかもしれない。氏自身、「僕が『私小説』を書くとは思わなかった」と新聞のインタビュー（「毎日新聞」夕刊、6月23日）で、感慨を込めて語ってゐる。

しかし、それでゐて、いはゆる私小説とは明らかに違ふ。まづ、その私生活上の事実への対し方が違ふ。一般に私小説家は、自分の私生活の独自性を固く信じるとともに、どこかでその普遍性も信じてゐて、「この私を見よ」との姿勢をとるが、大江氏は、その自分の息子に係る私生活上の事実が、容易に普遍化し得ない、そして、どちらかと言へば夢とも幻とも考へたほうが納得しやすいものであることを、よく承知してゐるのだ。さきに触れたやうに、これまで象徴化して来たのも、この自覚によるところがあつたと思はれる。

その事実を、いまはあくまで事実として示すのである。象徴化を退けるだけではない。小説世界の内に包み込むことさへ可能な限り拒む、と言っていい。小説世界の内に包み込むとき、如何なる事実であれ、なにほどか変容を加へてしまふが、それを潔癖に退け、裸の事実そのままを示さうとするのだ。さうして、いはゆる小説世界の外に、剥き出しにしたかたちで据ゑるやうに書く。

「事実」なるものを如何に扱ひ描くかが、リアリズムを掲げる近代小説の基本的な問題の一つであるのは周知のとほりだが、大江氏は、その場合の、考へ得る限り徹底したやり方として、「私小説」を選び取つてゐるのである。やはり方法意識の鋭い作家らしいと言ふべきだらう。

ところがそのところで、逆の方向へも、同時に突き詰める。

すなはち、イギリスの予言的詩人ブレイクの、暗喩に満ちた詩をそのまま、小説の中に持ち込むのである。叙述のなかに適当に織り込むかたちを取らず、あくまで詩として、言ひ換へれば、文学表現として工夫を烈しく凝らすときに採る、その在りようのままを、小説の中に投げ込むのである。

もつとも作者の「僕」は、大学時代からブレイクに親しんでをり、最近のヨーロッパ旅行では、旅先でブレイク詩集を手に入れ、読み耽ったが、帰国してからも折あるごとに読み返し、その詩句を思ひ出すといふ設定に、一応はなつてゐる。しかし、それが「僕」といふ人物を条件づけたり性格づけたりすることにはならない。ただ、読み、あれこれと注釈書を繙き、呼び起こされるイメージや、自分の過去の体験などを思ひ併せて、暗喩に満ちた詩を読み解いてゆく、それがそのまま、この小説の展開の一方の軸になつてゐるのである。

例へば、dark valley の語が、「僕」自身の山間部の故郷へと思ひを誘ひ、そこでの幼少期、とくに川の中の岩の間に入り込んで出られずに藻掻いた記憶、その折の母の様子、そして自分の長男イーヨーが生まれた時に見せた母の態度、といふふうに記憶から記憶へと連鎖を辿りながら、詩の解釈へと「僕」は向き直る。

ブレイクの詩は、暗喩に満ちてゐるが、暗喩とは、二つ以上の異質な文脈にまたがつて言葉を用ひ、通常の意味を突き抜けた表現を目指すところのものであらう。そこから読者の注意は、当然、意味へは真直ぐに進まず、言葉そのものの上に強く引き留められる。そして、現実ではなくて、言語によつて形成された次元に身を置いてゐることに、嫌でも気付かされるのである。

ヨーロッパから帰国した「僕」が、妻から留守中のイーヨーが言ふことを聞かず、刃物を手にしたことを聞かされた時、ブレイクの詩の一篇を心のなかで反芻する場面がある。そこで作者は、「僕は直接妻の言葉に面とむかいなおすよりも前に、いったん迂回路をとって考えることを選んで、ブレイクのもうひとつの詩を思ひ描いていた」と書いてゐるが、そのやうに文学表現といふ現実と別の次元に、主人公なり作者、そして読者を引き留める働きをするのだ。すなはち、小説の重要な構成要素でありながら、現実対象を真直ぐ指し示す散文とはおよそ異質な、自立した言語表現として、その枠からはみ出させるやうに働くのである。

先に事実を小説世界の外に置いてゐると言つたが、ブレイクの詩も同じく小説世界の外であるが、対蹠的なところに置かれてゐるのである。

近代小説は、詩に対してずいぶん用心深く、いはゆる文学的な表現を厳しく退ける傾向を顕著に持つ。しかし、その結果、散文で書くことに馴染みすぎ、もつぱら伝達性を重んじ、小説も言語表現であるのを忘れる気配さえある。このやうなところでこの作者は、やや過激に振る舞つてゐると言つてよいのかもしれない。

さうしてじつは、このブレイクの詩と、氏自身の私生活上の「事実」とを、ぢかに絡ませる。両者それぞれを本来の在りやうへと徹底させ、いはゆる近代小説世界の外まで押し出したところで、媒介するものなしに、さうするのである。それは異質なものを正面から衝突させるやうなものだらう。が、この連作の狙ひがこれであらう。「障害を持つ長男との共生と、ブレイクの詩を読むことで喚起される思いをないあわせて、僕は一連の短篇を書いて来た」(傍点引用者)と、連作集最後の短篇の冒頭で、作者自身が書いてゐる。

従来、「事実」と「言語表現」は、対立させるのではなく、うまく融け合わせることに腐心して来たはずだが、もともとわが国では、両者の異質性についての認識が比較的希薄で、ごく自然に融和させて来た向きがあるが、大江氏は出発期から鋭く意識し、工夫してきた。さうしていま、その異質さを可能な限り明瞭にしたところで、突き合はせ、「ないあわせ」にするのである。

これは、作中でしばしば語られる「定義」への企てに、そのまま繋がるようである。「僕」の死後、残された息子が理解できない事態に取り囲まれ、生きる途を見失ふのを恐れ、やがて息子の前に立ち現はれるであらう主な事態について、「定義」を与へておかうとする。すなはち、息子を脅かすことになると思はれる死、悲嘆、夢などの「事実」について、平易な言葉で説明し、理解が容易で、対処可能なものにして置かうと考へるのである。

この、愛するわが子が生きるために必要とする「定義」への努力は、われわれ人間が言葉を得て以来、絶えず行つて来たものであらう。そこでは、間違いなく裸の「事実」と「言語表現」とがぢかにぶつかりあふのである。しかし、「事実」は言語の網の目を絶えず擦り抜ける。とくにこの「定義」の言葉の編み目からは、さうである。そのため、言葉をしばしば飛躍して用ひることが必要になり、通常の文脈に留まらず、別の文脈と交差させることも行ふことになる。ブレイクが用ひる、暗喩表現自体も積極的に行使しなければならないのである。

かうして暗喩を核としたブレイクの詩を、内側から捉へる視点も必要とされるのだ。単に読み解くのではなく、案じ出すところからも、受け止めなくてはならなくなるのである。

それと平行して「事実」もまた、多様な意味を繰り広げてこよう。ブレイクの詩に等しい、豊かな多義性を示すと言ってよいかもしれない。「事実」それ自体が、凝縮した暗喩ともなつて立ち現れて来るのだ。

例へばブレイクの詩句、“Or elles I shall be lost”は、父を見失つて迷ふ少年の叫びだが、キリスト教において父は神の意味を含むから、神を失ひ、生きる道を見失ひ、孤独のうちに苦悩する者の叫びともなる。それがそのまま、我が子イーヨーの存在と絡み、重なる時、イーヨーが父親を見失つて挙げる叫び、「定義」を与へられずに迷ひ、挙げる叫び、そしてまた、作者自身がイーヨーの父親たる役割を果たし得ずに発する言葉ともなるのだ。

このやうに「事実」とブレイクの詩句を向き合はせるなかから、多くの意味を内に畳み込み、象徴性を帯びた、この小説作品が生み出したイーヨー像が現はれてくるのである。彼は、もはやひとりの若い障害者ではなく、無垢な魂を抱いて人生に立ち向かふ「新しい人」なのだ。

ここに独自な、緊張感の張りつめた、奥行きの深い作品が出現してゐるのを、認めることができよう。文学の、最も基本的なところへ深く根を降ろす方法的試みによつて、達成されたことが、期待を抱かせるのに十分であらう。

＊

小説の基本的なものとして、いまひとつ物語性が採り上げられよう。

中上健次氏が『枯木灘』(一九七七)以来、『鳳仙花』『水の女』『千年の愉楽』『地の果て至上の時』『聖餐』などで、一貫して行つてゐるのは、その物語性を、原型まで突き詰め、かつ、そこに作品を直截に据ゑて書くことである。もつとも後に触れるやうに『地の果て至上の時』にはやや違ふところが認められるが、それでもいま言つた志向を強く踏へてゐることに変はりはない。

その態度の見事な成果は、現在のところ『千年の愉楽』(一九八二)であらう。

六篇の連作短篇からなるこの作品は、現代の文学の中にあつて、独特の性格を幾つも持つ。例へば、叙述の視点が一定せず、移動する。冒頭の「半蔵の鳥」では、産婆のオリュウノオバが一応軸になつてゐて、彼女が「路地」世界の語り手の役割を果たすが、しかし、時には半蔵に、さらには半蔵が交渉を持つた人物たちに移る。また、作中人物でも作者でもない、それらの背後に隠顕する存在へと変はることもある。性交の場面では、男の側から書かれてゐた文章が、同じセンテンスのなかで、女の側からに変はることがある。

すなはち、叙述の視点は、主人公でも作者でもなく、時と場合に応じ、いろんな人物の視点になるとともに、重なり合ひ、時にはそこから抜け出して宇宙に漂ひ出すやうな具合ひなのである。

第二に独特なのが、時間の扱ひやうである。過去から現在をへて未来へといふやうに、順を追つて進むことがない。いろんなふうに前後し、ときには大きく飛ぶ。さらには時間そのもののタガが外れたやうな叙述も行はれる。

路地の若者二人が木馬の下敷きになつて死んだため、オリュウノオバの夫で、僧の役割を果たしてゐる礼如さんが、二人のことを過去帳に記入した後のところ、こんなふうに書かれてゐる。


それはオリュウノオバは字が読めないので、ヒデの生まれたのは十二月一日、死んだのは五月の末の日とそらんじる。来年の五月の末の日にも再来年の五月の末の日にも朝の御勤めを済まし茶を飲んでいる礼如さんに、今日は東の方のヒデの命日、トモジノオジがキクに産せた子のサゴの命日と、うっかりしたところのある礼如さんが忘れないようにそらんじた事を繰りかえす。礼如さんはうなずき、もう心から若いさかりに死んだヒデやサゴにむかって悔やむ気に体がひたされたようにふらふらと立ちあがり、袈裟を身につける。


礼如さんが立ち上がり、袈裟を身につけるのは、現在のことであらうが、同時に来年、再来年のことでもあるのだ。

もう一つ、「天狗の松」から引く。無頼の若者、文彦が身体を売る巫女を山から連れ帰り、オリュウノオバにその出会いを話して聞かせるところ。

　二人は千年も前の貴人とやんごとない身の女人でオリュウノオバもまた千年も前からそうして話を聴いている。一陣の風が小さな花を先につけた野萩の茂みを揺り名もない草の茂みを渡って来てその文彦の話す物語の中に吹き入れば、物語もその二人もオリュウノオバも白骨と化し、破れ放題のよもぎやちがやの生えた家と化す。

　古典的な風雅の趣きをもりこんでゐるとも言へさうだが、近代小説としては、恐るべき破壊の文章である。千年とあるが、ここにあるのはほとんど無限の時間であり、その間に、現前する人物は白骨となり、周囲は荒れ果てた家と化す。そのやうな時間は、野萩や雑草の茂みを揺する風のやうに、気まぐれに歴史を横切る。個人の視点を中心に据ゑる近代小説の中には決して現はれない時間である。

　第三に、登場人物が必ずしも一個の存在として扱はれてをらず、他の人物と重なったり溶け合ったりする点である。

　オリュウノオバは産婆として手がけた男女を、その血脈において見がちだが、どの人物も、幾つかの血脈の結び目として、いまここに出現してゐると捉へる。そのため一人の男なり女の、顔、体つき、行動のうちに、その幾つかの血脈に繋がる先代なりその先代の幾人もの男女を見るのである。登場人物は、その視点を免れることがない。『地の果て至上の時』では父親浜村龍造は、息子の秋幸に向つて、「俺はお前だ」とも言ふし「お前が父だ」とも言ふ。『聖餐』では道子が母親の半生をなぞつて行動する。

　このやうに中上氏の作品では、視点が移動し、時間の枠が外れ、人物が個人としての輪郭を半ば消す。さうする時、どうなるか。近代小説の基礎が崩れる。近代小説は、一定の時間と空間の一点を占める、輪郭明らかな人物と出来事と、そこに立ち会い観察する作者の存在を、成立の条件としてゐるのである。それが全面的に揺らぐのだ。

ここでは描写が中心的位置を失ふ。その基になる観察自体が成り立たないのだから、当然だらう。現に中上氏の文章は、いま引用したところからも知られるやうに、描写ではなく事柄の推移を述べるものとなつてゐる。ただし、それでゐて、あざやかなイメージを浮かび上がらせる。ふらふらと立ち上がる礼如さん、一陣の風に揺れる野の花が、さうである。

礼如さんなり野の花は、それぞれに現実の対象を持つてゐるわけではなく、言つてみれば、文章の叙述の流れのうちに根付いてゐて、そこから立ち現はれて来るのだ。イメージであるとはさういふことで、それゆゑに、ここでは視点なり時点が一定してゐる必要がない。却つてそれが豊かさを生み出す。

しかし、物語の原型の特徴として挙げなくてはならないのは、以上で尽きるわけではない。主人公が特権的な人物として設定されてゐることも、挙げなくてはなるまい。中上氏自身、折口信夫の用語を借りて「貴種」と言つてもゐるが、『千年の愉楽』の六篇いづれにおいても、「路地」の「貴種」の中本の血脈に属する、めざましい美貌の若者たちを主人公とする。女といふ女は、彼に心を奪はれ、「路地」では刃傷沙汰が絶えないのだ。

これは『枯木灘』『地の果て至上の時』にも見られ、その秋幸父子は、織田信長との戦に破れて落ちのびた武将の子孫といふ伝承を負ひ、父の龍造は殺人放火を犯したと噂され、「蠅の王」と言はれる。また『聖餐』の道子は、娼婦そのものとでも言ふべき母の血を受け継いでゐるのである。

このやうに彼らは特別の出生をもつてゐるが、それとともに特別誂へとでも言ふべき特権的人生を生きるのである。「貴種」――裏返しにされた「貴種」と言つたほうがよからうが――その若者たちは、奪つた女の男によつて刺され、「炎のように血を吹き出しながら走って路地のとば口まで来て」息絶えたり、無頼の限りを尽くしたあげく、「燃えるようにして生きていけないのなら、首をくって死んだ方がましだ」と嘯いて、自らくびれて死ぬのである。道子は「路地」の人々の恐れをものともせず、義父兄と結ばれ、毒入りジュースを飲んで、集まった人々の中で死ぬ。

世人の目をそばだてさせる過激な生と死である。物語のもう一つの特徴、伝奇性を十二分に備へてゐると言はなくてはならない。この世に珍しい人物が、珍しい人生を生き、珍しい死を死ぬのである。

語り継がれて然るべき人物なり出来事なのである。

この語り継ぐことが、また、物語の重要な原型的特質であるのはいうふまでもない。物語の起源は、口承の説話に求められるが、如何に文字に記されるやうになつても、この「語り継ぐ」性格は、なんらかのかたちで生き続けてゐるのだ。

「語り継ぐ」とは、言ふまでもなく繰り返し語られることで、さまざまな場所、さまざまな時、また、さまざまな時代をとほして、語り続けられるのである。それはまた、繰り返し起こる出来事、繰り返し登場する人物を、その繰り返しの相において捉へ、語ることでもあらう。繰り返されることは新味がなく、退屈だし意味がないといふのが今日の一般的考へだが、一回で終はらず、繰り返されるからこそ、無視できない意味を持つはずなのである。一回かぎりなら、偶然として見過ごしても構はないが、繰り返されるとなると、それではすまない。

『千年の愉楽』では、中本の血統に繋がる若者が、連作六篇において、無頼の短い生涯を繰り返す。『地の果て至上の時』では秋幸が、『聖餐』では道子が、それぞれ父と母の、淫蕩無頼な生涯を繰り返す。

ここには一回限りの個性とか生はなく、衆に抜きんでた特権的人間が繰り返し登場し、特別誂への生涯を繰り返して、去つていく。加へてその繰り返しが、この人物、出来事に生命を吹き込むのである。

それはまた、その人物なり出来事のうちに、過去から未来に及ぶ同種の人物なり出来事が、幾重にも折り畳まれてゐるのである。個性的人物、一回限りの出来事では考へられない、豊かさ厚みを持つ。中上氏の作品の独特な豊満さは、もつぱらここにある。

そして、始めと終りのある一筋の流れとしての時間ではなく、来年も再来年も、千年後も繰り返し巡つて来る時間である。絶えざる喪失であるとともに、絶えざる回復の時間であり、いまといふ時間は絶えず過ぎ去るが、また、絶えず戻つて来る。

このやうな繰り返しが、現在、ひどく理解しがたくなつてゐるのは、個我を中心にして考へるからである。生きた共同体に基づくなら、ごく自然なこととして了解されるのではないか。文化人類学などがそのあたりのことを多少は明らかにしてゐるやうに思ふ。

実は中上氏自身、その文化人類学ないし民俗学に多くを依拠してゐるやうに思はれる。だから、これまで見て来た人物たちは、共同体の祭壇に犠牲として捧げられる存在に当たるのであらう。

ただし、そのことをもつて、氏の創意を軽く見ることは出来ない。それになによりも以上見てきたところまで、徹底して描き得たのは、やはり只事ではない。

それにここまで見てきた「路地」は、いまや根こそぎ消滅してゐる事態を、はつきりと踏まへてゐるのである。『地の果て至上の時』は、この事態を踏まへ構想されてをり、『千年の愉楽』にしても若者たちがいづれも死ぬのは、そのことによるのであらう。

しかし、そこにおいてなおも「物語」をその原型まで突き詰めることを通して、近代小説の枠組みを大胆に破り、そこに自らの作品を創りだしてゐることに、疑ひの余地はない。さうして、先にも言つたやうに、「豊満」と言つてもよい成果を挙げてゐのである。

　採つた道は違ふが、大江氏と同じく、限度を越えて基本に付く態度を貫いた成果である。

＊

　ここでもう一人、中上氏と同じく「物語」を突き詰めながら、対照的な位置にゐる作家について、触れて置きたい。村上春樹氏である。まだ作家として歩み出して間が無く、この先、どのやうな展開を見せるかわからないが、この一点において採り上げてよからう。

　その作品世界は、以上の二人の作家とは異質で、恐ろしくとりとめがなく、事件らしい事件は起こらず、特殊な人間も登場しない。『羊をめぐる冒険』(一九八二)などでは、一応、それらしい人物や事件が出てはくる。右翼の大物の秘書だとか羊博士、あやしげなホテル、山の上の館の大爆発など。しかし、それらは二流の娯楽映画や小説、童話、劇画などでお馴染みの、愉快な絵空事を出ない。その他は今日的な風俗として、そこらへんに見ることの出来るものだ。

　もつとも、主人公に濃い影を投げかけてくるものがある。いづれも既に起こつてしまつた事、過去となつてしまつた事である。恋人はすでに死んでをり、妻とは離婚してゐる。好きだつた遊戯機ピンボールは一九七三年製で、もうどこの店にも置いてなく、見つけたのは収集マニアの倉庫の中である。捜してゐた親友に再会出来たのは、彼が自殺した後、幽霊(?)となつてからであつた。すべては終わり、取り返しのつかないことになつてゐるのだ。その主人公は常に孤独であり、他人と深く係はることがない。だから他人を傷つけることも傷つけられることもなく、ただ彼自身すでに負ってゐる傷をうづかせるにとどまる。

このやうなところには、手応へある何事もないのは当然だらう。この点で、小説が備へてゐるはずの内実を見事に欠いてゐる。

しかし、そのところで村上氏は、物語性を鮮やかに示すのである。いま述べた、小説としての実質を徹底して排除することが、「物語」を純粋に洗ひ出し際だたせる働きをするのだ。

ただし、中上氏が「物語」の原型を総体として生かさうとするのに対して、村上氏の場合、その一点、それも最も形式的な一点に絞る。すなはち、話の展開のしやう、運びやうである。「語りやう」と言つてもいい。ただし、「物語」の「語り」にあつては、音声なり場などが重要な要素になるが、ここではそれらも消し去られ、言つてみれば白紙の上に印刷された活字といふ、恐ろしく実体から遠く、抽象的なものによつて行はれる「語り」である。

さうして氏の文章は、簡潔平明で、あくまでも整然としてゐる。例へばこんな風だ。

僕は車の窓を全部開けて運転した。都会を離れるにつれ風が涼しくなり、緑が鮮やかになっていった。草いきれと乾いた土の匂いが強くなり、空と雲のさかいめがくっきりとした一本の線になった。素晴らしい天気だった。女の子と二人で夏の小旅行に出かけるには最高の日和だ。僕は冷やりとした海と熱い砂浜のことを考えた。それからエア・コンディショナーのきいた小さな部屋とぱりっとしたブルーのシーツのことを考えた。それだけだった。それ以外には何も考えつけなかった。砂浜とブルーのシーツが交互に頭に浮かんだ。（午後の最後の芝生）

作者は、描写しようとして立ち止まることがない。事態の進展を、軽快に軽快に追ふばかりである。

各センテンスは短く、言ひ尽くすのがむずかしければ、後の文へと次々と手渡していく。そして、「一本の線」と言つた抽象的な把握、「素晴らしい」といったありきたりなだけに明快な表現、「ぱりっとしたブルーのシーツ」といつた生活感を拭ひ取つた清潔な日常の品々、「それだけだった」といふ言葉に端的に現はれる氏の作品全体に通じる基調低音、さういつたものが合はさつて、爽やかなリズムを生み出してゐるのである。

これが村上氏の「語り」の魅力にほかなるまい。純粋化されてゐるだけ、音楽に近いと言つてもよからう。実際にわれわれは、この作品に、人物だとか事件だとかを求めず、その進展具合ひを、音楽のやうに楽しむのである。

かうした氏の作品は、いはゆる情報化時代にうまく適合してゐると言つてよいかもしれない。存在するものは実体性を抜き取られ、一片の情報と化してゐるのである。ただし、それらは恐ろしく増殖、混乱してゐる、そのただ中を、喪失感を抱きながら、整然たる秩序感を示しつつ、それらの幾らかを内に織り込みながら、「語り」が進んでゆくのである。そこにあつて先に触れた羊博士だとか山上の館などが、ナンセンスであるだけに、却つて程のよい謎を感じさせ、恐ろしく希釈された伝奇性を纏ひつかせ、すべては終つたといふ喪失感とともに、陰翳を与へるのである。

このやうにして村上氏は、「語り」の一点を突き詰めてゐると言つてよからう。

「物語」の原型を考へるのには、先の中上氏とともに、このやうな村上氏の仕事も、視野に入れる必要があらう。

＊

以上、三人の作家が行つてゐる要点ばかりを見たが、それぞれじつに靭い姿勢で、小説の基本的事柄を、近代小説の枠を越えて、突き詰めてゐるのである。もつともこの三氏の間には、いま指摘した態度以外に、共通するものはなにもないやうに見える。しかし、響きあふものがあるのではないか。

大江氏がブレイクの詩の扱ひ方をとほして、小説もまた言語芸術にほかならず、その面を十二分に展開させることをとほしてその肝要性を如実に示したが、それはそのまま、現実の時空の枠組みを越えて「物語」をギリギリまで展開させた中上氏の態度にも、「語り」の音楽的抽象性に焦点を絞る村上氏にも、通じると認めてよいのではあるまいか。三氏ともに、現実よりも言語世界を自分の世界と捉へ、そこにおいて許される自由を、存分に行使することに力を傾けてゐるのである。

ここでは同時に、現実＝事実の世界を、言語世界と切れたところに鋭く据ゑ、不可解不条理なものとして受け止めてゐるが、この態度を、大江氏が、如何に端的に作中に持ち込んだか、氏の私生活上の「事実」の扱ひやうにつぶさに見たとほりである。そして、中上氏が「物語」を徹底させることに執念を燃やすのも、これと決して無縁ではない。「物語」の原型を押し出し、近代小説の枠組み、近代的世界観の枠組みを突き破つて、裸の生の「事実」に触れようと意図してもゐるからである。われわれが慣れ親しんだ「現実」なり「事実」は、「現実」でも「事実」でもなく、ごく限られた一面を撫でてゐるのにすぎないのである。

そして、その裸の「事実」が、向ふ側から訪れて来るとき、十全に受け止める言語装置が「物語」だと、中上氏は考へてゐるのである。だから、裸の未聞の「事実」であればあるほど、「物語」をより「物語」たらしめなくてはならないのだ。大江氏は、言語表現の領域を大きく越えた暗喩の塊のやうなブレイクの詩句を巡つて、「定義」を目指さなくてはならない。

村上氏の場合は、この訪れてくる「事実」に完全に背を向ける姿勢を選んでゐるが、それは言語による自由な世界を厳しく確保しつづけることにほかなるまい。

このやうに共通するところ、響き合ふところを見ていくと、三氏ともに近代小説らしい小説には冷淡、といふよりも退ける姿勢を鮮明にしてゐる。それといふのも、この近代小説が、われわれの時代の世界観なり、その日常的な視野と、ぴつたりと重なり合ひ、その枠組みの内に押し込める感を強く覚えるからであらう。

この事態を突き崩すのは、小説の基本的なところを徹底して掘り下げれば、途は開いてくるのだ。小説の衰弱が盛んに言われ、その証拠に不足はないが、また一方、心強い情景も、目の前に展開されてゐるのである。

（「文學界」昭和58年（一九八三）12月号）

昭和五十年代の文学（昭和52〜60年の書評から）

島村利正『秩父愁色』（新潮社）

以前、島村氏が何かの折に、「わたしは、作品を書き上げてしばらくは、最初から最後まで全編を暗記しています」と、なにげなく言ったのに驚かされた記憶があるが、この短篇集を読んで、なるほどと納得する思いがした。収められた六編いずれもが、じつに入念に書き込まれている。それでいて、さりげなさ、軽妙さにも不足していない。まことに味が濃い一編一編だ。

冒頭に置かれた『多摩川幻想』は、小篇だが第一級の秀作である。多摩川近くに住んで四十年、毎日のように眺め暮らしてきた作者が、その風物の移り変わりを描いている。その叙述のなかに、次のような文章が出て来る。「（昭和二十年）三月九日夜の本所、深川の大爆撃から、八月一日の八王子焼亡まで、この村は、ふかい森のなかに身を沈めて、夜空を焦がす都会の劫火を、じっと見つめていた傍観者といえるかも知れない。／そういう意味では、多摩川はいっそうの傍観者に違いなかった」。単なる風物が、歴史の影をひいて現われてくる。そうして作者は、出会った占領軍兵士と女性の間の事件二つを、何の説明もつけず、手短に描いて終わる。

『鮎鷹連想』は、題名どおり、多摩川で見かける鮎鷹から連想の赴くまま、故郷の山で出会ったリスの大群、夜の奈良も春日山中で見た青く光る鹿の眼、宮津の宿で見かけた出航前の宴会で荒れ狂う海軍士官の姿などが描かれる。その一つ一つは何の関係もないが読んでいると、それらを貫く一本の綾糸が色あざやかに見えて来るようだ。それは、この世の諸相に美しく輝くものを見ようとする、作者の強靭な決意でもあろう。

『板谷峠』は、その決意がのびやかに繰り広げられた一編である。万年ヒラの事務官が汚職事件に巻き込まれ、死地を求めて旅に出るが、宿の物売の女に見抜かれる。そして、これを見て勇気を出すようにと女は秘画を渡して去るが、翌日、次の宿でまた会うと、そっと寝床へ来て、「あなたの厄を徐《と》ってさしあげます」と胸を開く。

（「産経新聞」昭和52年8月22日）

島尾敏雄『夢日記』（河出書房新社）

島尾敏雄氏には、評判になった『死の棘』のような私小説的作品に対して、夢を扱った一連の作品があるが、本書はその系列に属する久しぶりの一冊。ただし、氏自身が見た夢の「日記」で、昭和四十三年から五十年まで、八年にわたる日付を持つ。夢が日付を持つとは、奇妙である。きょう昼間あったことが現われたかと思うと、次の夜には学生時代の下宿が出て来たり、未来の地球滅亡の日が出てきたりするのだ。夢は、時間の流れのワクに囚われず、気ままに出現する。それだけに思いがけぬさまざまな角度から、島尾敏雄という特異な感性と過去を持った男の内面が、見えて来ることになる。

例えば鏡を見ると、右半分の頭髪は薄くなっていて、辺りに抜け毛がなまなましく散らばっている。猿が人間になったらしい「タイラヒト」と呼ばれるいきものに付きまとわれていて、地球最後の日、宇宙船で脱出に成功するが、妻と子の乗った船は彼方へと漂い去っていく……。

同じ日記形式の『日の移ろい』が、必ずしも氏自身の生活の事実そのままでなかったように、これらの夢も、氏が実際に見たとおりでないかもしれない。が、これらのイメージの内に、生身の島尾氏がいるのは間違いない。どう読み解くかは読者に委ねられているのだ。

夢は、夢を見ている当の者にとって、常に疑いの余地ないの現実として迫って来て、読む者もその息苦しさを逃れることができない。が、それとともに、いつの間にか島尾氏の意識の核に滑り込み、そこに座り込んでしまったような、不思議な気持になるのだ。　（「日本経済新聞」昭和53年8月13日）

磯田光一『思想としての東京』（国文社）

ユニークな発想による、知的な刺激に満ちた本である。

もっとも表題に奇異な思いを抱くひとがあるかもしれない。東京という都市が、どうして思想の問題になるのか、と。それに著者が、都市問題研究者でなく、文芸評論家となると、いっそう不審の念は強まろう。だが、そこにこの本のユニークなゆえんがある。

磯田氏は、ここ数年、永井荷風論に取り組んで来た。荷風は、言うまでもなく失われてゆく江戸文化を哀惜し、そこに自分の立場を据えた作家である。当然、氏はその荷風に身を添わせ、江戸から戦後に至る東京の姿に思いを巡らした。そのことがこの本を書く切っ掛けとなったと思われる。ただし、荷風についてここではほとんど触れない。と言うよりも、注意深く避けているのであろう。扱っているのは、明治とともに首都として誕生した都市・東京の、現在に至るまでの思想的意味である。

思想といっても、一般に考えられるように、個人が思索して紡ぎ出すのではなく、東京を自分の生活の場とする人々がすでに受け入れている、または、東京以外に住む人々が東京を考えるときにすでに受け入れている、考え方、感じ方、あるいは無自覚の世界観と言えばよいかもしれない。

「狭義の〈思想〉として語られたものよりも、その背後に自明の前提として成立していたもの」こそ、注意すべきだというのが、ここでの磯田氏の基本的態度である。実際に狭義の思想は個人的領域にとどまるが、「自明の前提」としての思想となると、その時代を実効的に支配している。

こうした〈思想〉を明らかにするのは、尋常の方法では不可能で、氏が採ったのは、まず地図を読むことである。荷風論の準備のため集めた、幕末から戦後にかけての地図を用いるが、この本では八ページにわたってカラーで掲載されている。ただし、市街の変化だけでなく、作図法にも注意する。地図の上の方角（北と東の二通りある）、社寺の表示の仕方、住民の氏名の文字の置き方などである。当時の地図作成者がどのような考えを前提としているかを、探り出すためである。

そのほか、牛肉鍋や鉄漿《おはぐろ》などの風俗の消長、詩や流行歌も採り上げる。流行歌では、歌詞に出て来る東京の地名が移り変わっていることに注目、庶民層が抱く東京のイメージの変遷を見る。

こうして氏がおこなった読み取りが正しいかどうか、わたしには判断がつかない。多少独断の臭いがしないでもないが、いかにも練達の批評家らしい着眼だと感心せざるを得ない。

それとともに氏は、東京を形成している二つの核として、「下町」と「山の手」を採り出し、相互の複雑な関係を見て行く。

手短に要約すれば、下町は〈江戸〉の市街地で、住民は都会人だったが、明治国家の首都・東京が出現すると同時に、土着の前近代的な、「地方」的地域と見なされるようになった。それに対して山の手は、明治国家の指導層が移り住み、近代化を押し進める「中央」となった。しかし、彼らは地方人であり、下町を「地方」と見ながら「中央」とも意識せずにおれなかった。

このように二つの核は、相互の関係において、それぞれ「中央」であったり「地方」であったりするのだ。氏は、ここに標準語と方言、都市とムラ、近代と前近代、西洋とアジアといった問題を持ち込むが、東京の発展は、本質的な都市性を備えた下町を、山の手が押し潰す方向へと進んだとする。

この方向を決定づけたのが、関東大震災の後に出た『東京都市計画地域図』だと、氏は指導する。下町は、「工業地区」に編入され、市街地としての在り方を否定されたのである。これは、氏の考えによれば、東京が真の「中央」都市になる可能性を棄てたことであったとする。

だから氏は、次のように結論する。現在の「巨大なビルにおおわれた東京の基底にあるのは、依然としてムラ」だ、と。こういうとき、思想的意味合いであるのは断るまでもない。そして、この東京の在り方に日本の近代を重ねるのである。

「中央」と「地方」の関係にさまざまな問題を持ち込んだのも、じつは、このためであつた。その場合、すでに挙げたところから察せられるように、さまざまな対観念に言い換えるかたちをとっている。例えば普遍と個別、当為と現実、他人と身内、自立と甘え、などと言った具合である。この対観念を紡ぎ出す目まぐるしさと、強引な図式化には、いささか閉口するが、氏の意図は成功していると言ってよかろう。下町と山の手の消長を軸にした東京の百年の歩みが、日本の近代の歩みとして見えて来るのである。

それに加えて、注意しておきたいのは、この方法によって、イデオロギーの陥穽に陥りがちな事柄を扱いながら、見事に脱イデオロギーの態度を貫いている点である。

以上のように論を進めて来て、氏は、わが国の近代の歩みは、〈近代化〉という名の「古代的祭儀の狂躁」だったと書く。

いずれにしろユニークな観点による東京論であり、同時に、東京という巨大な具体物を中心に据えた、近代日本論である。そして、その着想と方法、いまも言った徹底した脱イデオロギーの態度は、結論以上に刺激的である。この背後には、荷風に通ずる〈批評的悪意〉とでもいうべき姿勢と、熟成した都市への切なる希求が窺える。

（「日本経済新聞」昭和54年1月23日）

古山高麗雄『点鬼簿』（講談社）

転鬼簿とは、いうまでもなく死者の姓名を記した帳面のことで、過去帳ともいう。「父」「竹馬の友」「戦友」「自殺者」「知人」「囚人」「女」の七編が収められているが、あとがきで作者自身が「私小説」と呼んでいるとおり、自身の父、友人を初め、さまざまな繋がりを持った人たちの死が語られている。ただし、重苦しさも感情の高ぶりも、ここには全くない。巻頭の「父」の書き出しは、私が敗戦後一年の勾留生活をへて南方から復員、東京の姉の家を訪れるところだが、こういうふうに書かれている。

……玄関の戸を引いた。鍵はかかっていなかった。

「ただいま」

と言うと、姉が現われて、

「あら、高麗雄。生きてたの」

と言った。

「うん。生きてたよ。戦死したと思ってたの？」

あっけらかんとしていると言ってもいい。それでいて温かいものが確実に通っている、この姉と弟の会話の調子が、全編を貫いているのである。無一文になって死んだ父、中学生時代に鴨緑江に落ちて死んだ中国人の友人、戦場で砲撃を受け血まみれになって倒れた兵隊たち、不意に自殺した中学の先輩の秀才、そういう死者をつぎつぎと語りながら、この調子は少しも変わらない。そして、これこれの人については別の小説で書いたなどと、小説家の内輪話を記したり、差別語、美談などについて論評を加えたり、余談を織り込んでいく。作者は〈かるみ〉というよりも〈さりげなさ〉を心掛けているのであろう。

それというのも、ほんのちょっとした偶然が、自分と彼らを、生と死に隔てたのであって、死の側に自分が身をおいてもおかしくなかったのだ、という痛切な認識を、絶えず噛みしめているのだ。そして、その自分の幸運をを喜ぶよりも、巡り合わせの不思議さに首をかしげ、「叩けば何かホコリの出る、そしてそのホコリのことを考えても、なんとか、そう苦しまずに生きている並みの人間」として生き続け、転鬼簿を記していることに、苦い、が、ある深い味わいを味わっているのである。

そうした作者のなかには、いまもなお、「あら、高麗雄、生きてたの」という姉の言葉が聞こえており、作者は作者で、打てば響くように、「うん、生きてたよ」と答え続けているのであろう。そういうところで書かれた、作品である。

（「日本経済新聞」昭和54年5月6日）

饗庭孝男『批評と表現』（文藝春秋）

小説は寝転んで読もうと正座して読もうと自由なように、ひとそれぞれ好きなように読んだらよいので、こう読まなくてはならないといった決まりはない。ところが実際に自由に読んでいるかとなると、はなはだ疑わしい。窮屈な枠のなかに、作者も読者である自分も押し込んでいるようなことが、現に行われているのだ。

たとえば、わが国の明治以降の小説を読むときが、明らかにそうである。文学の「近代化」「近代小説の実現」「近代的自我の確立」などといった要請に囚われて、その枠のなかで読んでいる。その態度は、戦後もずっと続いて来た。最近になってやっと、そういう読書態度を批判するひとたちが現われてはいるが。

その読み方の偏狭さ、貧しさを鋭く指摘、明治以降の小説を読み直そうとする立場を鮮明に打ち出したのが、饗庭孝男著『批評と表現―近代日本文学の「私」』である。時代の動きに即応した、出るべくして出た長篇評論である。

氏は、まず言う。われわれは「かくあるべき小説」を求めて、目の前に現に在る小説をその通りに読もうとしなかった、と。明治から現在に至るまで、ヨーロッパの近代小説こそ本当の小説であって、われわれ日本人が書いた小説は、それを矮小化したものにすぎないと、実際に考え続けて来たのだ。最近、加賀乙彦『宣告』が異常に高い評価を受けたのも、この考えと無縁でなかろう。即ち、日本的矮小化を免れた「本格的長篇」だ、というわけである。

また、氏は、「個としての私」ばかりを作品に見る狭さを言う。「近代的自我」の確立こそ「近代小説」の基軸だとする考え方によって、作中人物であれ作者であれ、そこに個我の姿を見るのを常としてきた。なにもかも作者の私的事実に還元して読む「私小説」的姿勢を極端な例として、そうでない作品でも、「個としての私」を見ようとしてきた。

この点を明らかにしたうえで、著者はたとえ「近代化」の要請の下に書かれたとしても、わが国の小説、現にある小説として虚心に読むべきだとするのだ。当たり前のことである。が、それが今まで行われなかった。いや、現在でもどれだけ行われているか疑わしい。

氏は、その読み方をとにかく実践した。長塚節、夏目漱石、芥川龍之介、志賀直哉、葛西善蔵、嘉村磯多、徳田秋聲、島崎藤村、折口信夫、井伏鱒二、上林暁、庄野潤三の十人の作品を採り上げ、「自然主義」「白樺派」「私小説」といったレッテルも外し、読み直したのである。

これが具体的にどういうことであつたかと言えば、まずは、当たり前のことだが、書かれた文章をそのとおり正確に読んだのである。読者はどう読もうと自由だが、その自由が空回りにならないためには、文章を正確に把握しなければならないのだ。

長塚節『土』の自然描写が、徹底した擬人法で書かれているのを捉え、一般の擬人法と違い、「自然現象を主語とする」態度によることを明らかにし、近代リアリズムと異質である所以にまで及ぶ。「思想から作品が生まれて来るのじゃなくて、作品から思想が生まれて来るという場合もあろうではありませんか」という、藤村の自作『夜明け前』について語った言葉を重視するのも、氏のこの態度をよく示している。

これらの作品から浮かび上がる作中人物なり作者は、どのようなものであったか。『土』の勘次らは、「群」としての人間で、村落共同体に半ば融合し、考えることも「村の思考」だと述べる。これは正確な[illegible]彼らを個人として読んだのでは、何一つ肝心なことは読み取れまい。

一方、近代性の濃厚な漱石と龍之介の基底に、彼らの生まれ育った江戸下町の「隠された共同体の感性」を見出し、純粋な私小説家の善蔵、礒多に、個としての私を突き抜けた宗教的感性を採り出す。折口には、「私を超える文化の息づく脈動」を認める。

このようにわが国近代の小説にあらわれた「私」は、決して個としての存在ではなく、共同体なり時代、あるいは伝統に、根差すというよりも融合していることを明らかにする。氏は、この点を飽きることなく繰り返し指摘し、「個我」の狭い枠から小説を引き出すのである。

もちろん、これらの作品論、作家論を一つ一つ詳しく見てゆけば、異論も出てこようし、氏自身、自分の立場を徹底して貫き得ていない点も見いだされよう。また、氏の述べたこと自体、一つの読みなのだ、ともいえる。しかし、わが国の近代小説を、虚心に読むという、忘れられていた当たり前のことを、真正面から大変な力技でやってのけ、新たな地平を開いたことは確かで、今後に多くの成果が期待できよう。


(「日本経済新聞」昭和54年8月21日)

吉行淳之介『菓子祭』(潮出版)

現代きっての短篇小説の名手、吉行淳之介の五年ぶりの短篇集で、ここ十三年間にわたる二十二編が収められている。五年前の『鞄の中身』所収の作品が、いずれもかなり短く、作者自身〈掌篇集〉と呼んだほうがよいかもしれないと言っていたが、本書はそれよりも一段と短くなって、いよいよ掌篇の趣を強めている。

それだけ作品は純度を増し、この作者独特の感性がぴんと張りつめ、結晶作用をみせているといってよかろう。ただし、低俗なもの、卑猥なもの、恐怖すべきものと、およそ純粋ならざるものが、多く巧みに取り込まれているのだ。痔の薬、汚れた下着、サケの缶詰の雑炊、そして酒場での冗談やエロショーといったもの、また、つまらない地口などが次々と持ち出される。しかし、それらが、ある組み合わせをつくると、不思議な透明性を帯び、美的悪意とでもいうべき輝きを放つに至るのだ。

マンション住まいの女、山路アヤ子が少し離れた薬局に、男のため痔の薬を買いに行くが、恥ずかしいので、一緒にいろんな薬を求める。それが度重なるにつれ、薬局の厚化粧の女が並々ならぬ好意をみせ、ある夜、言う、「ねえ、おラクになる薬、お渡ししてもいいのよ」。そして、このように締めくくられる、「――そういう薬局が、実際に存在しているということを、信じられるだろうか。もし信じられないとすれば、その殺意は、山路アヤ子だけのものになってくる」（寝たままの男）。不意に中空から彼女の内に住み着くべくやって来る「殺意」の顔が、まざまざと見えるような気持になる。

土に埋めた目覚まし時計が爆発、その跡に一本の樹が生えるが、枝になった果実のいずれもが同じ男の顔だった（目覚時計）とか床のない奈落の部屋に住んでいる（それは誰）とか、全身に唇を持つ女（百の唇）などが現われるが、いずれもおどろおどろしさはなく、すっきりと簡潔に描かれている。そのために却ってコワい。

作者自身、これらを「奇妙な味」の小説と呼ぶが、この言葉の〈結晶体〉の鋭い角は、日常生活に馴染んだわれわれの肌を切り裂く。そして、その傷口には異次元の鮮烈な空気がしみて来る。

（「夕刊フジ」昭和54年10月30日）

小川国夫『血と幻』（小沢書店）

小川氏は、七年前の『或る聖書』で、キリストと思われる人物の半生を描き、最近では、預言者たちが彷徨する、キリスト出現以前の世界を扱った長篇に取り組んでいるが、本書に収めた短篇六編は、題材、テーマともその二長編に共通する。預言者やキリストらしい〈あの人〉、その使徒、信者、またローマの軍人や貴族たちが、荒地とオアシスの点在する中東地域やイタリア半島の一角などに登場するのだ。

キリガミロイ、パロイ、ユニア……これらが登場人物の名である。ケブス、キートラ、マンドラキ……これらが地名である。こうした耳慣れない片仮名の人名、地名にかかわらず、描き出された人物、自然風土は、ずしりとした手応えがある。大変な力技である。氏独自の簡潔明瞭な靭い文体によるとともに、カトリック信者としての氏の、神を求める烈しさ、粘り強さによるのであろう。

「マンドラキ」「十二族」は、二十数年前に発表した作品に大幅に手を入れたものだが、それだけの長い間にわたって、同じテーマを一貫して追求しつづけて来たのだ。そして、それらは、「キリガミロイ」「光と闇」とさほどの径庭がない。この持続力には、驚嘆するよりほかかない。

それに加えて、ここでは理解して捉えるのではなく、謎を謎として追い詰め、その輪郭を明確にする態度が大きくものをいっている。今までもこの態度をとってはいるが、強すぎる太陽が照り付ける荒野の〈宗教的空間〉でこそ、一段と効果を発揮するのだ。

「ユニアの顔に洞窟があり／底しれぬ無、闇だとしても／ユニアの顔こそ光の泉……」

〈あの人〉の教えを説くユニアが、襲われて両眼をくり抜かれる話を扱った「光と闇」の、最後の詩句の一節だが、光の集約点たる眼が闇に、その闇がそのまま光になる、その不思議が、深い謎として、しっかりと見据えられているのだ。ゆえにこれらの作品が、確固たるリアリティーをもって、不信の徒にも迫って来る。

（「産経新聞」昭和54年12月3日）

直井　潔『羊のうた』（新潮社）

関節ロイマチスで下半身が硬直、座ることもできない男と、脊髄損傷で下半身マヒの女とが、結婚した翌朝からこの小説は始まる。陽の当らない狭いアパートで、なんの貯えもないまま、二人で自立して生きてゆこうとしているのだ。無謀な企てに思われるが、夫は、自宅で塾を開き、誠心誠意教えることに力を注ぎ、こどもたちの心を摑んでゆく。妻は、楽天性と行動力にものをいわせて、生徒を集め、塾の運営に力をかす。

恐ろしく対照的な性格のこの夫婦は、時には行き違い、喧嘩をし、暗い淵を覗くことはあつても、ひたむきさを失うことがない。そうして根本のところでは、しっかり噛み合い、足らぬところを補いあい、自立の道を着実に踏み固めてゆくのだ。そうして出入りする青年には嫁を世話し、妻の離婚した妹のこども二人を引き取る。他人の世話にならなければ生きていけなかったはずだった二人が、いつの間にか、五体健全な者たちの支えになっているのである。

これは、じつは私小説であり、作者自身の結婚当初の生活を描いたものである。あとがきでこう書いている、「僕たちの結婚生活も既に二十年近く経て．今日に至っていますが、振り返って、月並みな言葉で、糟糠の妻があったればこそと思っています。そしてその妻との生活を記念して書いたのがこの作品です」と。「糟糠の妻」という言葉が、これほどの重みをもって感じられる文章もない。「自立」を繰り返し言い、自分の文学の基礎とまで思い詰める作者の精神の高貴さもさることながら、それを実生活において実現させせさせたのは、多く夫人の力だったのであり、そのところをさりげなく、しかしくっきり描き出したこの作品は、間違いなく、一組の夫婦の感動的な愛の「記念」となっている。が、それだけでなく、自分たちを市井の平凡な夫婦と捉える、素直で透明な作者の眼が、ユーモアにも欠けない文学作品としている。

（「週刊サンケイ」昭和55年4月17日）

八木義徳『一枚の絵』（河出書房新社）

八木氏は、ことし満七十歳になるが、この短篇集を読んで、年をとるのも悪くないな、という思いを抱いた。ここには老年に至って初めて開けて来る人生の沃野が、繰り広げられているのだ。勿論、苦い思いも悲哀もないわけではない。が、それさえも微妙な味わいを強める役割を果たしている。

この三年間に書かれて七編が発表順に収められているが、やはり第一に指を屈すべきは表題作で、名編である。評者は雑誌に掲載されたときに読み、こころを動かされたが、今度読みかえして、一段と感銘を深くした。こうした作品は、いまでは稀有である。

題名のとおり、一枚の絵の説明から始まる。その絵は斎藤真一氏の瞽女《ごぜ》を扱ったものの一つで、海の見える薄野で、三味線を傍らにした女と男があられもない姿で抱き合っているところを描いている。美術雑誌でそれを見たとき、私は不思議ななつかしさを覚える。なぜ、そう感じのか、分からないままに忘れていると、老母の話から、瞽女をめぐる幼少期の幾つかの記憶が断片的に蘇って来る。そして、旧制中学の同窓会に出たついでに生まれ故郷を訪れ、あの絵に描かれたとそっくりの風景に出くわす。中学生の私が見ていた風景だったのである。それも当時、思いを寄せていた娘と、空想のうちでだが、ほしいままに交わった舞台だったのだ。すなわち、瞽女の絵は、性に目覚めたばかりの自分が、夜ごとに夢想した性愛の情景に繋がっていたのだ。

ここに至るまでの作者の筆は巧妙で、いくつかの偶然をさりげなく重ね、読者を誘い込んでゆく。そして、老いた私が眺めている絵と、少年の私が夢想した情景の間に、長い年月を貫いた性愛の、清冽な流れとでもいうべきものが、一筋のニジのように浮かび上がってくる。

妻と冬の八ヶ岳を眺めに行き、三十年前に結婚の許しを両親から得た時のことを思い出す「八ヶ岳」、八十歳の祝いに句集を出す知人の手伝いをしていて、彼が若い時に峻烈な恋愛をしたことを聴かされて驚く「傘壽」も忘れ難い。老いの深まりとともに、生命の艶やかさが滲み出て来る、そこを捉えた一編一編である。

（「日本経済新聞」昭和56年5月3日）

結城信一『石榴抄』（新潮社）

魂だけの純粋な愛といったものは、現代からはとっくに姿を消したと思っていたが、ひとりの小説家によって、見守り、育てられていたことを、この小説集で思い知った。ここには文字通り清冽な〈魂の愛〉がくっきりと描き出されている。

表題作には「小説秋艸道人断章」とサブタイトルが付いている。秋艸道人とは、亡くなってすでに二十五年になるものの、歌人、書家、美術家としていまだに敬愛されている会津八一の号である。彼の後半生、身辺にあつて献身的に尽くした若い女性がいた。その高橋きい子の死までが扱われている。きい子は、八一の弟の妻で、二十歳の時に身を寄せ、家事から客の対応、秘書的な仕事に従事、八一が病に倒れると、看護の役を誠心誠意努めた。そのため九年目には、過労から結核に冒された。

この小説は、エッセイ風のさりげない調子で書き出されているが、彼女が病身をひとり信州でやしなうあたりから、にわかに小説としての奥行を持ち出す。

この療養で一旦は健康を取り戻すが、太平洋戦争が末期になるとともに、再発、寝たっきりの状態になる。空襲で家を焼かれると、八一は彼女を連れ新潟に疎開、老齢を押して食料の買い出しから炊事も、病人の介護もするのだ。しかし、彼女は敗戦を前に死んでゆく。その険しい日々が、二人にとっては限りなく美しい〈魂の愛〉の日々だったと、作者は描くのである。二人には、学識の差も年齢の差もない。それぞれ命を投げ出すようにして労わりあう。独身におわったきい子にとって、また、生涯妻をめとることがなかった老歌人にとって、それが華やぎの日々であったのだ。

かなしみていづればのきのしげりはに　たまたまあかきせきりうのはな

きい子死去の慟哭の中から生まれた一首である。ここから題が由来しているが、濃い緑のなかに、石榴の花が紅を点ずるのである。

他に「炎のほとり」「炎のなごり」を収めているが、これは八一の弟子が、戦時下、恋する女性に思いを寄せる一途さが描かれている。

（「日本経済新聞」昭和56年8月2日）

山本健吉『いのちとかたち』（新潮社）

著者はあとがきで、折口信夫の講義を聞いて、国文学に踏み込む決心をしてから、すでに半世紀を超えた感慨をもらしているが、本書は、それだけの長い歳月にわたる積み重ねによって、初めて書かれ得たすぐれた長篇評論である。

わが国の古代から現代に至る、文学を中心としながら芸術全域をほぼ覆う広がりをもち、大胆で斬新な見解に満ちている。

副題に「日本美の源を探る」とあるように、この書全体を一貫して流れるのは、わが国独自の芸術の本質への、執拗な問いかけである。

そして、それを言葉や観念としてでなく、言ってみれば〈姿〉として捉えようといている点に注意すべきである。根津美術館蔵「那智瀧図」から書き出し、それを巡るアンドレ・マルローの逸話へと筆をすすめるのは、その態度の顕れであろう。そして、マルローが絶賛した藤原隆信筆「平重盛像」を通して、古代日本人の「たましい」の在りようを探りにかかる。

その氏の筆が精彩帯びるのは、「源氏物語」に及ぶとともにである。光源氏が義理の母の藤壺に恋い焦がれ、同時に多くの女たちを愛しながら、三ノ宮と通じた柏木を苛み、死に至らしめる残酷さをあわせもつ、複雑な性格であるのを採り上げ、そこに古代日本人が理想とした、大いなる威霊の体現者としての光源氏を浮かび上がらせる。折口に学んだ氏ならではの卓見であろう。

また、「枕草子」についていの考察も、行き届いており、紫式部の辛辣な批評から、清少納言を救い上げている。

このように挙げればきりがないが、いま一つ、歌についての大胆な見解に触れておきたい。折口の論を祖述するかたちで提示したのだが、歌は「無内容を思想とする」というのである。氏も危ぶんでいるように、誤解されやすい言葉だが、歌は、ある内容を伝え表現するのではなく、「瞬間に消えてしまう淡い雪のような」、後には「清らかな印象だけが残る詩」なのだと説く。意味内容を異かに多く盛るかに、明治以降の努力は傾けられていると言ってよかろうが、それを厳しく退ける。ここに氏の、峻烈な批評家としての顔が現われている。

この歌の考えから、俳諧、生け花、茶道、雅楽にと筆は伸びてゆき、ヨーロッパの芸術が「永遠の記念碑的な造形をめざす」のに対して、日本の芸術は「一瞬の生命の効用があれば足りるとする」と、結論する。じつに大きな問題提起を含んだ、豊かな一冊である。(「日本経済新聞」昭和56年9月6日)

安岡章太郎『流離譚』（新潮社）

作者は土佐の出身だが、一軒だけ東北に親戚があり、その当主が不意に訪ねて来たことから書き出されるが、作者自身、最近は「親戚の家を一軒一軒、訪ねてまわりたいやうな気持」に、しばしば襲われている。本書は、まさしくこの衝撃に突き動かされ、己が血脈を遠くたどることによつて、わが国の歴史の中核に及んだ大作である。

こういう作品としては島崎藤村の『夜明け前』が思い当たるが、スケールはそれより大きい。幕末から維新以後に至る時代の動きが、土佐を中心としながらも、全国的広がりをもって扱われているのだ。ただし、あの鬱屈した激情の噴出といったところはなく、じつに着実な目配りと、どのような歴史的事件であっても、そこにひとりひとりの人間の顔を見るのだという、粘り強い決意、そして、血と故郷への静かだが深い懐かしみの情が、流れているのである。

それにしても安岡氏はなんという幸運に恵まれたことだろう。氏の家および一族の家々には、かなりの量の貴重な文書が伝えられていたのだ。そこには幕末に老年を迎えた安岡文助の日記と、彼に宛てた息子たちの手紙が含まれていた。次男嘉助は、吉田東洋を暗殺して脱藩、天誅組に加わり、捕われて刑死している。長男の覚之助は、土佐藩の京都詰めとして、当時の京都でのさまざまな動きを眼にし、やがて官軍の東征軍に加わって、中山道から江戸に入り、北関東から福島、仙台と転戦、会津の戦いで流れ弾に当たり死んでいる。その彼らが行く先々から、近況をしらせる手紙を送って来ており、それが期せずして、歴史の一コマ一コマに加わった、どこにもいるような若者の現場報告となっているのである。それが歴史に対して採る作者の、生活に即した視点と照応するのは言うまでもない。

こうして氏は、これらの文書を軸にして書き進めるのだが、その他の史料も広く当たり、自分の足も使う。記されていることだけでなく、その余白、空白を読むためである。そこにおいて氏は、じつに慎重かつ大胆に、思考、想像力、そして感情を働かせる。書き手と同じ血によって結ばれていることに支えられているのだ。

そうして歴史の空白にも及び、天誅組、禁門の変、版籍奉還、官軍東征などをつぎつぎと採り上げ、氏独特のやり方で息を吹き込む。そこには、それらの事件で活躍した吉田東洋、吉村寅太郎、伴林光平、坂本竜馬、山内容堂、板垣退助らが、いきいきと浮かび上がってくる。

この大作は、故郷を遠く流離する悲しみを訴える、親戚の者の手紙で締めくくられる。国事に奔走して死んだ祖先の若者たちも、作者も、実はこの悲しみによって強く結ばれているのだ。己れの血脈とともに個人的心情を手放すことなしに書き得た、規模雄大な歴史小説である。

（「世界日報」昭和57年1月11日）

小島憲之『ことばの重み』（新潮社）

著者は、わが国古代文学研究の碩学で、とくに中国文学との交渉に詳しい。それがたまたま森鷗外の漢詩文に興味を寄せたところから、本書が生まれたのだが、古代文学や漢詩文の知識を持たない者でも、讀みだせばやられない面白さがある。

鷗外が用いた幾つかの漢語の、いわばルーツ探しが中心になっているが、著者の態度は恐ろしく徹底的で、古代からわが国と中国にまたがる広大な言語世界を旅するのである。それは気も遠くなるようなことだが、しかし、じつに楽し気に、自在に歩き回る。そして、驚くべき博識と、柔軟な感性と、強靭な推理とをもって、探索の網を着実絞り込んでいく。それはまことにスリリングな光景である。

例えば、若い鷗外が留学途上の船中で書いた『航西日記』のなかに、「赤野《せきや》」という一語がある。アラビア半島の先端、紅海の入口に位置するアデンの風景を叙した部分に出て来るのだが、著者は、その語の出典を探索する。若い鷗外が愛読したであろう和漢の書へと、網を広げる一方、幕末から明治にかけての幾つもの西遊日記に目をとおす。その結果、鷗外より十一年前に外遊した、岩倉具視らの使節団の『米欧回覧実記』の、同じくアデンの風景を記したところに、この言葉を見つけ出す。

この一語の探索は、鷗外の読書圏と、それを形成する和漢の言語空間を見定めるとともに、そこに生きた鷗外の文章を書く秘密に迫ることにもなる。そして、鷗外の『航西日記』が、「赤野」一語にとどまらず、全体として『米欧回覧実記』を下敷きにしていることも明らかにした。最近、『航西日記』の文学的価値が注目されだしているだけに、この指摘は貴重だ。

ただし、著者は、このゆえをもってこの日記の価値を否定するわけでなく、「本歌取り」と考えればよいとする。独創性を絶対とする近代文学観から自由なところに、著者はいるのである。

こうして一語一語が持つ「重み」――長い歴史と、多くの人々の息吹の温もりを包んだ「重み」が、確かに感じ取られて来る。言葉が限りなく軽くなっている今日、出来るだけ多くのひとに読んでほしい本である。

（「日本経済新聞」昭和59年6月24日）

三浦哲郎『白夜を旅する人々』（新潮社）

題名の「白夜」には幾つもの意味がこめられている。一つは、言うまでもなく北極圏に近い地域の太陽が沈まない夏の夜だが、同時に、眠れるでもなく眠れもしない、白々しい想いに満ちた寝苦しい夜のことであり、さらには、そのように休まることのない苦悩の人生であり、その原因となる〈白〉、すなわち色素脱落の遺伝の象徴でもある。

この五百ページに近い長篇は、東北の町の富裕な呉服店に、六人目のこどもが生まれるところから始まる。五人のうち長女と三女が色素脱落の症状をもっているため、皆は心配するが、生まれたのは髪も黒々とした男の子であつた。そして、長女と三女も琴の師匠として自立の道を歩き始める。長兄は、湯治場で見染めた、健康で健気な心根の娘と恋愛関係を深め、次男と次女も、青年期の門口に立つものとての悩みを悩む。その点でこの長篇の前半は、青春小説の趣を呈する。

しかし、女学校で成績も一番の次女が、授業で遺伝の講義を受け、その実態を知ったことから、悲劇の種子が急速に育ってくる。彼女は高等師範の受験に失敗、生きる意欲を失い、青函連絡船から身を投げる。

それから将棋倒しに悲運が一家を襲うのだ。長兄は、可愛がっていた妹の自殺に衝撃をうけるとともに、恋人がこっそり堕胎を図って死ぬ。そのため姿をくらます。ついで琴の師匠をしていた長女は、視力の衰えを自覚するとともに、自分が一家の不幸の原因になっていると考え、薬を飲む。

ここに扱われているのは、ほとんど作者自身に係ることのようである。それだけにこの長篇を書くことは、文字通り身を削る苦闘であつたに違いない。しかし、筆の運びに苦渋の色はまつたくなく、あくまでも悲しく美しい、感動的な物語として展開される。もしかしたらその点に、物足りなさを覚えるむきが在るかもしれないが、この作家のいさぎよさ、強靭さがよく示されている。

（「産経新聞」昭和59年12月3日）

岸田　秀『幻想の未来』（河出書房新社）

この本の評価は、多分、毀誉褒貶相半ばするに違いない。著者は『ものぐさ精神分析』などの著書で知られる心理学者だが、文芸雑誌に連載したためか、ずいぶん大胆、率直に筆を進めている。

ここで著者は、東西文明の本質的な違い、さらには現代文明の在り様まで、論を及ぼす。そうして、なかなか見晴らしのよい展望を開くのである。ただし、そこを貫くのは、強い破壊的志向だといってもよかろう。標的は「近代的自我」、自立した確固たる自我である。

明治以来、われわれ日本人は「近代的自我」の確立を目指して営々と努めて来たし、いわゆる国際化時代を迎えて、今日、一層その実現が急務になったといわれる。しかし、正直なところ、欧米人並みの自己主張をおこなうことは、われわれにとっていまだにひどく疲れることだろう。

そこを筆者は、鋭く突く。そして、まず、この「近代的自我」なるものが、本来的に幻想であり、空中楼閣であることを明らかにする。また、日本人のいわゆる「甘え」にしても、必ずしも排除しなければならないものとはしない。

その出発点は、「人間は本能を破壊された動物」だという、著者年来の考えである。食欲、性欲においてさえ、人間は、本能のままに行動することは決してなく、じつに気ままに振る舞う。すなわち、根源的に自由なのだが、それは同時に、恐るべき不安にさらされていることであって、頼るものを求めずにおれない。そこで欧米人は絶対者（神あるいは普遍的原理）を、日本人は世間（人間関係）を選んだのだという。だから欧米人は、絶対者に気を遣うかわり、他人の思惑を無視する。自立的自我を持っているためではないのである。日本人は世間に気を使うかわり、原理原則を気軽に踏みにじる。

この二つの立場は、どちらが正しいとか価値があるということではなく、かつ、容易に取り換えがきくようなものでもない。ところが明治以降われわれは、そこを無視し続けて来たのだ。その努力は、徒労であるばかりか、われわれ自身の立脚点を掘り崩し、一層不安な状況へと自らを追いやっている、と指摘する。

このようにわれわれの時代の基底に、不毛な幻想が横たわっていると手厳しく暴き、深刻な反省を促すのである。ひどく刺激的な本である。

（「日本経済新聞」昭和60年3月24日）

食の果て

一夕、友人たちと食事した折り、最近人気のある芝居の話が出た。このところ、すっかり観劇から遠ざかっているので、もっぱら聞き役に回ったが、帰宅して取り上げた夕刊に、聞かされたばかりの加藤健一事務所の舞台についての批評が出ていた。上演されたのはバリー・コリンズ作『審判』で、こんな筋らしい。ロシア軍将校七人が敵軍に捕らえられ、修道院の地下室に閉じ込められたが、食料も水も与えられなかった。そこで籤引きをして、一人を食べる。そして、もう一人、もう一人となって、六十日目に発見されたときには、二人だけが生き残っていた。ただし、一人は狂っていた……。

劇評の書き手は小田島雄志氏（「産経新聞」平成6年10月17日）で、優れた舞台だったらしいが、こうした人肉食を扱った芝居が上演され、若い人達の間で人気を集めているらしいのに、驚いた。いまなぜ、こういう芝居なのか？

じつはこれより少し前に、雑誌「文學界」平成六年十一月号で、岡松和夫氏が『水滸伝』の人肉食の場面について書いた文章を読んでいた。そのため、なおさらであった。

このおぞましい問題を正面から扱った作品は、わが国においても幾つか数えられる。早くは、野上弥生子『天神丸』だが、戦後になると、大岡昇平『野火』、武田泰淳『ひかりごけ』、そして、三浦哲郎『おろおろ草紙』、エッセイでは開高健『最後の晩餐』が、代表的なところだろう。

脚本も読まず、劇評で知った筋書きだけで言うので、間違っているかもしれないが、いま挙げた『野火』と『ひかりごけ』は、芝居『審判』と似ているところがあるようだ。『野火』は、フイリピン戦線で敗走するうちに、食べるものがなくなり、同じ日本兵の死体を切り取って口にするのだが、その男は、復員したものの精神病院に収容される。すなはち、戦場を舞台とし、精神を狂わせるところが同じである。『ひかりごけ』も戦争中の出来事で、小型貨物船が冬の北海道で座礁、氷に閉ざされた小屋で数ヶ月を過ごすが、船長ひとりが生き残り、裁判にかけられる。その裁判で、船長は、事実を認めるとともに、苛酷な生を生き抜いた者だけが持つ聖性を自ずと示す……。

以上のような乱暴な要約からも、人肉食といふ問題を扱うとき、洋の東西を問わず、ある共通したところへと進む、と言えるのではあるまいか。戦争といった非日常的な限界状況において起る事柄であり、かつそこで、人は精神を狂わせるか、そうでなければ、宗教的領域へと踏み込むことになる、と。

このあたりの事情は開高健『最後の晩餐』にもはっきり見てとることができる。アンデス山中の聖餐と呼ばれた事件を扱っているのだが、旅客機がアンデス山中に墜落、生き残った乗客たちが、同乗者の死体を食べて生きながらえ、救出されたのだが、彼らはいづれも精神を狂わせることはなかったし、糾弾されるどころか歓呼で迎えられた。それというのも、彼らはカトリック教徒で、山中での食は、聖餐、すなわち、キリスト教会のミサでおこなわれる聖体拝領に準ずるものと考えられたからであるらしい。

いづれにしろこの行為は、人間が普通に人間であるところでは、決して受け入れられぬ事柄であって、殺人よりも遥かに呪わしい、といふことを語っていよう。なにしろ自らの生存を図るために、他者を食料にするのである。これは、人間としての在り方を、食べる側にしても食べられる側にしても、ともに破棄、踏みにじることになる。加えて、他者とともに生きるのが人間の基本的在り方だが、そこを根底的に不可能にする。

その点で、食という行為は、癌細胞と同じようなものだと言ってよいかもしれない。細胞分裂による増殖は、本来、われわれ生体の最も基本的活動なのだが、その活動が、他の健康な細胞を攻撃対象として増殖するのだ。食べるというわれわれの生存を保持するために不可欠な行為が、われわれが人間として生きるために最も基本的な在り方そのものを攻撃し、破壊することになるのである。

いまは、癌が人類にとって最大の病といってよい時代だが、あるいはそのことと、人肉食が広く問題にされることとの間には、なんらかの照応関係があるのかもしれない。

しかし、上に見たように狂気か宗教か、と言ったところへ行き着くことで、この問題を本当に扱ったことになるのか、という疑問も、抱かずにはをれないのである。そこまでの道筋をたどるのには、作家それぞれが恐るべき辛苦を重ねていることに疑いはない。『野火』にしろ『ひかりごけ』にしろ、ぎりぎりのところまで問題を追い詰め、そこで作家は、これらの作品を書き上げているのである。個々の作品なり作家の姿勢には、小さくはない違い――とくにこの二作家の間では間違いなくあるが、それでいながら、同じようなところへ行き着き、かつ、以後もそのようなところへ至りついて終わっているとなると、やはり問題だろう。

それに、狂気か宗教かというところへ行き着いてしまうのは、この問題を、個人の良心の領域で捉えているから、ということがあるだろう。言い換えれば、いわゆる近代的人間観の枠組みのなかで、扱っているのである。大岡昇平といい武田泰淳といい、いずれも傑出した作家であるが、いわゆる戦後派文学に属し、その人間観を強く押し出す役割を果たしたのであって、そのところで人肉食を扱う時、はやばやとその限界に達し、狂気か宗教かということになり、追究は行き詰まってしまったのではないか。どうもそういった問題があるように思われるのだ。

このようなことを言い出すのも、『野火』や『ひかりごけ』に深い感銘を覚えながら、どこか飽き足りぬ思いをして来ており、たまたまさきに挙げた岡松氏の文章を読むとともに、『おろおろ草紙』のことを思い出したからである。

その文章で岡松氏は、居酒屋を営む夫婦が、旅人をしばしば殺しては、人肉饅頭を売ってゐるといふ話、また、主人公の豪傑の一人が、恰好の酒の肴だと、目の前にゐた悪者を切り苛んで食べるといふ「痛快」な場面を挙げているのである。

そうして氏は書く、「近代のリアリズム小説なら目を覆うところだろうが、固い人倫の壁がすぽっと抜け落ちて、『水滸伝』の登場人物たちは思う存分なことをやっているという印象になる」と。そして、つづけて、こうした「彼らの自由を尊重したくなる」、と記す。

こんなふうに書く氏も、『野火』や『ひかりごけ』には敬意を抱いて来ているだろうと思われるが、しかし、いまなお、狂気か宗教か、と言ったところに行き着いて、立ち止まっていることには、激しく苛立っているのは明らかだろう。

殊に、ここで氏が使っている「自由」という言葉だが、戦後から今日まで一般に広く使われて来ているものと、これほど遠く懸け隔たったものはなかろう。自由といえば、個々人の生命なり個性なるものを無限定に尊重したところにおいて考えられてきているはずだが、そこを無造作に踏みにじる。その点では、恐ろしく危険な考え方だと言ってもいい。しかし、じつはそれゆえに、われわれの近代的人間観が排除してきた、文学本来の自由が、そこでは考えられているように思われるのである。これまで人間性なるもののなかに、なにもかもを包み込んで来たが、ことに文学の自由となると、そうはいかない。多分、そう岡松氏は主張してゐるのである。

ところで『おろおろ草紙』だが、天明四年（一七八一）、奥羽地方を襲った大飢饉を扱ったこの長篇は、戦争などという社会的事件によってもたらされた特別な限界状況において出来した事柄、というふうに人肉食を捉えていない。第一に、ここには氷雪に閉ざされた小屋だとか、修道院の地下室だとか、閉ざされた密室状況は存在しない。一地方ではあるが、広大な地域へと広く開かれており、そこでこの事態が進行するのである。そのため、路傍の餓死者に始まり、墓を暴いて死者を、さらに幼児を殺して食らう、というふうに人肉食がさまざまなふうに繰り広げられるのだ。そして、それらが半ば日常的な出来事でもあるかのように、描かれるのである。

勿論、このようなところでも良心の苦悩なり、人間としての基本的在り方への侵犯の恐怖、といったことがあり、作者も扱っている。しかし、ひたすら個人の内面の問題として突き詰めようとはしないから、狂気か宗教か、というところへ収斂していくことにはならない。作者の三浦氏がこうしたのも、いま言ったような立場で扱うこと自体への根本的な疑問があったからだろう。

いかに苦悩しようとも、食べなくては生きて行けないのが人間というものであり、事態は限界を越えて進行してしまうのである。そのことをはっきり認めなければ、苦悩すること自体が、抗し難い事態から、自らの良心ばかりを救い出すための言い訳になりかねないのである。

考えてみれば、戦争なり事故で、孤立することによってこうした事態が起こる、というのは、近代文明とその国家が、食べるのに困らない状況を実現していて、それが一時的に消滅するときに、出来する、ということになろう。だから、そうした恵まれた状況が成立していないところでは、平常的に起こることさえ有り得る。

その点で、この問題を個人の良心のこととして考えること自体、その近代が可能にしている状況のなかで、初めて行われていると言わなくてはなるまい。

このところを無視して、個人の良心の問題としてばかり追究することは、いかに良心的であっても、重大な誤りを内包していることになるのではないか。そればかりか、良心を言い立てるだけ、傲慢さに陥ってもいるのではないか。

最初に触れたバリー・コリンズ作『審判』が、ここまで述べて来た疑念を逃れているかどうか、見ていないわたしには分からないが、しかし、人気を得ているということが、われわれの時代の最も一般的な通念の枠組みのなかにすっぽり収まっているがゆえではないかとの、危惧の念を抱かせるのは自然だろう。なにしろ、『野火』『ひかりごけ』に似ているのである。しかし、そう言ったところを突き抜けているのかもしれない。

いずれにしろ食べるという行為は、われわれ自身の在り方を根底的に破壊する可能性をたっぷりと孕んでいて、その恐ろしい「自由」は、文学本来の「自由」へと導いてくれるものでもあるらしい、と考えてよいようである。

（「武蔵野日本文学」４号、平成７年（一九九五）３月）

大岡昇平『俘虜記』を読む

大岡昇平の『俘虜記』は、昭和二十三年（一九四八）「文學界」二月号に発表され、高い評価を受けた作品です。文学作品として優れていただけでなく、一言では言えない、強い衝撃を与えたものでした。そのあたりのところを中心にお話ししようと思いますが、この作品は、大岡にとって、最初といってよいもので、これをもって小説家として出発しました。そうして、戦後間もなく登場して来た「戦後派文学」の有力な一員となり、以後、わが国の文学の重要な担い手として活躍しつづけることになったのです。

その作家活動は、まづは『俘虜記』で扱ったフイリピンでの俘虜体験を引き続き書くことでした。そして、それらの短編を集めて本にするに際して、『俘虜記』を総題とし、元の作品は『捉まるまで』と改題しました。

ただし、私にとって『俘虜記』は、大岡が最初に書いた作品であり、『捉まるまで』といった題のものではなかった、と言いたい気持があります。発表されて間もなく読み、わたしもまた、衝撃を強く受けたからです。そのことを、まず断わって置かなくてはなりません。

＊

ところで「戦後派文学」ですが、最近は半ば忘れられがちのようですが、わが国の文学史なり思想の歴史において、大変大きな意義を持つと思います。

なにしろ「大東亜戦争」の敗戦という事態を受けて、出発したからです。

その戦争の持つ意義は、まだまだ十分に考えられていると言えないと思います。現に「大東亜戦争」という、当時行われていた呼称自体、今日ほとんど行われず、占領軍が強制した、Pacific War を翻訳した「太平洋戦争」が流通しているような状況です。この Pacific War の呼称は、言うまでもなくアメリカから見たものです。現実に戦場は、太平洋にとどまらず、大陸の奥深く、そして南太平洋、インド洋にまでひろがり、多分、人類が起こした戦争で最大の戦域を持ちます。ただし、この戦域の途方もない広さは、航空機や艦艇の技術的発達による面があるものの、統一的戦略を持たなかったことを意味して、必ずしも誇れるわけではありません。

そうした点からでも、膨大な血を流しながら、まだまだ十分に検討し、考え巡らしたとは言えないのですが、しかし、その戦争体験に根差した戦後派文学が、大変貴重な多くのものを掴み取り、手にし、今日のわれわれに向け、差し出しているのは疑いありません。

例えばその文章表現力ひとつ取り上げても、恐ろしく押し広げました。明治以降、いわゆる日本の近代文学は、個々人の私生活の領域を、写実主義をもとに扱うのに終始して来ました。しかし、戦争が、人々を人それぞれの社会生活、そして、ささやかな私生活から引きずり出し、生死の狭間に置き、実際に死へと多くの人々を追いやった。その揚げ句、その日本国という権力機構自体、外国軍によって完膚無きまで叩き潰されたのです。

それまでの国家観、世界観、そして、人間観も崩壊せずにはおれませんでした。

この事態のただなか、どうにか生き残った者たちが、その痛切な体験を基に、書き出したのが戦後の文学です。

その中でも、とくに「戦後派作家」と呼ばれた人たちがすぐれてそうですが、名を挙げれば、大岡昇平、埴谷雄高、椎名麟三、武田泰淳、野間宏、梅崎春生、中村真一郎といったところでしょうか。それに三島由紀夫も数えられます。

この人たちの敗戦時、昭和二十年（一九四五）の年齢を見てみておきましょう。

大岡昇平	明治四二年、一九〇九	三十六歳
埴谷雄高	明治四三年、一九一〇	三十五歳
椎名麟三	明治四四年、一九一一	三十四歳
武田泰淳	明治四五年、一九一二	三十三歳
野間　宏	大正四年、一九一五	三十歳
梅崎春生	大正四年、一九一五	三十歳
中村真一郎	大正七年、一九一八	二十七歳
三島由紀夫	大正十四年、一九二五	二十歳

敗戦時点で大学生であった三島由紀夫を別にして、社会人として歩み始めるなり、中堅として活動を本格化させようとしていたところで、戦場へと引き出されたのです。そうでなければ、療養生活とか思想問題で監視される身の上だったりしていました。

それだけに、自身の人生に直接かつ深刻に関与するかたちで、戦争と出会ったのです。

この点が大事だと思います。一応、一人前となって思慮分別もつき、自分なりの人生の道筋を見定め、歩み出し、それなりに多少は歩いたと思ったところでの、この事態だったのです。

殊に最年長の大岡の場合が、深刻でした。翻訳家としてかなりの仕事をし、結婚して二人の子をもうけいてました。本来なら、戦場へと引き出されるような年齢でも社会的立場でもありませんでした。武田泰淳も野間宏も兵役に就いてはいるのですが、戦況が絶望的になった時期にはすでに除隊しています。

＊

その大岡昇平の戦争との係わり様を、いま少し詳しく見ておきたいと思います。

京都大学を卒業後、小林秀雄や河上徹太郎、中原中也ら、文学の先輩や仲間たちと交友をつづけていましたが、自立した生活を求め、昭和十三年（一九三八）十月、日仏合弁の帝国酸素（神戸市）に、翻訳係として入社しました。フランス語に堪能な点を買われたもので、本社のある神戸に住みました。そして、会社内で出会った上村春枝と、十四年十月一日、結婚式を挙げました。

その間も翻訳の仕事は続けていて、アラン『スタンダール』（昭和十四年四月）、スタンダール『ハイドン』（昭和十六年五月）などを刊行するとともに、娘を設け（二月）ます。そして、部署も営業課に変わった昭和十六年の末近く、十二月八日、米英仏蘭との開戦を知るのです。

この開戦は、日仏合弁の帝国酸素の在り方に深刻な影響を与えました。ことに昭和十七年六月のミッドウェー海戦あたりから、戦局が悪くなると、海軍は社の完全掌握を図り、憲兵が社に現われるようになります。そして、昭和十八年二月にはフランス人役員がスパイ容疑で連行され、入社の際に世話になった人物が罷免されるといった事態になったのです。

戦況は、同じ二月、ガダルカナルの悲惨な撤退が始まり、四月十八日には連合艦隊指令長官山本五十六が戦死、五月にはアッツ島守備隊が玉砕するというふうに、一気に悪化の一途を辿ります。それに応じて軍による国内の統制は厳しさを増し、六月、大岡は帝国酸素を退社しました。その翌月、二人目の子、長男が生まれます。そして、十一月、世話をしてくれるひとがあり、川崎重工に入社、神戸艦船工場資材部に勤務しました。

この勤務先で、日本の造船状況の実態を知り、日本の敗戦は不可避と考えるようになりました。昭和十九年二月、川崎重工の東京事務所出張員となり、単身、東京に出ます。その直前でしょうか、家族四人の写真があります。若々しく、働き盛りといった大岡に、日本人離れした美貌の奥さん、奥さんは赤ん坊の男の子を抱き、二人の間には四つの女の子がいます。

そして三月十六日、教育召集を受けるのです。昭和七年、徴兵延期になっていましたが、第二乙であったためと、本籍地が東京であったことから、近衛歩兵第一連隊に入隊します。

教育召集は三ヶ月以内で、六月十日に解除になりますが、そのまま臨時召集に切り替えられました。すでに三十五歳になっていましたから、平時なら召集されるはずがないのですが、戦時編制になると、三十七歳四ヶ月まで、後備兵役があり、それに該当したのです。近衛歩兵第二連隊に補充兵として編入されました。文字通り老兵です。そして、フィリピンに送られることになったのです。

フィリピンは開戦間もなく、昭和十七年正月にはマッカーサーが指揮するアメリカ軍を追い出し、日本軍が占領していた地です。反攻に出たアメリカ軍が迫って来るとの判断からでした。

遺言を書き、六月十七日、兵営から品川駅へ徒歩で向かいました。その品川駅で、正規の面会時間に間に合わなかった妻子が駆けつけ、わずかの時間、別れを惜しみました。勿論、帰還の期し難いことは、双方とも痛いほど承知していました。

その日午後三時、品川駅を出発、翌日には門司に着き、十日間、市内に分宿、二十八日に輸送船第二玉津丸に乗船しました。

それから出港まで、五日ほど過ごしましたが、こういう情景を船から眺めました。『俘虜記』からです。

……夜、関門海峡に投錨した輸送船の甲板から、下の方を動いて行く玩具のような連絡船の赤や青の灯を見て、奴隷のように死に向って積み出されて行く自分の惨めさが肚にこたえた。

まことに痛切な一文です。殊に「奴隷のように死に向って積み出されて行く」というところ、いまなお読むわれわれの身に応えます。つづけて、

出征する日まで私は「祖国と運命を共にするまで」という観念に安住し、時局便乗の虚言者も空しく談ずる敗戦主義者も一紮《ひとから》げに笑っていたが、いざ輸送船に乗ってしまうと、単なる「死」がどっかりと私の前に腰を下して動かないのに閉口した。

「死」と向き合い、そして、これから先、自分の前には「死」しかないと思い知るのです。その上で、日々生きていかなくてはならない。

……私は遂にいかにも死とは何者でもない、ただ確実な死を控えて今私が生きている、それが

問題なのだということを了解した。

いつ、死ぬか分からないが、その時まで、死と向き合って生きて行くよりほかない。その生をいかにして生きるかが唯一の問題だというのです。

そうして七月三日午後八時、出港しました。暗くなった海上には、灯火をつけた船舶、そして、街の灯火が見えたことでしょう。空襲が本格化するまでに、今少し月日がありました。

しかし、外洋に出たら、潜水艦の攻撃を警戒しなくてはなりませんでした。多分、真っ暗にしての航海だったろうと思います。

沖縄沖を航行中に、アメリカ軍がサイパン島に上陸したのを知らされます。そして、台湾の基隆港《キールン》に入り、フィリピンに近づきましたが、十二日夕刻、バシー海峡で、共に航行していた僚船の日蘭丸が潜水艦から攻撃を受けて沈没するのを目撃しました。その夕刻、ルソン島アバリに到着、十五日未明にマニラに着きました。

遮光セザル灯火ノ岸に連ナルを見ル。真紅ノ朝焼。

『西矢隊始末記』の一節です。大岡が編入された中隊の、大岡の手になる記録ですが、マニラはまだ平和で、美しさを保っていたのです。

そこでミンドロ島サンホセの警備を命じられ、陸路と水路で向かい、八月一日から正式に任務に就いたのです。

この着任までに、サイパン島の守備隊三万人が全滅、七月十八日には東條内閣が総辞職、誰の目にも敗北は明らかになって来ていました。

そういう状況下での、配備でした。兵の三分の二が三十四、五歳、残りが二十一歳の、いずれも補充兵ですから、戦力にならないのは明らかでした。

二等兵の大岡の任務は電信係でした。兵隊として最低の位でしたから、電信係でも重要な情報は耳にできませんでした。しかし、下士官室に机を持ち、仕事をしていましたから、おおよその戦況は分かったようです。

そして、九月二十一日には、マニラに初めて空襲があり、十月中旬には、アメリカ軍のレイテ島上陸作戦が始まりました。

十一月一日、他の多くの兵とともに一等兵に進級しましたが、十二月十日過ぎ、レイテ島の戦況はもはや絶望的であると知らされました。その頃、内地から最初で最後の郵便物が届き、訳書バルザック『スタンダール論』を受け取りました。どのような気持で、その訳書のページを繰ったことでしょう。

十二月十日過ぎ、マラリアに罹り、発熱します。そのさなか、十二月十五日朝、アメリカの艦艇約六十隻が押し寄せて来て、艦砲射撃が始まりました。地上軍の砲撃と違い、大砲が桁違いに大きく、破壊力はすさまじいものです。部隊は抵抗する術もなく、サンホセの警備隊五十一名は東北の山地（ルタイ高地）を目指して退避しました。その際、通信機は焼却、大岡は通信係の任務を外れ、歩兵として行動することになりました。

その山中で、翌年の一月十六日、大岡は再びマラリアの高熱に襲われます。連日四十度、足が立たず、舌ももつれます。

アメリカ軍はすでに上陸、いよいよ間近に迫って来ます。斥候に出た将校たちは次々戦死します。そして、偵察機が飛来、迫撃砲が撃ちかけられ、指揮する中隊長は直撃弾を受けて死に、指揮をとる者がいなくなります。二十四日、歩ける者ばかりが脱出しますが、銃声を聞いては方向を変える道行きとなりました。大岡もその隊列に従ったのですが、脱落します。さうして翌二十五日、意識を失ってひとり倒れているところを米兵に発見され、俘虜となったのでした。

私は昭和二十年一月二十五日ミンドロ島南方山中において米軍の俘虜《ふりょ》となつた。

『俘虜記』の書き出しです。

かなり前から「俘虜」とは言わず、「捕虜」と言うようになっていますが、「俘」が制限漢字にかかったため、言い換えられ、慣用化したものの一つのはずです。（孚─手で子を包み込むさま。俘─捕らえた人間を囲んで逃げないようにすること。虜─力づくで捕らえ、数珠つなぎにしたとりこのこと。）

＊

ここから『俘虜記』の本文に入りたいところですが、俘虜となってから『俘虜記』を書き出すまでを、簡単に見ておきましょう。

大岡は、戦線から俘虜収容所に送られます。今日、われわれは俘虜と一言でいってすましますが、戦火が交えられているさなかの俘虜暮らしと、八月十五日に日本国が降伏した以降の俘虜暮らしとは、大きな違いがあります。

前の期間では、あくまで敵国の軍隊の監視の下にあり、仲間の兵隊たちはいまなお血を流して戦っているのです。その事実を思わずにおれません。ですから、意思に反して捉まったのか、意思して降伏したのか、その違いが問題になります。俘虜としてはそこに拘らずにおれません。後の期間となると、軍の指示に従い全員が俘虜になったので、各人の対応など問題にはならず、はなはだ気楽です。

大岡は、まずは捕らえられた俘虜として過ごし、やがて敗戦国の一兵隊の俘虜として、日々を過ごしたのです。それぞれの時期、それぞれの屈辱、軋轢、怒り、悲しみ、そして、それなりの楽しみも体験するのです。大岡にとっては、じつにさまざまな人間、さまざまな職業、階層の人間を知り、観察する、またとない期間でした。

そして、敗戦の年の十一月二十二日、帰国の信濃丸に乗船しました。

信濃丸は十二月十日、博多港に入港しました。そして、翌日、母国の土を踏んだのでした。

この後、列車を乗り継ぎ、明石の家族の疎開先へ帰り着いたのは、十二日のことでした。九死に一生どころか、万死のなかに一生を得ての、復員でした。

しかし、そのまま腰を据えることはせず、翌昭和二十一年一月には上京、旧友たちや小林秀雄に会いました。その時、小林から従軍記の執筆を勧められたのです。「それまで帰ってから戦争の経験を書こうという気持は一つもなかった」（『わが文学生活』）といっていますが、捕虜生活でも帰国の船内でも、考えつづけていたはずですから、自ずと執筆の準備は半ばできていたのではないでしょうか。

そして、四月から五月、『わが文学生活』では五月から六月としていますが、『俘虜記』初稿を百枚書きました。

それを小林に見せたところ、ほめてくれ、小林が創刊した雑誌「創元」二号への掲載が決まりました。

ところが一号掲載予定であった吉田満『戦艦大和の最後』が、占領軍の検閲により、掲載出来ないこととなり、『俘虜記』も同様の危惧が生じ、掲載は見送られました。

検閲による刊行停止なり書き直しは、占領下ではよく起こったことでした。そこで少し筆を入れたようですが、字句の訂正程度にとどまったようです。

そして、青山二郎の推薦で「文學界」に持ち込まれ、十二月、編集当番の亀井勝一郎によって掲載が決定、昭和二十三年二月号に掲載されたのです。

なお、現在の「文学界」は、文藝春秋新社の発行ですが、そうなったのは昭和二十四年三月からで、当時は同人制で、二十二年六月に復刊したばかり、小林も関与していました。

こうして発表されると、一部、手厳しい批評もありましたが、好評で迎えられました。というよりも、初めに記したように、驚きでもって迎えられたのです。

わたしが読んだのは、その「文學界」ではなく、その年の八月末に刊行された『創作代表選集』第二輯（講談社）か、翌年二月十五日刊行の『日本小説代表全集』18（小山書店）です。

前者ならわたしは中学三年生の秋、後者なら同じく中学三年生も終わりの春か新制高校一年生です。別に私は早熟な文学少年というわけでなかったのですが、その頃から読書に取りつかれていたようです。手に入る読みやすい本は、片っ端から読むようになっていたのです。学校の図書室の担当者が、わたしの幼い希望を聞くなり、おもんぱかって購入してくれました。

そして、今言ったいずれかの本で、『俘虜記』を読み、なんとも言いようのない衝撃を受けたのです。

ですから、今日、この作品についてお話ししたいと思ったのですが、考えてみますと、当時の時代状況も少なからず作用していたと思います。まだまだ焼け跡が残り、闇市も栄えていました。わたしは昭和二十一年に中学（旧制最後）へ入ったのですが、墨塗りの教科書とか、大判のザラ紙に数ページ印刷された教科書、それに続いて、六・三・三制への移行によって、新制高校附属の中学生となり、男女交流が行われて、旧制中学から旧制女学校へ移動させられました。これらは占領軍の強制によるものであったことは、当時の中学生にも明らかでした。

アメリカ軍による占領は、七年もの長きにわたっただけでなく、独特なものでしたね。中学生の私が電車の座席に座って本を読んでいると、いきなり手を掴んで立たせる者がいる。若いアメリカ兵でした。そうして彼は、老女を座らせるのです。善意に溢れたお節介を、実力でやってのけるわけですね。

改札口では、頭の上からＤＤＴを浴びせられました。ご丁寧に襟元を掴まれ、服の中にも注入されました。占領がずっと身近でした。こうした状況で、読んだのです。

ただし、この作品は、そうした状況に大きく左右されるようなものでなかったことは言っておかなくてはなりません。

＊

『俘虜記』は、いまも引用したように、俘虜になった年月と場所を明記して始まります。

そのミンドロ島は、首都マニラのあるルソン島の南西にある、四国の半分ほどの島です。軍事施設というべきものはなく、兵隊も歩兵二個中隊がいるばかり。

そこへアメリカ軍が上陸して来たわけですから、なすすべもなく退避、一応は戦闘へ向け兵員の結集をはかったのです。

しかし、実際はアメリカ軍に追われて、山の中を右往左往するだけだったと言ってよいような状況であったようです。

そのなかの一人、大岡一等兵――「私」の一人称で書かれますが、拠点を出る際に、水筒の水を捨てます。どうせ死ぬのなら、重い水筒を携帯する必要はないと考えたのです。

しかし、実際に死は容易にやって来ません。一行とはぐれ、ひとり乾きに苦しみ、水を求めて移動しつづけることになりました。この移動は、当然ですが、地勢を見てのことになりました。第一には水流を考えてですが、それとともに身の安全を確保するためです。アメリカ兵から発見されないようにしなくてはならない。そのための鍵の一つが地形です。

後に『武蔵野夫人』で、この関心は存分に生かされることになりますが、地勢を見極め見極め行動して行くのには、冷静な観察とそれに基づく推理、そして、それを実行するだけの体力を必要とします。その体力ですが、マラリアになって熱を出し、衰弱していて、思うようには動けない。この点もまた、見極めなくてはならないのです。

その点で、ある限りの知力を、外界に対しても自らに対しても働かし続けなくてはならない。戦闘力とか技能、勇気といったものではないのです。一般に戦争を扱う作品とは、その点でまったく違います。それが第一の驚きでした。

その「私」は、移動するのに力を使い果たして、林のへりに倒れます。

前方には草原が開けていますが、左手は谷へ繋がる林で、前方も二十間、約三十六メートルほど置いて林で、右手へゆるやかに斜面が上がっています。その上にこれまで自分たちがいた陣地があるのです。

そこには比島の丘々にあの柔和な夢幻的な緑を与えている、細い長い萱《かや》に似た雑草が生えていた。

こう描写されています。地勢、体力を見極めながら、こう見る目はなんでしょう。生得の作家なり詩人のものと言うべきでしょうか。

つづけて、

　何の物音もしなかった。私がどれほどそうして横たわっていたか明らかではない。私はやはり自殺を考えていたか、渇えていたか、明瞭でない。

私の意識は、周囲から自分自身の内面へ、体力ばかりでなく、間違いなく内面へ向かうのです。しかし、性急にどうだと結論づけることはしません。「明瞭ではない」と、判断を保留して、さらに伺い知ろうとし続ける。

この判断を保留しつつ、意識、思考の働かせる、沈着冷静と言うよりほかない意識、思考の働かせかたが、もう一つの驚きでした。

なにしろここは戦場であり、敗残の部隊からも落伍した、単独行の病兵の身なのです。それでいて、これだけの冷静さを保持している。

この「私」に不意に浮かんだのが、アメリカ兵が目前に現れたとしても、「射つまい」という思いでした。なぜ、そう思ったのか？　自身の生涯の終わりを血で汚したくないと思ったらしい。そして、この「道徳的決意」を、人に知られたいとも思ったらしい。しかし、果たして心からそう思ったのか？

結論は保留し、よくは分からないと立ち止まったまま、身を横たえているのです。

その時、実際に私の前に、アメリカ兵が現われるのです。

叢を分けて歩く音だけが、ガサガサと鳴った。私は促されるように前を見た。そこには果たして一人の米兵が現われていた。

私は果たして射つ気がしなかった。

それは二十歳位の若い米兵で、深い鉄兜の下で頬が赤かった。彼は銃を斜めに前方に支え、全身で立って、大股にゆっくりと、登山者の足取りで近づいて来た。

私はその不要心に呆れてしまった。

その兵士は、最初見た時の距離の半ばを越えて近づいて来たが、銃声が起こり、その方角へ立ち去って行った。それを見送った自分の行動に、「私」自身が驚き、不審の念を覚え、さまざまな角度から執拗に検討を加えることになります。

実際にその場所で、これほど執拗に思い回らしたかどうかは分かりません。多分、俘虜となって収容されてからの日々において、帰国船上において、この原稿の執筆中にも、執拗に考え続けたのでしょう。じつはそれが、この作品を書かずにおれなかった理由かもしれません。

そうして、射殺できる距離に無防備に現れた米兵に対して、銃の安全装置を外しながら、引き金を引かなかった自分の在り方を、問い続けます。彼を撃てば、他の兵士に見つかり、自分は殺されたろう。その一方、かの米兵が死なずに行動したため、自分が属していた軍がそれだけ圧力を受け、殺される者も出たかもしれない……。

自分に「殺さず」の選択をさせたのは、ヒューマニズムのゆえか。道徳律のゆえか。生への絶望が殺されるよりは殺すという対応を放棄させたのか。若い米兵の美しさゆえなのか。

その思考はとめどがありません。

しかし、生死の瀬戸際に身を置き、自ら瀕死状態へと崩折れていこうとしていながら、こうまで考えることができる。その強靭さがいま一つ、三つ目の驚きでした。

もしかしたら「私」は、この考え続けることに、自らの誇り、矜持を賭けていたのかもしれません。死ぬまで、考えるという一点において人間たろうと決意していたから、こうしつづけることができたとも思われるのです。

有名な言葉ですが、「考えるがゆえに我あり」、デカルトの言葉で、近代哲学の幕を開いたものとされます。文脈は違いますが、戦場でまさしく無駄に死のうとしている時に臨んで、なおも人間たろうと、考えつづけたとも思われるのです。その点で、デカルトの言葉を傍らに置きたいと思いました。

また、この場面は、黒沢明監督の映画『羅生門』(昭和二十五年)の、証人ごとに異なった証言をするのを、繰り返し撮っているのと、照応しているようにも思います。結論を出さず、執拗に検証しつづける。もしかしたら黒沢は、この『俘虜記』にヒントを得たのではないかとも考えたくなります。敗戦後の状況下、身動きならない状況で、取り得る態度の一つだったのでしょう。

＊

この後、あたりは再び静まり返り、渇きに苦しめられます。そして、夜を待ち、重い銃と帯剣に雑嚢を捨てて、水のあるところへ行こうとするのですが、体力がない上に、目指す途中には米軍がいると判明、「水を飲まずに死ぬ」ことを納得するにいたります。

私はこの平静な決意に早く到達しなかった自分に微笑《ほほえ》みかけた。

そうして手榴弾を腰から外し、前に置いて眺め、信管を苦労して抜きます。そして、「あばよ」と言って、石に打ち当てるのです。しかし、信管が外れ、爆発はしませんでした。

引き続いて、靴を脱ぐと、一旦は捨てた銃を手にしてその口を額に当て、引き金を引こうとするのです。しかし、その不安定な姿勢のため、横倒しになり、そのまま人事不省におちいるのです。

そこを米兵に確保されたのです。

この短編に驚きを覚えたことについて、以上、お話ししましたが、いま再読して、その驚きには変わりはありませんでした。

ここから、これまで日本文学になかったとは言いませんが、顕在化するに至っていなかった、徹底して冷静に思考を巡らし続ける姿勢が、意味あることとして確かな地位を得たのです。

戦後文学は、肉体、性、無意識、夢、幻想といったものをクローズアップしたのですが、同時に、冷静な思考の価値を知らせたのです。

ただし、その大岡の歩みは、はなはだ困難なものであったのは確かです。彼は絶対者、神を窺うところまで行くのです。

『俘虜記』の題の脇に、次の言葉が添えられています。

わがこころのよくてころさぬにはあらず。

親鸞『歎異抄』の一節です。「私は自分のヒューマニティに驚いた」と書きましたが、決してそう簡単に言えることではなかったのは、さきにも触れたとおりです。そして、この思考の堂々巡りは、宗教的な領域にまで立ち入らずにおれなくするのです。そのあたりの消息を、この一文がよく示しています。

しかし、大岡は、宗教的解決を望みませんでした。しかし、宗教的解決を望まずして、その域に踏み込もうとすることは、いよいよ事態を困難なものにします。とくに大岡のように、明晰な思考の持続をなによりも大事とし、そこに矜持を賭けるような人にとってはそうです。『野火』の主人公が最後、精神病院に収容されることになりますが、そこで大岡は、自らの限界に突き当たったのはたしかでしょう。

それとともにもう一つ、こうした姿勢を貫きつつ小説らしい小説が書けるのか、という難問も立ち現われて来ます。スタンダールを最大の師とする大岡は、挑戦し続けました。(注)

＊

最後に、この『俘虜記』を『捉まるまで』と改題して、俘虜体験を書き綴った短編群について、少し言って置きましょう。大岡自身、俘虜収容所の部分を問題にしてくれないことに、不満を漏らしています。

これらは、言ってみればドストエフスキイの『死の家の記録』に相応します。実際に大岡自身、『死の家の記録』を参考に読んだとのことですが、拘束された敗残兵ほど、やりきれない存在はないでしょう。人間でありながら、何重にも人間たるところを剥奪され、かつ、互い同士、剥奪し合いつづけるのです。大岡はその姿を、自分を含めて、スケッチしたのです。

そして、その姿が、占領下の日本の現状にも重なる。その意味で、確かに作者自身が不満を漏らすように、そこを見なくてはならないだろうと思います。占領下とは、日本国全体が俘虜収容所に入れられているようなものだったのです。

ただし、その最初の『俘虜記』（「捉まるまで」）には、すでにユニークな人物が描き込まれています。例えば、交戦中、指揮を取っていて死んでいった将校など、印象的です。ノモンハンの生き残りで、戦況をよく承知していたようです。大岡は好きな男だったといっています。こんなふうにして大岡は、間違いなく作家になったのです。

ところでこの俘虜収容所を扱った一連の作品は、昭和二十五年十月まで書き継がれました。日本が実際に占領下に置かれていた期間内です。その間に、単行本『俘虜記』『続俘虜記』『新しき俘虜と古き俘虜』が出ます。そして、それらを作者が最終的にまとめた、「捉まるまで」以下十三編を収めた、合本『俘虜記』（創元社）が刊行されたのは、昭和二十七年（一九五二）十二月でした。異例に長い占領期が終わり、日本がようやく独立した年の冬です。このことも記憶しておく必要があるように思います。

（東京都渋谷区社会教育講座「大岡文学を読む――戦争小説Ⅰ」講演稿、平成24年（二〇一二）10月15日）

注　拙著『三島由紀夫の時代――芸術家11人との交錯』（水声社）の「大岡昇平、回帰と飛翔と」参照。

当たり前の生の思想――小林秀雄『本居宣長』について

小林秀雄の『本居宣長』は、宣長の遺言書の紹介から始まる。自分の入る棺桶の仕様、死骸の扱ひやうまで、「殆ど検死人の手記めいた感じ」がするほどこと細かに指示し、墓は、松阪も菩提寺と山室山の二ヶ所に、山室山の墓については図を描いて、好きな山桜を植ゑるやうに注文してゐる。そして、この六百頁を越す大冊の終はりでは、宣長が死について述べた『答問録』の有名な一節を採り上げてゐる。「人は死候へば、善人も悪人もおしなべて、皆よみの国へ行ク事に候、善人とてよき所へ生れ候事はなく候。（中略）さて其よみの国は、きたなくあしき所に候へ共、死ぬれば必ゆかねばならぬ事に候故に、此世に死ぬるほどかなしき事は候はぬ也」。

死に始まつて死に終はる。そして、小林自身、最後にかう書きつけてゐる、「もう、終はりにしたい。結論に達したからではない。私は、宣長論を、彼の遺言書から始めたが、このやうに書いて来ると、又、其処へ戻る他ないといふ思ひが頻りだからだ。こゝまで読んで貰へた読者には、もう一ぺん、此の、彼の最後の自問自答が、（機会があれば、全文が）、読んでほしい、その用意はした、とさへ、言ひたいやうに思はれる」。

終はりが初めへと繋がり、環を結ぶのである。

環は、これ一つではない。冒頭、遺言書の紹介にはいる前、戦争中に折口信夫を訪ねた時、折口が別れ際に、「小林さん、本居さんはね、やはり源氏ですよ、では、さよなら」と言つた逸話が、さりげなく書かれてゐるが、終はりの『答問録』の一節を扱つたところで、小林は、「源氏物語」に触れる。さうして死に及ぶのだが、そこで宣長が、「源氏物語」の「雲隠」の巻と、「古事記」の伊邪那美命の死とを、対応させて考へてゐることに注意するのである。「雲隠」とは、言ふまでもなく、光源氏の死が描かれるはずの、名のみ伝はる巻だが、紫式部は、彼女なりの自覚のもと、あへて書かなかつたのに対して、「古事記」の神代の筆者は、書いた。すなはち、伊邪那美命の死と、伊邪那岐命の黄泉国下りは、書かれた「雲隠」だと考へるのである。勿論、「源氏物語」と「古事記」の優劣を論じるのではなく、宣長が、「源氏物語」を徹底的に読むことをとほして、獲得した目を働かせ、「古事記」を読んでゐることの証として挙げてゐるのである。これが、折口が示した課題への、小林の答であるのは言ふまでもない。

かうした環は、小林といふ批評家の、五十年におよぶ文学活動の上にも、結ばれてゐる。伊邪那美命の死と、伊邪那岐命の黄泉国下りについての『古事記伝』の記述の急所は、「伊邪那岐命の涙にある」と、小林が書いた文章を読むとき、涙をたたへた伊邪那岐命の眼と、『Xへの手紙』や『ドストエフスキイの生活』の序で小林が書きしるした、母親の眼が重つて見えてくるのである。「俺の言動の全くの不可解にもかかはらず、俺といふ男はあゝいふ奴だといふ眼を一瞬も失つた事はない」、そして、「さゝやかな遺品と深い悲しみとさへあれば、死児の顔を描くに事を欠かぬ」母親の眼について、三十歳代の小林は書いたが、いまや、その母親に等しい眼を自分のものとして、死に初めて出会つた者――伊邪那岐命――とともに立つてゐる、と言つてよからう。たとへば、次の美しい言葉を読んでみるがよい。

死者は去るのではない。還つて来ないのだ。と言ふのは、死者は、生者の烈しい悲しみを遺さなければ、この世を去る事が出来ない、といふ意味だ。それは、死といふ言葉と一緒に生れて来たと言つてもよいほど、この上なく尋常な死の意味である。宣長にしてみれば、さういふ意味での死しか、古学の上で、考へられはしなかつた。死を虚無とする考へなど、勿論、古学の上では意味をなさない。死といふ物の正体を言ふなら、これに出会ふ場所は、その悲しみの中にしかないのだし、悲しみに忠実でありさへすれば、この出会ひを妨げるやうな物は、何もない。

この本は、忘れ難い、美しい言葉に満ちてゐるが、死をめぐる最後の十数頁は、殊のほか、さうである。そして、ここまで読んできたとき、感動の波が確実に読む者を襲ふ。わたし自身、一度は怱卒と、いま一度は少し丁寧に読んだが、二度とも間違ひなくその波はやつて来た。

小林は、虚無ではない、充実した死を、宣長と歩むことをとほして、われわれの前に確固と据ゑた、といつてよからう。充実した死とは、なんとも不器用な言葉だが、われわれは、たとひ死であれ、生のただなかに身を置いて、出会ふのであつて、さういふ人間としての立場を忘れない限り、死は、決して虚無ではないといふのが、小林の確信であらう。そして、そこに、小林の五十数年にわたる批評活動の、重要な一つの立脚点があつたことが明らかになつた、と言つてよからうと思ふ。

＊

しかし、この本で小林が最も力を注いで語つてゐるのは、死ではなく、言つてみれば、誕生である。初めと終はりには死の姿が刻まれてゐるが、中身は、さまざまなものの誕生が語られてゐるのである。契沖、真淵、藤樹、仁斎、徂徠といつた思想家の誕生であり、それはそのまま、宣長の誕生につながつてゆくが、そこでは、「物のあはれを知る」といふ生々とした意識の誕生、「源氏物語」の新しい生命を得ての文学としての誕生、読解困難といふ沼のなかからの「古事記」の誕生を見ることになる。そして、また、人間の歴史の初めにおける、意識の、感情の、言葉の、歌の、思想の、また共同体の、誕生に立ち会ふことになる、と言つてよからう。

小林の筆は、だからと言ふべきか、じつに慎重であり、かつ、粘り強く、執拗である。かつての江戸つ子の巻き舌を思はせる威勢のよさは、ほとんど影をひそめて、牛のやうに反芻するのを辞さない。そして、自分の考へを語るよりも、いま挙げた学者、思想家たちの言葉、また、孔子や老子の言葉を吟味しつつ、それを一つ一つ積み重ねるやうに書いてゆくのである。それも、たとへば契沖では、下河辺長流との贈答歌だとか、自分の講義の聴講を後輩にすすめた手紙だとか、「簡素な簡明な」遺言だつたりする。さうして、「大明眼」が、契沖といふ一人の人間において見開かれるところを、それが生々と働くところを、浮びあがらせる。

契沖の「大明眼」とは、特別なものでもなんでもない。単に『『他のうへにて思ふ』ことから、『みづからの事にて思ふ』こと」へと深まる道をたどりつつ、学問をすることだと指摘する。そこでは、学問がそのまま自分を見つけ出す工夫となる。その自分とは、ことごとしい貌をした自我なぞではなく、現にいまここに生きてゐるとほりの自分なのである。「契沖の基本的な思想、即ち歌学は俗中の真である、学問の真を、あらぬ辺りに求める要はいらぬ、俗中の俗を払へば足りる、といふ思想」だ、と小林は言ふ。

藤樹にしても、「藤樹先生年譜」の十一歳の項、賊を討たんと勇みたつ姿を如実に示す文章を引き、彼の学問が、「実生活の必要、或は強制に、どう処したかといふところに、元はと言へば成り立つてゐた」

ことを明らかにする。そして、「学問するとは即ち母を養ふ事だといふ、人に伝へ難い発明」を抱いてゐたに違ひない、といふのである。

この視点は、見事に全編に貫かれてゐて、伊藤仁斎についてとなると、次のやうになる、「学問の本旨とは、材木屋の伜に生れた自分に同感し、自得出来るものでなければならなかつた」と。

これが、そのまま宣長自身の基本的態度となるのだが、彼は、すでに京都遊学時代に、「天下ヲ治メ民ヲ安ンズルノ道」である儒学は、「小人」たる自分には係はりがないと断じ、その上で、「小人」たる者こそ「自ラ楽シム」ことができるのであり、和歌が好きで好きでたまらぬ自分は和歌を作る、と友人にむかつて宣言したのである。

この態度は、後年の『玉くしげ』などに見られる、いはゆる被治者たる立場に自分を限定する態度に繫がるが、小林は、さうした方向には議論を向けない。「自分自身の事しか、本当には関心を持つてゐない、極めて自然に、自分自身を尺度としなければ、何事も計らうとしてゐない、見解といふよりも、むしろ生活態度」であり、その「自分の『小人』の姿から決して眼を離さない、其処から、彼の『風雅』といふ言葉が発音されてゐる」と指摘するのである。「風雅」とは、宣長の場合、学問と言ひ換へてもよからう。

このやうに小林は、契沖から宣長までの学問・思想の流れを扱ひつつ、卑俗な実生活のなかにある己が身にとつて本当に納得のゆく工夫へと焦点を絞るのである。契沖、藤樹らが現はれた時代について、「学問の下克上」といふことを言ふのも、このゆゑであらう。

それとともに小林が、これらの学者・思想家の関係を、影響関係の鎖で結ぶことを極力避けてゐるのに注意しなければなるまい。彼らはいづれも、自らの生活のうちから、その態度・方法を己が手で摑みとつたと、見るのである。

当時、学問といへば、古典を読むことに尽きたが、契沖、藤樹以下の学者、思想家たちは、以上に見た態度でもつて、古典とぢかに向ひあつた。今までに積み上げられて来たおびただしい注釈類のすべてを棄て、日々の生活を営んでゐる一人の人間として、素手で、思案の限りを尽くし、古典の言葉を真直ぐに受け取ることに努めたのである。さうする時、言葉はわれわれの裡に深く食ひ込み、大きな力を振ふとともに、時代なり歴史と微妙な係はりやうも見えて来るのである。

それだけになほさら、言葉を、言葉が本当に生きて働いてゐる現場で、上代なら上代の現場で、捉へるやうに努力を傾けることになるが、それは恐ろしく困難なことであつた。が、自分自身の具体的な生活を手放さずに、慎重かつ大胆に感性、想像力を働かせ、言葉の、人間の、時代の内側へと入り込んでゆくならば、思ひがけず一気に達成することができる。そのための工夫が学問としての形をとつたのが、古文辞学であり古学に外ならないとするのである。

宣長は、主に契沖、真淵、そして徂徠の影響を受けながら、自分は「小人」であつて、「僕ノ和歌ヲ好ムハ、性ナリ、又癖ナリ」といふ一点に強く拠つて、詠歌と歌学を学び、「源氏物語」を読み込むことをとほして、「古事記」へと到つた。その道筋を、小林は、じつに親切に、行きつ戻りつして書いていくが、そこにおいて、先にさまざまなものの誕生に立ち会ふと言つたとほり、さまざまなものがそれぞれに自らの生命に目覚めて動き出すのを見ることになるのである。

＊

この文章で述べなくてはならないのは、いま言つた、その動き出すところであらう。しかし、そこは、整理し要約し紹介するといつた作業を受け付けず、敢へてすれば、破壊することになりかねまい。

が、だからといつてこのまま筆を置くわけにもいかない。そこで、かう言はねばならない理由を見ていくことが、あるいは、小林の宣長観を一段と浮び上がらせることになるかもしれない。

その理由だが、一つは、すでに述べたやうに、小林が自分の考へ、判断を直接的に語るよりも、宣長自身の言葉を多く引用する態度に終始してゐることである。それも、宣長が自らの立場を直接的に述べる文章ではなく、たとへば『排蘆小船』『紫文要領』『古事記伝』などで、宣長が何かを言はうと努めながら成功してゐないところだとか、あれこれ注釈を書きならべながら、結局これといつたはつきりしたことを言へずに終はつてゐるところだつたりするのである。

それといふのも、小林は、宣長の言つてゐる意味内容よりも、言ひざまに注意を向けてゐるからである。そして、その小林の態度が、じつは宣長の最も基本的な態度でもあるのだ。「詞花を翫ぶ感性の門から入り、知性の限りを尽して、又同じ門から出てくる」のが、宣長であり、彼が「歌道の上で、『物のあはれを知る』と呼んだものは、『源氏』といふ作品から抽き出した観念と言ふよりも、むしろそのやうな意味を湛へた『源氏』の詞花の姿から、彼が直かに感知したもの、と言つた方がよからう」（傍点筆者）と、小林は書いてゐる。

これが歌になると、事態はもつとはつきりして、宣長自身、「姿ハ似セガタク、意ハ似セ易シ」と、処女作の『排蘆小船』で言ひ切り、この考へをあらゆる領域で貫くのである。意は似せ易く、姿が似せ難いとは奇異に思はれるかもしれないが、一人の人間が真実表現したいものは、言葉の意味にすんなり納まるやうなものではない。逆に、言葉がある緊張状態に据ゑられ、ほとんど意味を失ふまでに到るとき、初めて表現されるやうなものではないか。「詠歌といふ行為の特色は、どう詠むかであつて、何を詠むかにはない」と、小林は、宣長に従つて書く。言葉の姿、かたちこそ肝要なのである。そしてそれが、文章の「文」といふものであり、かつ、文章の「実質」なのである。文章は「文」を得てはじめて「真言」となるのである。単に意味を持つだけでは「空言」にとどまる。

ここに特異な言語思想が浮びあがつてくる。いま、特異、といつたが、現在の常識的な考へ方にとつてさうであるに過ぎず、正統的な、そして現代のすぐれた言語思想に合致したものだらう。もつとも小林は、さうした最新の言語思想にあまりかかづらはない。あくまでも「小人」としての生活のなかで、生きて働く言葉を見据ゑる宣長に、身を添はせてゆくのである。

そして、宣長とともに、言葉を発することが己がこころを整へ、かつ、自己認識にさへ導くこと、また、「人に聞する所」を考へざるを得ないことによつて、共同体のただなかに位置づけられることなどを、明らかにする。

このやうに言葉は、恐ろしく豊かな働きをするのであつて、それを正確に受け取るとき、言葉独自の霊妙な働き、「言霊」を言はずにをれなくなるのも自然だらう。宣長は、「言霊」を言ひ、歌を「言辞の道」と呼び、その「歌の功徳」を言ふことになる。

かういふ思想を示す文章を要約し紹介することが如何に無意味かは、言ふまでもなからう。

＊

いま言つた、言葉の「人に聞する所」を重視する態度は、殊に重要である。「人に聞する」とは、単に人の耳をよろこばせるやうに言ふといつたことではない。「捕へどころのない己れの感情を『人の聞てあはれとおもふ』詞の『かたち』に仕立て上げる」ことに、眼目があるのだ。われわれの感情なり思ふことは、それ自体では不安定に揺れ動く何とも言へぬものに過ぎず、言葉となつて初めて、われわれの世界の地平に一定の位置を占め、意味を持つに到る。そして、その言葉が、言葉として磨きあげられるに従つて、感情なり思ふことも、明白な、他人に了解され、その心を動かすものとなるのである。だから逆に、他人の心を動かすやうに言葉を磨くことが、自分の感情なり思ふことを明確にし錬磨することになる。「思ふといふ事をしてくれるのは言葉に他ならない」といふのも、このことによる。そして、言葉のこの性格のゆゑに、自己認識がごく自然に可能になるのである。

こんなふうに小林は、「人に聞する所」を重んずる宣長の考へを「変奏」し、言葉のさまざまな面を引き出して示してくれる。そのとき、そのなかの一つ、といふふうにして「共同体」が見えてくる。「共同体」と言へばことごとしいが、われわれの生活自体が、すでに「言葉といふ紐帯で結ばれ」て初めて可能になつた「共同生活」のなかにゐるのである。それも、「互に眼を交すとか、複雑な言語表現にまで育てあげる努力を重ねて、現に互ひが結び合つたところで、われわれは暮らしてゐるのである。言葉はそのやうに人々に開かれ、同時に人々を包み込んでゐるのだ。

有名な「物のあはれ論」も、かうした言語観との繋がりの中に置いてみるとき、十全な姿を現はすやうに思はれる。

小林には、すでに「物のあはれ論」があり、そこで、宣長の課題は、「物のあはれとは何か」ではなく、「物のあはれを知るとは何か」であり、感情論であるよりも、認識論と言つた方がよいと力説してゐたが、ここでも変らない。「物のあはれ」は、人たるもの、よろづの事に触れて感じることであり、絶えず不安定に動揺しつづける。それを、自らの裡に捉へなほし、見極める。すなはち、己が感情を自覚し、意識の明るさの下で、その感情が如何なるものかを詳しく認識する。その時、さらに深く感じ心を動かされる。それが「物のあはれを知る」といふことだと言ふのである。その意識の明るみに感情を持ち出し定着させるのに決定的な働きをするのが、言葉であり、その言葉の工夫によつて、感情、思ひは、より明白になる。「『あはれ』の不完全な感情経験が、詞花言葉の世界で完成する」のである。

意識と感情とが、言葉において一つになる、と言つてもよからう。それでゐて、各々が互ひを育てあふやうにも働く。「宣長は、知ると感ずるとが同じであるやうな、全的な認識が説きたい」のだと、小林は注してゐるが、小林自身、そのところに踏み込まうとしてゐるのである。そして、すぐれた文学作品に、その実例を見る。

たとへば「源氏物語」は、紫式部が深く「物のあはれを知る」ところで書いたのであり、その文章に無心につきあふならば、誰もが、その「物のあはれを知る」ところに、ぢかに招き入れられる。そこは「知ると感ずるとが同じであるやうな、全的な認識」の世界に外ならないのだ。

このやうに言葉を徹底的に重んじ、「物のあはれ」と「物のあはれを知る」とを峻別する考への背後には、反現代的と言つてもよいある明確な世界観が横たはつてゐるやうである。

宣長は、「古の大御世には、道といふ言挙もさらになかりき。其はたゞ物のゆく道にこそ有けれ」と説き、彼自身の否定にもかかはらず、老子の「無為」の立場に近いやうに受け取られてきた。それに対して小林は、徂徠の「物アレバ名アリ」といふ思想の意味を明らかにするとともに、「礼楽」を尊ぶ孔子と、「礼楽」を虚偽として棄て天然自然に道を見いだす老子とを対比させ、徂徠、宣長ともに、孔子側に立ち、人間の営為と、その積み重ねに現実を見、天然自然を抽象と見ることを示す。この立場がそのまま小林の、いはゆる歴史主義と重なる。そして、この本の終はり近く、宣長の「精神主義」を認める所以ともなるのである。

精神主義と言へば、現在では誤解されかねないが、「古人達が、実に長い間、繰返して来た事、世に生きて行く意味を求め、これを、事物に即して、創り出し、言葉に出して来た、さういふ真面目な、純粋な精神活動」を認め、そこに学ばうとする態度の謂ひなのである。その精神活動の描いた軌跡が、いはゆる道といふものであり、徂徠は、それを聖人に限つて見出したのに対し、宣長は、「ただ人」に見たのだ。そして、「ただ人」である自分が、学問なり詠歌をとほして明らめ得ると考へたのは、すでに述べたとほりである。

かうした「精神主義」は、現在の合理主義、科学主義、そしてなによりも人間中心主義に立つ人たちにとつては、最も理解困難なものであらう。しかし小林は、ただ、具体的な生きた人間、文学、学問を、求めてゐるだけなのである。この点、じつに簡単明瞭だと言つてよい。ただし、その簡単明瞭な態度を、宣長に身を添はせて貫いたこの本のなかには、人間の文化なるものの、発生から現在にいたる積み重ねが、凝縮されて詰め込まれてゐる、と言つても言ひ過ぎでなからう。

＊

以上見てきたことからだけでも、この本では語るべきことが多く、そのほんの一部に触れるにとどまつた。ただし、繰り返しになるが、最も重要なのは、語りざまであり、宣長の、小林の、各々の語りざまである。それは、このやうな文章で伝へることがおよそ不可能であつて、各人それぞれが読むといふ行為においてぢかに感得するよりほかないものである。だから、この本に対する最も正当な態度は、繰り返し読み返すこと、であらう。さきに引用した最後の文章も、読み返すことを誘つてゐた。小林は、自分の達成したことに自信を持つてさうしてゐるのだ。

しかし、小林は、宣長といふ人物をよく描き得たかどうか。人間の精神の姿かたちは、筆跡に現はれるとはよく言はれることだが、ここでこの本の箱の題字について触れておきたい。山室山奥墓碑面の宣長自筆の下書きの字が採られてゐるのだが、その筆跡がひどく気になるからである。わたしは筆跡について全く不案内な者で、あくまで素人の感想として言ふのだが、かたちのよさだとか緊張感、勢ひといつたものが、まるつきり抜け落ちてゐるやうに思はれるのだ。なぜ、こんな字を書いたのか、不思議に思はれて仕方がない。あるいは、彼の歌との間に共通性があるのではなからうか。「詩としては話にもならぬ」と中野重治が言つたが、几帳面につくられてはゐるものの、流露感だとか曲といつたものがまるでないのである。

しかし、宣長は、小林が力を込めて書いてゐるやうに、なによりもまづ、市井の健全な生活人であつた。あくまでも毎日の日常生活に腰を据ゑ、自己を主張することなく、人々のなかに溶け込んで暮らしてゐた人間である。そのやうな人間が、その暮らしぶりと同じ几帳面さで、書いた文字なのではないか。自己表現だとか美意識とは全く係はりなく、逆に、無私の方を向いてゐる。それも、平穏無事な日常においての無私、である。そしてそこで、自分の「性ナリ、癖ナリ」といつたところを、不用意とも思はれるほど率直に、出してしまつてゐる。さういふふうに考へると、この字も、納得できるやうに思はれるのだ。小林は、そこまで考へてこの字を選んだのだらうか。多分、さうに違ひあるまい。

しかし、かうした宣長の徹底した、したたかな平凡さは、小林が如何に身を添はせようと努めても、添ひきれぬものではないか。

たとへば小林は、「宣長ほどよく見抜いてゐた人はゐなかつた」といつた言ひ方をしばしばするが、宣長の決してしない言ひ様である。宣長は、あくまで地上を歩む人である。それに対して小林は、地面を蹴つて高みへ飛翔しようとする人なのである。その己が性を、小林は、この本では厳しく背後に押し籠めてゐるのだが、それでも文章の姿、言ひざまにはつきり現はれてしまつてゐる。宣長の人物像が、もう一つよく現はれてゐない恨みが残るのも、このあたりに理由があらう。

しかし、この乖離を難じようとは思はない。本来は語られ、明らかにされるはずのない、そして、現に宣長自身ほとんど語るすべを知らなかつた、あたりまへの生の思想が、小林によつて、その本来の深みから明らかにされたのだから。乖離が、認識の鏡を深く降ろすのを可能にしたのである。

ただし、その鏡が届けてくれた思想の風景を、われわれの時代はよく捉へ得るかどうか。小林が宣長の遺言書にこだはつたのも、「人に聞する所」の重要さを説きながら、同時代の正当な理解は断念し、その絶望も潔くそれを切り捨てた人間の苦しみ、とでもいつたものを、宣長のなかに嗅ぎ付けたからではなかつたらうか。

（「近代風土」昭和53年（一九七八）6月）

言葉の力

だいぶ以前から店頭で見られなくなったが、岩波文庫の一冊に、野上豊一郎編『謡曲選集』があった。これには副題がついていて、「読む能の本」とあった。いまもわたしの身辺にあるが、初版は昭和十年である。「翁」を初めとして三十番が収められている。この文庫本は、能といえば、富裕層の習い事といった印象が強く、近寄ることもできない思いをしていた若いわたしにとって、唯一の能への導きの糸となった、といってよかろう。

もっともこの本ゆえに、舞台よりも、専ら本の上で能に親しむようになってしまった。それがよかったかどうか。生来の出無精もあって、いまだにこのクセは抜けず、ここに収められた三十番のうち、どれだけ舞台で見たか、試みに数えてみたら、両手の指で足りたのには、驚いた。わたしの能についての知識は、まことに貧しく偏ったものなのだ。

このような人間だから、当然のことだが、能を見るのには、本が手離せない。専ら小型の謡本を、売店で求め、舞台と本とを見比べながら、ということになる。こういう見方をしているひとは決して少なくはない。が、その多くは、謡をやっているひとである。だから詞章の横に印されている記号が大事なのだろうが、わたしにとっては、ただ言葉、言葉、言葉である。

それにもかかわらず、能の舞台を見、囃子を聞き、目の前の演者たちの謡を耳にするとき、必ずといってよいほど新鮮な驚きを覚える。それというのも、多分、黙読のうちにも、知らず知らず、声を響かせているのだろう。ひとは、決して紙の上の文字だけを読むわけではなく、どこかでその言葉の音声を聞いているとは、よく言われることだが、確かにその通りなのだ。ことに謡曲となると、あくまで黙読を貫いているつもりのわたしにしても、自ずからそうなってしまっているのだ。ところが、そのわたしが内心に響かせている声と、能楽堂に響く演者の声とは、多くの場合、ひどく懸け隔たっている。というよりも、全く別のところから聞えてくる、と感じられるのだ。

勿論、わたしのようなものでも、幾つか舞台を見ている以上は、謡がどのような音声で、どのように発せられるか、おおよそのところは承知していて、そこを踏まえて、黙読のうちに響かせているはずなのだが、それでも、予想を遥かに越える。

いま、別のところから聞えてくる、といったが、わたしが黙読、わたしの内心に響かせるとき、どうしてもわたしが身を置いている日常生活をベースにしているのであろう。知識としては、謡の音声について承知していても、結局のところ、日々において親しんでいる音声をベースにして、思い描いてしまっているのだ。

それに対して、舞台の音声は、長い伝統と、個々の演者の習練によって、日常とは限りなく遠い。この印象と、多分からみあってのことだろうが、その声は歴史の遥か彼方から聞えてくる、という感じも、同時に、抱くことになる。何百年も遠い以前の時から、その長い年月を越えて、今、わたしのいるここへと聞てくるのだ、と。

いま何百年といったが、能の成立時期を考えてのことではない。場合によっては、その成立期以前からも聞えてくる、と感じられるのだ。そして、その声は、わたしが聞いている今ここを通り越し、未来にまで響いていく、とも思われる。奇妙な言い分だが、日常の次元を越えている、とはこういうことなのではないか。

それでいながら、この音声は、一個の演者の肉声であることに間違いはなく、そうであることにおいて、一回限りの、「出来事」として今に出現しているのである。分かり切ったことを事々しく言うようだが、手のなかの本を眺めていると、このことが不思議に新鮮に感じられるのだ。すなわち、活字は、紙の上にいつまでも表情を変えることなく、横たわっているのだが、肉声による言葉は、あくまで一回限りの出来事として出現し、かつ、出現するとともに消えていくのである。その恐ろしく対照的な言葉の相を、観客席のわたしは、目と耳で、同時に捉えて行くことになる。

これは、繭のなかに眠っていた蚕が、内からその繭を食い破って姿を現わすように、紙の上に眠っていた言葉が、次々と目を覚まし、生きたその多面的な姿を現してくるのを眼にするようなものである。そうして、言葉が持ち得る最も豊饒な在りように触れることになる。が、それはまた、現し身の生々しさとはかなさを知ることと背中合わせでもある。

書斎人には書斎人の、舞台の楽しみ方というものがあるのである。そして、わたしは、言葉の力というものを考えるとき、この体験を思い起こすようにしている。

（「武蔵野日本文学」3号、平成6年（一九九四）3月）

白洲正子にとっての能――『能の物語』について

できます」。

「お能というものはつかみどころのない、透明な、まるいものである、と一口に言ってしまうことも

この印象的な一行で、白洲正子の最初の本、『お能』は始まる。刊行は昭和十八年（一九四三）だが、執筆は、昭和十五年、三十歳のときだという。この若さで、白洲さん――一面識もないが、こう呼ばせて頂く――は、すでに能の全体像をまるごと、見事に掴まえていた、と言ってよかろう。

透明であればあるほど、そのもの自体を目で捉えるのは難しく、まるければまるいほど、手で掴むのが難しい。しかし、透明であるとは、純度が恐ろしく高いがゆえであり、まるいのは、完璧なかたちに達しているからである。能とは、なによりもそういうものとして、現前している、あるいは現前しなくてはならぬものだと、白洲さんは、思い切りよく断定したのである。

この断定に狂いのなかったことは、『お能』という一冊の本、それから、そこから始まって今日にいたっている、白洲さんの五十余年の歩みが証している。

この「つかみどころのない、透明な、まるいもの」とは、さらにつづめて言えば、美ということになるだろう。ただし、美ほど、今日のわれわれにとって難解なものはない。なにしろ容易に掴め、形も色も質量も明瞭なもの、即座に理解可能なもの、そして、情報化され、情報網に簡単に乗る、その

ようなものばかりを、相手にして来ているからだ。だから、美に対する最もふさわしい態度とは、文化財として保護育成することだ、ぐらいにしか考えず、そのものに対してじかに向き合おうなどとは決してしない。

白洲さんは、そのような態度と鋭く対立し、文字どおり「つかみどころのない、透明な、まるいもの」としての美と、じかに向き合う。そうして、能を「発見」した――この「発見」のみずみずしい感動に『お能』は貫かれている――ところから始まって、骨董や古仏、古寺へと、関心を広げて来ているのである。

長い年月を経て存在しつづけている骨董や古仏や古寺の美と、舞台に一時、出現しては消える美とは、勿論、異質であり、その径庭は大きい。しかし、その違いを越えて一貫するものを、白洲さんは間違いなく見出しているのだ。そこに、多分、この類い稀な美を知るひとの秘密があるのではなかろうか。

そのところを明らかにする能力を、筆者は、残念ながらあまり持ち合わせていないが、しかし、それが能への係わり方に多く依拠しているのは確かである。その係わり方だが、いわゆる鑑賞し、ときに舞ってみる、といった普通の享受の仕方ではなく、なによりも身体を動かし、稽古を積む、というものであったらしい。そのことが、決定的な意味を持ったのだ。

白洲さんは大正三年（一九一四）、四歳という幼さで、能を習い始めた。この年齢では、頭を働かせる余地はなく、ただ身体を動かすところから入ったに違いない。この時に師事したのが、二代目梅若実で、その存在が如何に大きかったかは、後の白洲さんの著書『梅若実聞書』によって知ることができるが、引き続いてその子息、梅若六郎に付き、大正十三年には、女性として初めて能舞台を踏むまでになった。十年にわたる稽古が、いわゆるお嬢さん芸にとどまるものでなかったのは、これからも知られよう。

その梅若親子二代にわたる師の言葉として、白洲さんが繰り返し挙げるのが、「胸で見ろ、目でみるな」である。これほど端的に、身体で取り組むべきことを教える言葉はあるまい。それを忠実に実践し、稽古を重ねることをとおして、会得すべきものを会得したのだ。それだけに、単に目で見、頭で理解したのと違って、狂うことなく、そこに見開かれた眼は、領域を越え、異質な美にまで届くようになったのに違いない。

こうした白洲さんの能への接し方を、もう少し『お能』のなかの文章に見ておくと、

「装束は身体の上に着るのではなく、いつも身にツケルもので（中略）、それも自分自身をお能の装束のなかに入れる、という感じをもつべきであると思います」。

また、面をはじめてつけたとき先生が注意した言葉だが、

「面は顔へかぶるものではありません。自分の顔を面に吸いつける気持をお持ちなさい」。

すなわち、いまここにいる生身の自分が、装束をつけ、面をかぶるのではなくて、逆に、能の装束なり面の方に、自分をあわせ、その中に入るのだ。これは、言い換えれば、自分が、自分の演技力なりその他の工夫によって、内に抱いているなにものかを表現しようとして、能を演じるのではなく、能なるものの中に入り込み、そのものに与かり、そのものの現われとして演じる、ということであろう。能が中心であり、主体であって、自分がではないのである。自分は、能を能たらしめる働きをするにすぎない。これは、近代の芸術観とまったく反対のものであろう。自分を棄て、自分を抜け出し、彼方に位置する能の世界へと同化することが肝要なのである。

この姿勢は、演者ばかりでなく、観客もまた、採るべきものだと、白洲さんは言う。観客席に座って、ただ舞台を眺め、受け身に享受するのではなく、舞台の上に出現した美なるものに自ら進んで同化することなくして、真の享受はない、と。

能と現実に生きているわれわれとの間には、「溝」が常に横たわっている。それをこちらから向うへと跳び越えなくてはならないのだ。

このような考え方は、今日のわれわれには馴染みにくいかもしれないが、能を「透明な、まるい」完全な美を実現したものとすれば、当然、出てくるのであろう。われわれが現に身を置いているこの現実に、完全な美は、存在し得ないのであり、あくまでも次元を異にした、「溝」の彼方に、存在する。また、そうであるからこそ、美は完全であり、われわれを魅了しつづける。そして、そこへ身体ごと跳び込んでいくほかないのである。

この事情は、名人といわれる演者にとっても同じで、彼の前には「溝」が横たわっており、装束をつけ、面をつけることによって、自分を抜け出し、向こう側へと跳ぶ準備を重ね、それから舞台へ出て行き、決定的に跳ぶ。そうして、能の美に与かり、それを顕現させる。

能というものを、白洲さんは、基本的におおよそこのように捉えていると思われる。

＊

本書は、『魂の呼び声——能物語』の表題で、昭和五十三年、平凡社から刊行され、さらに同五十九年、同社から「かたりべ草子」の一冊として、『白洲正子が語る「能の物語」』と改題、刊行された。内容は、目次を見れば明らかなように、主要な謡曲二十一番を選んで、「物語」として書かれたものである。謡曲とは、一言でいえば、能の台本である。一時期、読む謡曲といったことが言われ、それだけを一個の文学作品として扱うことがおこなわれたが、しかし、台本はやはり台本であって、能そのものでは決してなく、その基本的な構成要素の一つにとどまる。ことに白洲さんのように能を捉えるとき、そうしたものとして限定して考えなくてはなるまい。

ただし、この「限定して」考えることは、謡曲を貶めることにはならない。それどころか逆に、最も輝かしい状態において見ることとなのである。台本としての価値が最もよく発揮されるとき、それ自体も、「つかみどころのない、透明な、まるいもの」となっているはずなのである。言葉でつづられていながら、捉え難い美となっている、と言ってもよかろう。

白洲さんがこの『能の物語』を書こうとしたとき、向き合ったのは、このような謡曲であり、このような謡曲をいかにして語るか、という難問だったのである。

それゆえに、さまざまな工夫を凝らさなくてはならなかった。

その第一が、表題にあるように、「物語」を書くことであったと思われる。文章をつづる以上は、舞台ではなくて紙の上で、文字によって可能なことをするよりほかないと見極め、こころを決めて、「物語」を書くことを選んだのである。

しかし、これまた容易な業でない。

この文庫では、巻頭に置かれていた文章「はじめに」が省かれているが、そこで白洲さんは、「物語」を書く自身の基本的心得を簡潔に記している。

「第一に、間をたいせつにすることと、お能を、目で見るように書くことと、幽玄な雰囲気をこわさぬよう注意するという、その三つです」。

この三つの点にばかり留意し、あとは自由にしたと言うのだが、それが難しい。第一の「間」を大切にすることについて、さらに言葉を重ねて言う、「お能には、何もしない『間』というものが、いたるところに見出せます。これは、実際にお能を、見ていただくよりほかないのですが、目で見る舞踊を、物語に翻訳する際は、白紙のままで残された表現を、言葉でうめる必要がある」。

そのとおり、文字で記された謡曲に決定的に欠けているのが、「間」であり、そこが舞台上では肝要なのだ。いま引いた文章で、能のことを「目で見る舞踊」と言っているのも、そこを強調するためであろう。もっともこうまで言われると、能の舞台を見る機会に恵まれないまま、もっぱら読むことで親しんで来たわたしのような者は、立つ瀬がなくなる気がするが、白洲さんとしては、能の「物語」を紙の上に書こうとするとき、こういうふうに改めて言っておくことが、是非とも必要であったのである。読むのではなく、見る、それも正確には胸で見、ほとんど言葉を振り捨て、舞踊となっている舞台に向き合う姿勢を、根底に据えるのである。そして、その核心とも言うべき「幽玄な雰囲気をこわさぬこと」を、自らに課した。

これは、「物語」を書こうとする白洲さん自身の立場を、ますます困難にすることであっただろう。が、そこに敢えて立ち、こう言った、「物語」へ「翻訳」する、と。

この仕事は、こちらの池の水を、あちらの池へ流し移すようなものではなく、まったく別のものに置き換えることだと、認識したのである。なにしろ、舞台の上のことを紙の上へ、「透明な、まるい」ものをもっぱら実生活の平俗な事柄を扱うジャンルへ、「目で見る舞踊」のための言葉をひたすら語る言葉へ、とするのである。

この最後の言葉の問題だが、謡曲の文章そのもののうちに、厄介な事柄が多く含まれていることも注意しておかなくてはなるまい。

やはり白洲さんが「はじめに」で言及しているのだが、謡曲の文章には、まず、枕詞、懸詞、縁語など、歌の修辞法がふんだんに用いられている。この手の修辞法が散文のなかで用いられると、面倒なことになる。懸詞なら、多義性を持ち、そこから文章は、複数の流れを生じるのだが、それを生かすかたちで文章をつづるのは、不可能である。また、和歌、漢詩、物語の一節などを引用することも盛んにおこなわれているが、その場合、もとの詩歌なり物語そのものを受け取り手に想起させ、それに寄り添うかたちで表現がおこなわれている。ただし、今日の読者は、それに応えるだけの知識をほとんど持ち合わせていない。そのためこの表現法も、移行させることは不可能である。

もともと謡曲は、古今の著名な文芸作品なり言葉の精華を、さまざまなかたちで選び集め、織り上げた豪華な織物、とでも言った性格を持ち、基本的に謡われるものであり、歌曲の歌詞と言ってもよいものなのだが、語られ、話され、台詞となっている。すなわち、言語のさまざまな機能が、同時に持ち込まれてもいるのである。こうした言葉の使い方は、現代の一般的な文章と、根本的に対立する。小説であれ戯曲であれ詩歌であれ評論であれ、出来るだけ簡明に、一つの機能に絞って使う、と言うよりも、そのような使い方しか出来なくなっているのが、今日の文章なのである。

このような文章表現上の問題をはじめとして、ジャンル、美意識などの越えがたい懸隔が幾重にも横たわっているのだが、そこを「翻訳」という道筋をとると決めることによって、白洲さんはいささか強引に、しかし、一方では細かな配慮、工夫を凝らし、跨ぎ越しているのである。

＊

その「翻訳」の一端を、少し具体的に、ここでは「井筒」に即して見ておこう。

冒頭、原典にはない大和平野の秋の風景描写が出てくるが、そのなかに諸国一見の僧（ワキ）が点出される。

その僧が櫟本の集落にたどり着くのだが、原典には櫟本の名は出て来ず、いきなり在原寺となる。かってなら、それでよかったのであろうが、集落の名を示さなくては、架空の寺と思われかねないからだろう。それから、原典では「昔語り」を思い出すとあるが、「伊勢物語」と明示し、在原業平と紀有常の娘との話の紹介にかかる。

このように原文を解きほぐし、忠実に叙述するかと思うと、前後を入れ替えたりもする。そして、枕詞、懸詞、縁語などは捨て、和歌、物語の一節などの引用も無視するが、一方ではある一点ばかりを摑みとって、大胆に押し出す。また、時にはもとの歌を一首まるごと引用、その注釈も書き込み、そこに孕まれている多様な意味を引き出す。その叙述の仕方はまことに自在で、小説的だったり、古典注釈的だったり、評論的、あるいは紀行文的だったりする。

こうすることによって、じつは諸国一見の僧を、よりはっきり物語の語り手として押し出す。多分ここに物語化を無理なく、かつ大胆におこなった拠り所があるのだ。

そうして、クライマックスへと到るのだが、そのあたりのところは、原典と見比べて頂くのがよかろう。参考のために、最後のところを書き写しておく。小山弘志他校注『謡曲集』日本古典文学全集(小学館刊)から。

地謡　さながら見見《みみ》えし、昔男の、冠直衣《かむりノほし》は、女とも見えず、男なりけり、業平の面影、
シテ　見ればなつかしや、
地謡　われながらなつかしや、亡夫魄霊《はくれい》の姿は、しぼめる姿の、色なうて匂ひ、残りて在原の、

寺の鐘もほのぼのと、明くれば古寺の、松風や芭蕉葉の、夢も破れて覚めにけり、夢は破
れ明けにけり。

舞台の上では、死んでもなお業平を恋い慕う女の霊（シテ）が、業平そのひとの姿を装い、作り物の井戸の底の水鏡をのぞき込むのである。すると、そこに自分でありながら、業平でもある姿が浮かび、恋しいひとに出会った喜びとともに、そのひとと重なり一体となっている喜びも覚えるのだ。そうして、一瞬、恋慕の思いが、不思議なかたちで満たされる。が、それとても、『古今集』仮名序の業平の歌に対する評「色なうて匂」うそのまま、実体のない「匂い」にとどまって、夜が白むとともにはかなく消える。まことに夢幻的で霊妙な、幽玄そのものとも言うべき場面だが、そこを「物語」として、よく語っている。

もっとも、いま言った夢幻的霊妙さは、あくまでも舞台上に、「透明な、まるい」美しい世界として出現するのであって、「物語」としては、やはり「翻訳」にとどまる、と言わなくてはなるまい。そのことを白洲さんは承知していて、「はじめに」の最後に、こう書いている、「この本を読んだだけで、お能を知ったと思っていただきたくない。わたくしの『能の物語』は、あくまでも、舞台へいざなうための、『橋掛』にすぎず、多少でも興味をおぼえた読者の何人かが、本物のお能に接したいと思ってくださるならば、著者にとって、それにまさるよろこびはないのです」。

この本は、間違いなく不思議な「物語」集となっているのだが、しかし、より霊妙な世界へと導く道程、「橋掛」だと、断っている白洲さんの言葉は、素直に受け取らなくてはなるまい。もっとも、ここで言う「橋掛」は、稽古を重ねた者ばかりが、白足袋で歩かなくてはならないようなものではない。わ

れわれが現に街を歩いている、その足取りで無遠慮にたどることができる。すなわち、能についての知識というべきものをまるで持たずとも、楽しく読め、霊妙幽玄な世界への道程に踏み出すことになるのだ。これこそ苦心して大胆に「翻訳」した成果に外なるまい。

（講談社文藝文庫『能の物語』、平成14年（二〇〇二）7月）

俳句表現のエネルギー

俳句といふ文芸に、わたしはなかなか馴染めなかつた。なにしろ短すぎる。散文も明治以降の小説をもつぱら読んで来てゐたから、一行にも足りない十七字でもつて、何かが表現できるとは、信じられなかつた。それに解釈となると、受取り手によつて違ひが出て来る。

理由を挙げれば、まだまだあつたと思ふが、とにかく馴染めず、遠くから冷ややかに眺めるのに終始した。さうするうちに、いつの間にか人並みに関心を抱くやうになつたのだが、切掛けは、俳諧連歌（連歌）を知るに及んでである。

芭蕉の七部集の注釈書――当時、めぼしい注釈書としては、幸田露伴のものぐらゐしかなかつたが、何気なく手に取つて、ページを繰つてゐるうちに、面白さうだなと思ひ始めたのだ。

この露伴の注釈は、あまり親切ではなかつたし、今になつてみると多少の問題点があるやうだが、句から句への展開、付けやう、転じやうに、独自の面白さに気付くのには十分であつた。

明治以降の散文の場合、欧米近代文学の散文をお手本としてゐたから、文章の運びがひどく直線的である。展開するにしても、よく言へば論理的であり、実証性を第一とした。飛躍したり、捩れ、脱線するやうなことは、厳しく退ける。

ところが連句となると、第一句（発句）から次の句へと移るとき、飛躍、捩れ、脱線は勿論、じつにいろんなことが起こる。また、起こらなくてはならない。それでゐて、一つの流れはなくてはならない。

そこには、わが国の文芸の長い間にわたつての積み重ねと、詠み手自身の今日の俗事百般を見詰める眼、一座してゐる人々への配慮などが噛み合ひ、溶け込んでゐる。さうして、まことに独自で愉快な世界、それも文芸の営為以外のなにものでもない世界が出現するのである。

その魅力を言葉にするのは難しい。ある意味では、言葉の次元を越えてゐるから、当然であらう。そのためわたしには、俳諧から連歌へ、さらには歌、それも主に『新古今和歌集』にまで遡る必要があつた。

後鳥羽院の監督・指示の下、『新古今和歌集』の編纂作業を進めるのに、藤原定家ら撰者たちは大変な苦労を重ねたが、その合間、気晴らしに好んで行つたのが連歌だつた。気晴らしに連歌など、いまのわれわれにはとんでもない話だが、この撰者たちにとつては、自らが追究してゐる歌の美学を、一種のゲーム感覚で気軽に反芻することだつたらしい。

その美学とは、既成の歌語を徹底的に駆使することによつて、これまで表現できなかつた領域に迫らうとするもので、その有力な方法が、疎句であつた。上句五七五と下句七七を、なだらかに繋げるのではなく、逆に可能な限り縁遠く据え、緊張状態――飛躍、捩れ、矛盾、衝突などを生み出すやうにする。さうして言葉で直接的には言へないこと――それは現実の地平を越えることを含む――を表現しようとするのである。

この企てが、彼らをして連歌へ赴かせ、遊技的色彩の濃かつた連歌自体に、豊かな文芸性を与へることになつた……。

文学史が指摘するところで、ご存じの方も多いと思ふが、俳諧連歌の歴史をざつとおさらひすることによつて、どうにか俳句が、わたしの視界にも入つて来るやうになつたのである。

ただし、俳句は明治になつてこの歴史を厳しく否定することによつて、文学として出現したといふ事情がある。さうして、本当に否定しきれたのかどうか。実際は、否定しながら、その多大なお陰を蒙つてゐるのではないか。

最初にも言つた、わづか十七字の一句は、それに触発されて詠み出されるハズのさまざまな句、そして、さらにその次のさまざまな句、さらに次へと繋がる連鎖、また、発句でなければ、前の句々との繋がりが想定されるはずで、その前後に伸びる連鎖は、決して直線的ではなく、いまも言つた飛躍、屈折、衝突等々を豊に含むだけに、恐ろしく多様に考へられるのだ。それを果断に断ち切ることによつて、俳句は成立している、と見なさなくてはなるまい。

さう見なしてこそ、俳句は恐ろしく凝縮された表現となるだらう。歌仙なら三十六句、百韻なら百句において展開されるかも知れないものが、一句に押し込められてゐるのだ。

だから、この一句を読むとき、押し込められ凝縮されたものが、一時に解き放たれる。破裂すると言つてもよい。ここでは短さが、表現のエネルギーに転換するのである。

勿論、今日にあつて俳句も多様化してゐる。しかし、核心にあるのは、このやうな表現性であらうと、実作することのないまま、わたしは見当をつけてゐるが、これまた一つの見方として、容認して頂けるだらうか。

（「まがたま」6、平成20年（二〇〇八）4月）

「今ノ世」で「思フ事ヲイフ」こと

気ままに本居宣長の文章をあれこれ読んでみるのに、最も魅力を覚えるのは処女評論の『排蘆小船』である。重複が多く、同じ言葉でも所によつて微妙なズレがあるなどするが、颯爽たる若々しさと稚さを感じさせぬ柔軟強靭な思考の動きは見事と云ふよりほかない。それにここでは、「今ノ世」において歌を詠むことが如何にすれば可能か――現代において文学は如何にすれば可能か、と云ひ換へてもよからう――を、主題として据ゑてゐるのである。「僕の和歌を好むは性なり、又癖なり」（京都留学時代の書簡）と自ら称した、その気持の高ぶりをもつて、書いてゐるやうに思はれる。これは『排蘆小船』を書き直したと云つてよい『石上私淑言』では、すでに幾分か薄れてゐよう。

例へば冒頭の一句、「歌ノ本体、政治ヲタスクルタメニモアラズ、身ヲオサムル為ニモアラズ、タヽ心ニ思フ事ヲイフヨリ外ナシ」を見るがよい。見事な若武者ぶりだと云つてよからう。いや、じつはこの二百数十年前の二十七、八歳の若者の言葉は、われわれの胸をぐさりと突き刺すのではないか。文学と政治、文学とモラルの問題に、いまなほかかづらつてゐて、そのことは正当だとしても、ひどく曖昧なものを抱へ込んだままなのだ。爽やかな明解さなど及びもつかぬ。それに加へて、原理的に云へば、明治以降の文学は、「タヽ心ニ思フ事ヲイフヨリ外ナシ」の言葉の内にすつぽりと収つてゐるのではないか。われわれがいくら政治やモラルに係つたとしても、その内側でのことであらう。宣長が近代的文学の理念を捉へてゐるとの指摘は、すでに幾人もの人が行つてゐたと思ふ。
いま注意を向けたいのは、かうきつぱりと「心ニ思フ事ヲイフヨリ外ナシ」と云ひ切つたそのところで、「今ノ世」に在つてわれわれが現実に「心ニ思フ事」をそのまま詠むべきでない、と退ける点である。「世ノウツリカハルニシタカフテ……人情モヲノツカラ軽薄ニナリ……今ノ世ノ情ヲ、今ノ世ノ詞ニテヨミタラバ、イトミニクカルヘシ」と云ふ。さうして歌を詠むのには、「中古」以来おこなつて来てゐるやうに、「情辞トモニモトメ」るべきだ、と説く。「辞」はともかく、「情」「心ニ思フ事」（宣長は、また「心」とも「意」とも書く）を他に求めるべきだとは、まことに徹底した現に生きてゐる自己への否定である。

このやうに相矛盾したことを云つて、どうするのだらう。容易に両立させれるとは思へない。もつとも一方は原理論であり、他方は「今ノ世」の具体的事態に係るのだが、それにしてもこの矛盾は深刻である。が「今ノ世」の歌は、ここを克服することによつてのみ、可能となるとする。

これと同じことが現代においても云へるのではなからうか。明治以降の「タ、心ニ思フ事ヲイフ」基本的態度が、いまや維持できなくなつてゐると思はれるのだ。自分が現に感じ思ふことが、ひどくとりとめなく、そればかりか信じられなくなつて来てゐるのである。間違ひなく自分がかう感じ思つたとしても、それは何者かの操作の罠にはまつてのことにすぎない、といつたことが少くないのだ。何者といつても、それが政治的権力者なり何らかの顔を持つてゐる場合はごく稀で、科学技術であり、社会機構であり、一般的気分であり、自分自身の分泌物であつたりする。さうして自分自身の存在そのものさへ疑はしい、曖昧で手応へないものとなつてゐるのだ。宣長は、「軽薄」で「偽リ多ク」なつたと云つたが、現在さかんに用ひられてゐる言葉で云へば、「フォニイ」にほかならない。作品よりも、われわれ自身の在り様が「フォニイ」なのである。そこで書くにはどうすればよいのか。やはり「心」を他に求めなくてはならないのか。

　われわれの時代の幾人かの作家は、現にさうしてゐる、と云つてよいかもしれない。昭和四十九年の文学を展望して、秋山駿氏は次のやうに書いてゐる、「内向の世代の努力を中心にしていえば――それは新しい『私』の成立、つまり、『私』のリアリテイを探すとともに、新しい小説のリアリテイを求める、という行為になると思う……」（「懐疑と独断」文芸十二月号）。後藤明生の『挟み撃ち』で、主人公が求め歩く古外套は、明らかに在るべきリアルな自己のシンボルであらう。この自己を己が過去に求める態度は、同じ作者の「思い川」にみられるし、日野啓三、坂上弘、小川国夫、黒井千次らのいくつかの近作、また、大岡昇平の「少年」、立原正秋の「少年時代」などにも見出すことができる。このことはすでに誰かが指摘してゐたかもしれない。自分の過去のうちに、自分の自分たる所以、そして書くに価するものを求めるのだ。われわれは、いまや自分が現に生きてゐるここに、真直に立てなくなつてゐる、と云はねばならないのかもしれない。宣長の、「今ノ世」の自分の「心」への否定が、ある切実さをもつて迫つて来るのだ。

　そして求める方向も、ともに過去である。時代は変つても、確かなものを求めるとき、過去へ向ふよりほかないのであらう。ただし、われわれの時代の作家がやつてゐるのは、ほとんどが自分一個人の内にである。宣長は、歴史の流れを見据ゑ、古歌へと向ふ。これを主体的観点の希薄な、現代の悪口だけを云つてよしとする態度だと云ふひとがあるかもしれないが、勿論、違ふ。それに、真に他に求めるのならば、自分ひとりの領域内にとどまつてゐてはなるまい。また、在るべき自己、表現すべき「心」を求めてゆくのであれば、客観的普遍的レベルに立たなくてはなるまい。さうなると、われわれには縁遠く見える宣長の態度が、重大な意味を持つてくるのではなからうか。自己の裡へと深く踏み込んでゆくのも必要だが、その枠を越えて、広く遠く求めるべきものを求めなくてはならない筈である。さうしなければ、自己に信を寄せ得ないとしながら、いつまでもその枠の内をぐるぐる回つてゐるだけにとどまらう。

　われわれの時代のやりきれない点は、自己不信や自己否定をなさねばならぬことではなく、そこに徹底することなく中途半端のまま、ぐるぐる回りをつづけてゐることであらう。一切はますます曖昧になる。それにもかかはらず、一部の作家は、この中途半端さを自分の良心の証のやうな顔をしてみせさへする。

　宣長は、この点、じつにはつきりしている。しかし、「今ノ世」を抜け出し、古い時代に移り住まうとするのではない。人間が生き、歌を詠むのは、あくまでも「今ノ世」であることを、しつかりと据ゑて動かさない。少々誤解される恐れのある云ひ方だが、「今ハ今ノ心ニテヨムガヨキ也」と云ふ。つづけて「今ノ歌ハ、歌ノ本意ニアラズトテ、古来質朴ノ体ニ、アリノマヽニヨマントスルハ、カヘツテ歌ノ本意ヲウシナフ也」。この態度は、賀茂真淵に師事するやうになつてからも変らなかつたのは有名だ。宣長にとつては、自分が今ここで詠むことが肝要だつたのである。それを、今の自分の「心」を退けるところで、如何にして可能としたか。

　彼は書いてゐる、「随ㇾ分古ノ歌ヲマナビ、古ノ人ノ詠シタル歌ノ如クニヨマム〱ト心ガクレハ、ソノ中ニヲノヅカラ、平生見聞スル古歌古書ニ心ガ化セラレテ、古人ノヤウナル情態ニモウツリ化スルモノ也、ソノ時ハマコトノ思フ事ヲ、アリノマヽニヨムト云モノニナル也」。

　つまらぬ答だらうか。とにかく「心」を他（古歌）に求めることによつて、「心ニ思フ事ヲイフ」ことが可能になるといつてゐるのである。いま、古歌をカツコに入れて書いたが、われわれとしては当然別のものをこのところに入れて考へなくてはならない。しかしいまは、宣長にそつて見る。そこにはいくつか興味深い考へが認められる。

まづ、歌を詠まうとするとき、その者のうちにある変化がおこるとするのだ。「只心ノ欲スルトヲリニヨム、コレ歌ノ本然ナリ、心ノ中ニハ邪悪ヲアクマテイタキナカラ、正善ノ意《ココロ》ナル歌ヲヨム、コレ偽ニシテ偽ニアラズ、人情ノシカラシムル所也、其故ハ、心中ノ悪ヲ恥《ハツ》ル故ニカクシテイハズ、詞ヲカサリテヨム、コレ人情ノ常ナリ」。また、少し前のところでも云つてゐる、「歌ノヨキヤウニトスルモ、又歌ヨム人ノ実情也、ヨキガ中ニモヨキヲエラビ、スクレタルガ中ニモスクレタル歌ヲヨミイテムトスルガ、歌ノ最極無上ノ所也」。

歌を詠まうとするとき、歌としてすぐれたものを詠まうといふ気持が生れ、それが他の何ものよりも切実な「心」となる、といふのである。歌に詠み込まうとした生身の自分の「実情」＝「心」は背後に退き、云ふならば文学的な、それだけ抽象的な「実情」が前面へ出てくる。この新たな「実情」に従ふことは、生身の側から云へば偽りだが、歌を詠むここでは真実なのだ。そればかりか、「今ノ世」の具体的な事柄と結びついてゐないだけに、そのあやふやさ曖昧さと係りなく、確実な「実情」なのだ。如何なる「心」も「今ノ世」においては是認し難いとしても、この「心」ばかりは是認し得るのである。

さうして、それ自身は空虚な、この「心」は、すぐれてうるはしい具体的な「心」を求めて古歌へと真直に向つてゆき、その「古歌ノ情ニナラヒウツル」のである。古歌の「心」を、自らの確実な「心」とするのである。

もし歌を詠むことが、自分の「心」をそのまま表現するだけのことであつたとすれば、「心」を退けることはそのまま歌を不可能とする。ところが、宣長は、そこに起る変化によつて途をつける。それにもう一つ、「心」への途がある。宣長は、「和歌ハ言辞ノ道」だとして、次のやうに云ふ、「ヨキ歌ヲヨマムトオモハバ、第一ニ詞ヲエラヒ、優美ノ辞ヲ以テ、ウルハシクツヽケナスベシ、コレ詠歌ノ第一義也」。それといふのも、「ミナヨミヲケル辞ニツキテコソ、ソノ心モシルヽ」のであり、「コトバサヘウルハシケレハ、意ハサノミカヽラネトモ、自然トコトバノ美シキニシタガフテ、意モフカクナル也、フカキ情モコトバアシケレバ、反テ浅クキコユル」のである。即ち、うるはしい「心」を手中にしきらずとも、言葉ばかり美しくつらねることによつて、歌に宿らせることができもする。もともと「情ハモトムルモノニハアラズ、情ハ自然也、タヾ、求ルハ詞也」であつて、言葉こそわれわれの意に従ふ確実な通路であり、かつ、われわれの能力を越えて、「雅意」へと届かせる。

この言語観は、「心」なき者にとつて大変な救ひであらう。しかし現代では、誰がさう受けとるだらうか。自分の「心」を信じ得ないながら、そこまで徹底はできないでゐるやうだ。

とにかくおほよそこのやうな道筋をとつて、詠むべき「心」を得るのだが、これを簡単に、実際にそつて云へば、古歌を真似ること、である。これまた、われわれの気持を逆撫でる。ただし、古歌の「心」とは「人ノ情ノマコト」なのであつて、それを真に得るならば、真似でも偽りでもなくなるといふ。もつとも真似はやはり真似だといふことも残るわけで、そこを「偽リ多キ今ノ世ノ情」と照応すると捉へる。宣長は云つてゐる、「予ガ教フルハ、今ノイツハリ多キ情ノマヽニ、ソノ情ニテムカシノ人ノマネヲシテヨミナラヒテ、サテ古ノ人ノヤウニ自然ニ化スル」ことだ、と。即ち、「今ノ人情ノイツハリ多キ」を利用、偽りをとほして、普遍的真実に到達することを勧めてゐるのである。

現代のわれわれもまた、自らの「イツハリ多キ」ことを徹底的に自覚、その自己を厳しく退けながら、なほもこゝに立脚して書く途をさぐることこそ肝要なのであらう。そこに途がないわけでない、と宣長は云つてゐるのだ。

以上述べたことを、そのまま宣長の歌がつまらない理由だと云ふ人があるかもしれない。確かにある面ではそのとほりであらう。しかしこの評論の背後には、彼の歌以上に、新古今集を見るのが順当であらう。現に彼は、新古今を「此道ノ至極頂上ニシテ、歌ノ風体ノ全備シタル処」と据ゑ、しばしば言及してをり、その歌学を一段と突きつめてゐると云つてよい面を持つと思はれる。ただし新古今の根底に横たはる、云ふならば絶望感とは見事に無縁だ。「情ノマコト」を信じ得たゆゑだらうか。

勝手な読み方かもしれないが、門外漢として興味深い点に触れてみた。それらはいづれもわれわれの視界の死角に位置するやうに思はれる。それだけに却つて、われわれの時代に引き寄せてみるとき、思ひがけぬ光のうちに、様々なことを浮び上がらせるやうである。

（「ちくま」昭和50年（一九七五）1月）

創作の心得七ヶ条

一

森鷗外に『追儺《ついな》』（明治四十二年五月）という、奇妙な短篇があります。書くということを巡って、あ あでもない、こうでもない、と書きつづって、題として初めは「新喜楽」と、築地にあった料亭の名を書いていたのですが、それに棒を引いて消し、傍らに「追儺」と書き、さて、その新喜楽での、節分の夜の豆打ちの話をしよう、と言って本題に入るのです。

料亭など、およそ縁のない身の上だが、知人が招いてくれたので出掛けたが、早く着いてしまい、きれいな座敷で所在無くぽつねんと煙草をふかしていると、赤いちゃんちゃんこを着た萎びた小さいお婆さんが入って来て、座敷の真ん中へずんずんと進んで来る。と、座らずに右手の指先を畳に突いて、こちらに挨拶する。そして、腰を延ばすと、左手に升を持っていて、「福は内、鬼は外」と豆を撒き始めた。その態度が極めて生き生きしていて、気持がいい。新喜楽の女将さんであった。

たったこれだけの内容です。

ただし、この書くことを巡って、ああでもない、こうでもない、と書きつづっていると申しましたところに、こういう一節が書き込まれています。

「小説といふものは何をどんな風に書いても好いものだといふ断案を下す」

この短篇は、いま引いた「断案」の見本を提示したかたちになっているわけです。それとともに、当時、盛んであった自然主義の小説――作者自身の身辺の、何でもない瑣事を書き綴っていることへの皮肉も、込められているようです。

そうした文学史的詮索はともかくとして、小説を書こうとするとき、小説は、これこれこのようなものでなくてはならない、と考えてしまい、そのため肩に力がはいって、ウンウン唸るだけに終始してしまう、と言うことが起りがちです。

そうした時、この鷗外の言葉を思い出せばよろしい。

「小説といふものは何をどんな風に書いても好いものだ」

この通りなのです。

最近では、夏目漱石の名は知っていても、鷗外の名を知らない大学生がいますが、ついこの間まで、漱石などよりも鷗外のほうが、はるかに尊敬されていました。実際に鷗外は、東西にわたる知識を備え、無駄のない名文を書く鬱然たる大家でした。その鷗外が言っているのです。この言葉を書いて、机の前に張っておけば、霊験あらたかなこと疑いありません。気持がラクになって、筆が走りだすでしょう。

創作のすすめの心得第一條です。

二

この鷗外の言葉で、すべてが尽きるような気もしないではありません。なにしろ、「何をどんな風に書いても好い」と言っているのです。小説を書こうとするなら、題材も好きなように、その書き方も好きなようにすればよろしい、と言っているのです。わたしも、その言葉に賛意を表しました。それなら、これでお仕舞いにしてよいのではないでしょうか。わたしは、もう壇を降りればよい。が、果たしてそうでしょうか？

せっかく皆さんが来てくださっているのに、そんなことは出来ない、と言うわけではなくて、この鷗外の言葉は、小説というものを的確に定義してはいるし、実践的に役立ちはするのですが、その定義も役立つのも、ある特定の場合を前提にしているのではないでしょうか。

わたしなども覚えがあるのですが、小学生の頃、一番困ったのは、何でもいいから作文を書け、と言われた時です。なにを書いたらよいか思いつかず、考え込んでしまって、時間だよ、と言われて、どうでもよいことをちょこちょこと書いてお茶を濁す羽目になる。それに輪をかけて、「何をどんな風に書いても好い」となると、まったくもって掴みどころがなくなります。せっかく何か書こうと思っても、これではペンを持ったまま、白紙と睨めっこして終わりになりかねません。

鷗外先生が、この時、「何をどんな風に書いても好い」と「断案」を下したのは、どうも先生ご自身、筆が渋って、なかなか書けなかったのですが、書こうとしている材料は、ちゃんとあった。新喜楽でたまたま目にした情景と決めていたのです。題も「新喜楽」としていた。ところがなかなか筆が動いてくれない。それと言うのも、その素材が、わざわざ書く値打ちがないのではないか？　また、「新喜楽」と言うような立派な料亭を扱うのなら、少しは威儀を正して書くべきではないか？　などと考えてしまうからでしょう。そのような時に、とにかく筆を動かすための、気合を入れたのです。

だから、その言葉をあまり深刻に、生真面目に受け取らない方がよいだろうと思います。石川淳が『文学大概』でこの鷗外の言葉を引用して難しいことを言っていますが、そうしたことは、ここでは棚上げにしておきましょう。

　実際にわたしたちが慣れないこと――文章を書こうなどということを始めようとする時、有効なのは、好きなように自由にしろではなくて、その反対の、しかじかすべきだ、こうしなさい、と言う言葉のはずです。ただし、厄介なことに文章を書こうなどと望む人は、命令されるのが嫌な人たちでしょう。命令されれば、それが正しいと思っても、拒否してしまう。また、実際に文章は、命令されて書くようなものではありません。わたしたち各自の内発的な欲求に基づくのです。

　そこで、こう言ってみようと思います。

　小説は、ひどく不自由で窮屈なジャンルである。

　ただし、必ずしも第一條を引っ込めるわけではありません。小説は、他の文芸ジャンルと比べると、間違いなく自由なのです。詩歌なら詩歌の、戯曲なら戯曲のはっきりした枠組みがあり、そこに収まらなくてはならない。最近は、その枠組みが随分緩んで来ていて、勝手なこと、とんでもないことも行われていますが、やはり詩歌なら詩歌、戯曲なら戯曲として成立する枠組みがあり、それを完全に無視することはできません。それに対して小説は、制約らしい制約がまったくない――そのように思われるのです。

　しかし、本当にそうなのか。実際は、詩歌や戯曲などよりも、却って厳しい制約を課せられている、というのが、実態です。

　それなのに、いまも言ったように制約がないかのように多くの人が言い、鷗外先生も言った。それというのも、その制約が、わたしたちの意識の死角に入っているものだからです。

　わたしたちは、目覚めている限り、常にいろんなものを見ています。いまここでも皆さんは、わたしの話を聞きながら、いろんなものを目に入れています。この教室全体も、窓の外も、ちゃんと目に入れている。それにかかわらず、ほとんど目に入れていないものがあります。ご自身の顔、身体、ことに目です。男と違い、女性方は化粧されるので、鏡をよく見られるでしょうが、鏡でも覗かない限り、見ることはありません。

このようにわたし自身に属するなり、わたし自身に近いものは、意識の死角に入りがちです。わたしたち自身の日々の暮らしも、またそうです。せいぜいのところ、平凡で代わり映えしない日々、と言う程度にしか意識しないのが普通です。

ところが近代小説は、その平凡で代わり映えしないわたしたちの日々の暮らし——日常生活を、必ず踏まえなくてはならないのです。これまでは俗な採るに足りないこととして文学の対象とされて来ませんでした。が、そこを近代小説が発見し、採り上げるに至ったのです。そしてまた、それを自らの存立の前提ともしたのです。

その当初においては、いま言ったことが制約と考えられなかったのは当然でしょう。なにしろ新しい領域だったのですから。しかし、その発見の喜びが消えると、実態が明らかになってくる。が、そうなりながらも、依然として制約として意識しないという状況がつづく。それと言うのも、わたしたちの意識の死角に入っているからです。そうして、自由だと思いつづけている、と言うことになるのです。

そして、現に身を置いている、ここで、あなた自身が現に感じ思うところをあるがまま自由に書けばよい、などということが言われつづけることになるのです。

しかし、わたしたちが現に身を置いている、平凡卑俗な日々の暮らしを常に踏まえなければならないということを、いつまでも制約として感じないでいることができるでしょうか。

誰でも美しい理想、純粋透明な感情、涼やかな論理、そのようなものを直接的に表現したいと思わずにおれないでしょう。しかし、小説では、それができない。あくまでも凡俗の日常の次元において、捉え、表現しなくてはならないのです。

これは、恐ろしく不自由なことです。

その不自由さは、詩歌や戯曲の不自由さの比ではないと言ってよろしいでしょう。詩歌や戯曲の形式なら、伸び縮みさせたり、折り曲げたり、ときには破れ目を作ったりすることができますが、近代小説の日常生活を踏まえなければならないという制約は、そうはいきません。絶対的に守らなくてはならないのです。成立のための基盤なのです。平凡で、ごたごたした、猥雑な、よくは分からない、わたしたち自身の日常を、なにを措いてもしっかり摑まえ、据えなくてはならないのです。

もし、これに違反すれば、小説そのものの基盤を失い、せいぜいのところ御伽話か童話にしかなりません。

しかし、人間の精神というものは、日常の凡俗さのうちに身を屈めているだけのものではありません。美しい感情を直接的に表現したり、ある発見を論理立てて論じてみたいと望んだりするのです。が、小説はそれが直接的には出来ないのです。

これは、恐ろしく不自由なことではありませんか。

そこで、第一条を掲げたまま、第二条として、次のように言おうと思います。

「小説は、ひどく不自由で窮屈なジヤンルである」

三

じつは、鷗外の我が儘な文章『追儺』が小説になっているのは、いま述べたことを前提にしているのです。

この作品には作者鷗外の、ごく日常的な顔が見えます。そして、晴れがましい新喜楽という料亭が舞台ではありながら、中心に位置するのは萎んだようなお婆さんで、そのお婆さんが、そそくさと、しかし活発に豆まきをする。年中行事ですが、ごく卑俗な日常の一端として捉えられている。そこが要です。

ただし、これでもって作者の身辺に取材した、いわゆる私小説がいいのだと言っていると早呑み込みしないでください。私小説は、いま言ったことを極端に突き詰めただけ、恐ろしく偏った性格のものです。近代小説の一特質を純粋に煮詰めた点で評価すべきなのですが、のびやかに大きく展開したものではありません。

しかし、その伸びやかで大きな展開も、いま言った厳しい制約の下にあることは、いささかも変わらないのです。

日常の生活は、確かに代わり映えがせず、つまらないとも感じられるでしょう。しかし、ここを外して、わたしたちの生存の根はどこにあるでしょうか。いかなる英雄豪傑、いかなる華麗なスターであろうとも、日常の暮らしは持っています。また、持たなくては生存できない。それは、彼らもわたしたちも同様で、日常の日々の営みによって、この地球上に、現在ただ今、生存しつづけているのです。

今日では新聞、テレビ、インターネットなど情報機関が発達、そこをさまざまな情報が恐ろしいスピードで走り回っています。そして、そこに登場しないものは意味がなく、存在しないに等しいかのような様相を呈しています。しかし、それらの情報にしても、一体、何のために忙しく走り回っているのでしょうか。基本的には、わたしたちの生存のために、わたしたちの日々の日常の暮らしを豊かにするために、でしょう。そのために役に立とうと、旋風のように駆け回っているのです。

日常は、確かに変わり映えがせず、卑俗でつまらない。駆け回っている情報の華々しさをまるで持ち合わせていない。情報は、量を増大させるにつれて、ますます華々しさ新奇さを競う。しかし、それらは、つまるところわたしたちの日常生活に奉仕するはずのものでしょう。そこを外れれば、泡のように消えてしまうよりほかないのです。

この情報の本来の在り方を、今日の社会は見失い、日常を蔑ろにし、ますます貧しくしています。多分、このことが今日の文明の危機状況の核心だと思いますが、小説は、外ならぬその日常に焦点を絞っているのです。

今日、小説を中心に文学が蔑ろにされる傾向が見られるのは、その点で当然でしょう。時代の大勢に逆らっているのですから。最近では、この時代状況に応じてなんとも奇妙に変質した小説が現われて来てもいます。しかし、日常に焦点を絞り、踏まえていることを忘れてはなりません。そして、その点において、小説の果たすべき役割は、ますます大きくなっていると言ってよいでしょう。

小説が根底に持つ不自由さは、決定的に貴重なのです。この不自由さを自覚して、その的を外さないようにしなければなりません。

以上述べたことから、第三條が出て来ます。

「小説は、わたしたち平凡卑俗な人間の日常の暮らしを基礎に据える」

四

こうして小説を書くための大筋は、はっきりしたと思います。

そのために必要なのは、わたしたちの身辺に現に繰り広げられている日々の日常を、不断に観察し、かつ、さまざまな視点から考え、思いめぐらせる必要があります。

鷗外は、ごく小品でしたがそれをきっちりと踏まえて、闊達自在に書いたのです。

このことについて詳しく語る必要がありそうですが、そうすると話が長くなりそうなので、別の機会に譲ることにしましょう。

そこで、いよいよペンを執り、書き出すとして、わたしたちはまずなにをするでしょうか。

机に向い、なにも書かれていない原稿用紙（白紙でもいい）を広げます。最近は、原稿用紙ではなく、ワープロなりパソコンに向うひとも多くなっているようですが、その場合は、なんの書き込みも行われていない空白の画面です。

このなにも書かれていない紙なり画面とは、一体、何でしょうか。

同じ白紙――以下は空白の画面も白紙として話したいと思います――なら、会社の事務机の上にも乗っています。しかし、それとこれとは、はっきり違います。会社の事務机の上なら、これは事務用品であり、その会社の営業活動に使われるべきものと決まっています。そのようにはっきり用途、性格付けがおこなわれているのです。

ところが小説を書こうとしている人の前のそれは、この実社会のどこにも、現実の次元のどこにも属していません。そして、文字どおりの空白、なにも存在していない空白そのもの、と言えばよいでしょう。

ここにはやがて文字が記されるのですが、その文字にしても、記されることによって、この世のどこにも属さない次元のものとなるのです。本来、あらゆるものはこの世のさまざまな現実の事象と繋がっています。われわれが普通使っている言葉も、そうです。しかし、そのところに書き込まれるとき、この繋がりは断たれ、その次元のものとなるのです。

小説を書く行為は、このようななにもない、この世にぽっかりと口を明けた、空白の次元を前提にしているのです。

こういう言い方は奇異に思われるかもしれません。しかし、小説のなかではいかに殺人が行われようと、誰も死なないし、罪に問われることもないのは、皆さんがよくご存じのことです。そのように小説は、あくまで現実とは別の次元に成立するのです。このところを虚構の概念を持ち出して説明するのが一般のようですが、いわゆる虚構を排した私小説であっても、基本的には同じことが言えるのです。ですから、虚構が成立する、その前の、より根本的なところを考えなくてはならない。それがいま言う空白の紙であり画面で、絵画ではキャンバスなり額縁に当たるものでしょう。

このことを第四條としてあげましょう。

「小説は、白紙というなにもない場所において作り出される」

だから、第二條のような窮屈な制約があるのにもかかわらず、第一條に言うように、何をどう書いてもよいことになるのです。

五

その白紙という何もない場所に、持ち込むことができるのは、文字だけです。

これが第五條です。

「文字以外のいかなるものも持ち込むことができない」

かつては語られる言葉が持ち込まれました。『源氏物語』『平家物語』などがそうです。しかし、近代小説となると、紙の上に印刷された文字だけです。そして、この文字自体は、じつは言葉と言うのには不十分なものです。厳しく言えば、言葉の、いわば殻、抜け殻でしょう。

言葉とは本来、音声、音調、息遣い、それを発する人、具体的場所などを初めとして、歴史的、社会的な背景を豊富に負っているものです。ところがそうしたものをすべて捨てた、文字だけとなると、間違いなく言葉の抜け殻です。別の言い方をすれば、視覚上の記号に過ぎません。

その抜け殻としての文字を、なにもない空白のスペースに書き列ねて、この世に存在し、血肉を備えて生きている人間を、出現させるのです。小説は、そういうことをやろうとするのです。

このようなとんでもないことがどうして可能なのでしょう。奇蹟のようなことではありませんか。

しかし、それが簡単に実現するのです。

奇蹟のようなことであれ、簡単に実現すると、わたしたちはなんでもない、問題にするに値しないことのように思いがちですが、決してそんなふうに考えてほしくはありません。あくまで、「奇蹟のようなこと」なのです。それを小説は、簡単に実現するのです。

六

この「奇蹟のようなこと」を実現するのは、作者だ、と考える人が多いかもしれません。しかし、それなら小説作者は、神よりすごい存在になります。神様も、人間を創り出すのには、泥だとか小麦粉にパン窯とか、そんなものを必要としましたが、小説作者が手にしているのは、空白の特別なスペースと言葉もその抜け殻に過ぎません。それでもって、どうして血肉を備えた人間を出現させることができるのでしょうか。

じつは血肉を備えた人間は、作り出すまでもなく、最初からいてくれているのです。それは、読者です。作者が小説を書くとき、すなわち、空白の特別のスペースに言葉の抜け殻を持ち込み、列ねるという作業を行うとき、現実の次元に切り捨てたものすべてを読者は持って待ち構えていてくれるのです。そして、そのすべてを持ったまま、印刷された文字を読みたどってくれるのです。

確かに作者の書く上でのさまざまな工夫が、ものを言うのは確かです。殊に日常を踏まえることが肝要ですが、しかし、本当に血肉を備えた人間を、また、厚みなり重さ、手触りをもったさまざまな物を現出させるのは、それを持ち合わせている読者自身なのです。作者ではありません。個々の読者が、それぞれに自分の暮らしの中に身を置き、さまざまな言葉をさまざまなふうに使っていますが、その場所で、紙のうえに綴られた文字をたどりつつ、自分の暮らしのなかのその言葉の内実を惜し気もなく注ぎ込み、満たし、生命を吹き込むのです。そうすることによって、白紙の上の文字が、その読者自身――あくまで読む当人の前だけにですが、リアルな世界なり人物、出来事を現出させるのです。

紙の上には、ただ印刷された文字という、内実を持たない言葉の殻、記号が並んでいるだけであり、読者ひとりひとりが、それを満たして、働かせて、自らの前に出現させるのです。

それはレコード、ＣＤのようなもの、と考えてもよいかもしれません。モーツアルトのＣＤそのものは、小さな円盤に過ぎません。それを再生装置に入れ、音を出さなくてはならない。そうしてこそ初めて音楽が出現します。そのように読者が読むとは、読者が自らを再生装置とし、音楽を出現させるように、本のページから文学を出現させるのです。

作者は決して直接的になにかを表現することはできず、読者という他人を回路として、初めて実質的に表現を達成するのです。

そこで、第六条としてこう言いましょう。

「小説が小説として本当に出現するのは、読者によってである」

読むという行為は、だから、決して受け身だけのものではありません。そして、書くためには、読むことをしらなくてはならないのです。

七

この第六条は、小説作法を考える上で、大変大事なことです。

ただし、このことは読者を中心に考え、読者のために書こう、と言うことにはなりません。

読者が持ち合わせている、血肉をはじめもろもろのもの、そして、言葉を使わせて貰う、ということなのです。言葉は作者のもの、と考えてはなりません。あくまで読者のもの、読者という他人のものなのです。それを使わせて戴く。それも出来るだけ他人がその日々の暮らしで馴染んで使っている、そういう言葉を使わせて戴く。日常を踏まえる必要は、その点からも言えることで、血肉を頂くのには、こうしなくてはならないのです。自分だけの言葉を使おう、自分の個性を表現しようなど考えてはなりません。

この他人の言葉ですが、これにはいろいろあります。必ずしも現在この世に生きている人に限らなくてもいい。遠い過去、江戸や室町、鎌倉や平安でも、万葉の時代でもよろしい。日本語で、今日の読者がごく自然に読みすすめることが出来さえすればよいのです。

そのように遠く歴史を逆上れば、使うことの出来る言葉が恐ろしく豊かになります。単に言葉だけでなく、その使い方、作品構成なども同様です。

しかし、やはり同時代の、現に人々が使っている言葉を使わせて頂くのが基本です。それが最もよく血肉を備えているからです。

ただし、その他人の言葉を使うのに際しては、あたかも自分のもののようにして使わなくてはなりません。そうすることが、読者がその言葉を自分自身のものと思うためには必要な手続きなのです。作者があたかも自分のもののように使ってこそ、その文字をたどる読者も、そのように思うのです。そうして、人間の主体的な奥行きをもった世界が広がるのです。この主体的な奥行きをもった世界が、小説世界を現出させるためには肝要なことです。

そこで第七條。

「言葉はあくまで他人のものであり、それと心得て使うべきだが、同時に、使う以上は、自分のもののようにして使わなくてはならない」

＊

以上、七ケ條を申し上げたのですが、あまりに基本的な心得に留まったようです。しかし、何事であれ基本が大事なのは言うまでもありません。そして、そこから幾つもの実践的な心得が引き出せるはずです。皆さん各自で、いま申し上げたところから、引き出してみてくだされば幸いです。

（本稿は、平成十二年武蔵野女子大公開講座「創作のすすめ」で、七月十日におこなった講演草稿に加筆したものである）

（「武蔵野日本文学」第10号、平成13年（二〇〇一）3月）

一元化を排す

多層的多元的な文化

今朝の風で、京都の紅葉も終はつたやうですが、例へば嵯峨野を訪ねますと、観光客が必ず立ち寄る場所として、野の宮があります。能の『野宮』、そして、その基になつた『源氏物語』「賢木《さかき》」の、伊勢へ下らうとしてゐる六條御息所を、源氏が訪ねて別れを惜しむ場面が浮かんでまゐります。

このささやかな宮が名所となつてゐるのは、かうした故事来歴のためです。故事来歴なしに、名所は成立しません。しかし、わが国では、いはゆる名所でなくても、故事来歴に恵まれた地がいたるところにあります。

嵯峨野から流れ下つた桂川が鴨川、木津川と合流して淀川となり、やがて江口で難波と兵庫の大物浦（尼崎市）へと分岐しますが、その江口には、今でこそ塵芥処理場が建つてゐますものの、平安時代、小舟を操る遊女がゐました。大江匡房『遊女記』、『更級日記』などに記されてをり、西行がそこの遊女の長《をさ》妙と歌を交はしました。勅撰集「新古今集」に収められて広く知られ、『撰集抄』『沙石集』『西行物語』などにも取り上げられ、能『江口』、下つては浮世絵の題材にもなれば、幕末、長唄の舞踊『時雨西行』となつてゐます。この伝承によつて、いつしか遊女は、じつは普賢菩薩の化現であつたとされ、最後には白い象に乗つて去るやうになります。

この江口から大物浦へ出ますと、浄瑠璃や歌舞伎の『義経千本桜』のなかの「渡海屋」と「大物浦」の段の舞台です。回船問屋を構へる渡海屋銀平が主人公です。舞台は江戸時代も回船問屋が栄えた、この浄瑠璃が上演された頃（延享四年・一七四七）と思はれますが、源頼朝配下の者に追はれて、西国を目指す義経と弁慶一行がやつて来るのです。

とんでもない時代錯誤ですが、この舞台の上だけで許される大胆奔放な設定がまことに面白い。さうして船を出すのですが、渡海屋銀平は、じつは壇ノ浦で海に沈んだはずの平宗盛なんですね。死なずに生きながらへてゐて、宗盛の亡霊を装ひ、義経一行に復讐しようとする。かうして壇ノ浦の戦が、今一度、大物浦で繰り返されることになる。

なんともとんでもないことを江戸の浄瑠璃作者は考へるんですね。壇ノ浦の戦が繰り返されるなんて、生真面目な歴史家は眉を顰めるでせうが、少々無責任な歴史ファンにとつては、この上なくうれしいスペクタクルです。

ご存じのやうに義経一行は、大物浦沖で嵐にあひ、西国へ向ふことができず、摂津の浜へ吹き寄せられ、吉野へ行きます。その嵐のなかで起つたのが、生きてゐた宗盛が謀つた報復の戦ひであつた、といふわけです。

歴史的事実と『平家物語』『義経記』などの記述の隙間を掴まへての、楽しい悪戯、そして、卓越した劇的創作です。舞台ではこんなことまで出来るんだといふ見本です。

もう一つ、例を挙げさせてもらいますと、鴨川に架かる五條大橋の一つ上の、松原橋――本来の五條大橋の跡に架かつてゐますが、これを渡つて清水寺へ向つて行きますと、六波羅になり、右へ折れると六波羅密寺になる、そのT字路が、今日も六道の辻と呼ばれてゐます。

六道とは、言ふまでもなく、人間が迷ひ輪廻しつづける、地獄・餓鬼・畜生・修羅・人間・天の六つの道です。人間は死ぬと、この辻に立ち、これまでの罪障によつて、いづれかの道を採らなくてはならないのです。

平安時代、このあたりが鳥辺山の入口でした。この辻を曲らずに進むと、左手すぐに珍皇寺があり、閻魔大王と小野篁が祀られ、地獄へ通じるといふ井戸もあります。

小野篁は、百人一首の歌「わたの原八十島かけて漕ぎ出てぬと人には告げよあまの釣り舟」で知られる人ですが、閻魔庁へ通ひ、閻魔大王の仕事を助けてゐたといふ伝承があり、『今昔物語集』『江談抄』などに出てゐます。

この六道の辻と珍皇寺は、八月の旧のお盆には、大変賑はひます。祖先の霊を迎へるために、樒《しきみ》を求め、鐘を撞かうと大勢の人が今もやつて来るのです。六道の辻は、伝承のなかだけでなく、今日も存在しつづけてゐるのです。

いきなりこのやうなことを並べたのは、われわれが現に生きてゐるこの世界は、現に目に見えてゐる現実だけのものでなく、歴史的・宗教的・文芸的・伝承的、そして夢幻的な領域にも広がつてゐる、といふことを言ひたかつたからです。

われわれが実際に生きてゐるのは、この目に見えてゐる世界だけでなく、多層的多元的な広がりを持ち、じつに立体的な構造を持つてゐるのです。そして、それゆゑに豊かなのです。もし、目に見える、いはゆる現実だけとするなら、恐ろしく貧しく、平板で、退屈で、窮屈です。

いはゆる近代的合理主義によつて、六道の辻とか地獄極楽などは、大方抹殺されました。その代はりに飛行機に乗れば、世界のどこへでも、宇宙ロケットに乗れば、宇宙にも行けるやうになりました。しかし、如何に遠くへ行かうと、所詮、この世の中です。それは結局のところ、金と力、それに科学、そして健康志向、安全・安心志向あたりが支配する、退屈な世界です。これでは、結局のところ厭世観・虚無観に陥るよりほかないのではないでせうか。

虚無思想は、現世主義と対立すると考へられて来ましたけれど、突き詰めれば、逆です。今日の閉塞状況は、この現世一元主義、現実一元主義によるのです。

人間は、本来、このやうな窮屈な狭く貧しい現実だけに生きる存在ではありません。さまざまな層、さまざまな次元を抱へ持つて、生きてゐる。生の豊かさ、文化の豊かさは、そのさまざまな層、次元をどれだけ多く抱へ持つかによるのです。

異次元の世界などと言ふと、不條理、不気味、夢想的な世界と受け取られるかもしれません。確かにさういふところも一部含まれませう。しかし、以上に挙げた例からも察せられますやうに、わが国の長い歴史、豊かに蓄積された古典、伝承などが軸となつてゐるのです。大きく誤ることはありません。

古来、古典や歴史を学ぶ必要が説かれて来てゐますが、これは優れた先人の足跡を知るだけでなく、文化本来の、多層的多元的構造を持つ世界へわれわれを導いてくれるからです。だからこそ古典や歴史を大事にしなくてはならないのです。

秘密のマスターキー

そこにおいて歴史的仮名遣ひがいかに重要であるか、この会場にをられる方々は、お解りだと思ひます。

この仮名遣ひのお陰で、わが国では千数百年も遠く溯ることが比較的容易にできるのです。これは驚くべきことです。シナやギリシアなどは、わが国と歴史こそ桁違ひに古いけれども、一般のひとまで容易にそこまで溯れるかといふと、そんなことはありません。ところがわが国では、小学生や中学生が千数百年も前の柿本人麻呂や山辺赤人の歌を読み、親しんでゐるのです。

かういふことの持つ意味を、われわれ社会全体が考へ、大事にしなくてはならないはずです。その古典に触れ、歴史をよく知り、文化本来の多層的多面的構造を承知するために、歴史的仮名遣ひは、またとない秘鑰《ひやく》――秘密のマスターキーだと言つてよいでせう。

現代仮名遣ひではさうはいきません。今日の現実に密着するのを基本としていますから、今日の現実に簡単に引き寄せられてしまふ。

歴史的仮名遣ひは、今日に密着も乖離もせず、適度な距離を保ち、普段に批評性を働かせ、かつ、歴史の奥深くと繫がる道筋を開いてくれるのです。書記言語として、まことに理想的だと言つてよいと思ひます。

しかし、今日の多くの人々はさうは考へず、現在只今、即刻、役立つこと、すなはち今日の現実への密着度ばかりを問題にします。それが肝要だと信じてゐるんでせう。最近、国語問題を論議するのが、もつぱらジャーナリストや政治家、エコノミストたちになつてゐますが、さうした人たちなら、当然さうでせう。

中途半端な対応

以上、ざつと申し上げた考へ方から、わたしはできるだけ歴史的仮名遣ひで書かうと努めて来てゐます。

もつとも評論や論文、雑文の類ひは、現代仮名遣ひで、小説なり小説的なものは歴史的仮名遣ひでと、分けてやつてゐます。

書く機会が多い三島由紀夫についていては、三島の文章は歴史的仮名遣ひのまま引用しますが、わたし自身の文章は現代仮名遣ひといふわけです。その一方、いま、菅原道真が天満天神になるまでを扱つた文章を「季刊文科」に連載してゐますが、これは歴史的仮名遣ひ。説経「俊徳丸」に取材した文章を来春「文学界」二月号に発表しますが、これも歴史的仮名遣ひといつた具合です。

評論や論文、雑文の類ひは、まあ、今日ただ今での営為でせう。多少文学的な営為となると、今日只今に限定できないところを目指すべきでせうから、歴史的仮名遣ひと、割り切つてゐるのです。

このやうなわたしの対応は、中途半端、ヌエ的と批判されるかもしれません。しかし、今の状況において、わたしのやうな非力な執筆者が、細々と書き、活字にして行くためには、仕方がないと諦めてゐます。

ただし、このやうな姿勢では、歴史的仮名遣ひに習熟するのが難しい。しよつちゆう、つまらない間違ひを繰り返してゐます。昨年、『風雅の帝 光厳』を出したのですが、校正者の努力の甲斐あつて、間違ひはないと思つたのですが、出来て来た本を見ますと、帯の「対峙」の文字にルビが振つてあつて、「ぢ」とあるべきところ「じ」となつてをりました。たつた一字ですが、これにはガックりしました。

しかし、それでも粘り強く、ある面では臆面もなく、歴史的仮名遣ひを使ふよう、努め続けてゐます。少々の間違ひがあつても、ご容赦くださつた上、ご教授をお願ひします。

和数字の排除、洋数字への一元化

ところで最近、現代仮名遣ひを貫く現実密着の考へ方をさらに推し進める、現実への一元化とでも言ふべき事態が幾つか認められます。

この十月からでせうか、新聞では縦書きの文章でも、数字は和数字表記でなく、洋数字（アラビア数字）の表記が行はれるやうになりました。和数字表記を排除、洋数字表記で統一しようとしてゐる気配です。

これまで縦書きの文章に洋数字を用ゐることは、退けられてゐたはずです。無思慮、無様な混用と捉へてゐたのです。ところが学術論文あたりから始まり、辞書、事典の類に及び、文学では村上春樹が始めました。数字を洋数字にするのがカッコよいとでも思つてゐるのでせうか。

最近の新聞記事を見ますと、《3万人のランナーが大阪市内を駆ける第1回大阪マラソンは30日午前、号砲が鳴る。（中略）コース沿いに仮設トイレ７００基が設置された。また、ランナーに提供されるバナナ6万本、水やスポーツドリンク計16万本など、飲食物の搬入なども行われた。》（「読売新聞」十月三十日付）

「第1回」と「30日」は全角と半角で、違つてゐます。「７００基」となると、洋数字を縦に並べるといふ無理をしてゐるし、「6万本」や「16万本」となると、上に指摘した違ひに加へ、万といふ和数字を使つてゐます。億とか兆も使ひますね。しかし、十とか百とか千はほとんど使はない。かうしたご都合主義、中途半端さ、そして混乱は、なによりも醜いと思ひます。

もう一つ、「朝日新聞」ですが、「２００6年9月」とあるかと思ふと、「04年2月」とあります。

どうしてかういふ表記が一つの短い記事で混用されるのか。

また、「一連」「一審」と、これらは和数字を用ゐて表記されてゐますが、「1連」「1審」でもよいのではないかといふ主張も出てくるでせう。現にさう表記した記事があつたと記憶してゐます。現に1人とか2日とか1種類とか言つた表記も行はれてゐます。

このやうな表記を許容したら、どういふことになるでせう。1巡、1姫2太郎、2つ返事、4つ足、4苦8苦、6道の辻、7変化、7難8苦、7転8倒、9尾の狐、10重20重などと書きかねませんね。

加へて、縦書きを本則とする日本語において、洋数字表記を拡大するのは基本的に無理があります し、何らかの法則性を見出すのも不可能です。結局のところ、場当たり的に無理に無理を重ねた、醜悪な表記となるばかりです。それにもかかはらず、代表的な新聞社が一斉に、恥づかしげもなくやり始めたのです。そして、寄稿者にも強要しかねない有様になつてゐます。

この言語としての合理性、統一性を無視して、利便性を押し立て、無理を通す姿勢は、歴史的仮名遣ひを退ける考へ方と一つです。

もしかしたら、かうしたことによつて起こる混乱、不都合は織り込み済みで、それを解消するため、文章全体を横書きにするところへ、脱日本語化へ持つて行く算段かもしれませんね。

今日では公文書がすでに横書きに統一されてをり、それに準じて、民間の会社の文書も横書きになつてゐます。また、教科書では、理数科は勿論、社会科、日本史の教科書も横書きです。科学的学問的な分野は横書きでといふ馬鹿げた理屈のやうで、日本史や日本語の学会誌さへ、敗戦後間もなくから横書きになつてゐます。しかし、日本史や日本語研究の基本的資料は縦書きです。殊に漢文となると、横書きでは返り点など付けやうがありません。これでどうして研究が可能なのでせう。

横書きが学問的なシルシなどと言つてゐた間はまだよかつたかもしれません。最近は横書きが世界規準の表記法で、われわれ日本人も、といふ考へ方になつてきてゐるやうです。恐るべき後進国的発想です。

現在のところ、市販されてゐる大部分の新聞、週刊誌、雑誌を初め、単行本が縦書きです。しかし、いつ、全面横書きになるやもしれません。いや、紙媒体の新聞などは今やほとんど読まれず、パソコンやスマホでニュースや時事的論評で見られてゐます。そこではすべてがすでに横書きです。

縦書きと横書きと、大して違ひはないと考へる人もゐるでせう。しかし、漢文にとつて致命的ですし、俳句や和歌ではどうでせう。「源氏物語」や「奥の細道」ではどうか？　それらは平仮名表記と密接に繋がつてをり、その表記は縦の切れ目の少ない流れが重要なのです。

横書きになれば、それこそ1姫2太郎、4苦8苦、6道の辻などと言つた表記も、簡単に行はれるやうになるでせう。また、欧米語などもその原語表記のまま入り込んで来る。横文字好きの官僚や学者方は大喜びするかもしれませんが、日本語自体に恐ろしく厄介な問題、正統的な表記、機能の破壊を引き起こします。

さうして、なによりも古典との距離が、決定的になります。

われわれの祖先なりわれわれ自身が今日まで営々と営んできてゐる、縦書きによる日本語の成果を、一切合財、どうして過去の穴蔵へ葬らうとするのでせうか。さうすれば薔薇色の未来へ一直線に進んで行けるとでも思つてゐるのでせうか。繰り返しますが、われわれの生の豊かさは、多層的多元的な構造を持つ文化の在り方にあるのです。文化的貧困も極まつた、閉塞状況へ落ち込んではなりません。

（「国語国字」第百九十七号　平成24年（二〇一二）4月）

西暦と元号

最近、テレビや新聞などを見ていて、元号を使った言い方、表記には、あまりお目にかからない。どうも世の中は、今年あたりを境に、元号から西暦へと大勢は移ったような気配である。新聞も産経新聞を除いて、主立ったところは西暦を主とするようになった。

しかし、これでよいのだろうか。こんなふうに千三百年近くも続いた元号を、いま、われわれが捨ててよいかどうか、よく考える必要があるだろう。

現にわれわれ自身の深いところで、ある種の混乱が起っているのではないか。その深いところでの混乱とは、なによりも記憶の領域でのことである。これまで明治、大正、昭和と元号でもって、個人的な出来事も社会的な出来事も、記憶に刻んで来た。そのようにして蓄積して来たものを、簡単に西暦に切り替えられるかどうか。なるほど、コンピューターなら、打ち直せばすむ。しかし、人間の記憶は、そうはいかない。

だから、西暦で言われても、即座にその年のことが思い出せず、昭和などに換算するという手続きをとることになる。若い人なら、こうした面倒な手続きをあまり取らずにすむだろうが、壮年以上となると、これから生涯にわたってそうし続けなくてはならない。このようなことを、一体、誰がいかなる権限でもって、課すことできるのか。「国際化」のために我慢しろ、とでも言うのだろうか。

この換算という手続きを介在させることは、思い出すという微妙な領域に、少なからぬ変質をもたらす。同じことを思い出すにしても、即座に思い出すのと、換算してからとは、違ってしまう。学者や評論家が過去の事例として引き出すのなら、問題はないが、われわれは暮らしのなかで、折に触れ気持が動くまま、ふと、思い出すのである。そこに換算という手続きを介在させると、微妙な違いが生ずるのは明らかだろう。

そんな違いなどどうでもよい、と言うのは、人間のこころが分からないひとである。記憶し、思い出すということほど、人間にとって大事で豊かな領域はなく、そこでは、この微妙な色合いが肝要なのである。

大袈裟に聞こえるかもしれないが、その意味で、記憶の領域への重大な侵犯だと言ってよかろう。さらには、いま詳論する余裕がないが、そのまま歴史に及ぶはずである。

＊

こうした大きな犠牲をともなう西暦への切り替えだが、それが本当に「国際化」につながるかというと、必ずしもそうはならない。現に世界では、宗教、民族、政体などの違いによつて、さまざまな暦が用いられており、なかでもイスラム暦となると、西暦を用いている人たちよりも多い。

そして、将来的に西暦に統一される可能性があるかというと、まずあるまい。なにしろ西暦は、基本的にキリスト教起源暦なのである。モハメットがメッカからメジナに移った年を元年（西暦では六二二年）とする暦を、イスラム教徒が捨て、イエス・キリストが誕生した年を元年とする（実際は四年のズレがあるらしい）、そのようなことが考えられるだろうか。現に激しい宗教対立から、日々、世界各地で血が流されているのである。

こうした現実の中で、日本が西暦を採用するとき、日本人の大多数がキリスト教に入信した、あるいはキリスト教に荷担することを正式に決めた、と受け取られても仕方がないかもしれない。いや、そうではなくて、宗教抜きに、世界共通の暦として採用したのだ、と説明したとしよう。しかし、この説明は、かえって怒りを買う恐れがあるだろう。彼らの信仰と一体になっている暦の上に、キリスト教暦を置くことになるからである。

欧米や欧米文化圏内との交流はスムーズになるかもしれない。しかし、全世界となると、そうはいかないのだ。それにわれわれの今後の課題は、限られた国や文化圏とではなく、全世界の国々と、本当の意味で対等に親身に付き合うことだろう。

そのためには、それぞれの地域には、それぞれの暮らし方、考え方、感じ方、信仰、歴史があることを認め合い、尊重しあっていくことである。ある考え方、ある文化圏が優越していて、それですべてを一つに括ればよい、などと考えてはならないのだ。そのことについては、すでに共通理解ができていると思うのだが、暦に関しては、忘れられているようだ。

こうしたことが起こるのも、暦が、いまも言ったように、地域それぞれの人の暮らし方、考え方、感じ方、信仰、歴史等々と密接に絡み合っていることを忘れているからだろう。

新聞社やテレビの編集局に座っていると、海外のすべてが西暦ひとつで動いているように見えることがある。世界にネットワークを張り巡らしているのは、欧米系の通信社で、イスラム圏やユダヤ圏の出来事であろうと、欧米の基本的枠組み（西暦がその一つ）でもって処理した上で、流して来るからである。しかし、これからは、そうした処理を引き剥がして、吟味することも必要なはずである。

＊

言うべきこと多く、問題の一端に触れたにとどまったが、とりあえず結論を記しておけば、現に産経新聞が行っているとおり、元号を主として、括弧内に西暦（現在では大変便利であるのは間違いない）を入れ、必要とあれば、イスラム暦なりユダヤ暦やヒンズー暦なりを入れるのが、最も妥当であろう。これならわれわれ日本が、異邦の宗教なり文化圏に荷担したり帰属した、と受け取られずにすみ、いかなる国々とも対等に付き合う基本的足場を踏まえたことになる。

視野を広げれば、われわれ自身の歴史に根ざした元号中心のほうが、却って国際的なのである。それとともに、われわれひとりひとりの記憶を大切にし、歴史的連続性を保持することにもなるのだ。

（「西暦は本当に国際的か」を改題。「産経新聞」平成7年（一九九五）3月1日）

残雪抄

瀬田の唐橋を渡る

今年はなにかと京都を訪れることが多い。

それというのも、今度の阪神大震災で、神戸市東灘の老母の家が倒壊、駆けつけたものの、大阪に宿がとれず、京都を足場にしたのに始まる。母は奇蹟的に無傷だったが、以後、なにかと行くことが多く、そのたびに京都に立ち寄る。

先日も、まだ片付けられていない倒壊跡から、母のちょっとした身の回りの品に、亡父の遺品の和書数冊を拾い、雨で濡れたアルバムからは数葉の写真を剥がし、壊れたタンスに残っていた風呂敷に包んで、それをぶら下げ、京都駅に降り立った。

そうして遅い昼食を取ったのだが、ふと思い立って、逢坂山を越え、瀬田へ行った。

当日は、珍しく暖かな好天だったし、頭から埃をかぶっていたので、水面を眺めてさっぱりしたかったのである。それに瀬田の唐橋は、歴史上知られる最も古い橋の一つで、幾度となく洪水で流失し、戦火で焼失しながらも、そのたびに架けなおされ、今日に至っている。そうした長大な歴史を持つ建造物を、この足で踏んで見たい、とも思ったのだ。

それからもう一つ、こども時代から親しんでいる、この橋にまつわる懐かしい物語の世界に、多少なりと触れたいという気持があった。わたし自身の幼い頃の写真を風呂敷包のなかにしていたためであらうか。

石山駅で降り、瀬田川の岸に出ると、さすがに風は冷たかったが、満々と広がる水面は、青々として快かった。そして、日差しは、風が奪っていくだけの暖かみを、確実に与えてくれる。

川岸をぶらぶら歩いて、唐橋に至ったが、昔ながらの欄干に擬宝珠《ぎぼし》を持つその橋の交通量は多かった。大型のトラックやバスも、つぎつぎ走り過ぎていく。欄干は金属製で、木肌色に塗られているのだった。

しかし、青錆を帯びた擬宝珠の一つを見ると、寛政五年（一七九三）八月吉日、と二百年も前の日付が、見回役や棟梁の名とともに、刻まれていた。その隣には、明和九年（一七七二）二月吉日とある。昔のものをそのまま使っていいのだ。

その擬宝珠を撫でながら、あたりを見回していると、自ずからさまざまなことが思われてくる。

近江朝以来、東へ、あるいは西へと渡って行った人々のこと、歌枕として詠まれた歌の数々、壬申の乱以降、幾度となく争われた戦乱のこと。それから、この橋の中央の下が龍宮の入口だなどといった伝承……。

もっとも膳所《ぜぜ》藩の藩士寒川辰清という恐ろしく実証的精神の旺盛な人物が、精細な地誌『近江国地志略』を著すに際して、泳ぎの達者な者を潜らせて調べたところ、なにもなかったという。しかし、昭和五十一年、橋の架け替え工事のため、橋を撤去したところ、室町時代の石の地蔵が出てきたし、祭祀に使われたと思われる和銅以前の古い銀銭などが見つかった。それから昭和六十二年には、八十メートルほど下流から、奈良時代の橋の遺構が発見されている。

こんなふうに、なにが出てくるか、分からない橋なのである。

平安時代も承平の頃（九三一〜三八）、ツノのある大蛇（龍と考えてよかろう）が長々と横たわっていた。それを大胆にも踏みつけて、若い俵藤太秀郷《たわらとうたひでさと》が渡っていった――、お馴染みムカデ退治の物語の発端も、そうした関連のなかで、受けとってよいのではなかろうか。

この物語は、鎌倉時代に語り始められ、室町、安土桃山、江戸と語り継がれ、かつ、書かれてきただけに、話の筋は単純で荒唐無稽だが、その意味するところは、決して一筋縄では捉えらない。

それに加えて、『太平記』『御伽草子』などでは幾つも本があり、それぞれ微妙な違いがある。例えば、大蛇を踏んで渡って行った秀郷の前に、忽然として現われたのが、翁であったり、小男であったり、はては輝くような美女であったりするのだ。そして、仇敵のムカデを退治してくれるよう懇願するのが、龍王自身であったり、その使いであったり、また、龍王の娘だったりする。

こうした違いを細かく見ていけば、きりがないが、それに従い、同じ物語が、微妙に違った様相を見せてくるのである。今日、文学作品といえば、本文は一つのはずだが、ここには何種類もの本文があるのだ。いや、それだけでなく、長い歴史のなかに埋もれた本文、また、語られたまま、書かれずに消えた本文も考えなくてはなるまい。

そうなると、読者として受け身に読むだけでなく、自分なりの本文を想像してみなければならなくなる。そのとき、この物語世界に深く囚われてしまうのだ。

橋を渡りきった東岸、少し川下に、龍王宮と俵藤太秀郷社があった。ごく小さな社殿が二棟並び、その間に、かつての唐橋の橋杭が、しめ縄を巻かれて据えられている。いわゆる橋守社である。

社務所の老女に話を聞くと、昔は、橋を架け替えるたびに改修されたが、コンクリートの頑丈な橋になってから、その機会がなく、維持が大変になっているという。

向いの雲住寺では、住職が顔を出し、秀郷由縁の品々を見せてくれた。恐ろしく大きな鏑矢。そして、槍の穂先。こうしたものより興味を引いたのは、まずは版木であった。近江富士とも呼ばれる三上山をぐるぐる巻きにした巨大なムカデが、唐橋で弓を構える秀郷に襲いかかろうとしている図と、秀郷百足退治之由来と題する簡単な文章が彫られている。もう一つ、龍の頭の冠をかぶり、珊瑚らしいものを抱えている男の画像の版木で、横に跋難陀龍王《ばつなんだりゅうおう》の文字がある。いずれにも雲住寺とあって、この寺で刷られ、配布されたことが知られる。

それから、木版の冊子『俵藤太略縁起』で、挿絵入り二十ページの末尾には、やはり雲住寺蔵板とある。以前は版木があったのであろう。龍宮へ招かれた秀郷が龍王の娘と契ることになっており、これまた独自な本文であった。もう一人、ここに作者がいて、出版元があったのである。

こんなふうに物語は、唐橋同様、作り直され、書き直されて、生きながらえて来ているのだ。そうしたことを考えながら、わたしは再び唐橋を渡って戻った。

（「日本経済新聞」平成7年（一九九五）3月12日）

小野篁のいた京の夏

この夏も、お盆で帰省した人たちが多かったが、例年、わたしは、街から人の姿が少なくなり、ひっそりするのを喜んで来た。

ところがことしは、帰省が始まりだした頃、所用があって、京都へ行った。出掛ける時は、もう少し遅ければ大文字焼きが見られるのに、と残念がっていたが、東山五条の近くでひどい交通停滞にあい、人々が申し合わせたように歩いて行く後を付いて行き、思いがけず精霊迎えの行事にぶつかった。お恥ずかしいことだが、無縁に過ごすまま、わたしはお盆の行事なるものをすっかり忘れていたようである。現に、大文字焼きと言えば、京都の夏を彩る観光行事と思い込むようになっていたのだが、ご承知の通り、精霊送りの行事である。送る前には、当然のことながら、迎えの行事があったのである。

京都では、その精霊を迎え、供養し、送ることが、いまなお都市全体の規模でもって、きちんと行われていたのだ。

後を付いて行って入り込んだのは、どこにでもありそうな商店街だったが、両側に露店が出ており、飴細工やタコ焼きが売られているかと思うと、こども用の浴衣やサンダルが並んでいたり、夜店とあまり変わらない様子だったが、やがて線香や経木塔婆を置き、槙の枝先を積み上げている店があった。

そこが赤く塗られた山門の前で、頭上に張られた横断幕には、「六道まいり・六道珍皇寺」とあった。六道珍皇寺は、門前の道が六道の辻と呼ばれることで知られている。平安時代の葬送の地鳥辺山の入口に当たったことから、こう呼ばれて来ているのだが、それが過去のことにとどまっていないのだ。

他郷の者が入ってよいものかどうか、躊躇したが、山門をくぐった。

人々は、門のところで経木塔婆と槙の枝先を買い求め、境内の一番奥のお堂へと進む。そして、お堂の正面から横にかけ、机を前にしてずらりと並んだ白衣の男たちに、戒名を経木塔婆に書いてもらう。それから、横の鐘楼の長い列の後に加わり、迎え鐘を撞く。

幼い頃、彼岸になると祖母に大阪の四天王寺へ連れていかれたときのことを思い出した。やはり祖母は、経木塔婆に戒名を書いてもらい、六時堂の前で鐘を撞く。もっとも珍皇寺では、鐘楼の裾から頭を出している綱の先を、各自が摑んで引くのである。甲高い、あまり響かない音だ。しかし、この鐘の音は、冥土まで聞えると伝えられている。

その後は、塔婆を線香で清めてもらい、千体地蔵の前で槙の枝を使って水回向をし、そのまま地蔵前に収める。

これが現在の作法で、そのようにするようにと掲示が出ている。もっとも以前は、これと少し違っていたようだが。

わたしは、祖母や父の戒名さえきちんと思い出せないのを情けなく思いながら、境内の片隅に立って、塔婆と槙の枝を持ち行き来する大勢の人たちの姿を、眺めた。

老いたひと若いひと、赤ん坊を抱いたひと。そして、塔婆を一枚だけ大事そうに握っているひともいれば、束にして持っているひともいる。それぞれが、かつて親しかったひとの霊を呼び寄せようとやって来ているのだ。

夏の陽の下、その情景は、ひどくなごやかであった。

死者の霊を迎えているのだから、どこか陰があってもおかしくないと思うのだが、いずれの人も柔らかな表情をして、おとなしやかに歩を運んだり、佇んだりしている。寄り添う家族らしい人たちの間には、自然にかよい合うものがあると、わたしの目にもはっきり映る。

近年、このような情景を見たことがあるだろうかと、考えずにおれなかった。わたしとしては祖母に手を引かれて歩いていた、幼い時のことを思い出すばかりだ。確か鐘を撞いた後は、亀井堂へ行き、塔婆を籠に入れ、池に漬けてもらうのを、退屈しながら眺めていたと、覚えている。やはり水回向をしていたのである。

この六道まいりの日々、中心になるのは、篁《たかむら》堂らしい。鐘楼の横のごく簡素な建物だが、格子が大きく開け放たれ、等身より大きい堂々とした閻魔大王と衣冠束帯姿の小野篁の像が、境内全体を見渡している気配である。人々は、ここで忘れずに頭を下げる。

小野篁は、平安時代初期のひとで、漢詩文にすぐれ、政治家としても活躍した人物で、百人一首の「わたの原やそ島かけて漕ぎ出でぬと……」の歌で知られている。そして、冥土との間を往復して、閻魔庁で閻魔大王の裁きを助けた、「第二の冥官」だとの伝承を持つ。

六道（地獄・餓鬼・畜生・修羅・人・天）を輪廻する生あるものが、人としての寿命を終え、これから先どこへ行くかを裁定するのが閻魔なのだが、その仕事を小野篁が、この世から夜ごと通って手伝った、と言うのである。

こうした伝承を馬鹿げていると言う人もいるだろう。わたしも、そう思わないわけではないが、われわれよりも先に人生を終えた人たちとこころを通い合わせる工夫の一つ、と考えると、どうであろう。

人類の精神文化は、亡き人を弔うことから始まったとも言われているが、いまもなお根本のところは、変わっていないのではないか。そして、亡き人を、どれだけ生き生きと蘇らせるかどうかに、文化の豊かさがかかっているのであろう。われわれの時代は、生者中心であり過ぎる。そして、それが、ひどく底の浅い、歪なものにしている。

このように考えると、閻魔や小野篁の存在が重みを持ってくるし、京都という都市がひどくうらやましく思われて来る。実際、人の暮らす都市は、本来、こうでなくてはならないのではなかろうか。

（「日本経済新聞」平成10年（一九九八）9月6日）

「時間の旅」への誘い

もうすぐ夏休みだが、そうなると、また、海外へ出掛ける人が多いだろう。このところ、休暇シーズンになると、必ず海外渡航者数の記録が更新されたといった記事が新聞に出るが、円高現象もあって、じつに気軽に人々は海外へ出ていく。

われわれの今日の空間は、海岸線を、国境を越えて、驚くほど拡大している。これほど広大な行動領域を、ごく普通の日本人が持ったことは、過去にはなかった。それがわれわれの生活を楽しく彩っているのは、確かであろう。

しかし、外国旅行から帰ってきた人々は、なかば夢から醒めたような思いをするようである。

国内にいるかぎり、日本が経済大国となったことをすこしも実感できないことが、よく指摘されるが、そのとおり母国の土を踏めば、ここにあるのは、これまでと同じ、狭くるしい居住空間と、忙しすぎる仕事場と、その間を往復する日々であるのが一般である。

外国旅行の楽しさは、結局のところ、われわれの生活空間と異質な空間を訪れるところにあるのだろう。めずらしい場所へと異動して、今の一時を楽しむのである。

こうした旅に対して、私は、もっと手軽な、そして、興奮するよりもおだやかに落ち着いた気持ちをもたらす時間的旅を提案してみたい。

そうは言っても、部屋に閉じ籠るのではなく、戸外に出て、散策なり、ちょっとしたハイキング程度は歩くことが望ましい。そして、訪れるのは、なんでもない町角でもよいが、忘れられた名所旧跡が、いい。

＊

例えば、関西なら大阪駅から十分足らず阪神電車に乗って、尼崎の大物駅で降り、海側へだらだらと下っていってみるとする。かつては阪神重工業地帯の中心だったところだが、すぐ右側に、やや殺風景な大物神社があり、その境内に、義経、弁慶の宿の跡という石碑がある。勿論、これを荒唐無稽として笑い捨てるのはやさしい。しかし、この伝承が、室町時代の地図に記されていたとなると、どうであろうか。すくなくとも五、六百年にわたって伝えられてきていて、多少は信じた人々が、それだけの年月にわたって存在しつづけてきたということになろう。

たとい義経、弁慶の宿が事実でなくとも、その伝承を喜び、半ば信じた人がいたことは、疑いようがないのだ。そして、その人々が、この地に立って、さまざまに思いめぐらしたことを、思いやってみるとき、その人々の傍らに身を寄せるような思いを味わうことにもなる。それは、歴史のなかへ歩み入っていく最も好ましい道ではなかろうか。客観的事実だけが歴史というわけではないのだ。いま見たような伝承を伝えてきている流れの中にそっと加わるのも、歴史を知ることになるのに違いなく、かつ、却って、生きたかたちで歴史を味わうことになるのではないか。

荒唐無稽かもしれないが、義経と弁慶という魅力的な人物と、この大物の地があわさって、長い時間のあいだに織り出してきた物語を、無心に受け止めるとき、その物語とともに生き死にした多くの人たちが、身近に感じられてくるのである。

もう少し大物について言っておくと、神社からさらに坂をくだると、細長い公園を横切ることになる。その公園は、大物川の跡で、その川が大物浦に流れこんでいて、謡曲「舟弁慶」の舞台となったところだし、また、浄瑠璃や歌舞伎で親しまれている「義経千本桜」渡海屋の段の舞台ともなったところである。

＊

こうした事柄を思いめぐらしながら、その公園のベンチに座っていると、不思議に豊かな気持になる。目の前にあるのは、何のへんてつもない、町中の小公園にすぎないが、只今の現実から半ば自由になって、時間を遡る旅を旅することができるのである。

こうした旅を、私は拙著『夢幻往来』（人文書院刊）で試みたが、空間的に広く旅するだけでなく、時間的にも旅してみようではありませんかと、心ある人々に呼び掛けたく思う。

そうした旅に適当な場所は、わが国なら、どこにでもある。

パスポートや大きなスーツケースの代わり、二、三冊の本と、二、三時間の散策の時間さえあればよいのである。

そして、その旅での楽しみは、外国旅行のように強い印象をもたらしはしないだろうが、われわれの暮していることの場所を、内側から豊かにしてくれるはずである。


（「日本経済新聞」昭和63年（一九八八）7月14日）

四天王寺の西門

こどもの頃、祖母によく連れて行かれたためだろうか、大阪・四天王寺の西門《さいもん》あたりが、いまも時折訪れずにおれない場所になっている。

「大日本仏法最初……」と刻まれた石柱が立ってるように、古い歴史を持つが、それだけでなく、わたしたちの祖先が抱いたさまざまな思想、感情、さらには構想力なり物語る力とでも言うべきものを考えるのに、格好の場所《トポス》だと思われるからである。

その理由を説明するのは難しいが、例えば彼岸の中日に、西門から西、五、六十メートルほど隔《へだ》たって立つ石鳥居のなかへ沈んで行く夕日を拝めば、極楽往生が約束される、という信仰が、ここにはある。いま、信仰と言ったが、必ずしも固く信じるのではなく、言い伝えているというだけでよいかもしれない。日本人の信仰は、不徹底と言えばそうだが、そういう程度も含めて見ておくのがよいようである。

しかし、ここから興味深い展開が起った。石鳥居の彼方――平安・鎌倉時代は海であった――にあるはずの極楽浄土を、出来る限り手前へと引き寄せて想像した末に、石鳥居を潜《くぐ》り出たところが、即、極楽の東門であり、あの世だとするようにもなった。そうなると、それに応じて、西門までがこの世で、西門から石鳥居までの間は、あの世でもこの世でもない場所、ということになった。

ここに働いているのは、ごく単純明快な論理であり、あくまで人間の想念のなかのものであろう。ところが四天王寺のこの場所に、実際に出現するに至った。この世に生きる場所を持たない人たちが次々と集まって来たことによって。その様子は、「一遍聖絵《いっぺんひじりえ》」や「法然上人絵伝《ほうねんしょうにん》」などに見ることができるし、説経「俊徳丸《しゅんとくまる》」や謡曲「弱法師《よろぼし》」に窺《うかが》うことが出来る。

そうして、多分、幼いわたしが祖母に連れられて来た頃――空襲で焼失する前――まで、曲がりなりに現実として、この場所にその世界はあったのではなかろうか。物乞《ものご》いの人たちの姿が多かったのを覚えている。

いま、そうした想念のなかの世界を、リアルに存在させた時代があったことに、改めて驚きを覚えるのである。われわれは、障子や襖《ふすま》でもって空間を断ち切り、別個の空間をつくる伝統――いまや希薄になったが――を持ち、目に見えずとも、この世と別の世界を現実に出現させていたのだ。

それに対して今日のわれわれは、現《うつつ》に身を置いているこの現実ばかりしか念頭にないのではないか。

居ながらにして世界中の情報がもたらされるし、望めば地の果てへ出向くことも出来る。そして、技術的、経済的、社会的な変化が絶えず進み、暮らしそのものも変化しつづけている。だから、現実だけで手一杯になっている。

しかし、われわれ人間は、現実の世界一つではなく、多元的な世界を身一つで生きる存在であろう。そして、そこに人間の生本来の豊かさが可能になる。いかに変化し発展しようとも、現実の世界一つに限られれば、結局のところ平板で、単調で、貧しい。

西門から石鳥居へと歩いて行くと、この場所で繰り広げられた歴史とともに、異質な次元の世界を通り抜けていくような不思議な感覚を覚える。それに従い、異なった生の風景が見えるようにも思われるのだ。

こうした場所は、わが国にあっては、決して珍しくない。普段、見慣れた道端の石地蔵にしても、間違いなく異次元の世界への入口になる。京都・清水下の近くに六道《ろくどう》の辻があるが、ここからは地獄、餓鬼、畜生、修羅、人間、天へ至る道が始まるとされている。

わが国の長い歴史は、そのように多様な異次元の世界を身近に用意してくれているのである。そして、そこへ踏み込めば、思いもかけぬ豊饒《ほうじょう》な世界が広がる。わが列島は狭いが、立体的多層的に捉えれば、恐ろしく広大なのだ。そのことを確認すべく、わたしは西門へと出向く。

（「文藝春秋　特別版」平成16年（二〇〇四）9月）

光厳院の桜

常照皇寺の九重桜を見て来た。

電話で町役場に問い合わせたところ、明日あたりが満開です、という返事だったので、急遽、一日おいて出掛けた。京都駅から定期バスで一時間半、高雄を過ぎ、北山杉が急斜面に植えられた谷を登り詰め、小さな盆地の入口、周山に至り、そこから町営バスに乗り換え、さらに十五分、細長い盆地の奥だった。いまは京都府北桑田郡京北町だが、かつては丹波国で、篠山藩に属した。

この山国と呼ばれる小盆地は、周囲を北山杉の植わった低山に囲われて、豊かな気配であった。

バスを降りると、満開の桜並木である。染井吉野で、ゆるゆやかな坂道であった。

やがてほぼ花の終わった紅枝垂に行き当ったが、そこから坂が急になると、すぐに簡素な総門である。

両側から木々が迫った、狭い自然石の段を上がって行くと、勅使門である。

その下から左へ逸れて上がると、禅寺らしい格式を感じさせる庫裡だった。

庫裡から方丈へ出ると、表と裏の両面に庭が見え、突き当り奥は、半ば壁で塞がれているものの、やはり開かれていて、縁先の低い欄干と鴨居に限られた空間に、幾條となく縦に白い花が無数に連なり、曲線を描いて、照り輝いて見えた。

縁へ出ると、四本の大きな枝垂桜が深い緑の苔の敷き詰めたところに根を張っていた。なかでも奥の右側の樹の幹は、さほど高くないところで折れ、黒々と裂け、根元近く大きな穴が穿たれながら、可憐といっていい艶やかな花の連なりを四方に広げ、垂らしてる。

ここへわたしがやって来たのは、樹齢六百年を越すといわれるこの樹の花のめずらしさだけでなく、この樹を手ずから植えたと伝えられるとともに、常照皇寺を開いた光厳院への関心からであった。いま、わたしは「季刊文科」に「物語のトポス」と題して、光厳院について書いているところである。

光厳院について一言でいうなら、歴代の天皇のなかで、最も悲劇的な天皇であろう。

後醍醐天皇が、鎌倉幕府討伐の兵を挙げ、笠置山で捕らえられ隠岐へ流されると、その後を受けて即位したが、やがて後醍醐が隠岐を脱出、長い行幸から戻ったかたちをとって京へ帰還すると、一年八ヶ月ほど在位した光厳天皇は存在しなかったことにされたのだ。廃帝でも、このように完全に抹殺された帝はいないのではないか。

それに加えて、後醍醐に従った足利尊氏らに攻められ、六波羅探題仲時らとともに光厳天皇は鎌倉を目指したが、滋賀・米原の番場で路を断たれ、仲時以下四百三十余人はことごとく腹を切って果てた。その名簿と墓が、いまも番場の蓮華寺に残されているが、この大量自決死の現場に、この天皇は、父の後伏見院、叔父の花園院とともに、いたのだ。

そして、反幕府軍の手に落ちると、伊吹山の寺に幽閉された。その幽閉中に、位を追われた。

これだけでも悲劇的と言うのに十分過ぎよう。この時、彼は二十一歳で、持明院統の期待を一身に負っていた。この後、尊氏が後醍醐に敵対すると、光厳院は、尊氏に院宣を与えた。そして、後醍醐が吉野へ去ると、治天の君となって弟を光明天皇とし、ついで自らの皇子を崇光天皇とした。

そうして比較的安定した状態で十五年が過ぎたが、その間、特筆すべきは、第十七番目の勅撰集『風雅和歌集』を編纂したことである。

たかが和歌のアンソロジーではないか、と言われるかもしれないが、勅撰集が持つ意味は決して小さくはない。時代の言語活動を、最も雅びに整えてみせる、文化の大業だと言ってよかろうと思う。それを南北朝の動乱の最中で、成し遂げたのである。

花園院作の真名序と仮名序を備え、全二十巻、二千二百十一首を数える。京極為兼の歌学を軸にしながら、南朝の歌人を排することなく、当時の優れた歌を集成している。ながらく花園院による撰と考えられていたが、今日では、花園院の監修のもと、実際は光厳院の親撰であったとされている。

武力がものを言う乱世だからこそ、朝廷の中核にある者がなすべきことだと、強い使命感と、時代への卓抜な見通しと、恐るべき集中力をもって、やり遂げたと言ってよかろう。

かつて川村二郎氏は、光厳院を採り上げて、その無為、無力を強調した（「光厳天皇の死」『日本文学往還』福武書店刊所収）が、決してそうではなかった。『太平記』に従うなら、確かにそう見えよう。が、この時代を天皇なり上皇として果敢に生き、なすべきことをしたのだ。そのところが、『太平記』の筆者たちの目には入らなかった。いや、意図して排除したのである。こうした状況は、時代が下るにつれ強まる一方のようである。

わたしは、その『風雅和歌集』の全巻を、見開き二十四ページに収めた『新編国歌大観』でコピーして、新幹線に乗った。そして、光厳院の歌を中心に拾い読みをつづけ、常照皇寺に隣接した光厳天皇の山国御陵で、ようやく巻末に及んだ。多分、こうすることがお経を手向けるよりふさわしいだろうと思ったからだが、方丈と開祖堂（怡雲菴）の屋根と枝垂桜の梢を目の前にして、その数々の歌を読むのは、身に染みる思いであった。

ただし、ここに収められている歌から、光厳院の姿は、必ずしも鮮明に浮かび上がってくるわけではなかった。やはり永福門院の存在が大きく、花園院、ついで伏見院、後伏見院らが、その才を見せていて、その影に隠れる印象が拭えない。あるいは光厳院は、ここで作者であるよりも編纂者であろうとしたのかもしれない。

しかし、少し拾ってみると、

つばくらめすだれの外にあまたみえて春日のどけみ人かげもせず
ふけぬなりほしあひの空に月は入りて秋風うごく庭のともし火
草むらの虫のこゑよりくれそめてま砂のうへぞ月になりぬる

長い歴史が積み重ねて来た成果を踏まえた技巧を、なだらかに駆使しており、凡庸な詠み手でないのは明らかだろう。

ただし、注意をひかれずにおれなかったのは、次の歌であった。

をさまらぬ世のための身ぞうれはしき身のための世はさもあらばあれ

なんの変哲もない歌と思われるかもしれないが、帝なりそれに準ずる地位にあるひとだけが詠むことのできる性格の歌である。それとともに、作者は伊吹山の寺に幽閉された経験の持主である。すなわち、六波羅の軍勢は全滅、携えて来た天皇たる証しである神器は取り上げられ、従う公卿たちは数人と言う、ほとんど身ひとつになりながら、なおも数日間は天皇でありつづけた。このときの突き詰めた思いが、この「身」に込められているはずなのである。

そう思って読むと、時代の渦中においての、この時この場での、天皇としての容易ならぬ決意が立ち現われてくるように思われる。

それに歌集では、この歌の前に最大の仇敵とも言うべき後醍醐天皇の歌が据えられているのである。その歌「をさまれる跡をぞしたふおしなべてたがむかしとは思ひわかねど」。誰それの治世と特定するわけでなく、とにかく平安な治世を手本に、それを実現したいものだ、という意味だが、光厳院はこうして後醍醐に、あなたの願うところもわたしと同じではないか、と問いかけているのだ。

ただし、この後、光厳院の身の上を襲ったのは、以前に優る苛酷な事態であった。南北朝の和議を図った尊氏の画策によって、結局のところ南朝の手に落ち、河内から吉野の奥の賀名生《あのう》へと、拉致されたのだ。それも光明院、崇高院とともにで、光厳院が抱いていた王道への思いは、完全に断ち切られたのである。やがて京都に戻されたものの、出家して、遠くこの地に常照皇寺を営み、五十二歳で生涯を終えた。

無念も極まったろう。しかし、きっぱりと出家し、この地に隠棲した光厳院には、やるべきことはやった、との思いがあったのではないか。桜で静かに華やぐこの寺の佇まいを眺めていると、いよいよそう確信された。

（「文學界」平成16年（二〇〇四）6月）

イタリアとの奇縁

この春、妻と友人たちに引っ張られて、半月ばかりイタリアを旅してきた。ミラノに始まり、ローマに終わる行程で、その間、各地に散在するルネッサンス美術を見るのが主眼であった。もっともわたしは、その方面の知識はまるでなく、邪魔にならぬようつき従って、見せられるものをおとなしく目にしてきただけである。

　しかし、地方を主に回るこの旅は、魅惑に満ちたものだった。ミラノ郊外の、長い長い並木道をたどって、着いたパピアの僧院は、典雅華麗としか言いようのない見事な建物だったし、延々と山道を登り詰めた頂に、忽然と現われたウルビーノは、中世の城壁に囲われ、石畳の坂道が迷路のように縦横に走り、豪奢な宮殿や城、そして大学まであった。また、ペルージァの駐車場から幾度もエスカレータを乗り換えて辿り着いたのが、いまは地下になっているローマ時代以前の煉瓦の街角で、そこから階段をあがると、ビルで、その前が中世の町並だった……。

　このような街々を、少人数だったが、バスを仕立てて、縫うようにしてつぎつぎと訪れて行ったのである。おかげで、お仕着せの観光旅行とはいささか違った、風光なり、街のたたずまい、そして人々の暮らしぶりを垣間見ることができた。

＊

　もっともこの旅行には、こころ強い同行者がいた。ミラノに住んでいる若い日本人の彫刻家が、「イタリアでの僕の親父のようなひとです」と、紹介してくれたのだが、わたしと同年輩で、背丈もほぼ同じながら、がっちりとした体付きの陽気な、イタリア人のなかのイタリア人とでも言うべきひとであった。独学ながら日本語を話し、時間の約束なども正確な、じつに細かく気のつく、頼もしく愉快な人柄で、かつてフィレンツェでホテルに勤めていたが、いまは郊外で葡萄園を営んでいる。

　そのレーモ・フランチさんとは、ベネチアで落ち合ったのだが、海外に出ることなどほとんどないわたしのような人間でも、顔を合わせた時から、打ち解けることができた。そして、笑い声の絶えない旅が始まったのだ。もっともある教会では、首をリズミカルに前後に振りながら口にする冗談に、皆々が爆笑、堂守から注意をうける羽目になったが。

バスを自在に走らせてくれたのは、このレーモさんである。

サンセポルクロから山間に入った小さな教会へ、ピエロ・デラ・フランチェスカの出産前のマリアの絵一枚を見るために訪ねて行ったが、教皇の来訪を控えた改修工事で、他に移されていた。すると即座に、そのあとを追って隣村へ向った。同じくピエロ・デラ・フランチェスカのフレスコ画が一点、リミエにあると分かると、立ち寄る。また、フィレンツェが近付き、その郊外にある『君主論』を書いたマキャベリの家に行きたいと、誰かが言い出すと、そちらへ走り出す、といった具合であった。

それればかりか、目指す商店が昼休みで店を閉めていたりすると、どこからともなくその店主を捜しだして、店を開けさせたのだ。それと同じことを、小さな美術館や教会でもやってのけたのには、驚いた。さらには、ある美術館でのことだが、壁画が修復中で、その写真の貼ってある前で、残念だと言い合っていると、やがて脇の扉を開けて招く。然るべき人物と交渉、特別の許可を取ってきてくれたのだ。おかげで、修復のための足場にあがり、間近に麗しいマリアのお顔を拝見することができた。

村であれ街であれ、また、教会や美術館であれ、そこにいる人たちの気持の勘所を、巧みに捉え、われわれ遠来の客のために特別の計らいをせずにおれなくさせる能力を、備えているようであった。

そうかと思うと、ラベンナでダンテの墓を訪ねたあと、近くの店で一休みしているとき、話がダンテに及ぶと、『神曲』の冒頭を暗唱しだしたのである。それに続けて、驚いたことに、日本語訳をつけた。わたしは訳本を持参していたが、文語調のそれとは違って、とつとつとした直訳だが、しかし、暮らしに根ざしたことばによるものであった。それだけに却って、人生の半ばにあって、行き暮れている思いが、切実に胸にきた。

＊

このレーモさんと一緒に旅をしだして、二日目であったか、妻が、レーモさんには一度どこかで会ったことがある、と言い出したのである。彼女は数年前にもイタリアに来ているのだが、その時ではなく、ずっと昔のことだと言う。ほとんど海外に出ることもないわれわれが、どうして外国のひとに会うことがあるものか。レーモさんの魅力に、錯覚を起こしたのだろう、と言って、その場はすましした。しかし、どうも妻には、引っ掛かるものがあったらしい。

それから数日後、いよいよあすはフィレンツェだというシエナでの夜であったか、ちょうど二十年前、妻と二人でフィレンツェを訪れたことを思い出し、レーモさんに泊まったホテルの話をすると、そこが、彼の勤めていた当のホテルであった。フロントにいて、なにかと親切に対応してくれた、三十代であったハンサムな男の姿を、妻は、二十年たっても忘れかねていたのである。

思いがけない奇縁に、三人は、手をとりあって喜んだのは言うまでもない。これだけ長年月をへだてて、再び縁を結ぶことになると、だれが想像できよう。出会いの不思議さに感謝するよりほかなかった。

そのレーモさんの葡萄園に、フィレンツェ滞在中に招かれた。自分で建てたという小屋で、昼食をご馳走になったのだが、奥さんと、応援に来てくれた近所の夫妻の手になる料理だった。そして、その材料の野菜や生ハム、肉が、レーモさんがつくったり、近所に住む親戚の人が飼育したものであった。それに加えて、自家醸造のワインが出た。生憎わたしは下戸だが、同行の酒飲みは、一呑みごとに嘆声を洩らしながら、ビンを離さず、空にしてしまった。

こんなふうに、思いがけずイタリアの暮らしのなかへ招き入れられ、その豊かさに触れることができたのである。しかし、その暮らしぶりを知れば知るほど、われわれ日本人の生活との隔たりの大きさを思い、正直なところ、絶望的にもなる。が、そうなるとき、レーモさんの人柄を思い、彼との間に結ばれた奇縁について考えるのだ。

（「日本経済新聞」平成4年（一九九二）5月24日）

ローマの教会巡り

ローマと言えば、古代の遺跡やルネッサンス美術などを思い浮かべるのが、いまの日本では普通かもしれないが、この春は、そういったものには眼もくれず、ひたすら古い教会を巡り歩いて来た。

四大聖堂とか七教会とか言って、ローマには巡礼者が巡るべき教会があるが、それらを目安にして、とにかく二十数個所を訪ねた。わたしは信者でもなんでもなく、奈良や京都の古寺を訪ね、四国遍路をするのと、あまり変わらない気持からである。

しかし、巡り歩いて行くうちに、われわれ日本人のこれ迄のキリスト教やヨーロッパについての理解が、だいぶ狂っていたな、との思いを強くした。

例えば、訪れた教会の大半の祭壇奥はモザイクで飾られていた。四大聖堂について言えば、十六世紀から十七世紀にかけて建てられたサンピエトロ大聖堂にはないものの、他のいずれにも、立派なモザイクが見られた。ヴェネチアのサンマルコ、ラヴェンナのサンヴィターレなどで見てはいたが、ローマでもこうだとは、思いもしないことであった。

モザイクは、ビザンチンにおいて最盛期を迎えたこともあって、その影響の強いものだが、それがいまなおローマの主要な教会の核心部に存続しつづけているのだ。この歴史的背景は、専門家ではないわたしのような者の知識――多分、ヨーロッパ近代中心と言ってよい――の枠を大きくはみ出している。

その感をさらに強くしたのが、聖遺物であった。

聖遺物と言えば、時折、話題になる、トリノの聖遺骸布――キリストの遺骸を包んだ布で、その遺骸の姿形が移し出されている――ぐらいか、ルターらが厳しく糾弾した免罪符と並べて挙げられたものとしてであろう。そして、免罪符と同様、すでに葬られたものと思い込んでいたのだが、とんでもない、主祭壇の下など、教会の核心部のなかの核心部に、いまなお据えられているのである。

そして、教会を巡り歩くとは、それら聖遺物を見て回ることでもあったのである。

生まれたばかりの幼子イエスが横たえられた飼葉桶の断片に始まり、ゲッセマネで捕らえられ縛り付けられたピラトの宮殿の柱、被せられた茨の冠のトゲ、十字架を背負って歩くキリストの顔を拭ったヴェロニカの布、ゴルゴダの丘の十字架に掲げられた罪状を記した板、キリストの手と足を打ち付けた釘、その十字架そのものの断片、それから念の入ったことには、キリストの復活はこの手でその傷に触れないかぎり信じないと公言した使徒トマスの、その傷に触れたはずの人差指の骨、といった具合いなのである。

これらを見ていけば、キリストの誕生から復活までを、実物（？）でたどることができるのである。

それから、使徒と聖人たちの、遺骸かその一部分、彼らにゆかりの品々も、大切な聖遺物である。現にサンピエトロとサンパウロ・フオーリ・レ・ムーラの祭壇下には、それぞれペトロとパウロの遺骸が葬られているし、サンジョヴァンニ・イン・ラテラーノの祭壇の天蓋には、この二人の頭蓋骨が収められ、それがこの三つの大聖堂を権威づけているのである。

ローマ巡礼とは、なによりもこう言ったものを見て回って行くことであったのだ。歴史上有名な事件や人物について、実物なり模造品でもってたどることは、考えれば今日、博物館などで大々的に行われていることだろう。また、これに類したことは、わが国でも古くから行われている。弘法大師や菅原道真や阿倍清明の産湯の井戸などがそうだし、源平合戦で名高い一の谷に近い須磨寺へ行けば、いまでも宝物殿には、敦盛愛用の笛から鎧、赤旗、手跡などが並び、外に出ると、敦盛の首洗いの池、義経の首実検の松、そして、首塚などがそろっている。馬鹿々々しいと思う人が多いかもしれないが、それと同じことがローマでは、堂々と壮麗に、いまなお行われているのである。それだけでなく、聖遺物には奇跡――病気など治すなどといった現世利益――を呼ぶ力があると信じられ、広く一般民衆の間に根を張っているのである。

このところが、近代以降に限ってヨーロッパ文明とキリスト教を受け入れた日本には伝わらなかった。そのために、われわれ極東の一般庶民のレベルをはるかに抜きん出た、進歩した文明と宗教だと誤解することになったのである。実際は、かの地の人々も、われわれと同様、日々の暮らしのなかで、いじらしいほど現世的なご利益を求めて、あくせくして来ているのである。

こうしたレベルでなら、民族や宗教の違いを越えて、われわれは間違いなく出会うことができるのだ。抽象的な教義となると、そうはいかない。キリスト教と仏教や神道の教義を突き合わせてみるがいい。だから、普遍的なるものを求めるのなら、抽象のレベルではなく、具体的な日々の暮らしの中でなくてはならないのである。

これまでは、科学の驚くべき成果もあって、抽象信仰とでも言うべきものがあり、普遍をその方向にばかり求めて来たが、逆だったのだ。もっともそうするとき、まず違いが鮮明になるはずである。が、それが大事なのである。痛切に、そのことを感じた。

（「産経新聞」平成8年（一九九六）6月16日）

懐かしい都市

この春、ラジオ番組に引っ張り出されて、イタリアの魅力について尋ねられるまま、「イタリアは懐かしい」と答えた。どうしてそのような答えがわたしの口から出たのか、自分でもよくわからないのだが、その言葉に促されたように、急に思い立って、ローマとフィレンツェへ行って来た。

観光客が行くようなところは避けて、十日ほど気ままに歩きまわった。おかげで、膝の内側の筋肉が痛くなった。日本では、いくら歩いても、このようなところが痛くなったことはない。原因は、道の敷石にあったようである。アスファルトより遥かに堅い上に、表面が意外に平らでないのだ。

ローマの場合は、八センチほどの四角い割石で、車道も歩道も舗装されているのだが、その一つ一つの表面が凸凹しているし、古くなると、あちこちが沈んだり浮き上がったりする。フィレンツェでは、かって都電の軌道に使われていたほどの大きさの、長方形の、表面がやはりきちんと整えられていない石が敷かれている。

こういうところを歩くと、わずかながら、足が右へ左へと傾くことになる。そのため、日頃使わない膝の横の筋肉が疲労するのだ。

帰国して、日本のアスファルトやコンクリートの舗装道路が、なんとも平らで、滑らかで、足を運ぶのがラクかを知った。多分、日本人は土の延長で、道の舗装を考えているのであろう。ところが向うでは、最初から石で考えているのだ。

このことは、車にも当てはまり、石畳道では、車が絶えず細かに振動して、体に響く。こうした難点があるのにもかかわらず、イタリアでは、石の舗装を改めようとは、一向にしていない。工事現場に幾度も行きあったが、依然として割石や敷石が積まれていた。この変わりなさは、そのまま石の街並み全体のものだし、住人たちの生活習慣も、また、そうであった。

親から代々引き継がれて来た個人商店が軒をならべ、お喋りを楽しみながら、売ったり買ったりしているのである。この国では、売買も、単なる経済行為や消費行動でなく、人と人との昔から積み重ねられた大事な付き合いなのだ。だから、黙って金とモノを交換する、スーパーマーケットやコンビニエンスストアはあまり見られない。

人間臭さが街に溢れているのも、このためであろう。ただし、そのかわり、わたしのような旅行者は、ときには、うさん臭さげな視線を浴びせられ、居心地の悪い思いをしなければならなかった。

その商店と会社の多くが、午後になると四時ごろまで一斉に閉まる。この習慣の不経済さは、永年、言われつづけているのだが、いまだに変わっていない。昼になると、家族と昼食をとるために家へ戻り、四時頃に再び出勤、七時に勤めを終えて、八時以降に食事となる……。

この揺るぎなさそうな習慣には、石の街路以上に閉口、いささか疲れて帰ってきた。これでは、懐かしいなどと言えたものではない。発言を取り消さなくてはなるまい。

が、疲れが取れてくると、懐かしさと言うよりほかない気持が自ずと湧いて来るのを覚えるのだ。あの街路と街並み、そして、そこに住む人たちの暮らしが、きょうも変わらずにあると思うと、ごく自然に、そうなる。

少しの間、行かずにいると、町並みが一変する、コンビニエンスストアだらけの東京とは、大違いである。先日も、都庁跡に建った巨大な建物に驚かされたが、われわれの住んでゐるこの都会では、懐かしさを覚える余地など、まるでない。

そして、それを不幸とも思わずに、われわれは暮らしているらしい。が、それこそ異様ではないか。懐かしさを育むところを持たない都市は、人の住む都市でなかろう。

（「毎日新聞」夕刊、平成8年（一九九六）7月4日）

娘の結婚

ひとの身の上には、しばしば皮肉なことが起こる。

わたしは、海外へ気軽な観光旅行に出ることはあっても、それ以上のかかわりを持つなど、夢にも考えて来なかった。わが国の文学をもっぱら関心事としているし、年をとるに従って、ヨーロッパであれアジアであれ、生活習慣から文化全般にわたるわが国との違いを強く感じるようになるとともに、そこに拘ることの大事さを考えるようになっていた。

ところが、娘の結婚相手として、異国の若者が現われた。

さぞかし周章狼狽しただろうと、わたしの友人、知人たちは思ったようである。なにしろ独り娘である。

いや、周章狼狽なんかしているものか、と反論するつもりはない。しかし、イギリス留学へ送り出してからすでに六年、その間に、多少の覚悟はできていたというものである。

昨年夏、長い留学の成果として博士号（Ph. D）を取得したが、その授与式があるので来ないか、来たらあちこち案内するよと言って来たので、妻と出かけた。そして、引き合わされたのが、彼であった。娘と同じく、歴史社会学の領域で、日英の外交史を専門にして、すでに大学に職を持つ、娘より一つ年上の青年であった。

なかなかの好青年だなと思ったところで、娘と彼とのペースにはまったのだが、彼の両親の家まで連れて行かれた。イギリスの典型的な中産階級で、家そのものはこじんまりしているが、庭が結構広く、犬が駆け回る芝生を前にしたテラスで、お茶とスコーンをご馳走になった。イギリスの夏の夕べはなかなか暮れず、八時ごろまで明るく、ひどく打ち解けた気分になった。

その間の話のうちに――と言っても、こちらは言葉ができず、娘の通訳を介してだが、あなたの娘をわたしたちの娘と思うから、わたしの息子を、新しくできた息子と思って下さい、と言われたのである。このように親子ぐるみ、掛け値なしのふつつか者の娘を気に入って下されば、親としては異議を差し挟むどころか、感謝するよりほかなかった。

それに加えて、結婚式は、日本で、日本の伝統的な形式で挙げましょう、両親も出席するつもりだと言ってくれたのである。

わたしは外国嫌いの、厄介な親父だと、娘は思っていたらしい。そのわたしを説得するのに、彼と彼の両親があれこれ考えた上でのことでもあったのであろう。

こうして帰国すると、はるばるロンドンから両親を迎えての結婚式を、どのようなものにしなければならないのか、妻と二人であれこれ考えるとともに、準備に走らなくてはならなくなった。正直なところ、狼狽している暇などなかった。それに両親ばかりか、彼の名付け親夫婦に、彼自身の高校時代からの親友も来てくれるという。イギリス人は、家族関係も大事にするし、友情に篤いのだ。

結局のところ、日本の風土に根付いた式がよいだろうと言うことになったが、そうなると、神式ということになる。これでは信仰の問題が絡んで来る恐れがあるので、確認したところ、キリスト教以外なら結構、と言う返事であった。イギリスは、ご存じのように国教会の国で、彼も幼児洗礼を受けているが、堅信礼は受けず、棄てたかたちになっていたのだ。それに加えて、他のキリスト教の宗派に対しても、国教会同様に厳しい批判的態度を持っていた。

最近、日本では、結婚式と言えば、信徒であるなしにかかわりなく、キリスト教式が多いようだが、ヨーロッパでのキリスト教離れは、予想以上に進んでいるようである。そして、彼の場合、棄てた以上は、その態度ははっきり貫こうという考えを強く持っていたのである。

こうして、日取りの都合などから、明治神宮を式場に選んだのだが、祭神が明治天皇であることが気になって尋ねると、意外な反応が返って来た。ロンドンで言えば、ウェストミンスター寺院のような所ではないか、そんなところで式が挙げられるとは素晴らしい、と。なるほど、国王が教会の中心である国柄に引きつければ、そういう受け取り方もできる。そして、ともに首都最大の、伝統的宗教施設なのだ。

こうした受け取り方の当否をあれこれ言うこともできるだろうが、わたしとしては、歴史を大事にするイギリス人の、智慧の豊かさを強く感じた。

そして、折からの桜を雨が濡らす日曜、花婿は羽織袴、花嫁は高島田に白無垢の打ち掛け姿で、わたしも初めての羽織袴で、式に臨んだ。

三三九度の杯を交わし、婿は英語で、娘は日本語で、それぞれ誓詞を読んだ。互いに自分の母国語でなければ、気持が籠もらないから、という理由からであった。

かすかな雨の音とともに、その声を感慨深く聞いたが、イギリスで研究者としての職を持つ婿と、日本で研究者としての道を進もうとしている娘には、海を隔てての暮らしが避けられそうにない。そのような結婚生活が可能なのかどうか、わたしにはまったく分からない。ただ、二人が可能だと言う以上、可能だと信ずるよりほかない。それに媒酌の労をとって下さったご夫婦、出席して下さった方々が、そう信じるなり、少なくとも応援してやろうとお考え下さったのである。そのご好意が、殊の外有り難く身に滲みた。

このようにして、思いがけずイギリス人を婿に持つ身になったのだが、いまさら英会話の勉強を始めるつもりはない。それればかりか、今後とも、二人が思い込んでいるような気難しい親父でありつづけようと思っている。

（「日本経済新聞」　平成10年（一九九八）6月8日）

母の家

昨年秋、母が九十三歳で亡くなった。平成七年一月十七日早暁、神戸・淡路大震災で家を失ってから七年目、奈良の養老施設でのことである。

家屋が倒壊した時、母は一人で暮らしていた。父は十四年前に亡くなり、同居していた兄一家は、転勤で去っていた。落ちた梁の隙間で、母は数時間を過ごしたが、その間、なにを考えたろう。

後から尋ねてもはかばかしい返事はかえって来なかったし、繰り返し聞くのも憚られて、そのままになったが、案外冷静に来たるべきものが来た、と受け取ったのではあるまいか。男ばかり四人を産み、実の両親を抱えて、戦中、戦後を乗り切った。そして、こどもそれぞれが結婚し、子を儲けると、座敷一間に収まらない賑やかさとなったが、いつか母ひとりとなっていたのだ。

近所の家と電話が通じ、早々に無事保護されているのを知って安心したものの、わたしが現地に入ることができたのは、三日後であった。前の道へ二階が雪崩れて、瓦礫の山と化していた。庭に回ると、瓦や柱やガラスの破片の下に、見慣れた布団や着物類、書籍が散乱、幾棹ものタンスが砕け、前夜の雨で濡れていた。

母はしばらく弟のところにいたが、やがて横浜のわたしのところへやって来た。毎日、荷造りをしては、横浜へ行きたいと口癖のように言っているから、よろしく、という話であった。

しかし、狭いわが家でも落ち着かなかった。ベッドの横に布団を敷き、そこに寝てもらったが、夜中にごそごそしていると思うと、荷造りをしている。ある夜は、ふと気づくと、寝床は空っぽで、ドアが開け放たれていた。慌てて外へ出ると、小さな風呂敷包みを持ってエレベーターの前に立っていた。

どこへ行くの、と問うと、

「家へ帰る」と言う。

家はなくなったでしょ、と言うと、

「おとうさんのところへ行く」と言う。

父はいるはずがないじゃないかと言ったが、「おとうさんのところへ行く」と繰り返す。

惚けたかと暗然となったが、母の言う「おとうさん」とは、わたしの父ではなく、母の父、わたしにとって祖父のことだと、やがて悟らされた。

祖父が逝ってもう五十数年になる。関西の出身で、いろんな仕事に失敗した末、北海道で製材所を経営、広い農場を持つようになった時に、母は生まれた。少女時代には馬に乗っていた、という話を幾度か聞かされた。しかし、結婚前に製材所はひとに譲渡され、農場も敗戦後の農地解放で失われた。

わたしたちが生まれる前の、その時点へと、母の心は戻ってしまったのだ。

その家が母にとって真に懐かしく、こころ安まるところだったのだろう。

家族には盛衰が避けられない。しかし、どうしてこれほどさっぱりと、賑やかだった家の記憶が、母から抜け落ちてしまったのだろうか。孤児にいきなりされたような思いで、あれこれ思い巡らすうちに、母は、時間と空間を越え、家族の核となるべきものの所在を、示してくれたのではないか、と考えた。

祖父母に両親は、ともに関西と北海道の間を移動したし、わたし自身は関東から関西の大学へ十六年間も通った。そして、娘となると、イギリス人と結婚、二人それぞれ自国に職を持っているため、海を越えて不断に移動しつつ暮らしている。時代がそうしたとんでもない在り方を課しているのだが、しかし、核となるべきは、子が親から享けた慈しみであることにいささかも変わりない……と。

わたしがそれだけのものをわが子に与えたという自信はまったくないが、子としては、それだけのものを間違いなく享けたとの思いを、今頃になって強くしているのである。

（「文藝春秋臨時増刊」家族の絆、平成14年（二〇〇二）4月）

玄関の上り框に書店員が

月初めになると、玄関の戸がガラリと開いて、上り框に近所の本屋の店員が雑誌を置いていくのを心待ちにしていたのを覚えている。昭和十七年（一九四二）頃であったろうか。大阪市も近郊の住宅地に住んでいた。雑誌は、言うまでもなく『少年倶楽部』で、江戸川乱歩や海野十三、大佛次郎の小説、樺島勝一のペン画などが、楽しみであった。

雑誌を読む楽しみを知ったのは、多分、この『少年倶楽部』のおかげである。読んだ中身は、きれいさっぱり忘れてしまったが、雑誌を開くわくわくした気持だけは、忘れずにいる。

その時、母も婦人雑誌を購読していたが、なんという雑誌だったろうか。いまになって気になっている。暮らしの実態を知るには、婦人雑誌ほど便利なものはなく、当時の号のページを繰っていると、父母の暮らしぶりを覗き見るような気持になることがある。

それだけでなく、最近は、昭和の作家研究に、婦人雑誌の調査が必要だろうとの思いを強めている。例えば三島由紀夫だが、早熟な彼の教養は、少年期に母親から与えられた童話の類いによるところが意外に大きい。そうなると、彼の母親の教養の供給源のひとつ、定期購読していた雑誌を知りたくなる。わたしではなく三島由紀夫の母親にとって心に残る雑誌である。

話が逸れてしまったが、次いで文芸雑誌が浮かんでくる。まずは『批評』（第四次？）だらうか。いまでも本棚の奥に埋もれているはずだが、確認できないまま言わせてもらうと、小林秀雄と『近代文学』同人の座談会が再掲載されたのを、その誌面で読んだ覚えがある。「僕は無知だから反省なぞしない。利口な奴はたんと反省してみるがいいじゃないか」と、敗戦を捉えて小林が啖呵を切っていたのが、強い印象として残っている。三島由紀夫が責任編集で、デカダンス特集（昭和43年6月号）を組んでいたのも面白かった。

丸善から刊行された大型の雑誌『聲』は、紙もよく、ずしりとした手応えがあった。福田恆存「私の国語教室」、吉田健一「文学概論」、三島由紀夫の「近代能楽集」、中村光夫の戯曲などを読んだ。

一般の商業文芸誌よりも、こうしたグループによる雑誌が、わたしは好きだった。いま、大河内昭爾氏らと『季刊文科』を出し続けているのも、案外、こういうところに根があるのかもしれない。ただし、『季刊文科』を出す際に意識したのは、紀伊國屋書店の雑誌『風景』である。薄くて、扱いやすく、風間完の表紙が楽しく、掲載作も短いが読みでがあった。その上、無料。和田芳恵、結城信一、野口冨士男といった作家をひどく身近に感じるようになった。

（『日本古書通信』第70巻第4号、平成17年（二〇〇五）4月、原題は「グループ誌『批評』『聲』『風景』」）

編集局のなかの司馬さん

ここ数年は就職難で、ことに女子大生が憂き目を見ているが、女子大学に勤める身として、こちらも多少辛い思いをしている。しかし、わたしが大学を出た頃の、とくに文学部の学生の就職難はひどかった。わたしの場合は大阪であったから、なおさら厳しく、教師のほか、就職口らしい就職口はまるでなかった。そこで学士入学をし、昭和三十四年（一九五九）になって、やっと産経新聞大阪本社に入ることができた。

その四月の正式入社前の三ヶ月間、見習いがてら出社せよと言われて、宛てがわれたのがテレビ・ラジオ欄の作成であった。編集局の大きな部屋へ入ってすぐが文化部のコーナーで、部長席の前から、向い合わせに机が並び、末端に欄の担当者がいて、その横の狭苦しい一角が仕事場であった。

ほとんど機械的な作業で、ひどく忙しく、たまに原稿を書かせてもらっても、番組紹介のリライト程度であった。だから、新人記者としての抱負など早々に無くして、忙殺されて過ごしたが、ある日、トイレで用を足していると、

「どや、元気か」

やはり用を足しながら横から声を掛けてくる人がいた。見ると、部長席に一番近いところに座っている、見事な白髪のひとであった。わたしと同じぐらいの背丈で、大阪訛りがなんとも柔らかく、こちらの気持を包み込んでくれるようである。それが福田定一さんであった。

そのことがあって、いくらか編集局のなかを見回す余裕ができたが、福田さんの隣が三浦浩さん。二人とも小説を書いているらしいと聞いた。そして、福田さんの向いが、松見みどりさんで、近く福田さんと結婚するのだと言う。

当時、優秀な女性記者が何人もいたが、松見さんは、才筆によって目立った存在であった。私の籍のすぐ隣が婦人部のコーナーで、そこには人気の連載記事「てんてこママさん」を担当していた俵萠子さんがおり、六時ごろになると、政治部から俵孝太郎さんが、ぶらりとやって来る。そして、一緒に帰って行く。

編集局には、いろんな人たちが犇《ひし》めいていて、熱気があった。そして、社会部長だった永田照海さんの怒鳴る声がよく聞えた。社会部のデスクたちも、負けずに部員たちを叱咤する。しかし、福田さ

んのいるあたりは、いつも静かで、爽やかな微風が吹いているような気配であった。そこへ時折、長身の美青年が現われたが、これが連載漫画「インスタント・ママ」を書いていたサトウ・サンペイさんである。

息抜きに行くのが、同じビルの三階のパーラーだったが、そこにはいろんな人たちの顔があった。いつもいるのが、隣のビルのラジオ大阪の原稿を書いている小松左京さん。その他、富士正晴、石浜恒夫さんが常連で、福田さんに三浦さんもよくやって来たし、産経ホールの吉鹿徳之司さんは、入れ替わり立ち代わり出演するスターたちと打ち合わせをしていた。それに当時は顔を知らなかったが、福田さんの文学仲間『近代説話』の面々。

当時、大阪では最新のビルであったこともあって、文学や芸能関係の人たちが、よく集まっていたのだ。そのなかに、福田さんの存在があったのである。

その福田さんが司馬遼太郎であるのを知ったのは、この年の末、直木賞を受賞した記事を、配属先の鳥取支局で読むことによってであった。そして一年半後、大阪本社へ整理部勤務として戻った時、編集局のなかに福田さんの姿はなかったが、その代わり、同社発行の夕刊「大阪新聞」に、司馬遼太郎作『風神の門』の連載が始まった。霧隠才蔵を主人公とするまことに楽しい読み物で、毎日ゲラで愛読、やがて「産経新聞」朝刊に、『竜馬がゆく』が載るようになると、これまたゲラで、一般の読者より二日も三日も早く、毎日欠かさず読んだ。

司馬さんの大きな仕事の背景には、あの騒然とした編集局のなかの静かなデスクがあったのだと、いまでも時折、思い出す。

（「司馬遼太郎全集」月報59、平成11（一九九九）年6月刊。原題は「編集局のなかの福田さん」）

落ち着かない日々

いま、わたしは人生の結節点を通過しつつあるのだらう、宙吊りにされたやうな落着かぬ気持で、毎日を過ごしゐる。十八年間勤めた新聞社をやめ、地方大学の教師になつたばかりなのだ。

学生時代のわたしを知つてゐるひとは、あの不勉強な男が、と驚くに違ひないが、わたし自身も、意外な事のなりゆきに、いまだに半信半疑である。そして、わたしのやうな半端な者が大学で教へてよいかどうか、内心忸怩たるものがある。その気持が、いまのわたしの落着かぬ気持の一因をなしてゐるのは確かだが、しかし、世間のホコリを存分に吸ひ込んでしまつてゐる身としては、いつまでもさうした神妙な気持でゐるわけではない。

やはり一番大きい理由は、新聞記者と大学といふ職業の懸隔にあるやうだ。まづ、その生活様式。時間に追はれ、人々の間を絶えず駆け抜けるやうな毎日と、研究室の机にひつそりと坐りつづける毎日と。例へば、いま、五月晴れの光に満ち満ちた窓の外を研究室からぼんやり眺めてゐるのだが、かつてのわたしなら、いま頃は、誰かとのインタビューを終へて高速道路を走る車の中にゐたに違ひない。隣のカメラマンの吸ふ煙草の煙を我慢しながら、メモをめくつたり、スモッグでどんよりと広がるビルの海を眺めやつたり……。なにか信じ難い気持だ、あのやうな生活を自分がしてゐたとは。いや、静かな研究室に身を置いてゐるいまの状態そのものが、信じ難い気持なのである。

しかし、かうしたことも、かつてと現在の自分が向きあつてゐる「文学」の相違にくらべるなら、何ほどでもない。それがいまだにわたしの喉につかへて、呑み下せないのだ。

新聞記者といつても、ここ二年ほど学芸記者を勤めてゐて、そのわたしにとつての「文学」とは、恐ろしく明確なものであつた。何よりもまづ、新聞の紙面に採り上げるべき話題であり、多くの出版社の刊行物であり、さまざまな賞の対象であり、個々の顔と生活を持つ作家たちであつた。ジャーナリズムの網の目と、利益追求の経済活動と、作家といふ生身の存在が、疑ふ余地のないものとして、「文学」を存在せしめてゐたのである。

ところが地方大学で文学を教へる教師にとつてはどうか。厳密なことを言へば、学生たちの単位取得のため、といふ存在理由しかないのではないか。勿論、地方大学の学生には文学が必要ではないとか、わからないなどと言つてゐるのではない。文学は、本質として、個々人の内心に係るものであらう。さうであれば、教師たるもの、学生の個々人の内心に踏み込まなくてはならないことになるが、そのやうなことが可能かどうか。いや、許されることなのか。

それにまた、文学が人間にとつて必要なのか、といつたことさへ、改めて考へずにをれないやうである。確かに研究室や図書館には、文学作品とその研究が、うづ高く積み上げられてゐる。しかし、それがどれだけ確かな保証であるのか。せいぜいのところ陽光を遮つてゐるだけのことではないか。

今までわたしは、ジャーナリズムといふ文学の保護柵のなかにゐたのかもしれない。そこから出て、不意にひろがつた漠々たる原野を前に戸惑つてゐる……。が、それにも拘わらず、「文学」を若者たちに手渡さねばならない……。

このやうな思ひに心屈してゐる日々の一日、東京・上野の国立博物館へ「日本の山水画展」を見に行つた。神護寺の「山水屏風」(平安時代)あたりから江戸末期までの、名品ぞろひの展示であつた。

もつともわたしは絵画について貧弱な知識しか持ちあはせてをらず、気ままに眺めるほか法を知らないのだが、芸術の力とでもいふべきものを、真正面から突きつけられた思ひがした。

たとへば伝周文筆六曲一双の「四季山水図」。その墨線は、紙の白くひろがつた空間に、彫り込まれたやうに剄く、それでゐながら恐ろしく微妙な音楽を発するやうに思はれた。さうして見る者の背筋を自然に伸ばさせ、さらに精神の背筋まで伸ばさせるやうに働きかけてくる。伝相阿弥筆「瀟湘八景図」（大仙院蔵）となると、周文とは対照的に、線のいづれもが弧を描き、それも縹渺たる彼方からこちらへとなだれ落ちて来て、それが山々をなし、瀧となつてゐる。遠景と近景の二段構造で、ゆつたりとなだれ、なだれて来る無数の弧の線の前に立つてゐると、すつぽりと自然全体を包みとる精神の働きの飛沫を浴びてゐるやうな気持になる。

最も心を打たれたのは、室町末から桃山にかけて描かれた、作者不詳の六曲一双「日月山水図」（大阪・金剛寺蔵）であつた。琳派に繋がるものであらうが、大胆な装飾化がおこなはれた、まことに華麗にして豪気な絵であつた。一段と曲線化は進み、それが自然全体を、鍛へに鍛へた精神と感性の剄さでもつて、見事に摑みとつてゐることを雄弁に示してゐる。それも自然が自らの豊饒さに満ち満ちて、まさに溢れ出ようとしてゐるところにおいて。

素人の勝手な感想を臆面もなく書いたが、絵画といふ芸術において、人間が自然と正面からぶつかり、精神と感性の剄さを存分に示してゐるのに感動した。芸術家は、みごとに自然を捉へ、そこにそれぞれの時代の、人間が生きる「世界」を創り出してゐるのだ。

博物館に入る前は曇天で風があつたが、出てくると、一面の青空で、強い光を受けた前庭のケヤキの緑が眩しいほどであつた。

しかし、しかし……、あの絵師たちの回りには、漠々たる原野はなく、創造の労苦へと追ひ込む柵が巡らされてゐたのではなからうか。またしても、そのやうなことを考へた。

文学であれ絵画であれ、芸術は、さまざまな面を持つてをり、われわれは自分の位置の変化によつて、違つた面を見、それによつて自ら引き回されるのであらう。


（「大阪市立大学国語国文学会会報」第23号、昭和52年（一九七七）11月）

谷山茂先生

不肖の弟子――師には似ても似つかぬ愚かな弟子を言ふ語だが、わたしは、谷山茂先生の不肖の弟子でさへない者だと、卒業後もながらく思ひつづけてゐた。なにしろ、在学年度では唯一人の男子学生――現在では考へられぬことだらう――でありながら、講義にはほとんど出席せず、時たま顔を出しても、古典は黴臭い、とうそぶいてみせるやうな有り様だつたからである。
ところが先生は、そのやうなわたしを、ずつとこころに掛けてゐてくださつた。不敏なわたしが、そのことを知つたのは、昭和四十九年に、この会報にお書きになつた「大阪の有縁三十年」その二の一節によつてである。その文章は、先生の随想集『中世和歌つれづれ』（平成五年、思文閣出版刊）に収められてゐるので、読まれた方も少なくないと思ふが、自分ひとりの世界に閉じこもつて、傍若無人に振る舞ふ若者を、はらはらしながら、じつと見守つてをられた先生のご様子が、ありありと浮かんでくる。多分、当事者のわたしなどより、さうでない人のはうが、はつきり感じとるのではないか。

まぎれもなく、わたしも弟子の一人だつたのである。それればかりか、出来の悪い者ほど可愛い、といふお気持もいくらかあつたのではないかと、手前勝手ながら、思ふ気持を抑へられないのである。

これが、わたしにとつてどんなに大きな喜びであつたか、言ふまでもあるまい。『中世和歌つれづれ』は、書斎につながる廊下の書棚の、目の高さの位置に置いてあり、通る度に背文字を見、時には、手にとつて広げる。殊にこころの萎えたときなど、いまでも大きな励ましとなる。

もつとも、それとともに、その頃の恥ぢ多い若い自分の姿が思ひ出され、赤面せずにをれない。が、しかし、赤面すればするほど、さういふわたしさへも大きく包んでくださつた、いまは亡い先生が、切実に懐かしく有り難く思はれるのだ。

（「大阪市立大学国語国文学会会報」41号、平成7年（一九九五）12月）

旅ならざる旅

この四月に、大阪から東京の大学に変はつた。東京に住みながら、関西の二つの大学に勤めて十六年、その間、新幹線で通勤したが、これでやつと新幹線から解放された。

一週間に一往復、十六年で、どれだけの距離を走つたことになるだらうか、考へてみると、そら恐ろしい気持になる。

しかし、週の初めに大学に出て、あとは大学内の宿舎に泊まり込むので、いつてみれば通勤は、週一度、一往復であつた。それに比べて今は、講義のある日ごとに、家から出向かなくてはならない。それが結構面倒だし、しんどい。

それにしても、この五百五十キロ離れた二つの都市を往復しつづけた十六年とは、どういふ年月だつたのだらうか。新幹線といふ最新技術が可能にした交通手段を、基本的な前提とした日々だつたわけで、およそ時代に背を向けてきてゐる者としては、自らの皮肉な在り方に、複雑な思ひを持たずにをれない。

そして、その間を疾走しつづける時間は、住んでゐる都市にも、勤務してゐる都市にも属さない、新幹線といふ乗り物だけが作り出したものであつた。三時間、眠らうが本を読まうが、風景を眺めやうが、自由に過ごせる。ことに風景を眺めるといふ、無為の時間は、快いものであつた。なにしろ、目的地に向かつて走つてゐるといふ、目的を持つた行為は、列車が確実に果たしてくれてゐるのであつて、わたしは、目的についてまつたく心を労する必要がない。その意味で、文字通り無為に安んじて身を委ねてゐることができたのである。

さうして、東京なり大阪の街を歩いてゐると、自分がどちらの街にゐるのか、時々分からなくなることがあつた。これも移動が容易なためであつたらうが、人混のなかに思ひがけない知人の顔を見つけたときなど、不思議なところで不思議なひとに出会つた、との思ひが先にたつ。

このやうに自分が現にゐる場所を見失ふとき、なんでもないことであつても、一種夢幻性を帯びて受け取られることになる。

わたしの毎週の移動は、決して旅ではなかつた。が、能において幻を呼び出す役のワキが、旅する者であるのが、なにか納得できるやうに思はれたのである。

わたしが、自分をそのワキになぞらへる形で、古典文学の扱ふ名所旧跡を扱つた文章を書き出し、二冊の本にしたのも、あるひはかうしたことが、何ほどかかかはつてゐたのかもしれない。間違ひなく、一所不定の、旅する者にとつて、幻ほど親しいものはないのである。
しかし、ようやく居住地と勤務地が一致するやうになつたからといつて、夢幻と親しくするところから外れるだらうか。もうわたしは、六十代に踏み込んで、光陰の迅速に飛び去るのを、日々、実感してゐるのである。

（「大阪市立大学国語国文学会会報」39号、平成5年（一九九三）12月）

心の深みに届く言葉を

もう四年目になるが、ささやかな文芸雑誌「季刊文科」を出している。秋山駿、大河内昭爾、勝又浩、松本道介、吉村昭の各氏にわたしの六人が編集委員だが、四年目に入るに当たって、出版元が邑書林に変わった。例によって経済問題からだが、今の時代、文芸雑誌を刊行するのがいかに困難か、身をもって痛感させられている。

しかし、そのような時代だからこそ、このような雑誌が必要なのだと思う。

文学の営為で最も大事なのは、読む人の心の内深くに言葉を届かせることであろう。派手で刺激的で、鬼面ひとを驚かす体のものでなく、もの静かで、穏やかで、心の内の深みに沁みとおるような言葉こそ紡ぎ出すべきなのである。出来れば、われわれの長い歴史に根ざした、そういう言葉であってこそ、内面から人を満たすことができるのである。

そうした文章が一行でも二行でもあるような雑誌を、とわれわれは努めている。日本の文学を勉強している人なら、その思いが分かって頂けるだろうと思う。

これからますます文学に対して厳しい時代になるが、若いひとたちの一人でも多くが、この一点ばかりは手放さずに、文学に思いを凝らしつづけてくれればと願っている。

（「大阪市立大学国語国文学会会報」45号、平成12年（二〇〇〇）2月）

「煉瓦」と久鬼さん

大学生のとき、わたしも仲間たちと幾度か同人雑誌を出したが、そのなかの一つに「煉瓦」があった。誌名としては、本誌に先立つこと数十年ということになるが、学生だったわれわれが考えたのは、実生活と無縁な怠惰な日々のなか、観念や感覚ばかりを肥大させているのに耐えきれず、手応えのあるなにかを得たいと思い、その象徴として、煉瓦をイメージしたと記憶している。

その雑誌は二号で終わったが、それ以来、思い出しもせずにいたところ、「文學界」から送られて来た同人雑誌のなかに、「煉瓦」があった。もう二十四年も前、昭和五十七年のことだ。

こちらの「煉瓦」は青臭い怠惰な学生のものではなく、筋金入りの、少年期から働くことで自分の人生を切り開き、その中で文学的営為を持続、老年に近づいている人たちの雑誌だった。そのことが、まずわたしの胸を突き刺した。

働く者の文学となると、往々にして、かつてのプロレタリア文学がそうであったように、働くことを「労働」としてことごとく前面に押し出し、イデオロギーに終始しがちな傾向を持つ。しかし、ここに収められていた久鬼高治さん、芳川幸造さんたちの作品は、そうした傾向をまったく持たない。日々働くことを日常として受け止め、そこに息づく自らの感受性をごく自然に働かせ、自身の暮らしを無私の姿勢で描いている。だから、読む者は、舞台となった東京下町の暮らしの細部を、血の通ったものとして受け取ることになる。

東京下町を扱った作品は多いが、外から時折訪ねる者の視点からがもっぱらである。永井荷風しかり、吉行淳之介、野口冨士男しかりだが、ここでは下町で働き暮らす人の視点から下町が捉えられているのである。

これだけでも、この雑誌の独自な意味、そして、その貴重さが知られよう。

久鬼さんは、戦後すぐに新日本文学に参加して、作品を発表してきており、われわれの先輩になる経歴の持ち主だから、練達の書き手であるのは言うまでもない。そして、人柄もそうだが文学への初心を老いさせることなく持ち続ける芯の強さと、やわらかなユーモアを併せ持ち、わたしなどは、最も信頼を寄せるひとである。

いまでも時には思い出して申し訳なかったなと思うのは、久鬼さんの『雨季茫茫』の出版記念会をすっぽかしたことである。徳田秋聲の資料を提供して貰うなど、世話になっていた福田久賀男さんから出席するようにくれぐれも言われていたのに、うっかり失念したのである。

そうしたことがあったものの、福田さんを囲む会では、よくお会いして、なにかと親しく話し、わたしの書いたものが目にとまると、感想・批評を丁寧に書いて送ってくれた。

その久鬼さんの盟友が芳川さんだが、その作品『深みゆく霧』を「季刊文科」第二十一号に転載した際、当時勤めていた女子大学の文学の講義で、全編を読み上げたことがある。わずかながら性的な言辞もあるので、女子大生には具合が悪いかなと、ちょっと躊躇したものの、誰もが神妙に耳を傾け、およそ触れることのない暮らしの在りように目を見開かれる思いをしたようである。

その芳川さんが逝き、久鬼さんも九十二歳になり、介護施設に身を置くようになった。

この六月、その久鬼さんを見舞ったが、車椅子であった。あれだけ町を歩き回り、ペンキ塗りという仕事をこなすのに高いところへも平気で上がった脚は、もう小柄で痩せた身体さえ支えかねるようになったらしい。

その脚の衰えを中心に、自身が老いに犯されるさまを克明に描いた作品を、じつは昨年、わたしは受け取っていて、それを「季刊文科」に掲載する許可を貰う用件もあっての見舞いであった。その作品は、久鬼さん自身はエッセイのつもりで執筆したものであった。ただし、エッセイとしては、どこかしっくりしないところがある。そのためその時点での掲載は見送ったのだが、改めて読み返してみると、見事な小説であった。久鬼さんは、根っからの小説家であったのである。そのことを確認できて、わたしは嬉しかった。ただし、短篇小説として扱うとなると、その承諾がいるし、題を変える必要があった。そうした経緯があって「季刊文科」第三十五号に掲載したのが『東司まで』である。

この作品をお読み下さればよいのだが、もう立つことも叶わなくなった独り身の老人が、便所へ行こうと苦心惨憺する有様を、じっくりと描いていて、老いの果ての一端を鮮やかに示している。それでいて、決して暗くはない。明透な目が、しなやかな文章とともに、きちんと働いているのだ。間違いなく久鬼さんはここにいると思った。

この「煉瓦」には、まだまだ存在意義があると思う。いや、いまの時代、ますますその存在意義を強めていると思う。現に西村賢太氏が登場したのも、この雑誌からである。「墓前生活」「けがれなき酒のへど」と書き継ぎ、同作が「文學界」に転載され、引き続いて書いた作品が芥川賞、三島賞などの候補になった。また、古本屋を自称する青木正美氏が執筆しはじめたし、そのほかお名前は挙げないが、私がひそかに読み継いでいる文章がある。

しかし、やはり芳川さんと久鬼さんが圧倒的存在感を示してきたことは疑いない。久鬼さんが終刊の決意を固めたとなると、やむを得ない。寂しいが、受け入れるよりほかあるまい。

ただし、久鬼さんより何歩も遅れて老いに身を置くようになったわたしとしては、その実相を暗くも明るくもなくごく自然に示してくれ、かつ、書くことを手放さずに来た先達として、ますます身近にも頼りにも思われている。


（「煉瓦」第33号・終刊号、平成18年（二〇〇六）11月）

寺田博さんを悼む

この三月八日、新聞紙上で寺田博さんの訃報を見て、驚いた。

寺田さんは「季刊文科」に「文芸雑誌編集覚え書き」を連載中で、昨年四月刊の44号で十三回に及んだものの、中断していたので、昨年末に電話を掛けたところ、「書くよ、書いて置きたいから」、と普段に変わらぬ声で言っていたので、そのうちに原稿が届くだろうと思っていたのである。

寺田さんは出版社や文学賞授賞パーティなどには必ず出て来る人であったから、話したいと思えば、そうした会場に出向けばよかった。近年は腹がせり出てきていたが、物静かな話振りに変わることがなく、「季刊文科」への連載を依頼したのも、そのような場でのことであった。

連載は平成十七年、31号から始まり、二十年に二回休載したが、その時も電話で「抗ガン剤の副作用がひどくてね」と変わらぬ調子で言ったが、こちらが深刻に考える前に執筆を再開したので、たいしたことはなかったんだな、と勝手に思い込んで、パーティなどで立ち話はしても、病気のことを尋ねることはしなかった。

わたしと寺田さんは同年で、引き合わしてくれたのが坂本一亀さんだから、随分古いことになる。わたしが初めて出した三島由紀夫論を見た坂本さんが、一度顔を見せろ、と言って下さったので、駿河台下の河出書房へ出向いたところ、紹介されたのである。

当時、わたしは関西に住んでいたし、文芸誌の編集室や作家・評論家のたむろするところへ出て行く元気もなく、思い出したように原稿を送ると、載せてくれた。

そして、「作品」を経て「海燕」に移ると、わたしの古典に取材した紀行文とも小説とも評論ともつかぬ文章を面白がって、たてつづけに掲載、『袈裟の首』（平成3年）の一冊を作ってくれた。この間、顔を合わせると、書き方についてあれこれと相談に乗ってもらった。もっとも相談と言っても、熱心に耳を傾けてくれるものの、ああすればよいとか悪いということは口にしない。ただ、現地を踏むと違うね、などというようなことを言うだけだが、それでなにか道筋が明らかになるような気になったものである。

この一冊が出た直後、福武書店はベネッセと名を改めるとともに、文芸出版から撤退、「海燕」は廃刊、寺田さんも退社した。

これでわたしが始めた仕事も頓挫、半ば忘れられるかたちになったが、大河内昭爾、松本道介、勝又浩と「季刊文科」を始めると、編集者の大先輩として相談したり愚痴を聞いてもらったり、原稿も寄せて貰った。なにしろ当時、「季刊」をうたいながら、不定期刊行の有様であった。

その寄稿の初めが12号の和田芳恵小特集である。「自責の思い」と題した文章で、和田さん最晩年の四年間、編集者として接したに過ぎず、それまで原稿を依頼することはほとんどなかった。それなのに書評鼎談に三号続けて出て貰ったあと、他の作家との連載の約束が反故になったので、泣きついて無理を言った。それが代表作の一つになった『暗い流れ』で、肺気腫で息を切らしながら、毎月、きちんきちんと原稿を渡してくれた。それからまもなく亡くなったが、後に和田さん自身が「『暗い流れ』あたりで、私のいのちの終わりが来ると思っていた」と書いているのを読み、衝撃を受けた。そうなりつつあるのを察しないわけではなかったのに、休載を申し出ることをしなかったのだ。それから「二十年経って、未だに自責の念に駆られている」と、この文章を結んでいる。

第一線から退いた後も、この編集者の「業」とでもいうよりほかないものと、寺田さんは向き合いつづけていたのだ。

そういうこともあって、「文芸雑誌編集覚え書き」を引き受けてくれたのだろうが、同じ年、わたしが若い研究者二人と「三島由紀夫研究」（鼎書房）を刊行する際にも、助けてもらった。その雑誌の柱の一つが三島由紀夫と係わりを持った同時代の人々の証言を記録するというものだが、最初を誰にお願いしたらよいか、思い惑った。折から神奈川文学館で開かれた「三島由紀夫展」に出掛けたところ、寺田さんがおり、『英霊の声』の掲載について三島が寺田さん宛に書き送った手紙が展示されていた。未発表であったので、この手紙を新資料として掲載するとともに、寺田さんから話を聞くことに決め、その場でお願いした。じつは研究誌であるものの雑誌としてやって行くのに不安があり、そういう面でも何らかの示唆を与えてくれるのではないかという思惑も、わたしにはあった。

こうして無事滑りだした雑誌は、年二回刊行で、この秋には十号になる。

その寺田さんを囲んでの座談会だが、編集者としての冷静な目が随所に感じられる中身の濃いものであったが、市ケ谷の事件直前に原稿依頼に行き、「児童文学あげるよ」と言われたのに断って帰って来たこと、吉本隆明との対談を実現しなかったことなど、後悔していることが多いと話していたことが忘れられない。

「文藝」「作品」「海燕」と編集長を勤め、多くの作家たちを育て上げた寺田さんの仕事については、いろいろ書く人があると思う。多分、そこから漏れるであろう、筆者との係わりのおおよそをつづり、追悼の思いに代えさせてもらった。

それにしても長年よくぞ付き合ってくれたものだと思う。改めて感謝の思いを抱かずにおれない。それだけに「文芸雑誌編集覚え書き」が未完に終わったのが心残りである。

（「季刊文科」48号、平成22年（二〇一〇）5月）

いまひとつの八月十五日──大河内昭爾追悼

八月十五日は私にとって、疎開先の山村で、晴天の暑い正午、雑音のひどいラジオに耳を傾けた日であった。それから六十八年後の今年、避暑地の陋屋で、ようやく宵闇とともに訪れた冷気を喜んでいると、大河内昭爾さんの死を告げる電話があった。

電話を掛けて来てくれた友人も、私も、死という言葉は使わなかったが、この文章をつづるいま、あえてこの言葉を使うことにする。なにしろこの日が近いことは承知していたものの、いまだに受け入れ難い気持でいるからだ。

その電話を受けた避暑地だが、大河内さんにとっては青春の地であった。滞在していた折のことを話すのをしばしば聞いた。私が夏に陋屋を借りるようになったのは、その影響があるかもしれない。

大河内さんは南九州の出身で、戦時下に旧制中学時代を過ごしたが、既に短歌と剣道に才能を発揮していたらしい。不思議な取り合わせだが、俊敏さにおいて通底するものがありそうである。戦後、早稲田に入り、それがそのまま、当時の文学的潮流の坩堝へ身を投じることになったが、いわゆる戦後文学全盛の中、早稲田は独特だった。この点は、大河内さんに親しむことによって思い知らされたひとつだが、戦後文学となると敗戦の廃墟から出発するという意識が強く、戦前ときっぱりと断ち切った立場を採る。ところが早稲田には戦前に出発した作家たちが幾人もいた。例えば井伏鱒二、丹羽文雄であり、その仲間なり弟子、信奉者たちが大勢いた。

だからジャーナリズムや評論家がどう言い立てようと、戦前と断ち切るのでなく、持続、展開として捉える気風が強固にあり、大河内さんも、すでに短歌に親しんでいたこともあって、ごく自然にそうした姿勢をわがものとしたと思われる。

こうして大河内さんの文学的青春が始まったのだが、文学者大河内さんが信用できる「根」が、ここにあったのだな、と今、改めて思う。観念的な議論に惑わされず、生身の作家や友人、仲間がいて、戦前からの文学的営為にしっかり繋がっているのである。

その文学的師友――いまではなんとも縁遠い言葉のようだが――その豊かさの一端は、二年前に刊行された『わが友　わが文学』(草場書房)に明らかで、在学中に文芸評論家として早々に活躍、丹羽文雄の眼にとまって、雑誌「文学者」に加わり、吉村昭、津村節子、秋山駿、河野多恵子、瀬戸内寂聴といったひとたちと親しんだ。作品世界こそ異なるが、いずれも文学に生命を賭ける若き仲間だったのだ。

そうして、文学修行の場としての同人雑誌に深く関与、仲間たちが一流作家として次々と巣立って行く現場に身を置いたから、「文學界」同人雑誌評担当の話が、昭和五十四年(一九七九)に持ち込まれたのは、しごく当然なことであった。

その大河内さんから私が誘われたのは、どのような経緯だったろう。新聞記者から大学教師になってまだ間がなく、一度は断ったのだが、松本道介、近藤信行の各氏と一緒に担当、十年後に近藤さんが辞して、勝又浩氏と入れ替わった。

・月二回、四人が顔を合わせ、それぞれが推薦するなり注目する作品について討議し、それを参考にして当番の者が執筆するのだが、想像以上にハードな仕事であった。最初は文藝春秋の役員室であったが、毎回秘書に案内されて席に付くのが面倒で、一回は編集部の会議室、もう一回は、大河内さんの案内でうまいもの店に行くことに変更した。このお陰で辛い仕事にも、楽しみが出来た。なにしろ大河内さんは雑誌「食食食」を編集、うまいものエッセイを書いていたから、この案内役には打ってつけだった。それにB級グルメを自称、気の張るような店へ連れて行くことはなかった。

食べることを楽しみ、お喋りすることを楽しむこの人の、心憎い選択であった。

こうして平成二十年（二〇〇八）末まで、二十七年の長きにわたって、月に二回、必ず一緒に過ごしたのだが、大河内さんは大学学長、学院長を初め数々の要職にありながら、その気配さえ感じさせず、一貫して文学的青春を内に抱え込み、年下三人の勝手な言い分にも耳を傾ける、申し分ない兄貴分だった。

それと並行して平成八年（一九九六）には、「季刊文科」を創刊した。同人雑誌の優秀作として「文學界」に転載されるのが年二回に留まるので、これをどうにかしたいという思いと、大手の文芸雑誌編集が時の潮流に支配されがちで、文学本来の魅力を蔑ろにしがちだが、そこに光を当てたいという思いからであった。

予期どおりと言うべきか、幾度も廃刊の危機に直面した。が、その度に、大河内さんを初め誰かが出版元を見つけて来て、「義経の八艘跳び」さながら、険しい出版状況の最中を、六十号の刊行を準備するまでになっていた。

ごくささやかな雑誌であるが、上に述べた刊行目的は曲りなりに貫いてきたし、この雑誌に係わった者それぞれがその文学的志を保持し続ける一助となって来たと思う。六十号は大河内さん追悼特集を組み、以後も今少し続ける積りでいる。

昭和・平成の文学を考えるとき、見逃してはならない貴重ななにかを、大河内さんの足跡が穏やかながら的確に差し示してくれているように思う。わたしにとっていまひとつの忘れられない八月十五日になった。

（「文學界」平成25年（二〇一三）10月）

重しが失われた――秋山駿追悼

大学教員として最後の二年間、平成九年と十年、秋山駿さんと研究室をご一緒した。武蔵野女子大学（現武蔵野大学）の研究棟四階の北端、窓が東にある部屋で、一年後には黒井千次さんが加わった。お二人とも学長の大河内昭爾さんの誘いで、客員教授になられたのである。

出講日が重なるのは、週一回で、最初は秋山さんの方も邪魔にならないよう気を配ってくださっていたが、おいおい学生たちがやって来て、賑やかになり、酒を嗜まないわたしも、学生たちと一緒に秋山さんと宵の街へ出て行ったりした。

また、時間割の都合で、この明るい部屋で、何をすることもなく二人だけで時間を過ごすことがあった。そんな折、秋山さんがスポーツ新聞の整理部に勤務していた時のことをお尋ねした。

わたし自身、新聞社の整理部勤務が長く、一年たらずだが、スポーツ面を担当したことがある。当時はスポーツにあまり関心がなかったから閉口したし、政治面、外信面、社会面などと比べると、デスクから印刷工場へ走ることが多く、時には輪転機が回っている地下へ降りていくこともあった。

工場では、担当職工に指示して版を組むのだが、見出し活字に木綿糸で括られた八ポの金属活字の束、それに写真の台などを使い、短時間で、一行の余白もなく、ぴたりと一ページに組み上げるのだが、これが難しい。その場で、必要なだけ記事を削ったりするのだが、文意を損なってはならず、かつ、複雑な作業になってはならない。担当職工もベテランが配されていたから、彼らも時間を気にしていて、手間取れば、遠慮無く罵声を浴びせられる。

輪転機のある地下だが、そちらは不用意に立ち入ると、頭から黒インクを浴びる。当時の輪転機は、絶えず黒インクの飛沫を上げて、回っていたのだ。

だから、工場それぞれの部署の人たちと、息が合わなくてはならない。が、編集局と工場の間にはなにかと隔たりがあつて、それを越えるのは簡単ではない。秋山さんも、当然、苦労しただろうと思っていたのである。

ところが秋山さんは、楽しい日々を思い出したふうで、皆にはよくしてもらったよ、一緒によく呑みにいったしな、と言う返事であった。

秋山さんにしても、スポーツに特別関心があるわけではなかっただろうし、器用でも、身軽に動き回るような人でもなかったろうと思うが、職工たちとの共同作業では、息の合った対応をして、スムーズにこなし、楽しんだふうなのだ。文章からは孤独の内に沈思黙考する姿を思い描いてしまうが、工場ではそうでなかったのである。

この点が、三島由紀夫と決定的に違う。他人と息を合わせることなど、考えもせず、自身の信ずる道筋をひたすら走って行った。その違いに注意して、ここ（「季刊文科」六一号）に掲載した「私的回想・三島由紀夫」を読むと、興味深いかも知れない。

この講演は、平成十三年、いまから十二年も前のものだが、三島の死について、すでに十分、思索を重ねたうえでのものであった。それに秋山さんは、三島に対してじつに微妙な立場にあった。

評論家として活躍するうえで、秋山さんは三島から数々の厚誼を受けていた。そして、義理堅い人柄であつたから、深い感謝の念を抱きつづけていたのである。ただし、三島の仕事に関しては、はっきり飽き足りないものを感じていたのだ。秋山さんを囲んでの座談会「『内部の人間』から始まった」（三島由紀夫研究⑤平成二十年刊）で、わたし自身が尋ね、確認しているが、その不満は、深く共鳴し、期待するところが大きいがゆえの、不満であったと思われる。

このあたりのところを、この「私的回想」はよく語っていると思うが、秋山さんには、短い三島論がある。「ヴァレリイと三島由紀夫」（昭和三十五年）だが、そこでは自身が親炙して来たヴァレリイの「テスト氏」を持ちだし、あくまで明晰に貫く姿勢を三島に見ている。この姿勢は、言うまでもなく秋山さん自身のものであり、営々と実践しつづけて来ていることであった。

その上で、秋山さんは、もっぱら『太陽と鉄』を視野にいれてだが、三島は「完璧な自分の再創造」を行ったとするのである。こう言い切ったことに、わたしなどは言いようのない感銘を覚えずにおれなかった。

しかし、そこまで言いながら、秋山さんは三島と自分は異質だとするのである。ベクトルが逆だと、中原中也を介してだが、言う。自身と半ば重ね合わせ、その究極的な一点へとにじり寄りながら、そこで異質さを指し示すのである。

　この講演は、秋山さん自身の半生を語ってもいるだけに、なおさらそうした思いを抱くのだが、秋山さん追悼特集の一環として、活字化出来たのは意味があったな、と思う。

　秋山さんは以降、多くの仕事をされたが、その仕事ぶりは、近年になるに従って、初めに触れた新聞社の印刷工場の職工が活字を一つ一つ拾い、組み上げて行くのに（いまやこのような光景はみられないが）ますます似通って来ていたように思う。だから、整理記者時代のことを持ち出したのだが、「季刊文科」に連載した「批評の透き間」などを見ると、批評家というよりも、長年、言葉と付き合って来た人の丹念な「手業」という印象が先に立つ。

　このような、いまや稀有な存在を、われわれは失なったのである。なによりも今日の文学において替え難い「重し」を失ったと、切に思う。それも早稲田以来の友、大河内昭爾さんの四十九日であったから、お二人の篤い友情についても、改めて思わずにおれない。


（「季刊文科」61号、平成26年（二〇一四）1月）

素朴を頑固に貫いたひと——松本道介追悼

　この季刊文科の編集委員、松本道介氏がさる平成二十九年五月十二日に亡くなった。吉村昭、大河内昭爾、秋山駿に続いて四人目である。七十号を越えると、こういふこともやむを得ないのだろう。

　ここ数年、体調が思わしくないとのことで、毎月の編集会議には偶にふらりとやつて来るという調子であった。しかし、その間にも東大ドイツ文学科で同期の友人、柴田翔氏に短篇「岬」（56号）、「読み違い」（60号）を書いてもらい、長篇「地蔵千年、花百年」（69号）に及んだ。読まれた方もおられると思うが、本誌発刊以来、最大の成果である。また、柴田氏にしても思うまま筆を振るい、大きな果実を得たと思う。お二人の学生時代以来の友情があってのことで、われわれもその恩恵に与った思いである。

しかし、今年に入って入院したとのことで、三月十五日の編集会議の前に、勝又氏と二人で見舞いに行った。その時は、ベッドに横たわり、管を腹に繋いだ状態でありながら、比較的機嫌もよく、しばし雑談をし、笑いもした。笑いと言っても、何時もと同じ、少し恥ずかしそうな穏やかな笑いであった。しかし、途中まで送って来てくれた奥さんから、余命一ヶ月と言い渡されています、と聞かされたが、その通りとなった。

氏とは、「文學界」の同人雑誌担当として初めて会って以来の付き合いだから、何年になるのだろう。確か昭和五十六年（一九八一）の晩夏だった。大河内さんに強引に誘われ、出かけた文藝春秋社の一室であった。

わたしは仲間と雑誌を出したりしたことはあるものの、それ以上に関心があるわけでなく、同人雑誌評とは無縁な人間だと思いながら、出かけたのだが、その席で初めて顔を合わせたのが、近藤信行氏と道介さん（以降、同姓のためもあってこう呼ばせて頂く）であった。その道介さんも、ドイツ文学・思想の研究のかたわら文芸評論に手を染め初めたところで、同人雑誌に特に関心があるわけでもなく、やむなくこの席にやって来たという様子であった。これなら、もしかしたらわたしでも勤まるかもしれないと思ったのが、運の尽きであった。

そうしてその年の十一月（昭和57年新年号掲載分）から、毎月二度は会うことになった。初回は二人が一組となって同じ雑誌を読み、それぞれ留意すべき作品をおおよそ決めた上で雑誌を交換、二度目は残り半分を読み、全作品を対象に批評しあい、ベスト・ファイブを決め、「文學界」掲載作を推薦、それを受けて当番が執筆するという仕組みであつた。

それ以降の毎月の討議だが、四人の意見がすんなりと一致することは少なく、議論になることが多かった。時には互いに譲らず、膠着状態になることもあったが、その譲らないのが、意外にも道介さんとわたしの場合が多かった。自分で言うりもヘンだが、ともに温厚、気配りも十分なはずなのだが、議論しだすとしばしばそういうことになった。

このような状態は、部屋の隅に積んであった古雑誌のなかから、四人による共同討議「同人雑誌の行方」（「文學界」昭和60年・一九八五、4月号）を見つけて読んでみて、確認したが、文学に対する基本的姿勢は変わりないのだが、力点を置くところが微妙に違う。その微妙な違いに、お互いが拘ってしまうのだ。ただし、会議が終われば、軽い運動でもしたような気持で、拘ることはなかった。不思議と言えば、不思議な関わり方であったな、と思う。

こうした在り様は、近藤さんが退き、勝又浩氏と入れ替わってからも、基本的には変わらなかったと思う。そして、大河内さんが「うまいもの評論家」として活躍していたのをよいことに、月に一度は会が終わると、大河内さん推薦の店へ四人揃って繰り出すことになったし、やがて雑誌「季刊文科」を出すことにもなった。

その誌上で道介さんは、評論集『素朴なる疑問』に纏められた一連の文章を書き出したが、このタイトルどおり、ごくごく素朴な、それゆえちょっと口には出しにくい、当代の権威に真っ向から対立するようなことも、率直に、ある面ではぬけぬけと提示、読者の反響も得た。わたしも共感するところが多かったが、やがて違和感を覚えることも少なくなくなった。その素朴さ、率直さが、一面的、単純化に陥っていると思われたからである。

しかし、それはそれとして「素朴なる疑問」を持ち続け、穏やかな表情を変えることなく、疑問を遠慮なくぶつける強さには、感嘆させられて来た。そして、出会った当初からぶつかることが多かったのも、成程と納得、結局はわたしの方が二歩も三歩も譲って来たのだな、と懐かしさを覚えながら、思うのだ。違うよ、と道介さんは今も言いそうだが。（「季刊文科」72号、平成29年（二〇一七）10月）

松本徹 著作目録

・行末○の中の数字は、本著作集に収録した巻数。
・改題は注記しなかった。

＊著　書

『三島由紀夫論――失墜を拒んだイカロス』456頁　昭和48年（一九七三）12月15日　朝日出版社

『「書くこと」の現在』文芸時評　昭和57年～59年　242頁　昭和60年（一九八五）6月8日　皆美社

『夢幻往来――異界への道』245頁　昭和62年（一九八七）10月8日　人文書院

『徳田秋聲』463頁　昭和63年（一九八八）6月20日　笠間書院

『袈裟の首』250頁　平成3年（一九九〇）9月17日　福武書店

『イタリア夢幻紀行』182頁 平成6年（一九九四）4月30日　邑書林

『奇蹟への回路――小林秀雄、坂口安吾、三島由紀夫』360頁 平成6年（一九九四）10月25日　勉誠社

『小野小町』親子で楽しむ歴史と古典　116頁 平成9年（一九九七）1月30日　勉誠社

『ローマ夢幻巡礼』213頁 平成10年（一九九八）5月20日　小沢書店

『三島由紀夫の最期』206頁　平成12年（二〇〇〇）11月25日　文藝春秋

『師直の恋――原「忠臣蔵」』195頁　平成13年(二〇〇一)9月30日　邑書林

『六道往還記』232頁　平成16年（二〇〇四）1月25日　おうふう

『三島由紀夫エロスの劇』325頁　平成17年（二〇〇四）5月25日　作品社

『あめつちを動かす　三島由紀夫論集』282頁　平成17年（二〇〇四）12月10日　試論社

『小栗往還記』252頁 平成19年（二〇〇七）9月15日　文藝春秋

『三島由紀夫を読み解く』ＮＨＫカルチャーラジオ文学の世界　191頁　平成21年（二〇〇九）7月1日　ＮＨＫ出版

『風雅の帝 光厳』369頁 平成22年（二〇一〇）2月8日　鳥影社

『天神への道 菅原道真』 341頁 平成26年（二〇一四）4月20日 試論社

『三島由紀夫の生と死』 235頁 平成27年（二〇一五）7月30日 鼎書房

『三島由紀夫の時代 芸術家11人との交錯』 279頁 平成28年（二〇一六）11月25日 水声社

『西行 わが心の行方』 356頁 平成30年（二〇一八）6月14日 鳥影社

『徳田秋聲の時代』 著作集一 414頁 平成30年（二〇一八）6月15日 鼎書房

『三島由紀夫の思想』 著作集二 421頁 平成30年（二〇一八）9月30日 鼎書房

『夢幻往来・師直の恋ほか』 著作集三 427頁 平成31年（二〇一九）2月25日 鼎書房

『小栗往還記・風雅の帝光厳』 著作集四 480頁 平成31年（二〇一九）5月20日 鼎書房

『六道往還記・天神への道菅原道真』 著作集五 485頁 令和元年（二〇一九）8月20日 鼎書房

『貴船谷の女・奇蹟への回路他』 著作集六 458頁 令和元年（二〇一九）11月30日 鼎書房

＊編 著

年表作家読本『三島由紀夫』 260頁 平成2年（一九九〇）4月25日 河出書房新社

『作家の自伝83 徳田秋聲』 275頁 平成11年（一九九九）4月25日 日本図書センター

『三島由紀夫事典』 佐藤秀明・井上隆史と共編 729頁 平成12年（二〇〇〇）11月25日 勉誠出版

『三島由紀夫と時代』 三島由紀夫論集Ⅰ 佐藤秀明・井上隆史と共編 318頁

『三島由紀夫と表現』 三島由紀夫論集Ⅱ 佐藤秀明・井上隆史と共編 285頁

『世界の中の三島由紀夫』 三島由紀夫論集Ⅲ 佐藤秀明・井上隆史と共編 266頁

（以上三冊とも平成13年（二〇〇一）3月30日 勉誠出版）

『同時代の証言 三島由紀夫』 佐藤秀明・井上隆史・山中剛史と共編 449頁 平成23年（二〇一一）5月3日 鼎書房

〈監修〉「三島由紀夫」 別冊太陽 平凡社 平成22年11月25日

＊論文、作品、エッセイなど

昭和37年（一九六二）

森鷗外論　集団55・13

昭和38年（一九六三）

11月、中村光夫論　集団55・15

昭和40年（一九六五）

9月、空想する異端―正宗白鳥　集団55・16⑥

昭和41年（一九六六）

7月、本居宣長覚書　集団55・17

昭和46年（一九七一）

5月、虚空の言葉―新古今集試論　少数者2

昭和49年（一九七四）

6月、埴谷雄高における文学の意味　解釈と鑑賞

昭和50年（一九七五）

1月「今ノ世」で「思フ事ヲイフ」こと　ちくま⑥

8月、現代文学診断①孤独と他者　解釈と鑑賞

9月、現代文学診断②現在からの逃走 解釈と鑑賞

10月、現代文学診断③時代に合う　解釈と鑑賞

10月、武田文学の魅力　13日、産経新聞

11月、現代文学診断④小説の条件　解釈と鑑賞

12月、現代文学診断⑤小説の困難　解釈と鑑賞

昭和51年（一九七六）

1月、現代文学診断⑥作家のインサイダー化　解釈と鑑賞

2月、三島由紀夫におけるエロティシズム　解釈と鑑賞

7月、問ふことと書くこと―武田泰淳論　文藝

8月、五木寛之におけるエンターテインメントと破滅への志向　解釈と鑑賞

10月、谷崎潤一郎「卍」―愛欲の深淵と光　解釈と鑑賞

12月、敗戦体験の意味（三島由紀夫）　国文学

昭和52年（一九七七）

2月、山崎正和「世阿弥」（現代文学と能）　解釈と鑑賞

7月、固定された運命―島尾敏雄論　創造4

8月、書評・島村利正「秩父愁色」22日、産経新聞⑥

10月、書評・埴谷雄高「影絵の時代」16日、産経新聞

11月、落ち着かない日々　大阪市立大学国語国文学会会報23⑥

12月、書評・古井由吉「哀原」26日、産経新聞

昭和53年（一九七八）

1月、ひろがりと厚み—最近の女流文学作品　18日、産経新聞
2月、書評・高城修三「榧の木祭り」19日、日本経済新聞、
4月、泰淳「異形の者」由紀夫「憂国」（短編小説の魅力）解釈と鑑賞
4月、書評・野口冨士男「かくてありけり」10日、産経新聞
4月、書評・中上健次「化粧」16日、日本経済新聞
5月、書評・吉行淳之介対談集「拒絶反応について」15日、産経新聞
6月、当たり前の生—小林秀雄『本居宣長』について　近代風土2⑥
6月、書評・中村真一郎「夏」8日、週刊サンケイ
6月、書評・渡辺淳一「神々の夕映え」13日、夕刊フジ
8月、新世代の文学と社会—「内向の世代」以後の文学　解釈と鑑賞
8月、書評・島尾敏雄「夢日記」13日、日本経済新聞⑥
9月、書評、津島佑子「寵児」14日、週刊サンケイ
10月、ナルシシズム（三島由紀夫　その豊饒と不毛）解釈と鑑賞
11月、書評・吉行淳之介「夕暮まで」19日、週刊サンケイ
12月、正宗白鳥の戯曲—「梅雨の頃」をめぐって　姫路工業大学研究報告28B

昭和54年（一九七九）

1月、日本浪曼派と戦後　解釈と鑑賞
1月、磯田光一「思想としての東京」ユニークな発想の都市論　23日、日本経済新聞⑥
1月、書評・小川国夫「親和力」22日、産経新聞⑥
1月、書評・瀬戸内晴美「草宴」25日、週刊サンケイ
3月、書評・澁澤龍彦「玩物草紙」19日、産経新聞
4月、書評・田中美代子「さみしい霊魂」9日、週刊読書人
4月、書評・加賀乙彦「宣告」9日、産経新聞
5月、小林秀雄の「故郷」—「故郷を失つた文学」について　近代風土5
5月、戦後派文学の役割　昭和文学研究会編『昭和文学の諸問題』笠間書院

5月、書評・古山高麗雄「点鬼簿」6日、日本経済新聞⑥
6月、三島由紀夫「近代能楽集」国立小劇場評　13日、産経新聞
6月、書評・帚木蓬生「白い夏の墓標」14日、週刊サンケイ
6月、書評・北杜夫「まっくらけのけ」17日、日本経済新聞
7月、怒りと無常―藤枝静男論　文藝⑥
7月、書評・三木卓「野いばらの衣」31日、夕刊フジ
8月、書評・饗場孝男「批評と表現」20日、産経新聞
8月、本と状況・饗庭孝男「批評と表現」21日、日本経済新聞⑥
9月、書評・水上勉「金閣炎上」6日、週刊サンケイ
9月、書評・重兼芳子「やまかいの煙」9日、日本経済新聞
10月、書評・瀬戸内晴美「比叡」2日、夕刊フジ
10月、書評・野口富士男「徳田秋聲の文学」8日、産経新聞
10月、ルノー・バロー劇団「サド侯爵夫人」評　8日、産経新聞
10月、書評・吉行淳之介「菓子祭」30日、夕刊フジ⑥
11月、書評・大江健三郎「同時代ゲーム」20日、夕刊フジ
11月、書評・三浦哲郎「木馬の騎士」25日、日本経済新聞
11月、お目こぼしのありがたさ　大阪市立大学国語国文学会会報25
12月、徳田秋聲の初期作品　姫路工業大学研究報告
12月、近代的自我と現代文学　解釈と鑑賞
12月、書評・小川国夫「血と幻」3日、産経新聞

昭和55年（一九八〇）

1月、書評・坂上弘「故人」13日、日本経済新聞
2月、書評・小川国夫「アフリカの死」24日、日本経済新聞
4月、自然主義前夜の徳田秋聲―三つの長編を中心に近代風土8
4月、書評・結城信一「空の細道」14日、産経新聞
4月、書評・直井潔「羊のうた」17日、週刊サンケイ
5月、書評・高橋たか子「荒野」11日、日本経済新聞
5月、書評・古井由吉「山に行く心」19日、産経新聞
7月、転落する女たち―明治四十二年の秋聲　少数者

10
7月、書評・大河内昭爾「味覚小説名作集Ⅱ」 食食
食
8月、自己改造の夢―徳田秋聲と「ニーチェ主義」
近代風土9
8月、書評・野呂邦暢「落城記」3日、日本経済新聞
9月、書評・日野啓三「蛇のいた場所」21日、日本経
済新聞
10月、徳田秋聲論―「足迹」について 評言と構想19
10月、本と状況・柄谷行人「日本近代文学の状況」21
日、日本経済新聞
10月、書評・野口冨士男「なぎの葉考」13日、産経新
聞
10月、書評・石川淳「狂風記」28日、夕刊フジ
11月、書評・中野幸次「苦い夏」 文學界
11月、書評・高井有一「真実の学校」23日、日本経済
新聞
12月、徳田秋聲「黴」―半眼のリアリズム 評言と構
想20
12月、豊熟の時間―徳田秋聲「爛」について 近代
風土10
12月、二つの悲しみ―徳田秋聲「犠牲者」と「感傷的
の事」近畿大学教養部紀要

昭和56年（一九八一）

1月、書評・坂上弘「初めの愛」11日、日本経済新聞
1月、書評・古井由吉「親」12日、産経新聞
2月、書評・向井邦子「思い出トランプ」22日、日本
経済新聞
4月、老いと死の影―大正期後半の徳田秋聲 近代風
土11
4月、書評・高橋たか子「怪しみ」27日、産経新聞
5月、書評・八木義徳「一枚の絵」3日、日本経済新
聞⑥
5月、書評・上田三四二「深んど」31日、日本経済新
聞
6月、「語り」の視点―徳田秋聲「あらくれ」につい
て 現代文学23
6月、現場で書く―徳田秋聲「順子もの」の諸作品
評言と構想21
7月、生者と死者の視点―昭和初年代の徳田秋聲 近
代風土12
7月、同人雑誌評を担当（平成20年12月まで、執筆担

当は毎年1、2、3月）　文學界
8月、書評・結城信一「石榴抄」2日、日本経済新聞⑥
9月、書評・山本健吉「いのちとかたち」6日、日本経済新聞⑥
9月、書評・澁澤龍彦「唐草物語」7日、産経新聞
9月、書評・立松和平「歓喜の市」27日、日本経済新聞
11月、書評・藤枝静雄「石心桃夭」29日、日本経済新聞
11月、図書館での夏　大阪市立大学国語国文学会会報27
12月、文芸時評（昭和59年11月まで三年間、毎月掲載）世界日報

昭和57年（一九八二）

1月、書評・野口冨士男「いま道のべに」4日、産経新聞
1月、書評・安岡章太郎「流離譚」11日、世界日報⑥
2月、書評・北杜夫「輝ける碧き空の下に」16日、夕刊フジ
3月、徳田秋聲の著作初出年譜稿　近畿大学教養部紀要13巻3号
4月、書評・島村利正「霧のなかの声」11日、日本経済新聞
4月、書評・加賀乙彦「錨のない船」27日、夕刊フジ
6月、手足のある楽器「文学と教育」3
6月、書評・大岡昇平「ながい旅」20日、日本経済新聞
7月、書評・野口冨士男「相生橋煙雨」5日、産経新聞
8月、書評・大庭みな子「寂兮寥兮」29日、日本経済新聞
8月、書評・丸谷才一「裏声で歌へ君が代」31日、夕刊フジ
9月、変容する登場人物―大庭みな子、津島祐子、古井由吉の近作「文学主義」　文學界⑥
9月、書評・三浦朱門「武蔵野インディアン」20日、世界日報
10月、書評・中野孝次「南チロルの夏」4日、産経新聞
10月、書評・中上健次「千年の愉楽」10日、日本経済新聞

11月、明治三十二、三年の秋聲—「河浪」「潮けぶり」「雲のゆくへ」　近畿大学教養部紀要
11月、解説・高橋たか子「ロンリー・ウーマン」　集英社文庫
12月、書評・高橋たか子「装いせよ、わが魂よ」12日、日本経済新聞
12月、色川武大「百」13日、産経新聞

昭和58年（一九八三）

1月、書評・近藤紘一「したたかな敗者たち」23日、日本経済新聞
2月、隠された「語り」—徳田秋聲「縮図」の方法　昭和文学研究6
2月、書評・唐十郎「佐川君からの手紙」14日、産経新聞
3月、書評・奥野健男「〝間〟の構造」13日、日本経済新聞
3月、書評・佐多稲子「夏の栞」15日、夕刊フジ
4月、徳田秋聲年譜（近代作家年譜集成）　国文学臨時増刊
4月、書評・山口瞳「家族」19日、夕刊フジ
4月、書評・日野啓三「聖家族」24日、日本経済新聞
5月、中上健次「地の果て至上の時」3日、夕刊フジ
7月、徳田秋聲の写実—「新世帯」を中心に　近畿大学教養部紀要
7月、合作と代作の間—徳田秋聲「煩悶」について　文学と教育5
7月、徳田秋聲　大久保典夫他編『現代文学研究事典』東京堂出版
7月、日常人との出会い—小林秀雄と本居宣長　近代風土18⑥
7月、書評・辻井喬「いつもと同じ春」3日、日本経済新聞
7月、書評・大江健三郎「新しい人よ目覚めよ」4日、産経新聞
8月、解説、津村節子『婚約者』　集英社文庫
9月、書評・岡松和夫「純粋な生活」4日、日本経済新聞
10月、書評・高樹のぶ子「その細き道」10日、産経新聞
11月、解説・津村節子「春の予感」　文春文庫
12月、基本の小説—大江健三郎、中上健次、村上春樹を中心に　文學界⑥

昭和59年（一九八四）

1月、書評・森内俊雄「朝までに」30日、産経新聞
2月、書評・小島信夫「月光」12日、日本経済新聞
3月、信太森―うらみ葛の葉　近代風土20③
3月、書評・後藤明生「謎の手紙をめぐる数通の手紙」25日、日本経済新聞
4月、書評・大庭みな子「夢野」29日、日本経済新聞
6月、書評・大庭みな子「夢野」　文學界
6月、書評・上田三四二「夏行冬暦」10日、日本経済新聞6
6月、書評・小島憲之「ことばの重み」24日、日本経済新聞⑥
6月、書評・梅原稜子「双身　四国山」25日、産経新聞
7月、書評・津島佑子「逢魔物語」29日、日本経済新聞
9月、求塚―均衡の悲劇　近代風土21③
9月、書評・坂上弘「杞憂夢」2日、日本経済新聞
9月、降り積もった言葉―文学と教育の接点　文学と教育の会会報7
10月、書評・芝木好子「ガラスの壁」14日、日本経済新聞
11月、書評・大庭みな子「楊梅洞物語」11日、日本経済新聞
12月、書評・三浦哲郎「白夜を旅する人々」3日、産経新聞⑥
12月、書評・庄野潤三「山の上に憩いあり」23日、日本経済新聞

昭和60年（一九八五）

1月、書評・宮本輝「春の夢」21日、産経新聞
1月、書評・森内俊雄「朝までに」30日、産経新聞
2月、江口―白象に乗る遊女　近代風土22③
2月、書評・野々上慶一「さまざまな追想」10日、日本経済新聞
2月、書評・小島信夫「月光」12日、日本経済新聞
3月、書評・木崎さと子「青桐」10日、日本経済新聞
3月、書評・岸田秀「幻想の未来」24日、日本経済新聞⑥
3月、書評・後藤明生「謎の手紙をめぐる数通の手紙」25日、日本経済新聞
4月、書評・古井由吉「明けの赤馬」8日、日本経済新聞

4月、書評・三浦朱門「教師」21日、日本経済新聞
4月、書評・大庭みな子「夢野」29日、日本経済新聞
5月、「スキートネス」の構造─徳田秋聲「風呂桶」について　近代日本文学32
5月、書評・島尾敏雄「夢屑」6日、世界日報
5月、書評・三浦哲郎「随筆集 春の夜航」26日、日本経済新聞
6月、徳田秋聲の一側面・上　これも西欧体験　学鐙
6月、蟻通─謎解きの旅　近代風土23③
6月、二上山・幻視往生　現代文学31③
6月、書評・鮎川信夫「時代を読む」23日、日本経済新聞
7月、徳田秋聲の一側面・下　錯綜する時間　学鐙
7月、芥川龍之介の形式素描　昭和文学研究11
7月、書評・木崎さと子「海と蝋燭」14日、日本経済新聞
7月、書評・村上春樹「世界の終りとハードボイルド・ワンダーランド」22日、産経新聞
9月、解説・津村節子「女」　集英社文庫
9月、書評・入江隆則「文学の砂漠のなかで」1日、日本経済新聞
9月、書評・平岡篤頼「薔薇を喰う」29日、日本経済新聞
9月、縦書きは例外　文芸家協会ニュース409
10月、書評・高橋たか子「怒りの子」27日、日本経済新聞
10月、書評・飯島耕一「夢の過客」28日、日本経済新聞
11月、坂口安吾の歴史観「坂口安吾研究講座」2　三弥井書店
11月、書評・饗庭孝雄「喚起する織物」4日、世界日報
12月、橋姫─失はれた物語　近代風土24③
12月、文学の遠心力と求心力（講演稿）全作家18
12月、書評・野口冨士男「虚空に舞う花びら」8日、日本経済新聞

昭和61年（一九八六）

1月、書評・吉行理恵「迷路の双子」26日、日本経済新聞
3月、坂口安吾について─「然り風である……」　近畿大学教養部紀要
3月、書評・八木義徳「家族のいる風景」2日、日本

経済新聞
4月、書評、円地文子「女形一代」13日、日本経済新聞
5月、蝉丸—往くも帰るも　近代風土25③
5月、北海道の同人雑誌　21日、北海道新聞
7月、野守の鏡・水底の鷹　現代文学33③
8月、書評・芹沢光治良「神の微笑」24日、日本経済新聞
9月、『仮装人物』の構造　文学
9月、徳田秋聲（作家の謎事典）　国文学臨時増刊
10月、大物浦—入水再び　近代風土26③
12月、書評・小川国夫「逸民」1日、世界日報
12月、書評・阪田寛夫「戦友」7日、日本経済新聞
12月、回顧86文芸　25日、世界日報

昭和62年（一九八七）

3月、雲林院—別れし夢　近代風土27③
4月、書評・黒井千次「眠れる霧に」20日、世界日報
5月、古今和歌集の絆—蓮田善明と三島由紀夫　前田妙子編「日本文芸の形成」　和泉書店
5月、書評・山本道子「ひとり幽けき」10日、日本経済新聞
5月、書評・芝木好子「雪舞い」18日、世界日報
6月、書評・三浦哲郎「下駄の音」21日、日本経済新聞
7月、男山のむかし・女郎花　近代風土28
7月、「儀礼」といふ「問題」—山崎正和「文化開国への挑戦」　近代風土28
7月、書評・三枝和子「その日の夏」20日、世界日報
8月、書評・吉村昭「闇を裂く道」2日、日本経済新聞
8月、書評・三浦哲郎「モーツァルト荘」30日、日本経済新聞
9月、書評・三浦朱門「望郷」28日、産経新聞
9月、書評・村田喜代子「鍋の中」28日、世界日報
11月、解説・芝木好子「黄色い皇帝」　集英社文庫
12月、文学といふ奇蹟—坂口安吾の企て「坂口安吾研究講座」3　三弥井書店⑥
12月、回顧・昭和62年の文学　29日、世界日報

昭和63年（一九八八）

1月、比叡の瀧・愛護の若　近代風土29③
1月、昭和五〇年代の文学　大久保典夫他編「現代日本文学史」　笠間書院

1月、書評・秋山駿「恋愛の発見」18日、世界日報
2月、書評・佐多稲子「小さい山と橘の花」7日、日本経済新聞
5月、書評・阪田寛夫「天山」22日、日本経済新聞
6月、山を越えてくる・河内通ひ　近代風土30
6月、知識人について―日本文化研究会の討議からの一感想　近代風土30
6月、書評・芝木好子「奈良の里」12日、日本経済新聞
7月、「時間の旅」への誘い　14日、日本経済新聞夕⑥
9月、時の細道　学鐙
9月、書評・神吉拓郎「夢のつづき」4日、日本経済新聞
10月、宮尾登美子作品解説　「昭和文学全集」62　小学館
10月、書評・石原慎太郎「生還」30日、日本経済新聞
11月、現代に生きる徳田秋聲　17日、東京新聞夕
11月、書評・増田みづ子「禁止空間」20日、日本経済新聞
12月、書評・小川国夫「或る過程」11日、日本経済新聞
12月、回顧88文芸　22日、世界日報

昭和64年・平成元年（一九八九）

2月、解説・津村節子「千輪の華」新潮文庫
2月、書評、津島佑子「夢の記憶」5日、日本経済新聞
5月、書評・堀田善衛「バルセローナにて」7日、日本経済新聞
6月、狐の生んだ伝説の呪術師安倍晴明　歴史読本臨時増刊
7月、書評・高井有一「夜の蟻」2日、日本経済新聞
8月、塩竈の煙　海燕③
8月、中短編小説集解説「昭和文学全集」32　小学館
10月、解説・安西篤子「義経の母」集英社文庫
10月、書評・倉橋由美子「交歓」8日、日本経済新聞
11月、三島由紀夫の家　日本の文学特別集　有精堂
12月、書評・古井由吉「仮往生伝試文」4日、産経新聞

平成2年（一九九〇）

1月、書評・中村真一郎「蠣崎波響の生涯」21日、日本経済新聞

2月、袈裟の首　海燕③
5月、白峰　文學界
6月、三島由紀夫への拒否　文学と教育21
7月、敦盛　海燕
9月、書評・井尻千男「玩物喪志」10日、週刊読書人
10月、源氏供養　海燕③
10月、書評・津島佑子「溢れる春」1日、産経新聞
11月、生涯と作品を貫く劇―村松剛『三島由紀夫の世界』新潮
11月、問いつづける声―三島由紀夫小伝「新文芸読本三島由紀夫」河出書房新社
11月、書評・三枝和子「和泉式部「許子の恋」」4日、日本経済新聞

平成3年（一九九一）

1月、書評・奥野健男「往相還相」21日、産経新聞
2月、三島由紀夫とアメリカ　昭和文学研究22
3月、解説・芝木好子「別れの曲」集英社文庫
3月、書評・庄野潤三「インド綿の服」6日、日本経済新聞
5月、解説・安西篤子「卑弥呼狂乱」光文社文庫
6月、三島由紀夫への拒否　文学と教育21
6月、書評・澁澤美恵子「夕顔の宿」10日、産経新聞
7月、熊野　文學界
8月、弱法師　海燕③
8月、凹空間の夏　27日、産経新聞

平成4年（一九九二）

4月、書評・津村節子「花がたみ」27日、産経新聞
5月、解説・高橋英夫「ミクロコスモス―松尾芭蕉に向って」講談社学術文庫
5月、イタリアとの奇縁　24日、日本経済新聞⑥
6月、徳田秋聲研究の現在　有精堂編集部編別冊日本の文学「日本文学研究の現状Ⅱ近代」
9月、徳田秋聲作家案内「仮装人物」文芸文庫①

平成5年（一九九三）

3月、比叡の瀧　海燕③
3月、書評・高樹のぶ子「湖底の森」15日、産経新聞
4月、業平道　文學界
5月、ローマ教会巡り　30日、日本経済新聞⑥
6月、真菰と櫂と遊女と　近畿大学文芸学部淀川総合研究プロジェクト編「淀川文化考」
6月、書評・河村政敏「滅びの美学―太宰治と三島由紀夫」国語と国文学

6月、書評・津村節子「茜色の戦記」6日、産経新聞
9月、書評『ふるさと文学館』第一巻 20日、週刊読書人
9月、書評・吉田知子「風のゆくえ」27日、産経新聞
12月、旅ならざる旅 大阪市立大学国語国文学学会会報39⑥

平成6年（一九九四）

2月、書評 塚本邦雄『詩趣酣酣』国文学
3月、言葉の力 武蔵野文学⑥
3月、書評・林京子「青春」28日、産経新聞
4月、蒲原の富士 9日、東京新聞夕
5月、三島由紀夫と歌─近代・現代秀歌鑑賞 短歌
9月、書評・三浦浩「特効薬漂流す」9日、産経新聞
10月、故野口冨士男さんの深慮 2日、日本経済新聞①

平成7年（一九九五）

3月、女郎花 海燕
3月、徳田秋聲と三島霜川─『みだれ心』と『ふた心』を中心に 武蔵野女子大学紀要30①
3月、食の果て 武蔵野文学4⑥
3月、西暦は本当に国際的か 1日、産経新聞夕⑥
3月、瀬田の唐橋を渡る 12日、日本経済新聞⑥
6月、書評・津村節子「黒い潮」25日、産経新聞
7月、解説・白州正子「能の物語」講談社文芸文庫⑥
8月、龍宮の鐘 文學界
9月、瀬田唐橋 海燕
11月、迷惑な幻想 文學界
12月、谷山茂先生 大阪市立大学国語国文学会会報41⑥

平成8年（一九九六）

2月、解説・宮本輝「異国の窓から」文春文庫
3月、自然主義以前の徳田秋聲 武蔵野女子大学紀要31
3月、久しぶりの亀井勝一郎 武蔵野文学5
4月、綱を手繰れば 叢書江戸文庫月報39
4月、書評・秋山駿「信長」13日、産経新聞
5月、隅田川 海燕
5月、檸檬とミステリー─梶井基次郎の世界 季刊アーガマ138
6月、ローマの教会巡り 16日、産経新聞⑥
7月、母なるものをめぐって─宮本輝『胸の香り』

本の話
7月、懐かしい都市　3日、毎日新聞夕⑥
7月、文学の魅力を問い直す―文芸雑誌『季刊文科』創刊にあたって　18日、東京新聞夕
7月、熟成の時　徳田秋聲『爛』季刊文科1①
9月、「季刊文科」創刊の手応え　8日、日本経済新聞
11月、徳田秋聲研究／キアラの会と「風景」東京都近代文学博物館「野口富士男と昭和の時代」
11月、日本語標記が消えた　文學界
11月、行動的な森川さん　森川達也評論集成月報　審美社
12月、近代文学の枠はみ出す魅力　徳田秋聲　1日、北國新聞

平成9年（一九九七）

3月、大阪の若き秋聲―習作『ふぶき』を中心に　武蔵野女子大学紀要32①
4月、一貫するものと老いと―結城信一『流離』と『黒い鳩』　季刊文科3⑥
6月、娘の結婚　8日、日本経済新聞⑥
7月、野口冨士男の「発見」―徳田秋聲、川端康成との係り　季刊文科4①
10月、矢作の姫―物語のトポス　季刊文科5⑥
11月、「徳田秋聲全集」第一巻　解題・解説　八木書店①

平成10年（一九九八）

1月、矢作の姫―物語のトポス承前　季刊文科6⑥
2月、私の一冊『黴』23日、産経新聞
2月、唯々読々・川村二郎、養老猛司など　11日、夕刊フジ
3月、明治二十年代後半の東京と徳田秋聲　武蔵野文学7
3月、日本語による小説の生命「徳田秋聲全集」刊行に思う　11日、東京新聞夕
4月、蒲原の姫―物語のトポス　季刊文科7⑥
4月、娘の結婚　8日、日本経済新聞⑥
6月、書評・野原一夫「太宰治と聖書」28日、産経新聞
7月、詩的秩序とエロス―三島由紀夫の「公」と「私」文学界
7月、深泥ケ池の姫（小栗）季刊文科8④
7月、春日山地獄谷（六道）日本及日本人④

9月、「徳田秋聲全集」第十巻解題　八木書店①
9月、小野篁のいた京の夏　6日、日本経済新聞⑥
10月、京都・六道の辻（六道）　日本及日本人⑤
11月、小栗判官の城（小栗）　季刊文科9④
11月、秋聲の出発期「徳田秋聲全集」1巻解説①

平成11年（一九九九）

1月、比叡山・横川に想ふ極楽浄土（六道）日本及日本人⑤
2月、師直の恋―または原『忠臣蔵』　文學界③
2月、横山の姫（小栗）　季刊文科10④
3月、秋聲『足迹』『黴』に見る家族像―明治における家族の崩壊と生成　武蔵野文学8①
3月、白鷺の飛ぶ地―一枚の色紙をめぐって　野口冨士男文庫Ⅰ①
4月、相模川と上野ヶ原（小栗）　季刊文科11④
4月、富士山の人穴（六道）　日本及日本人⑤
4月、作家の自伝『徳田秋聲』解説　日本図書センター①
5月、ジャーナリズムの渦中で―順子ものの諸作「徳田秋聲全集」16巻　八木書店①
6月、洋装する徳田秋聲―明治三十年代後半の翻訳・翻案から『凋落』まで　大阪市立大学文学部創立五十周年記念「国語国文学論集」　和泉書院①
6月、編集局のなかの福田さん「司馬遼太郎全集」月報59⑥
7月、六浦の姫（小栗）　季刊文科12④
8月、立山の媼堂（六道）　日本及日本人⑤
8月、秋聲全体像へのアプローチ　石川近代文学館での講演稿①
9月、山中湖の三島文学館　日本古書通信64巻9号
9月、『徳田秋聲全集』第三巻解題　八木書店
10月、箱根権現（六道）　日本及日本人⑤
11月、遊行寺（小栗）　季刊文科13④
12月、書評・作品社編集部編「随筆名言集」　10日、週刊読書人

平成12年（二〇〇〇）

1月、出羽三山（六道）　日本及日本人⑤
1月、能劇の座第十回公演　めざましい成果　1日、能楽タイムス574
2月、二人の自決―三島由紀夫と江藤淳　季刊文科14②
2月、心の深みに届く言葉を　大阪市立大国語国文学

会会報45⑥
3月『金閣寺』の発明　武蔵野文学9
5月、筑波山（六道）　日本及日本人⑤
6月、青墓の姫（小栗）　季刊文科15④
6月、秋聲と新聞　北華5①
6月、浄瑠璃・歌舞伎の安倍晴明　文芸別冊「安倍晴明」
7月、漱石と代作―飯田青凉を介して「徳田秋聲全集」14巻月報17①
8月、熊野街道（小栗）　季刊文科16④
8月、玉藻の前「京都魔界紀行」museo 1
8月、「徳田秋聲全集」第一期の完結 文芸家協会ニュース
11月、いひしれぬ不吉な予言―『月澹荘奇譚』　季刊文科17号②
12月、書評　宮本輝『睡蓮の長きまどろみ』　文学界
12月、徳田秋聲再考　12日、東京新聞夕

平成13年（二〇〇一）

1月、時代の潮流の中の秋聲「徳田秋聲全集」20巻解説　前出「秋聲と新聞」と併せる①
1月、三輪山（六道）　日本及日本人⑤
3月、戦争、そして占領の下で『三島由紀夫と時代』三島由紀夫論集Ⅰ　勉誠出版②
3月、古典とその表現『三島由紀夫と表現』三島由紀夫論集Ⅱ　勉誠出版②
3月、ユルスナールの三島論『世界の中の三島由紀夫』三島由紀夫論集Ⅲ　勉誠出版
3月、十七年の交友「三島由紀夫未発表書簡ドナルド・キーン氏宛の97通」解説　中公文庫
3月、創作の七ヶ條　武蔵野文学10
3月、隅田川煙雨　野口冨士男文庫3①
5月、『徳田秋聲全集』のこと　日本近代文学64
5月、黄泉帰り（小栗）　季刊文科18④
5月、砦・下士官小説から士官小説へ　季刊文科18
8月、飛ぶ男―物語のトポス　季刊文科19⑥
8月、砦・僧が僧を　季刊文科19
11月、書写山（六道）　日本及日本人⑤
12月、落ちた男―物語のトポス　季刊文科20
12月、砦・世界共通語と文学　季刊文科20

平成14年（二〇〇二）

4月、貴船谷の女―物語のトポス　季刊文科21⑥
4月、砦・女子大生の鑑賞力　季刊文科21
4月、母の家　文芸春秋臨時増刊「家族の絆」⑥

5月、書評・古井由吉「忿翁」21日、東京新聞
5月、新聞小説の書き手として「徳田秋聲全集」28巻解説①
7月、百夜通ひ　文學界⑥
7月、書写山の月―物語のトポス　季刊文科22
7月、砦・根生いの信仰　季刊文科22
7月、同人雑誌'01「文芸年鑑」平成14年版
9月、代作の季節「徳田秋聲全集」30巻解説①
10月、誓願寺の梅　季刊文科23⑥
10月、砦・文化圏の境界　季刊文科23
11月、樋口一葉　有隣
11月、職業としての小説家「徳田秋聲全集」38巻解説①

平成15年（二〇〇三）

2月、書評・庄司肇作品　14日、週刊読書人
3月、女教員の洋服―和装から洋装へ文化史的考察　武蔵野文学12①
3月、十歳の「アラビヤン・ナイト」決定版「三島由紀夫全集」36巻月報
6月、「未来記」縁起　季刊文科24
6月、砦・国語辞典　季刊文科24
9月、稀有なこころの通い合い―三島由紀夫『師・清水文雄への手紙』波
11月、流れ矢（風雅）季刊文科25④
11月、砦・金沢　季刊文科25

平成16年（二〇〇四）

1月、『黴』から通俗小説へ「徳田秋聲全集」34巻解説①
2月、番場の蓮華寺（風雅）季刊文科26④
2月、砦・芥川賞　季刊文科26
3月、小林秀雄『三つの放送』をめぐって　昭和文学研究48
3月、「西洋化」の中の『あらくれ』―大正前期の徳田秋聲　武蔵野大学文学部紀要①
3月、文学が出現する時―三島由紀夫『卒塔婆小町』をめぐって　武蔵野文学13
3月、幸運に恵まれた作品―『なぎの葉考』野口冨士男文庫6①
5月、伊吹山太平護国寺（風雅）季刊文科27④
5月、砦・宇治の花見　季刊文科27
6月、光厳院の桜　文學界⑥
6月、六道の辻の今日　銀行倶楽部471

8月、北山第（風雅）　季刊文科28④
8月、砦・サド侯爵夫人　季刊文科28
9月、三島由紀夫にとっての森鷗外　森鷗外研究10
9月、太宰治「軽い死」という秘鑰　解釈と鑑賞②
9月、四天王寺の西門　文藝春秋特別版⑥
10月、晩年の秋聲文学を支えたひと―小林政子　文京ふるさと歴史館図録「愛の手紙」①
11月、鞆の浦から東寺へ（風雅）　季刊文科29④
11月、砦・ギリシア劇　季刊文科29
11月、表町、本郷、白山　文京ふるさと館での講演稿①

平成17年（二〇〇五）

2月、「近代」を超える輝き　22日、毎日新聞夕刊①
3月、西芳寺の石組（風雅）　季刊文科30④
3月、砦・縁起が　季刊文科30
3月、野口さんの真骨頂―『感触的昭和文壇史』　野口富士男文庫①
4月、秋聲はいまも新しい　徳田秋聲記念館カタログ秋聲①
4月、玄関の上り框に書店員が　古書通信909⑥
6月、伏見の離宮（風雅）　季刊文科31④
6月、砦・秋聲と　季刊文科31
9月、天龍寺（風雅）　季刊文科32④
9月、砦・また負けたか　季刊文科32
10月、楠正成の鮮烈な軌跡　The CD Club
11月、三島由紀夫にとっての天皇　三島由紀夫研究1
11月、『金閣寺』の独創　文藝別冊②
11月、刊行にあたって（佐藤秀明、井上隆史と連名）三島由紀夫研究1
11月、書評・岩崎芳生「酷月」6日、静岡新聞
11月、三島由紀夫没後35年、21世紀を読む　27日、毎日新聞
12月、あめつちを動かす―三島由紀夫の文学理念（講演稿）
12月、三島由紀夫の文学言語（講演稿）
12月、小説家としての出発―清水文雄との係わり
（以上『あめつちを動かす』試論社）

平成18年（二〇〇六）

1月、『縮図』の新聞連載と中断　日本近代文学館講座稿①
1月、風雅集（風雅）　季刊文科33④
1月、砦・信仰と伝承　季刊文科33

4月、妙心寺と長福寺（風雅）　季刊文科34④
4月、砦・をぐり　季刊文科34
4月、「生れたる自然派」と『黴』金沢徳田秋聲記念館での講演稿①
6月、書評・堂本正樹『回想　回転扉の三島由紀夫』三島由紀夫研究2
7月、貞和から観応（風雅）　季刊文科35④
7月、砦・新作歌舞伎　季刊文科35
7月、怒れる霊を祀り鎮める　12日、産経新聞
11月、「煉瓦」の九鬼さん　煉瓦33⑥
12月、交響する演劇空間　解釈と鑑賞別冊・現代演劇②
12月、三島由紀夫の軽井沢—『仮面の告白』を中心に　三島由紀夫研究3

平成19年（二〇〇七）

1月、観応の擾乱（風雅）　季刊文科36④
1月、砦・鉈の彫像　季刊文科36
1月、三島由紀夫の志したもの—文芸をもつて「あめつちを動かす」こと　祖国と青年②
3月、「西洋化」の中の『あらくれ』—大正前期の徳田秋聲　武蔵野大学文学部紀要5①
4月、八相山と男山（風雅）　季刊文科37④
4月、砦・忠臣蔵　季刊文科37
5月、小林秀雄—文学の雑感　The CD Club
7月、「戯曲の文体」の確立—『白蟻の巣』を中心に　三島由紀夫研究4②
7月、怒れる霊を祀り鎮める—靖国論　12日、産経新聞
8月、東條そして賀名生（風雅）　季刊文科38④
8月、砦・コンプレックス　季刊文科38
12月、賀名生幽閉（風雅）　季刊文科39④
12月、砦・下座音楽　季刊文科39

平成20年（二〇〇八）

1月、異形な小説『禁色』　三島由紀夫研究5②
2月、書評・木谷真紀子「三島由紀夫と歌舞伎」16日、図書新聞
3月、天野山そして深草（風雅）　季刊文科40④
3月、砦・王朝の　季刊文科40
3月、秋聲と花袋—『凋落』と『布団』『生』を軸に　花袋研究学会々誌26①
3月、ひとり離れて—徳田一穂さん葬儀の日　野口冨士男文庫10①

3月、小林秀雄講演—白鳥など　The CD Club
4月、表現のエネルギー　まがたま6⑥
7月、風雲時ニ往来シ（風雅）　季刊文科41④
7月、砦・年季　季刊文科41
7月、富士山と三島由紀夫　文學界
7月、書評・岩下尚史『見出された恋—「金閣寺」への船出』　三島由紀夫研究6
7月、ミシマ万華鏡・昭和天皇をめぐる二冊　三島由紀夫研究6
10月、錦天神と吉祥天女社（天神）　季刊文科42⑤
10月、砦・恋の隠し方　季刊文科42
11月、爛熟からの出発—徳田秋聲と金沢　解釈と鑑賞①
11月、「葵上」と「卒塔婆小町」DVD「近代能楽集ノ内」YMP②

平成21年（二〇〇九）

1月、異形な小説「禁色」　三島由紀夫研究5②
1月、出たかりける権者の……（天神）　季刊文科43⑤
1月、砦・宗教画　季刊文科43
2月、詩的次元を開く—「近代能楽集」の独自性　三島由紀夫研究7②
3月、私小説家の証拠—『耳のなかの風の音』　野口富士男文庫11①
4月、朝堂院の一隅にあつて（天神）　季刊文科44⑤
4月、砦・普遍語　季刊文科44
7月、讃岐國守として（天神）　季刊文科45⑤
7月、砦・女殺油地獄　季刊文科45
8月、『英霊の聲』への応答—『朱雀家の滅亡』論　三島由紀夫研究8②
8月、書評・西尾幹二『三島由紀夫の死と私』三島由紀夫研究8
10月、王沢ヲ詠ハム（天神）　季刊文科46⑤
10月、砦・中山仁　季刊文科46⑤
10月、書評・佐藤秀明「三島由紀夫の文学」　国学院雑誌
11月、有り得ないことが……三島由紀夫『卒塔婆小町』悲劇喜劇

平成22年（二〇一〇）

1月、擬古典という挑戦—歌舞伎　三島由紀夫研究9②
2月、亭午の刻（天神）　季刊文科47⑤

2月、砦・文学雑誌　季刊文科47
2月、詩的次元を開く（近代能楽集）　三島由紀夫研究7②
3月、個人文学館からの報告―小特集文学館の〈今〉を考える　昭和文学研究60
5月、栄誉の果て（天神）　季刊文科48⑤
5月、寺田博さんを悼む　季刊文科48⑥
5月、砦・ちやり場　季刊文科48
8月、流竄の旅（天神）　季刊文科49⑤
8月、砦・オペラ鹿鳴館　季刊文科49
10月、無二の師友「川端康成と三島由紀夫　伝統へ、世界へ」　鎌倉文学館
11月、近松と近現代の文学―徳田秋聲から三島由紀夫・富岡多恵子まで　論集「近松再発見―華やぎと悲しみ」和泉書院②
11月、浦伝ひ島伝ひ（天神）　季刊文科50⑤
11月、砦・盛綱陣屋　季刊文科50
11月、脆さうな造花―川端康成との出会いと「盗賊」／書くことが生きることと密接につながっていた／言葉ひとつでドラマを構築することに魅せられて　別冊太陽「三島由紀夫」　平凡社
12月、書評・松浦寿輝『不可能』　文學界

平成23年（二〇一一）

1月、究極の小説「天人五衰」―三島由紀夫最後の企て　文學界②
1月、海波を越えて（天神）　季刊文科51⑤
1月、砦・摂州合邦辻　季刊文科51
4月、焼跡から始まった　解釈と鑑賞②
4月、東西の古典を踏まえて　悲劇喜劇②
5月、都府楼と天拝山（天神）　季刊文科52⑤
5月、砦・相撲　季刊文科52
7月、私小説なるものの働き―西村賢太『寒灯』　波
8月、大宰府天満宮（天神）　季刊文科53⑤
8月、砦・江戸の夕映　季刊文科53
9月、編集との係わり素描―活動の一つの基軸　三島由紀夫研究11
9月、紹介・衣斐弘行『金閣異聞』　三島由紀夫研究11
9月、深沢七郎の「宿命」　山梨県立文学館館報85
9月、書評・山内由紀夫「三島由紀夫ｖｓ司馬遼太郎―戦後精神と近代」30日、読書人
11月、託宣と御輿と（天神）　季刊文科54⑤

11月、砦・朱雀家の滅亡　季刊文科54
12月、迫力ある舞台「朱雀家の滅亡」　悲劇喜劇②

平成24年（二〇一二）

1月、菅原道真「水ひきの白絲……」『今昔秀歌百撰』　文字文化協会
2月、北野天満宮（天神）　季刊文科55⑤
2月、砦・和数字　季刊文科55
4月、一元化を排す　国語国字197⑥
5月、還幸祭（天神）　季刊文科56⑤
5月、砦・地図　季刊文科56
7月、書評・三島由紀夫「日本人養成講座」22日、産経新聞
8月、八角九重塔の下（西行）　季刊文科57
8月、砦・文学感の　季刊文科57
10月、白亜の洋館　馬込文士村継承講演稿②
11月、契りのある身（西行）　季刊文科58
11月、砦・やきもの　季刊文科58

平成25年（二〇一三）

4月、世を捨てる時（西行）　季刊文科59
4月、名作再見秋聲「白い足袋の思ひ出」　季刊文科59
4月、砦・歌舞伎　季刊文科59
4月、文学的志向の形成、その輪郭「花ざかりの森」まで　三島由紀夫研究13②
9月、うかれ出づる心（西行）　季刊文科60
9月、砦・潮騒　季刊文科60
10月、いまひとつの八月十五日—大河内昭爾追悼　文學界⑥
11月、大岡昇平『俘虜記』を読む　東京都渋谷区社会教育講座講演稿⑥

平成26年（二〇一四）

1月、常盤、大原、嵯峨野（西行）　季刊文科61
1月、重しが失われた—秋山駿追悼　季刊文科61⑥
1月、砦・崇徳院の歌　季刊文科61
4月、奥州への旅（西行）　季刊文科62
5月、『鏡子の家』その方法を中心に　三島由紀夫研究14②
5月、書評・長谷川三千子「神やぶれたまはず」　三島由紀夫研究14
8月、大峰と高野山（西行）　季刊文科63
8月、砦・現代のアメリカ　季刊文科
8月、戦時から戦後へ夫婦の日常—「祭の日まで」季

刊文科63①
9月、戦時下の青春—三島由紀夫　29日、産経新聞
12月、根本大塔を仰ぎながら（西行）　季刊文科64
12月、砦・歌舞伎座の照明　季刊文科64

平成27年（二〇一五）

1月、保元の乱（西行）　季刊文科65
1月、砦・円空　季刊文科65
3月、占領下の無秩序への化身『鍵のかかる部屋』三島由紀夫研究15②
3月、野口さんが広げた輪—野口富士男文庫の二十年　野口富士男文庫17①
8月、紹介・犬塚潔『「豊饒の海」の装幀の秘密』　三島由紀夫研究15
8月、平治の乱、そして弔歌など（西行）　季刊文科66
8月、砦・イプセン劇　季刊文科66
11月、枠を越えて見る—『憂国』論集「20世紀の三島由紀夫」　翰林書房②
12月、白峯と善通寺（西行）　季刊文科67
12月、越境する作家三島由紀夫と「金閣寺」　神奈川県民ホールオペラ「金閣寺」上演プログラム
12月、三島由紀夫没後45年慰霊祭（11月25日の憂国忌）祭文　三島由紀夫の総合研究

平成28年（二〇一六）

4月、我拝山、そして友の死（西行）　季刊文科68
4月、砦・オランダ絵画　季刊文科68
4月、果たしていない「約束」二十五年　三島由紀夫研究16②
8月、高野山壇場から神路山へ（西行）　季刊文科69
8月、砦・青果劇　季刊文科69
11月、川端康成　無二の師友『三島由紀夫の時代—芸術家11人との交錯』水声社②
11月、東西の古典を踏まえて『混沌と抗戦—三島由紀夫と日本、そして世界』　水声社
12月、伊勢大神への法楽（西行）　季刊文科70
12月、砦・応挙の藤　季刊文科70
12月、果たし得てゐない約束　三島由紀夫研究会講座稿②

平成29年（二〇一七）

1月、佐伯彰一さんを悼む　13日、山梨日日新聞
5月、花の下にて（西行）　季刊文科71
5月、砦・暦の問題　季刊文科71

10月、隅田川　季刊文科72
10月、砦・応仁の乱　季刊文科72
10月、素朴に頑固を貫いたひと―追悼松本道介追悼　季刊文科74⑥
12月、芦刈　季刊文科73
12月、砦・運慶　季刊文科73

平成30年（二〇一八）

4月、立山地獄谷　季刊文科74
4月、砦・千手観音　季刊文科74
5月、輪廻転生「豊饒」の次元　三島由紀夫研究18②
9月、不断の死という日常―戦時下②
自己改造―戦後の出発②
古典への依拠―時代を抜け出す②
禁忌と神話と―性②
偽善のバチルス―占領下に在ること②
英霊の行方―二・二六事件と神風特攻隊②
肉体と行動―対立・緊張の中で②
逆説の理路―『葉隠』②
『文化防衛論』と『暁の寺』―騒然とした状況下で②
文学史を構想する―『日本文学小史』②
小説家としての出発②
12月、砦・フジタの戦争画　季刊文科76

平成31年・令和元年（二〇一九）

3月、魔女裁判と千年王国と　季刊文科77
3月、砦・関扉など　季刊文科77
5月、「豊饒の海」基本構想　三島由紀夫研究19

＊対談、座談、シンポジウム
・活字化されたものに限って掲載

昭和56年（一九八一）
7月、三島由紀夫の作品を読む　三好行雄・野口武彦・柘植光彦と　国文学

昭和60年（一九八五）
4月、同人雑誌の行方　大河内昭爾・近藤信行・松本道介と　文學界

昭和61年（一九八六）
1月、85年文学の収穫　井尻千男と　新刊ニュース

昭和62年（一九八七）
1月、86年文学の収穫　井尻千男と　新刊ニュース

昭和63年（一九八八）
1月、87年文学の収穫　井尻千男と　新刊ニュース

昭和64年・平成元年（一九八九）
1月、88年文学の収穫　井尻千男と　新刊ニュース
6月、いまなぜ秋聲か　野口冨士男、古井由吉と　13日〜21日（5回）、東京新聞

平成2年（一九九〇）
2月、昭和文学が発見したもの（昭和文学会平成元年度秋季大会、江種満子・川村湊と、司会・勝又浩　平成元年11月11日、大正大学で）　昭和文学研究20

平成4年（一九九二）
10月、三島由紀夫『金閣寺』について（日本近代文学会関西支部秋季大会、佐藤秀明・西本匡克と、司会・山崎国紀　平成3年10月、花園大学で）　解釈と鑑賞

平成11年（一九九九）
7月、新人作家を品定めする　大河内昭爾・松本道介・勝又浩と　文學界

平成12年（二〇〇〇）
11月、劇作家・三島由紀夫　村松英子・大河内昭爾と　季刊文科17

平成17年（二〇〇五）
11月、雑誌「文芸」と三島由紀夫―元編集長・寺田博氏を囲んで　井上隆史・山中剛史と　三島由紀夫研究1

平成18年（二〇〇六）、
6月、原作から主演・監督まで―プロデューサー藤井浩明氏を囲んで　佐藤秀明・井上隆史・山中剛史と　三島由紀夫研究2

7月、徳田秋聲全集座談会　紅野敏郎・宗像和重・紅野謙介・十文字隆行・小林修・大木志門と『徳田秋聲全集』第43巻月報　八木書店
8月、三島由紀夫の学習院時代―二級下の嶋裕氏に聞く　井上隆史と　三島由紀夫研究2
12月、「岬にての物語」以来25年―川嶋勝氏を囲んで　佐藤秀明・井上隆史・山中剛史と　三島由紀夫研究3

平成19年（二〇〇七）

7月、「サロメ」演出を託されて―和久田誠男氏を囲んで　井上隆史・山中剛史と　三島由紀夫研究4
7月、演劇評論家の立場から―岩波剛氏を囲んで　井上隆史・山中剛史と　三島由紀夫研究4

平成20年（二〇〇八）

1月、「内部の人間」から始まった―秋山駿氏を囲んで　井上隆史・山中剛史と　三島由紀夫研究5
1月、同級生・三島由紀夫―本野盛幸・六條有康氏に聞く　佐藤秀明と　三島由紀夫研究5
7月、文学座と三島由紀夫―戌井市郎氏を囲んで　井上隆史・山中剛史と　三島由紀夫研究号6
12月、同人雑誌よ永遠に　大河内昭爾・松本道介・勝又浩と　文學界

平成21年（二〇〇九）

2月、能と三島由紀夫―松岡心平氏を囲んで　井上隆史・山中剛史と　三島由紀夫研究7
2月、アートシアターと三島由紀夫―葛井欽士郎氏を囲んで　井上隆史・山中剛史と　三島由紀夫研究7

平成22年（二〇一〇）

1月、三島歌舞伎の半世紀―織田紘二氏を囲んで　井上隆史・山中剛史と　三島由紀夫研究9
11月、『鹿鳴館』のオペラ化をめぐって―池辺晋一郎氏を囲んで　井上隆史・山中剛史と　三島由紀夫研究10

平成23年（二〇一一）

9月、話しているうちに企画が……―松本道子氏を囲んで　山中剛史・池野美穂と　三島由紀夫研究11
9月、対談・「朱雀家の滅亡」と三島由紀夫　宮田慶子と「朱雀家の滅亡」公演プログラム　新国立劇場

平成25年（二〇一三）

4月、「弱法師」と「卒塔婆小町」をめぐって―三島由紀夫文学館リーディング公演アフタートーク　宮

田慶子と　三島由紀夫研究13
9月、追悼・大河内昭爾　伊藤氏貴・勝又浩・松本道介と　季刊文科60

平成26年（二〇一四）

1月、小林一茶の現代性　金子兜太と　季刊文科61
4月、いま西行を読む　永田和宏と　季刊文科62
5月、劇団浪曼劇場の軌跡　宮前日出夫・西尾栄男氏に聞く　井上隆史・山中剛史と　三島由紀夫研究14
5月、「葵上」をめぐって―三島由紀夫文学館リーディング公演アフタートーク　宮田慶子・佐藤秀明と　三島由紀夫研究14

平成27年（二〇一五）

3月、「邯鄲」について―三島由紀夫文学館リーディング公演アフタートーク　宮田慶子・井上隆史と　三島由紀夫研究15
8月、文学が歌われる時　新井満と　季刊文科66
12月、今みがえる三島由紀夫　富岡幸一郎・鈴木ふさ子と　季刊文科67

平成28年（二〇一五）

4月、「道成寺」をめぐって―三島由紀夫文学館リーディング公演アフタートーク　宮田慶子・佐藤秀明と　三島由紀夫研究16

平成29年（二〇一七）

4月、「卒塔婆小町」をめぐって―三島由紀夫文学館リーディング公演アフタートーク　宮田慶子・佐藤秀明と　三島由紀夫研究17

平成30年（二〇一八）

5月、「熊野」をめぐって―三島由紀夫文学館リーディング公演アフタートーク　宮田慶子・佐藤秀明・山中剛史と　三島由紀夫研究18
12月、東西が出会う―西行、生誕九百年の今　竹本忠雄と　季刊文科76

あとがき

この著作集は、第一巻は徳田秋聲、第二巻は三島由紀夫についてのそれぞれ新たな論集とし、続いて古典に取材した既刊の著作（平成二十六年以降は対象外）を収録、第五巻で終へる予定であつた。しかし、その枠内で収まりのつかないことが明らかになり、一巻を追加、全六巻とした。それがよかつたかどうか分からないが、少なくともわたしがこれまでやつて来たことを、やや広範に振り返ることが出来たかと思ふ。

「貴船谷の女」の五編は、これまで収めたものとは微妙に性格が異なるはずである。それがなにか、わたし自身、言葉に出来ないものの、これまた一つグループとなるかと思ふ。この他にも、主に文芸誌に発表したもがあるが、再読してみて、その多くは採り上げる気持にならなかつた。多分、わたし自身、なにか思ひ違ひをしてゐたことがあつたのではないかと思ふ。熟していないのも確かだらう。また、扱つた場所によつては、その佇まいが発表時点と大きく変はつてゐる所が少なくない。ほとんど注記できなかつたが、十年、二十年どころか、三十年も前の取材となれば、やむを得ない。その時点での記述として見て頂きたい。

論考もまた、未熟さ、拙さを自覚させられたものの、ともかくここに見られるだけのものを収めた。中に「昭和五十年代の文学」と題して書評十五点を採り上げたが、「変容する登場人物」「基本の小説」と一と流れのものとして、見ていただければと思ふ。この時期、新聞社の文芸部記者を辞して大学に転職した関係もあつてか、新聞を中心として書評を頼まれることが多く、百五十点ほどにも及んだ中から、選んだ。当時は「世界日報」の文芸時評を三年間担当するなどして、文学活動の現場身を置いたと言つてもよからう。考へてみると、この時期、昭和・平成の文学活動が一つの頂点をなしたのではなかろうか。そこに立ち会つたのだが、さうして得たものがなんであつたのか、本人は一向にわからずにゐるが、その一端をまとめて置くのもよからうといふ思ひもあつた。

この時期、日本経済新聞文化部に身を置き、人気のコラム「綴糸」を担当してゐた井尻千男と毎日のやうに顔を合せ、飽きもせず議論した。多分、遅れて来た文学的青春だつたのだろうなと、今になつて思ふ。その彼もやがて大学に職を得て、忙しくなると、会ふことが少なくなり、それぞれの道を行くやうになつた。

「俳句表現のエネルギー」以下の五編は、舌足らずだが、わたしの思考の基本的な要点を記したものだらう。それらを見返してゐて、本居宣長を熱心に読んだ日があつたのを思ひ出した。筑摩書房が宣長全集を出し始める直前のことであつた。その全集は全巻買い求めたものの、ほとんど開かないまま来てゐる。これから先、ページを繰る日に恵まれるかどうか。「ちくま」に書くよう言つてくれたのは、編集担当の歌人の東博氏で、坂本一亀氏の紹介であつたことを思ひ出した。

「残雪抄」は、折に触れ求められるままに書いた小文から選んだが、意外に私自身の歩みに触れてゐるところがあるのに驚いた。こうしたコーナーを設けたことも、許していただけるだらうと思ふ。

かうして明治の文学、とくに徳田秋聲から三島由紀夫へと及べば、反転して、浄瑠璃から説経、謡曲、説話などを経て、光厳天皇、西行、菅原道真にまで及ぶことができたのは、望外のことであつた。非力、非才の身を顧みることなく、関心の赴くまま、ともかくのんびりとやつて来た結果である。さうして今挙げた三人の存在を身近に感じる時を持ち得たことは、有難いことであつた。やはり傑出した存在で、わが国の文化なり歴史を考へるとき、立ち戻つて附き合ふべき存在であらう。われわれの現在も、奥行きをもつて押し開いて見せてくれるやうに思ふ。

それとともに、小野小町や和泉式部、花園院、性空、一遍らに限らず、師直の命令を受け追跡する者たちに矢を射られ蓑虫のやうになつて荒れ狂ひ死んで行つた武者、死んだ主君の首を斬つて隠し自らも切腹した者たち、小栗判官の土車を相模の藤沢から熊野へと曳ひて行つた大勢の者たち、そして、なによりもさまざまな物語を語り歩いた人たちの存在が、思ひ返される。

こんなふうに数へるときりがなく、それらの物語の中に登場した、あの世とこの世との間を往還した人たちも挙げなくてはならない気持になる。

かうなると、今や親しい人の姿がほとんど絶えたかと思はれる街角が、にはかに賑やかに感じらることになる。

まことに勝手な仕事の、勝手な編纂ながら、全六巻の著作集を刊行し終えたことを喜びとしたい。

これには勝又浩氏を初めとする、少なからぬ人々の推奨、励ましがあつて、初めて可能となつたことに思ひ至る。また、各巻刊行ごとに、懇切にお便りを下さつた方々、各巻挟み込みに有難い言葉の寄せて下さつた方々には、本当に力づけられた。出版元の加曽利達孝氏には、なみなみならぬ苦労をして頂いた。現代仮名遣ひであつたり歴史仮名遣ひであつたり、珍しい漢字や系図が出て来たりして、普通の出版社では対応が難しかつたかと思ふが、わが国の古典なりその研究書を手掛けて来てゐるだけに、こなしてもらうことが出来た。また要所の巻では佐藤秀明氏、全巻を通じて大木志門氏の校正を手伝つてもらうことが出来た。お二人とも多忙の身の上であるのにもかかはらず、かうした面倒な作業に取り組んでくださつたことは、まことに心強いことであつた。もつとも校正段階で筆を入れることも少なくなく、最終責任は筆者にあるのは言ふまでもない。深く感謝する。

令和初の初秋

松本　徹

松本　徹（まつもと　とほる）

昭和八年（一九三三）札幌市生まれ。大阪市立大学文学部国語国文科卒。産経新聞記者から姫路工大、近畿大学、武蔵野大学教授を経て、山中湖三島由紀夫文学館館長を勤めた。現在は「季刊文科」「三島由紀夫研究」各編集委員。

著書に『徳田秋聲』（笠間書院）、『三島由紀夫の最期』（文藝春秋）、『三島由紀夫の時代―芸術家11人との交錯』（水声社）、『西行わが心の行方』（鳥影社）など。

編著に『年表作家読本三島由紀夫』（河出書房新社）、『三島由紀夫事典』（勉誠出版）、『徳田秋聲全集』全四十三巻（八木書店）など。

監修『別冊太陽　三島由紀夫』（平凡社）

松本徹著作集⑥

貴船谷の女・奇蹟への回路・残雪抄

令和元年（二〇一九）十一月三十日　初版発行

著　者――松本　徹

発行者――加曽利達孝

発行所――図書出版　鼎書房

〒132-0031　東京都江戸川区松島二-十七-二

電話・FAX　〇三-三六五四-一〇六四

URL　http://www.kanae-shobo.com

印刷所――シバサキロジー・TOP印刷

製本所――エイワ

落丁、乱丁本は小社宛にお送りください。送料は小社負担でお取り替えいたします。

ISBN978-4-907282-57-8 C0095

松本徹著作集（全6巻）

① 徳田秋聲の時代
② 三島由紀夫の思想
③ 夢幻往来・師直の恋 ほか
④ 小栗往還記・風雅の帝 光厳
⑤ 六道往還記・天神への道 菅原道真
⑥ 貴船谷の女・奇蹟への回路・残雪抄

鼎 書 房　http://www.kanae-shobo.com

四・六判上製・各巻四〇〇頁・定価三、八〇〇円＋税